U0107033

北京大学考古学丛书

漢唐陶瓷考古初學集

杨哲峰 著

上海古籍出版社

目 录

1

文化变迁中的器形与质地[*]

——关于江东地区战国秦汉之际墓葬所见陶瓷器组合的初步考察

所谓江东地区,通常是指长江下游北流干流段以东至大海之滨的区域。[1]该地区在先秦时期本为吴越故地,其考古学文化面貌具有鲜明的地域特点。然而依据历史文献记载,从战国中晚期到西汉初期,江东地区的历史发展经历了一系列的重大变化:先是越国在和楚国争斗过程中最终败北,楚人的势力进入江东地区;不久之后,秦又灭掉楚国,将江东地区纳入了中国历史上第一个统一帝国的版图,并设立郡县进行管辖。秦的统一虽然短暂,但可以说是开启了江东地区政治发展史上的重大转变。继秦之后,则是汉王朝对江东地区的长期统治。问题是无论是楚的设封,[2]还是秦的统一,相对于江东吴越故地而言,都是区域外部政治势力的直接介入。汉的立国,在一定程度上可以说是又恢复了楚人在江东的统治地位。那么,上述楚、秦势力的介入在文化上究竟对江东地区产生了怎样的影响? 从考古学的角度,我们能看到哪些显著的变化? 这些变化又能给我们怎样的启示呢?

关于战国时期江东地区的考古学文化变迁,尤其是楚文化对江东地区的影响,已有不少学者进行了探讨。[3]涉及江东地区两汉时期考古学文化的研究,也取得

[*]　本研究为教育部人文社会科学研究重大项目"秦汉时期江东地区的文化变迁"课题(项目批准号:11JJD780005)研究成果之一。

[1]　关于秦汉时期的"江东"概念,参见黄锡之:《释"江东"》,《苏州大学学报(哲学社会科学版)》1983年第3期;周振鹤:《江南江北江东江西》,《咬文嚼字》2009年第12期。

[2]　史称楚考烈王时黄歇"请封于江东","因城故吴墟,以自为都邑"。参见《史记》卷七八《春申君列传》,中华书局,1959年,第2394页。

[3]　刘兴:《从江苏东周时期遗存看楚文化的东渐》,楚文化研究会编《楚文化研究论集》第一集,荆楚书社,1987年,第281~292页;高至喜:《论战国晚期楚墓》,《东南文化》1990年第4期;(转下页)

了一定的成果。[1] 在此基础上,本文拟就江东地区已发现的战国末期至西汉初期
(大致相当于黄歇请封江东至吴楚"七国之乱"以前的数十年间)这一特定时段的
陶瓷器组合演变进行考察,以探讨江东地区在经历了上述一系列政治变革之后的
物质文化发展轨迹。在进行类型学分析时,本文将尝试注重陶瓷器质地的差异,并
以质统形考察墓葬随葬陶瓷器的组合演变。不足之处,敬希指正。

一、主要发现及随葬品构成

截至目前,在属于江东地区的今上海嘉定、青浦,江苏苏州、无锡、常州、南京、
江宁,安徽宣城,浙江宁波、余姚、嵊州、绍兴、余杭、安吉等地均报道了年代大致属
于本文所说战国秦汉之际这一特殊时间段的墓葬。排除一部分报道过于简略的考
古发现之后,随葬陶瓷器组合清楚的墓葬有 30 余座。为便于分析,下面大致按照
发现的先后顺序将有关墓葬的随葬品构成情况(包括笔者对部分墓葬的年代或器
物名称的订正)简要介绍如下:

1955 年在江苏无锡施墩清理的第五号墓,为一长方形竖穴土坑墓。由于出土器
物在当时的江东地区还十分罕见,发掘者进行了专门报道,从而使我们对该墓随葬品
的组合、每类器物的数量和器形都能有较充分的认识。具体来说,包括"俑两个""陶

(接上页)杨权喜:《绍兴 306 号墓文化性质的分析——兼述楚文化对吴越地区的影响》,《东南文
化》1992 年第 6 期;刘和惠:《楚文化的东渐》,湖北教育出版社,1995 年;叶文宪:《论战国时期吴
越地区的越文化与楚文化》,《苏州科技学院学报(社会科学版)》2006 年第 2 期;陈元甫:《宁绍地
区战国墓葬楚文化因素考略》,宁波市文物考古研究所、宁波市文物保护管理所编《宁波文物考古
研究文集》,科学出版社,2008 年,第 88~97 页;田正标:《江、浙、沪地区战国墓分期初探》,《浙江
省文物考古研究所学刊》第九辑,科学出版社,2009 年。

[1] 姚仲源:《浙江汉、六朝古墓概述》,《中国考古学会第三次年会论文集(1981 年)》,文物出版社,
1984 年;黎毓馨:《论长江下游地区两汉吴西晋墓葬的分期》,浙江省文物考古研究所编《浙江省文
物考古研究所学刊》,长征出版社,1997 年;魏航空:《关于秦汉时期楚文化的探讨》,《南方文物》
2000 年第 1 期;刘波:《浙江地区西汉墓葬分期》,《南方文物》2000 年第 1 期;黎毓馨:《浙江两汉
墓葬的发展轨迹》,《东方博物》第 9 辑,2003 年。另外,由江苏省考古学会 1983 年编印的《江苏省
考古学会 1982 年年会论文选》中还收录了李蔚然《南京地区汉墓简说》,肖梦龙《镇江地区东汉砖
室墓概论》,徐伯元《谈谈常武地区的汉墓群》,朱薇君、钱公麟《略谈苏州汉墓》,冯普仁《略论无锡
汉墓的分期》等相关论文。

钫 2 只"" "黑陶簋一只"(盒)、[1] "鼎 2 件",以及"黑陶杯 2 件,陶钵(勺)2 件,碟(斗)2 件"。其中陶俑是由"陶制的头和手,木制的身干(已朽,无法复原)"构成。[2]

1959 年在上海市嘉定县外冈清理的一座土坑墓,被认为是一座"战国晚期至西汉初期的墓葬",据称出土物 14 件,"全为陶器",包括"泥质灰陶鼎""黑陶方壶"(钫)、"灰陶瓿""泥质灰陶杯""灰陶勺""泥质灰陶豆",以及黑皮灰陶"郢爰"、残破的陶盒等。不过发掘简报中没有说明每类器物的数量。[3] 至于所谓"灰陶瓿","陶质坚硬,腹部以上有淡绿釉",从器形看与钙釉系统的三足瓿完全一致。

1962 年在上海市青浦县骆驼墩发现 1 座土坑墓,出土陶瓷器 17 件,包括"釉陶"鼎 2、盒 2、壶 2、瓿 2 件,灰陶罐 7、罍(罐)2 件。另外还有陶半两钱近百枚、铜镜 1 件。[4]

1982 年在安徽宣城县砖瓦厂清理的一座土坑木椁墓,出土器物 29 件,其中陶器 14 件,"均为泥质灰陶,施黑衣",具体包括鼎 2、豆 2、方壶(钫)2、盒 2、罐 4、杯 2 件,共存的还有玉璧 1、漆耳杯 5、木俑 5 件以及木梳、木篦等。发掘者认为该墓年代为"战国晚期"。[5]

1982~1983 年在上海青浦福泉山发掘了 46 座西汉墓,[6] 按照发掘者的分期,被归入西汉早期的有 9 座。从发表的器物资料看,其中年代偏早的 M39 出土有"釉陶"鼎 2、壶 1、瓿 2 件,泥质陶罐 4 件以及泥半两等;与 M39 年代接近(可能略晚)的 M18 出土"釉陶"鼎 4、盒 4、壶 3、瓿 3 件,共存有泥半两以及泥质陶罐 13、铜镜 1、铜带钩 1 件。另外,在该遗址还发掘了 3 座被认为是战国晚期的宽长

---

[1] 文中括弧内的器物名称均为笔者依据发表的器物线图或照片对原报告的称谓所作的更正,以下均同,不另注明。若有疑问,则加问号"?"以区别。

[2] 谢春祝:《无锡施墩第五号墓》,《文物参考资料》1956 年第 6 期。关于该墓的年代,原报告只是笼统地推断"属于西汉以后或者汉中叶时期"。后来学者们将之定为西汉前期、或战国晚期、或秦统一时期。有关讨论,参见拙稿《关于江东地区"楚式墓"的发现与研究》(《东方博物》待刊)。本文所引其他相关墓葬的年代讨论,除注明的以外,均参见该文。

[3] 黄宣佩:《上海市嘉定县外冈古墓清理》,《考古》1959 年第 12 期。按:孙维昌《上海发现一座战国——汉初时代墓葬》(《文物》1959 年第 12 期,第 65 页)所报道的似为同一座墓。

[4] 黄宣佩、杨辉:《上海青浦县的古文化遗址和西汉墓》,《考古》1965 年第 4 期。发掘者认为该墓是"西汉前期的墓葬"。从发表的器物照片判断,基本可从。

[5] 安徽省文物工作队丁邦钧、汪景辉:《宣城县土坑木椁墓》,《安徽省考古学会会刊》第 7 辑,1983 年。

[6] 王正书:《上海福泉山西汉墓群发掘》,《考古》1988 年第 8 期。

方形土坑墓,[1]随葬品以泥质陶器为主,未见施釉器物,其中青福 M1 出土了泥质灰陶鼎 2、盒 2、壶 2、豆 2 件以及泥质红陶罐 1 件,共存玉璧 2 件;青福 M2 出土了泥质灰陶鼎 2、盒 2、壶 2、豆 2、杯 2、匜(?)1 件以及泥质红陶罐 1 件;青福 M4 出土了泥质红陶鼎 1、盒 1、钫 1、勺 2、俑头 2、俑手 4 件,泥质灰陶豆 1、壶(罐)1 件。

1986 年在上海青浦福泉山墓地清理的编号为 M88 的土坑墓,出土了泥质红陶鼎 2、盒 2、钫 2、杯 2、勺 4(勺 2、斗 2)、俑头 4、俑手 4 件,泥质灰陶豆 2、罍(罐)2 件,共存琉璃璧和珠各 1 件。其陶器组合和器形都与 1983 年发掘的 3 座战国墓近似,发掘者推断年代为战国晚期。[2]

1992 年在浙江余姚老虎山清理的一号墩中,有 6 座年代大致在战国晚期至西汉初期的墓葬,[3]除 D1M13 为长方形小型土坑墓、仅出土 1 件铁器外,其余 5 座均为竖穴土坑木椁墓,出土遗物多寡不等,但均有陶瓷器。其中 D1M1 和 D1M2 的随葬品是以泥质陶的仿铜陶礼器组合为主,D1M1 出土了泥质灰陶的鼎 2、盒 2、壶 1、钫 3、三足盘 1 件,共存玉璧 1、漆木器 1 件;D1M2 出土了泥质灰陶的鼎 1、豆 2、盒 1 件,另有 1 件器形不明。D1M12 仅出土 1 件泥质灰陶罐和 1 件水晶环。因保存状况较差,这 3 座墓的陶器除 1 件彩绘钫(D1M1∶4)以外,其余大多未能提取或修复,故具体器形不明。D1M10 未见泥质陶器,但出土了"印纹硬陶罐"2 件、"原始瓷壶"2 件,共存玉璧 2、腰形玉饰 1、青铜剑 1、戈 1、漆器 3 件等。随葬品最为丰富的是 D1M14,出土了包括鼎 4、壶 4、瓿 5、香熏 2 件在内的成组的"原始瓷器"共 15 件,另外还有泥质黑衣陶器鼎 7、豆 6、壶 4、盒 4、钫 4、器形不明者 3 件,共存的还有玉璧 1、玉玦 1、玉剑首 1、铜镜 1、陶纺轮 1、漆木器 3 件。

1992 年在江苏苏州真山墓地发掘了 3 座被认为是"战国晚期"的墓葬,编号为 D1M1、D2M1 和 D3M1。其中 D1M1 为带斜坡墓道的甲字形大墓,可惜被盗扰,随葬品的情况不明。尽管如此,因"上相邦玺"铜印的出土,被认为与楚相黄歇有关,

[1]　上海市文物保管委员会:《上海青浦县重固战国墓》,《考古》1988 年第 8 期。
[2]　周丽娟:《上海青浦福泉山发现一座战国墓》,《考古》2003 年第 11 期。
[3]　陈元甫:《余姚老虎山一号墩发掘》,《沪杭甬高速公路考古报告》,文物出版社,2002 年,第 51~95 页。

曾引起广泛的关注和讨论。保存较好的 D2M1 形制与 D1M1 接近,但规模略小,出土遗物 16 件,包括泥质红陶鼎 2、盒 2、钫 2、杯 2、勺 4、俑头 1 件,泥质灰陶罐 1 件,共存铜镜 1 件。至于无墓道的竖穴木椁墓 D3M1,出土遗物 15 件,包括泥质灰陶鼎 4、敦(盒)2、俑头 1 件、"釉陶"壶 2、瓿 2、熏 1 件,共存铁剑 1 件,玉扳指和玉印各 1 件。发掘者推断这两座墓中埋葬的分别为春申君的夫人和儿子。[1]

1982~1992 年,在浙江嵊州剡山发掘汉墓 58 座,据称有 42 座墓的随葬品基本保持了原来组合。按照报告的分期,属于西汉前期的有 16 座,均为竖穴土坑墓,以施釉的鼎、盒、壶、瓿为基本组合。从报告列举的器物判断,其中部分墓葬如 M47、M56 等年代可早至本文涉及的范围,但具体组合不清楚。[2]

1996 年在安徽宣州市石板桥小学发现 1 座被认为是战国晚期的长方形竖穴土坑木椁墓,出土器物包括泥质灰陶鼎(完整的有 2 件)及盒 2、壶 2、钫 2 件,共存漆樽 1、漆耳杯 4、木俑 4、木梳 1、木篦 1、木剑 1 件等。[3]

1998 年在浙江安吉县垄坝村发掘的 D1M2,为小型的长方形竖穴岩坑墓,出土泥质灰黑陶鼎 2、盒 1 件,"陶质坚硬"的"褐陶壶"2 件,共存玉璧 1 件。发掘者认为"应为战国晚期小型楚墓"。[4]

1998~1999 年在江苏苏州真山发掘的四号墩中清理了 7 座石穴墓。其中的 D4M2 出土遗物包括泥质红陶鼎和钫各 1、泥质灰陶豆 2、"原始瓷罐"1 和琉璃璧 1 件;D4M3 随葬有灰色软陶鼎 2、豆 2 件,泥质陶盒 1、壶 2 件,泥质灰陶罐 3 件,共存"原始瓷"瓿 1、"硬釉陶壶"2 件,以及玉璧 1、铜镜 1 件等。发掘者认为这座墓的陶器与真山 D2M1 和 D3M1 出土的相同,推断这座墓的年代也是战国晚期。其余的 5 座被归入汉代。其中年代为西汉早期的 D4M1,出土了"釉陶"鼎、盒、壶、瓿各 1 件,共存灰陶罐 5、黑皮陶罐 1 件,据称还有残朽的铜镜和漆器。[5]

2001 年苏州博物馆在苏州虎丘乡徐家坟清理了 7 座汉墓,均为长方形竖穴土

[1] 苏州博物馆:《真山东周墓地:吴楚贵族墓地的发掘与研究》,文物出版社,1999 年。
[2] 张恒:《浙江嵊州市剡山汉墓》,《东南文化》2004 年第 2 期。
[3] 宣州市博物馆:《宣州市战国墓清理简报》,《文物研究》第 12 辑,1999 年。
[4] 金翔:《浙江安吉县垄坝村发现一座战国墓葬》,《考古》2001 年第 7 期。
[5] 苏州博物馆:《苏州真山四号墩发掘报告》,《东南文化》2001 年第 7 期。

坑墓。发掘者认为该墓群"应属于西汉晚期",但从发表的资料看,至少年代较早的 M11 和 M12 可早至西汉早期,随葬品均以"釉陶"为主,其中 M11 出土了"釉陶"鼎 2、盒 2、壶 2、瓿 3 件,共存灰陶罐 4、盂 1、"橙黄陶罐"1 件,此外还有漆耳杯、漆盒和 铜镜;M12 出土了"釉陶"鼎 2、盒 2、壶 2、瓿 2 件,共存灰陶罐 7、盂 1 件,据称也有 漆奁、铜镜痕迹。[1]

2006 年在浙江安吉发掘的五福 M1,为一座规模较大、带斜坡墓道的竖穴土坑 木椁墓,虽被盗扰,仍出土了大批遗物,其中有泥质灰陶鼎 6、盒 4、豆 6、钫 6、杯 4 件,另外还有钤印陶片 1 套 99 件,陶俑 7 件;共存的有铜剑、戈、盂、镜各 1 件;漆木 器 21 件(套),包括奁 1、盒 2、卮 1、耳杯 9、盘 1、案 1、凭几 1、瑟 1、六博 1 套、篦子 1、 虎子 1、坐便架 1、髹漆竹杆铜镞箭 5、木俑 7 件等。发掘者推断该墓的主人"应是楚 灭越后楚国派遣至越地尚未被吴越文化同化的楚国人","其下葬时间当在楚灭越 的初期,即春申君封吴后的战国末年"。[2]

2006 年在南京市江宁区湖熟镇窑上村清理的两座木椁墓,均有斜坡墓道,其 中编号为 M6 的出土了 27 件"陶器",据称"除一件硬陶瓿外均为泥质灰陶",包括 鼎 4、双耳罐 4、豆 4、盒 1、碗(杯?)1、钵(盂?)2、器盖 1、罐 5、簸箕(勺)1、圈足 2、瓿 1 件。至于那件"硬陶瓿",实际上是"器身通体施浅青灰色釉"的钙釉器。此外,该 墓还出土了玉璧 1、玉环 1、玉璜 1 件,以及铜盆和铜器柄各 1 件。编号为 M7 的墓 葬出土的"陶器"只有 3 件,包括 1 件泥质灰陶豆和 2 件鼎(其中 1 件"施酱釉"), 共存的有铜镜 1、铜带钩 1、剑格 1、铜环 7、"编钟"9、铎(?)1 件,玉璧 1、玉佩 1、料珠 1、蜻蜓眼珠 1 件。发掘者推断两座墓的年代为西汉早期。[3]

2007 年在江苏南京秦淮区宝塔顶 10 号院清理的一座长方形竖穴土坑木椁墓(编 号 M6),出土遗物 13 件,包括陶鼎 2、豆 2、壶 2、簠(盒)2、罐 1 件,以及少量漆木器、骨 器、铜器等。发掘者将该墓的年代"初步定为战国末期,可能会延续到西汉初期"。[4]

[1] 苏州博物馆:《苏州虎丘乡汉墓发掘简报》,《东南文化》2003 年第 5 期。
[2] 浙江省文物考古研究所、安吉县博物馆:《浙江安吉五福楚墓》,《文物》2007 年第 7 期。
[3] 南京市博物馆、南京市江宁区博物馆:《南京市湖熟镇窑上村汉代墓葬发掘简报》,《东南文化》 2009 年第 4 期。
[4] 南京市博物馆:《南京秦淮区宝塔顶 10 号院战国墓发掘简报》,《东南文化》2009 年第 4 期。

2007 年在浙江余杭义桥墓地发掘两汉墓葬 47 座。[1]按照发掘者的分期,属于西汉早期的有 5 座,均为土坑墓。其中年代较早且保存完整的 M38,出土了 9 件"釉陶器",即鼎 2、盒 2、壶 2、瓿 2、盒盖 1 件。同墓地因施工破坏的 M28 和 M33,出土器物的组合和器形都与 M38 基本相同,M28 出土了釉陶器 8 件,为鼎 2、盒 1、壶 2、瓿 2、熏炉 1 件;M33 共修复了釉陶器 9 件,为鼎 2、盒 2、壶 3、瓿 2 件。

总的来看,上述江东地区战国秦汉之际墓葬所揭示的文化面貌与之前流行的吴越文化墓葬显著不同,不仅墓葬形制普遍流行竖穴土(岩)坑(木椁)墓,相应的随葬品内涵也发生了重大变化。除了极少数墓葬本身缺乏随葬品以外,绝大多数墓葬都出土了成组的陶瓷器,使得本文的研究成为可能。

二、陶瓷器的主要器形

上述江东地区战国秦汉之际墓葬中随葬的陶瓷产品若从质地上进行分类,主要可分为两大系统:一是普通泥质陶系统,包括报告中所说的泥质灰陶、灰色软陶、泥质红陶、黑胎陶、泥质黑衣陶、橙黄陶等;二是钙釉器系统,包括了报告中所谓原始瓷、釉陶、硬釉陶,以及被称为"硬陶"甚至"灰陶"但实际施有钙釉的产品等。对于这两大系统,本文分别称之为 A 类和 B 类。至于其他少量未施釉的硬陶或印纹硬陶,其胎质与 B 类钙釉系统的器物基本相同,但为了便于组合分析,本文暂以C 类相区别。[2]下面就各自主要的器物类型介绍如下:[3]

A 类普通泥质陶器:器物种类相对较多,有鼎、盒、壶、钫、罐、豆、杯、勺、斗、俑(俑头、俑手)、盂、瓿、三足盘、纺轮、冥币等。依据器物形态的差别,本文对鼎、盒、

[1] 杭州市文物考古所、余杭区博物馆编著:《余杭义桥汉六朝墓》,文物出版社,2010 年。

[2] 关于战国秦汉时代陶瓷产品的分类,目前学界缺乏统一的认识,其中有关汉代陶瓷分类的讨论,参见拙稿《汉代陶瓷分类问题管见》,《中国文物报》2006 年 7 月 28 日第 7 版。本文 A、B、C 类的划分,主要是从江东地区战国秦汉之际墓葬随葬陶瓷器的实际状况出发、便于组合分析而进行的,特此说明。

[3] 因本文的重点在于考察不同质地的器物在组合中的搭配情况,加上所涉及的墓葬数量有限、年代范围窄,故只进行型的划分,暂不做分式研究。

壶、钫、罐、俑类器物进行了分型。

鼎：按整体器形可分两型。

Aa 型：高蹄足型，数量较多。标本青浦福泉山 M1∶8，高 26.6 厘米（图 1－1，1）；标本苏州真山 D3M1∶10，高 21.4 厘米（图 1－1，6）。

Ab 型：矮足型，数量较少。标本余姚老虎山 D1M14∶15，高 20.8 厘米，器表有彩绘（图 1－1，22）。

盒：在考古报告中或称为"簋"或"敦"。按圈足的不同分为三型。

Aa 型：圜底或平底，腹较浅，弧形盖。标本江宁湖熟窑上村 M6∶20，高 13.2 厘米（图 1－1，2）。

Ab 型：圈足，数量较多，有的圈足较高，盖多为弧形，部分在盖顶有捉手。标本青浦福泉山 M1∶6，弧形盖，高 15.2 厘米（图 1－1，12）；标本青浦福泉山 M2∶5，盖顶有捉手，高 16.4 厘米（图 1－1，7）。

Ac 型：空心假圈足，数量很少。标本南京宝塔顶 M6∶7，缺盖，高 11.2 厘米（图 1－1，16）。

壶：均为侈口、有较高圈足，按系耳或铺首的有无及其差异分三型。

Aa 型：肩部有双系，有耸肩或圆肩的区别。标本青浦福泉山 M1∶3，腹最大径偏上，高 27.4 厘米（图 1－1，3）。

Ab 型：肩部有对称铺首。标本宣州石板桥小学战国墓出土 II 式壶，圆鼓腹，高 27.8 厘米（图 1－1，8）。

Ac 型：肩部无铺首，也无系纽。标本苏州真山 D4M3∶14，高 34 厘米（图 1－1，23）。

钫：均有圈足，按铺首或系耳的有无分两型。

Aa 型：无铺首或系耳，带盖者盖顶或有纽。标本青浦福泉山 M88∶21，覆斗形盖上有四纽，通高 53.8 厘米（图 1－1，21）。

Ab 型：腹部两侧有对称的铺首。标本嘉定外冈墓出土 1 件，带盖，高 40 厘米（图 1－1，24）。

罐：种类较多，器形差别较大，可分五型：

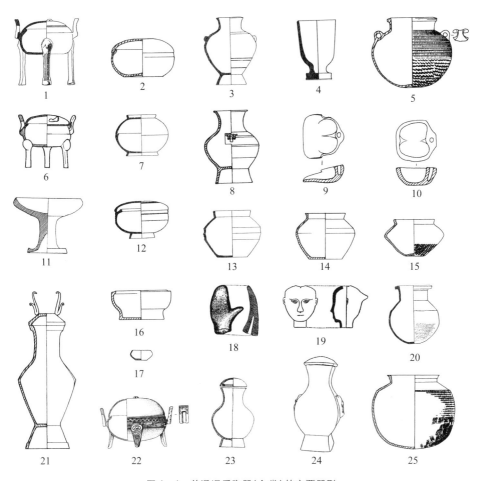

图1-1　普通泥质陶器(A类)的主要器形

　　1. Aa型鼎(青浦福泉山M1)　2. Aa型盒(湖熟窑上村M6)　3. Aa型壶(青浦福泉山M1)　4. 杯(青浦福泉山M2)　5. Ab型罐(湖熟窑上村M6)　6. Aa型鼎(苏州真山D3M1)　7. Ab型盒(青浦福泉山M2)　8. Ab型壶(宣州石板桥小学)　9. A类勺(青浦福泉山M88)　10. A类斗(青浦福泉山M88)　11. A类豆(苏州真山D4M2)　12. Ab型盒(青浦福泉山M1)　13. Ad型罐(青浦福泉山M2)　14. Ad型罐(南京宝塔顶M6)　15. Ae型罐(苏州徐家坟M11)　16. Ac型盒(南京宝塔顶M6)　17. A类盉(苏州徐家坟M12)　18、19. Ab型俑(无锡施墩M5)　20. Aa型罐(青浦福泉山M4)　21. Aa型钫(青浦福泉山M88)　22. Ab型鼎(余姚老虎山D1M14)　23. Ac型壶(苏州真山D4M3)　24. Ab型钫(嘉定外冈)　25. Ac型罐(青浦福泉山M88)(按:本文图中所采纳器物线图均来源于正式发表的考古报告,未能按统一比例调整大小,特此说明。另外,文中质地分类用大写字母,器型用小写字母,未分型者皆以"类"相称,下同)

Aa 型：高领、圜底。标本青浦福泉山 M4：1，圜底内凹，腹下饰粗绳纹，高 24 厘米(图 1-1,20)。

Ab 型：双耳、圜底。标本江宁湖熟窑上村 M6：15，圜底内凹，通体饰绳纹，高 24.2 厘米(图 1-1,5)。

Ac 型：大口、圆鼓腹、圜底。标本青浦福泉山 M88：23，肩部以下饰抹断绳纹，下腹至底部饰绳纹，高 36 厘米(图 1-1,25)。

Ad 型：大口、平底。数量较多，有折肩或圆肩的区别。标本青浦福泉山 M2：3，直口、折肩，肩部有"吴市"印文，高 19.2 厘米(图 1-1,13)；标本南京宝塔顶 M6：9，斜折肩，高 17.8 厘米(图 1-1,14)。

Ae 型：大口、折腹、圜底。标本苏州徐家坟 M11：17，圜底微凹，饰篮纹，高 15.4 厘米(图 1-1,15)。

俑：按制作方法分两型。

Aa 型：整体俑。安吉五福 M1 出土的 7 件陶俑均为立俑，为陶泥捏塑而成，饰彩绘，高 48~51 厘米。

Ab 型：头手分制。由于躯干可能为木制，通常考古所见只有陶俑头、陶俑手。标本无锡施墩 M5 所出，头为合模制作，中空有孔，手的腕端也有孔(图 1-1,18、19)。

其他未分型的普通泥质陶器物还有：豆多为浅盘豆，柄有高矮之分，标本苏州真山 D4M2：2，高 12.3 厘米(图 1-1,11)。杯为筒形，有粗细之分，标本青浦福泉山 M2：8，高 12.5 厘米(图 1-1,4)。勺和斗多成套出土，如青浦福泉山 M88 所见，均有装柄的圆孔(图 1-1,9、10)。盂均敛口、器形较小，标本苏州徐家坟 M12：2，高 4.5 厘米(图 1-1,17)。此外，还有一些器形如甑、匜(?)、三足盘、纺轮等，数量少，大多缺乏线图，不逐一介绍。

B 类钙釉器：器物种类相对较少，主要有鼎、盒、壶、瓶、熏炉、罐等器形。

鼎：均为三矮足，腹部通常有一周弦纹或类似凸棱的折线，盖上多有三纽。标本苏州徐家坟 M12：5，盖纽呈 8 字形，高 17.4 厘米(图 1-2,7)；标本余姚老虎山 D1M14：5，盖顶中心有半环形纽，高 18.2 厘米(图 1-2,1)。

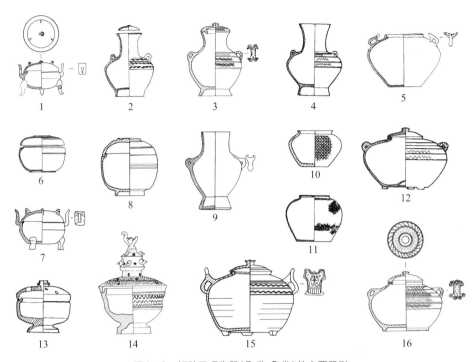

图1-2　钙釉及硬陶器(B类、C类)的主要器形

　　1. B 类鼎(余姚老虎山 D1M14)　2. Bb 型壶(苏州真山 D4M3)　3. Ba 型壶(余姚老虎山 D1M14)
4. Bb 型壶(苏州真山 D3M1)　5. Ba 型瓿(苏州真山 D4M3)　6. B 类盒(苏州真山 D4M1)　7. B 类鼎
(苏州徐家坟 M12)　8. B 类盒(余杭义桥 M38)　9. C 类壶(安吉垄坝 D1M2)　10. C 类罐(余姚老虎
山 D1M10)　11. B 类罐(苏州真山 D4M2)　12. Bb 型瓿(苏州真山 D3M1)　13. B 类熏炉(苏州真山
D3M1)　14. B 类熏炉(余姚老虎山 D1M14)　15. Bc 型瓿(余杭义桥 M38)　16. Bb 型瓿(余姚老虎山
D1M14)

　　盒:均有圈足,腹较深,盖上多有捉手。标本苏州真山 D4M1∶9,腹部有一道
凹弦纹,高 13.7 厘米(图 1-2,6);标本余杭义桥 M38∶7,腹部有两组弦纹,高 16.7
厘米(图 1-2,8)。

　　壶:均侈口、双耳、圈足。按系耳差异分两型,

　　Ba 型:索辫耳。标本余姚老虎山 D1M14∶32,带盖,高 28.5 厘米(图 1-2,3)。

　　Bb 型:桥形耳,耳面通常饰叶脉纹。标本苏州真山 D4M3∶13,带盖,高 26.8
厘米(图 1-2,2);标本苏州真山 D3M1∶2,高 27.5 厘米(图 1-2,4)。

　　瓿:按口、耳特征分三型。

Ba 型：大口、平底。标本苏州真山 D4M3∶5,无盖,高 21.5 厘米(图 1-2,5)。

Bb 型：小口、三足或圈足,索辫形耳。标本苏州真山 D3M1∶4,三足,带盖,高 23.6 厘米(图 1-2,12);标本余姚老虎山 D1M14∶48,圈足,带盖,高 23.8 厘米(图 1-2,16)。

Bc 型：小口、三足或平底,铺首形耳,铺首顶端高于器口。该型瓿数量较多。标本余杭义桥 M38∶3,带盖,高 22 厘米(图 1-2,15)。

熏炉：器身多呈矮圈足豆形,盖上多有立鸟装饰。标本苏州真山 D3M1∶1,高 10 厘米(图 1-2,13);标本余姚老虎山 D1M14∶47,高 23.2 厘米(图 1-2,14)。

罐：施钙釉的罐类器物在江东地区战国秦汉之际的墓葬中还非常少见,这一点与 A 类普通泥质陶的罐种类繁多形成鲜明对比。标本苏州真山 D4M2∶4,尖唇直口,大平底,"口沿下饰几道水波纹,腹体饰米筛纹",高 16.7 厘米(图 1-2,11)。

C 类无釉硬陶：器形仅见壶、罐,数量少。

壶：空心假圈足。标本安吉垄坝 D1M2∶3,为褐陶,饰对称牛首形耳,高 30.6 厘米(图 1-2,9)。

罐：大口、平底。标本余姚老虎山 D1M10∶6,通体拍印米字纹,高 10.6 厘米(图 1-2,10)。

三、陶瓷器的组合搭配与年代关系

笔者在对上述江东地区已发表的战国末期至西汉初期墓葬资料整理时注意到,构成不同墓葬随葬陶瓷器组合的产品,除了器形上的差异以外,往往还存在着质地上的变化,并且 A 类普通泥质陶器与 B 类钙釉器之间还存在着明显的此消彼长的"互动"关系。具体来说,江东地区战国秦汉之际墓葬中的陶瓷器组合搭配主要存在以下六种情况：

第一种：以较单纯的 A 类普通泥质陶器组合,尤其是成组的"仿铜陶礼器"组合为特征。在上海青浦,江苏无锡、苏州、南京,安徽宣城,浙江余姚、安吉、宁波、长兴等地均有发现。排除资料报道过于简略的以外,目前能明确归入该种组合的墓葬有12座,其中器形基本清楚的有10座(具体情况参见表1-1)。

表1-1　江东地区战国秦汉之际墓葬陶瓷器组合简表(第一种)

墓葬单位	A类普通泥质陶器						出　处
	鼎	盒	壶	钫	罐	其　他	
青浦福泉山 M1	Aa-2	Ab-2	Aa-2		Ad-1	豆2	《考古》1988年第8期
青浦福泉山 M2	Aa-2	Ab-2	Aa-2		Ad-1	豆2、杯2、匜? 1	《考古》1988年第8期
青浦福泉山 M4	Aa-1	Aa-1		Aa-1	Aa-1	豆1、勺2、俑头2、俑手4	《考古》1988年第8期
青浦福泉山 M88	Aa-2	Ab-2		Aa-2	Ac-2	豆2、杯2、勺2、斗2、俑头4、俑手4	《考古》2003年第11期
无锡施墩 M5	Aa-2	Ab-1		Aa-2		杯2、勺2、斗2、俑头、俑手	《文物参考资料》1956年第6期
苏州真山 D2M1	Aa-2	Aa-2		Aa-2	Ab-1	杯2、勺2、斗2、盘?、俑头1	《真山东周墓地》
余姚老虎山 D1M1	A?-2	A?-2	A?-1	Aa-3		三足盘1	《沪杭甬高速公路考古报告》
余姚老虎山 D1M2	A?-1	A?-1				豆1、器形不明者1	《沪杭甬高速公路考古报告》
宣城县砖瓦厂 M1	Aa-2	A?-2		Aa-2	Ad-4	豆2、杯2	《安徽省考古学会会刊》第7辑
宣州市石板桥小学	Aa-2	Aa-2	Ab-1 Ac-1	Aa-2			《文物研究》第12辑
安吉五福 M1	Aa-6	A?-4		Aa-6		豆6、杯4、钤印陶片99	《文物》2007年第7期
南京宝塔顶 M6	Aa-2	Ac-2	Ac-2		Ad-1	豆2	《东南文化》2009年第4期

说明:表中"-"符号之前的字母表示器物类型,"-"之后的数字为同型器物的数量,未分型的器物均直接标明数量,器型不明或数量不明者均以问号"?"表示。

从表 1 - 1 中可以看出，第一种组合中的器形是以鼎、盒、壶、钫、豆、罐为主，有的还有杯、勺、斗、俑头、俑手等。通常在以墓葬为单位的仿铜陶礼器组合中每类器物多以 2 件为常，也有类似青浦福泉山 M4 那样仅 1 件的，规模较大的安吉五福 M1 中单类器物的数量则明显增多。这似乎表明，江东地区战国秦汉之际出现的此类仿铜陶礼器组合的数量多寡与墓葬规模等级之间仍存在着一定的对应关系。上述组合，无论质地、器形还是数量关系均与邻近的江淮地区甚至湖南地区的战国晚期楚墓基本一致，加上墓葬形制也多承载了典型的楚文化传统，因此，相对于江东地区而言，该类墓葬的出现具有明显的"外来"特征。从上海青浦战国墓的发现来看，[1]1979 年发掘的上海青浦庄泾港 2 座被认为是战国中期的墓葬中，我们仍能看到江东地区越墓常见的原始瓷碗和杯以及印纹硬陶坛（罐）之类器物。而在福泉山墓地发现的几座第一种组合的墓葬中，均已不见类似器物了。那么，这种由原始瓷、印纹硬陶组合到 A 类普通泥质陶（尤其是仿铜陶礼器）组合的转变发生在青浦一带的时间应大致在战国中期以后。故从 20 世纪 80 年代以来，学者们通常是将这类墓葬作为战国晚期楚墓看待的。[2]

然而，从器形看，尽管第一种组合中的鼎均为 Aa 型高蹄足鼎，钫也都是 Aa 型，但共存的盒、壶却存在三种不同的器形，尤其是罐，尽管每座墓中往往只有一种类型的罐，但器形却呈现出多样化的特点（有 Aa 型高领罐、Ab 型凹圜底双耳罐、Ac 型圜底罐、Ad 型大口罐），并且这些罐大都是战国晚期以来在长江中游地区曾流行的器物类型，尤其是 Ab 型凹圜底双耳罐和 Ad 型大口罐还常见于秦墓或秦统治时期的墓葬之中，在江淮地区的战国晚期楚墓中非常罕见，但西汉早期墓葬中却大量涌现，这一现象的确是耐人寻味的。这或许表明有关墓葬并非能简单地以"楚墓"来概括。更为重要的是，在青浦福泉山 M2 出土的 Ad 型红陶罐的肩部还发现有"吴市"二字的戳印。而战国晚期以来此类戳印文的出现也往往和秦的统治有关，[3]故有

---

[1] 上海市文物保管委员会：《上海青浦县重固战国墓》，《考古》1988 年第 8 期。

[2] 有关研究参见本书第 1 页注[3]所揭文。

[3] 俞伟超：《秦汉的"亭""市"陶文》，《先秦两汉考古学论集》，文物出版社，1985 年。俞伟超先生指出，战国晚期以来出现的亭、市陶文，"本是秦器所专有的，后来随着秦国的统一六国过程，才在东方六国故地出现"。

理由认为青浦福泉山 M2 的实际下葬年代可能已晚至秦统一江东之后,"吴市"罐的出现应是秦文化的影响在江东地区留下的印记。如果这一推论不误,有关江东地区随葬第一种组合墓葬的断代,自然要重新审视了。就表 1-1 所见的"仿铜陶礼器"组合而言,以鼎、盒、钫为核心组合的墓葬有 6 座,大多都共存有豆、罐以及杯、勺、斗、俑等;以鼎、盒、壶为核心组合的墓葬有 3 座,均共存有豆、罐,但未见勺、斗和俑;而壶、钫共存且以鼎、盒、壶、钫为核心组合的墓葬仅有 2 座,均未见共存豆、罐、杯、勺、斗、俑。这种组合上的差异,除了可能存在不同的文化渊源以外,也可能与第一种组合本身延续时间较长、存在年代早晚的发展变化有关。

第二种:仍以 A 类普通泥质陶的"仿铜陶礼器"组合为主但同时加入了少量 B 类钙釉器而构成一种"混合型"组合。在上海嘉定、江苏苏州、南京等地均有发现,已报道的有 4 座(参见表 1-2)。

在该类组合中,A 类普通泥质陶的器形主要有鼎、盒、壶、钫、豆、杯、勺、罐等,所谓"仿铜陶礼器"也存在以鼎、盒、壶,鼎、盒、钫或鼎、豆、钫为核心的区别。与第一种组合相比,普通泥质陶仿铜礼器自身的组合仍基本完整,主要器形也基本一致,大多仍具有鲜明的楚文化特点,上海嘉定墓中冥币陶"郢爰"的随葬也说明了这一点。而与泥质陶礼器共存的 B 类钙釉器主要是 Bb 型壶和各类瓿,个别仍见施加印纹的所谓原始瓷罐,器物种类相对较少、数量有限。从真山 D4M3 来看,如果说该墓中钙釉器的"加入"是与普通泥质陶共同构成一套组合的话,那么 Bb 型壶与 Ac 型壶各 2 件,在器类上就给人以"重叠"的感觉,显得组合比较"生硬"。而这种生硬应该说正是文化变迁中的一种新迹象。

就钙釉壶、瓿的器形而言,Bb 型钙釉壶均有纵向的双系,圈足较高,这些特征在江东地区战国晚期以前的原始瓷器中看不到渊源,反倒和第一种普通泥质陶组合中的 Aa 型壶器形接近,只是质地发生了变化、装饰不同而已。事实上,Aa 型壶和 Bb 型壶在整体形态上都和战国中晚期以来流行的铜铺首壶近似,只是将铺首变成了纵向的双系,推测都是"仿铜"的结果。至于瓿的形制,则呈现出多样化的特点,相对于江东地区先秦流行的原始瓷瓿而言,在器形上既有"继承"也有"创新"。类似真山 D4M3 的 Ba 型大口瓿在江东地区战国早中期墓

表 1-2　江东地区战国秦汉之际墓葬陶瓷器组合简表（第二至第六种）

组合	墓葬单位	A类普通泥质陶器						B类钙釉陶器					C类硬陶	出处
		鼎	盒	壶	钫	罐	其他	鼎	盒	壶	瓿	其他		
第二种	上海嘉定外冈	Aa-？	A？-？		Ab-？		豆、杯、勺、陶"郭妥"				Bc-1			《考古》1959年第12期；《文物》1959年第12期
	江宁湖熟M6	Aa-4	Aa-1			Ab-4 Ad-5	豆4、勺1、盂2、器盖1、圈足2、甑1				Bb-1			《东南文化》2009年第4期
	苏州真山D4M2	Aa-1	Aa-1									罐1		《东南文化》2001年第7期
第三种	苏州真山D4M3	Aa-2	Ab-1	Ac-2		Ad-3	豆2			Bb-2	Ba-1			《东南文化》2001年第7期
	苏州真山D3M1	Aa-4	Ab-2				俑头1			Bb-2	Bb-2			《真山东周墓地》
	安吉垒坝D1M2	Aa-2	Ab-1										壶2	《考古》2001年第7期
第四种	苏州真山D4M1					Ad-6		1	1	Ba-1	Bc-1			《东南文化》2001年第7期
	苏州徐家坟M11					Ad-3 Ae-2	盂1	2	2	Ba-2	Bc-3			《东南文化》2003年第5期
	苏州徐家坟M12					Ad-7	盂1	2	2	Ba-2	Bc-3			《东南文化》2003年第5期

（续表）

组合	墓葬单位	A类普通泥质陶器						B类钙釉器					C类硬陶	出处
		鼎	盒	壶	钫	罐	其他	鼎	盒	壶	瓿	其他	硬陶	
第四种	余杭义桥汉六朝墓 M28							2	1	Bb－2	Bc－2	熏炉1		《余杭义桥汉六朝墓》
	余杭义桥 M33							2	2	Bb－3	Bc－2			《余杭义桥汉六朝墓》
	余杭义桥 M38							2	2	Bb－2	Bc－2	盒盖1		《余杭义桥汉六朝墓》
	青浦骆驼墩					Ac－2 Ad－7	陶"半两"	2	2	Bb－2	Bc－2			《考古》1965年第4期
	青浦福泉山 M18					Ac－3 Ad－10	泥"半两"	4	4	B－3	Bc－3			《考古》1988年第8期
	青浦福泉山 M39					Ac－1 Ad－3	泥"半两"	2	2	B?－1	Bc－2			《考古》1988年第8期
第五种	余姚老虎山 D1M14	Aa－2 Ab－2 A?－3	Aa－1 Ab－3	Aa－4	Aa－1 A?－3		豆6,纺轮1, 器形不明者3	4		Ba－4	Bb－5	熏炉2		《沪杭甬高速公路考古报告》
第六种	余姚老虎山 D1M10									Bb－2	Bb－2		罐2	《沪杭甬高速公路考古报告》

说明：表中"－"符号之前的字母表示器物类型，"－"之后的数字为同型器物的数量，未分型的器物均直接标明数量，器型不明或数量不明者均以同号"?"表示。

葬中就已经非常流行,在无锡、[1]长兴、[2]上虞[3]等地的越墓中均有出土。而Bb型和Bc型小口瓿则完全是新的钙釉器型,尤其是Bc型瓿在整体造型以及耳、足特征上都与战国时期曾流行、西汉时期墓葬仍有出土的青铜罍(或称瓿)[4]一致,尺寸也大体接近,显然也应该归属于"仿铜"的系列。

年代上,第二种组合中虽出现了B类钙釉器,但共存的A类陶器如Ab型凹圜底双耳罐、Ad型大口罐,还有鼎、豆、盒、钫等器形也都和第一种组合中的同类器物基本相同,只是组合方面未见到勺、斗共存并出陶俑头、陶俑手的情况,这或许表明第二种组合的流行时间与第一种组合存在交叉,但整体上可能略晚一些。

第三种:以A类普通泥质陶器与B类钙釉器(或C类硬陶器)共同组成一套"仿铜陶礼器"组合为特征。所谓共同组成,是指在器类上具有相互补充、相互配合的特点而言的,而这正是与第二种组合有着明显区别的地方。在无锡、[5]苏州、安吉等地均有发现,已报道的组合明确的仅2例(参见表1-2)。相对于前两种组合而言,A类普通泥质陶的器类进一步减少、自身的"礼器"组合已不完整,仅见鼎、盒。器形上,鼎仍是Aa型高蹄足的楚式鼎,但盒均为Ab型圈足盒,已不见前两种组合中曾出现的Aa型平底或圜底盒了。与普通泥质陶鼎、盒共存的是钙釉的壶、瓿或者无釉的硬陶壶,从而"拼合"成鼎、盒、壶、瓿或鼎、盒、壶的组合。以苏州真山D3M1为例,与属于第二种组合的真山D4M3相比,尽管Bb型钙釉壶的器形一致,但在器物搭配上与A类壶共存的情况消失了,所共同组成的鼎、盒、壶、瓿组合应该说是开启了一种新的组合结构模式,与以后江东地区汉代最为流行的组合结构一

[1] 南京博物院、江苏省考古研究所、无锡市锡山区文物管理委员会:《鸿山越墓发掘报告》,文物出版社,2007年。
[2] 浙江省文物考古研究所、长兴县博物馆:《浙江长兴鼻子山越国贵族墓》,《文物》2007年第1期。
[3] 浙江省文物考古研究所等:《浙江上虞凤凰山古墓葬发掘报告》,《浙江省文物考古研究所学刊》,科学出版社,1993年。
[4] 类似的铜罍在安徽、湖北、湖南、广东、江苏、浙江等地广为流传,时间从战国延续到西汉。淮阴高庄战国墓所见,参见淮安市博物馆:《淮阴高庄战国墓》,文物出版社,2009年;盱眙西汉墓所见,参见盱眙县博物馆:《江苏东阳小云山一号汉墓》,《文物》2004年第5期。其他不一一列举。
[5] 1954年在无锡仙蠡墩发掘的仙M14就有灰陶鼎与釉陶壶、瓿共存的情况。参见朱江:《无锡汉至六朝墓葬清理纪要》,《考古通讯》1955年第6期。

致。安吉垄坝 D1M2 所见,无釉的硬陶壶变为空心假圈足类型,并且饰以牛首形耳(图 1 - 2,9)。同类器形在江东地区十分罕见,但曾出现在湖南南部地区,[1]应属于楚越文化交流的结果。发掘者认为上述两座墓的年代均为战国晚期。但从器形看,不排除真山 D3M1 有晚至汉代的可能性。[2]

第四种:以 B 类钙釉器的鼎、盒、壶、瓿组合为主要特征,或加入了一定数量的 A 类普通泥质陶器而构成。属于此类组合中年代较早的墓葬在上海青浦,江苏苏州,浙江安吉、余杭、嵊州等地均有发现,数量很多,本文只选取了其中组合清楚的 9座(参见表 1 - 2)进行分析。

从表 1 - 2 中可以看出,通常在第四种组合中鼎、盒、壶、瓿每类器物的数量也是以 2 件为常,但也有类似苏州真山 D4M1 那样只有 1 件或者青浦福泉山 M18 那样数量相对较多的情况,但总体差异不大。与第二、三种组合相比的一个显著变化是,A 类普通泥质陶的“仿铜陶礼器”消失,B 类钙釉鼎、盒出现,取代了第三种组合中 A 类泥质陶鼎、盒的位置,并与钙釉壶、瓿共同构成新型组合搭配。若在器形上与属于第三种组合的真山 D3M1 相比,陶瓷器的组合虽基本相同,但有一个突出的新变化就是,在鼎、盒的质地发生转变的同时鼎的器形也发生了变化,流行一种新型的矮足鼎。这种新的 B 类钙釉矮足鼎,在腹部通常有一周弦纹或类似凸棱的折线,具有明显的模仿战国中期以来中原地区流行的腹部带凸棱的铜鼎的特征。这类铜鼎曾伴随着秦统一的历程分布范围显著扩大,并一直延续到西汉时期。故有学者以为西汉初年江东地区所见的钙釉鼎与“中原地区相似,或其代表着一种‘中原汉式’文化因素在浙江地区的流行”,[3]其实只是看到了问题的一个层面。本文认为江东地区放弃 Aa 型高蹄足的楚式鼎,转而大量采用此类矮足鼎的真正原因应该是和秦统一江东的历史背景相关。从渊源上看,自然也和共存的 Bc 型瓿一样,属于“仿铜”的类型了。在鼎的质地和器形都发生转变的同时,共存的 B 类钙

[1] 如衡阳公行山战国晚期墓 M100 出土的 1 件无釉硬陶壶就和安吉所见一致,参见周世荣:《湖南古墓与古窑址》,岳麓书社,2004 年,第 11 页。

[2] 田正标:《江、浙、沪地区战国墓分期初探》,《浙江省文物考古研究所学刊》第九辑,科学出版社,2009 年。

[3] 刘波:《浙江地区西汉墓葬的分期》,《南方文物》2000 年第 1 期。

釉盒基本上都是深腹、圈足型,盖上也多有捉手,器形与部分 Ab 型盒比较接近;B 类钙釉壶有 Ba 型、Bb 型两种系耳特征,但整体器形和器表装饰仍基本一致。

这类新型的钙釉器组合在西汉时期广为流传,且延续时间长,器形的发展演变自成系列,共存的普通泥质陶的器类也随着时代和地区的变化而变化。一般来说,早期都是以生活用器为主,如苏州至青浦一带所见,多为 Ad 型大口平底罐和 Ac 型圜底罐,部分墓葬还随葬了泥或陶的"半两"钱。在苏州真山四号墩,属于该类组合的 D4M1 打破了前述属于第二种组合的 D4M2,从而为这两类组合的时间关系提供了参考。[1]

第五种:相对完整的 A 类普通泥质陶"仿铜陶礼器"组合与新兴的 B 类钙釉器组合并存。在江东地区,目前已知随葬此类组合的仅有 1992 年清理的余姚老虎山 D1M14(具体参见表 1-2)。其 A 类普通泥质陶组合虽然相对完整,但共存的 B 类钙釉器数量较多、种类相对齐全(与第四种组合相比仅缺盒),本身也呈现出明显的组合特征。该墓为老虎山一号墩中发现的 6 座战国晚期至汉初墓葬中规模最大的一座,各类器物的数量也相对较多,显示出一定的特殊性。原报告将该墓年代定在战国末期,但从器物造型来看,尤其是矮足的 Ab 型鼎(图 1-1,22)的出现,不排除其年代有可能在秦统一江东之后,甚至晚至西汉的可能性。[2]

第六种:以少量的 B 类钙釉器和 C 类硬陶共同构成的组合。已知战国秦汉之际的江东地区随葬此类陶瓷组合的墓葬也比较少见。代表性的有 1992 年发掘的余姚老虎山 D1M10(参见表 1-2)。该墓出土的 Bb 型钙釉壶尽管被发掘者称为"原始瓷器",但器形、水波纹装饰以及施釉方式等都与第二、三、四种组合中所见的同类壶一致,而与战国中晚期以前江东地区流行的所谓原始瓷器相比存在着很大的差别。这对于我们正确理解该类组合的年代及其文化属性是有帮助的。该墓打破了前述属于第五种组合的余姚老虎山 D1M14,也为两墓的年代关系提供了依据。

---

[1] 苏州博物馆:《苏州真山四号墩发掘报告》,《东南文化》2001 年第 7 期。

[2] 数年前,笔者和浙江省博物馆的黎毓馨先生在谈论此墓年代时,均一致认为可能晚至西汉初年。最近看到田正标先生的《江、浙、沪地区战国墓分期初探》(《浙江省文物考古研究所学刊》第九辑,科学出版社,2009 年)一文,对于该墓的年代也持基本相同的看法。

四、文化变迁中的器形与质地

通过对江东地区上述战国秦汉之际墓葬随葬陶瓷器的器形以及组合搭配的考察可以看出,经过战国晚期至秦统一时期的历史变迁,当地墓葬随葬的陶瓷器组合也发生了巨大的变化,最主要是以下两个方面:

一是与江东地区先秦吴越文化有着显著区别的第一种 A 类普通泥质陶组合在江东地区的出现与流行。按照通常的理解,这是楚文化"东渐"的结果之一。然而,在本文所说的第一种典型的"楚式"组合出现之前,楚文化已对江东地区产生了长期的影响也是众所周知的。从楚式铜器先后出现在江东地区的吴墓、越墓之中(如苏州虎丘、[1]吴县何山[2]等地的发现)——到越墓中也开始出现受楚文化影响的原始瓷器(如无锡鸿山越墓[3]所见)——乃至仿楚式铜器的泥质陶器组合的出现(如绍兴凤凰山战国墓[4]),江东地区自春秋晚期以来所受楚文化的影响呈明显的由北向南逐步推进并逐渐加重的发展态势。其结果是,对于江东地区一些受楚文化影响深重的战国中晚期墓葬,其文化属性究竟是越是楚已难以分辨。如果说之前江东地区对楚式铜器的模仿(无论是原始瓷器还是普通泥质陶器)是出自当地越人的主动行为的话,那么,类似第一种组合那样在质地、器形、装饰上都完全是典型楚式器的出现,就很难说仍是一种发自越人的主动行为的结果了,而可能是与楚人占据江东有着不可分割的联系了。此类组合的出现,在江东地区的文化发展上之所以仍显得如此突兀,其背后揭示的应是从楚人在文化上影响江东到政治上占领江东后所发生的巨大转变,突显了区域外部政治势力的直接介入所导致的文化"突变"。这恐怕是越人始料未及的吧。

[1] 苏州博物馆考古组:《苏州虎丘东周墓》,《文物》1981 年第 11 期。

[2] 吴县文物管理委员会:《江苏吴县何山东周墓》,《文物》1984 年第 5 期。

[3] 南京博物院、江苏省考古研究所、无锡市锡山区文物管理委员会:《鸿山越墓发掘报告》,文物出版社,2007 年。

[4] 绍兴县文物管理委员会:《绍兴凤凰山木椁墓》,《考古》1976 年第 6 期;绍兴县文物保护管理所:《浙江绍兴凤凰山战国木椁墓》,《文物》2002 年第 2 期。

表 1-3　苏州真山墓地部分墓葬的陶瓷器组合

组合	钙釉器	普通泥质陶器	
一			D2M1
二			D4M2
三			D4M3
三			D3M1
四			D4M1

　　二是在器物种类、造型、装饰方面与江东先秦原始瓷器有着显著区别的新兴钙釉器组合的形成与传播。[1]从第二种组合到第四种组合，我们看到的是新兴的 B 类钙釉器从加入成组的 A 类普通泥质陶组合到逐步取代了泥质陶礼器组合的地位、形成新的钙釉器组合的过程（如以苏州真山墓地的发现为例，展现得非常充分，具体可参见表 1－3）。在这个过程中，也出现了第五种组合那样的特例。如前所述，不少新兴的钙釉器如矮足鼎、Bc 型瓿、Bb 型壶等，造型上都具有明显的模仿战国中晚期以来流行的青铜器的特征。相对于江东地区而言，这些被模仿的青铜器均属于本区域外的文化因素，这也恰说明了江东地区新兴钙釉器组合的形成本身受到了多方的文化影响，是一种文化融合的产物。据本文的分析，江东地区以钙釉鼎、盒、壶、瓿为核心的组合的形成应该是以秦统一江东之后的可能性为大，甚至还有可能晚至秦汉之际。从西汉早期开始，第四种钙釉器组合就开始在江东地区的墓葬中普遍流行，并且向北传播至江淮之间乃至淮河以北地区。[2]

　　总的来看，A 类普通泥质陶与 B 类钙釉器的此消彼长构成了江东地区战国秦汉之际墓葬随葬陶瓷器组合演变的主线。具有楚文化特色的泥质仿铜陶礼器组合的发展经历了从"植入"到逐渐衰微的过程，取而代之的是钙釉系统的"复兴"以及具有典型汉文化特色的新型钙釉礼器组合从"发育"走向"定型"。这种新型钙釉鼎、盒、壶、瓿组合的形成在器物造型上主要是承楚、秦文化之影响；然而就质地而言，采用特殊的黏土（部分器物甚至采用瓷土）为胎并施以钙釉的做法，却仍是当地先秦吴越文化传统的延续。因此可以说，在此类新型钙釉器组合的形成过程中，器形与质地分别承载了不同的文化传统。政治大变动背景下的物质文化演进模式，由此可窥见一斑。

本文原载《文物》2012 年第 4 期。

---

[1] 关于秦汉钙釉器与先秦原始瓷的区别，参见中国硅酸盐学会编《中国陶瓷史》（文物出版社，1982 年）第三章中的有关论述。

[2] 例如徐州奎山汉墓中的发现，就是该类组合在地理分布上较北的一例。参见徐州博物馆：《江苏徐州奎山西汉墓》，《考古》1974 年第 2 期。

2

茧形壶的类型、分布与分期试探

"茧形壶"是战国秦汉时期流行的一种形状独特的器物。由于其腹部的形状特征(正视多呈椭圆形,侧视呈圆形)类似人们熟悉的蚕茧,因而被考古工作者命名为"茧形壶"。[1]

1949 年以来,经正式考古发掘并报道的首例茧形壶是 1955 年在成都羊子山第172 号墓[2]中发现的,随后报道的是西安半坡的发掘资料。[3]自 50 年代以来,在陕西的许多地点以及山西、河南、湖北、江苏、山东、甘肃等地也都有茧形壶出土。据笔者不完全统计,已发现的茧形壶数量在 200 件以上,均为陶器。茧形壶以墓葬出土者为主,少数出土于遗址中的水井、窖穴,也有部分是零散的采集品。随着战国秦汉考古工作的展开和研究的深入,尤其是各地"秦墓"的发现与研究,或多或少都涉及对茧形壶墓的认识以及茧形壶的年代问题。[4]但专门探讨茧形壶的类型、分布、分期的文章尚未见到,本文试就此题目作一尝试。

---

[1] 也有考古报告称作"卵形壶"或"鸭蛋壶"的,或者在报告中与其他的壶形器混杂一起,称之为"某型某式壶"。为行文方便起见,本文采用考古界通常的定名"茧形壶"。至于该器本来的名称,仍是一个有待探讨的问题。

[2] 四川省文物管理委员会:《成都羊子山第 172 号墓发掘报告》,《考古学报》1956 年第 4 期。

[3] 金学山:《西安半坡的战国墓葬》,《考古学报》1957 年第 3 期。

[4] 有关论述主要有:韩伟:《略论陕西春秋战国秦墓》,《考古与文物》1981 年第 1 期;叶小燕:《秦墓初探》,《考古》1982 年第 1 期;李陈奇:《秦代墓葬初探》,《史学集刊》1982 年第 3 期;尚志儒:《秦国小型墓的分析与分期》,《考古与文物》丛刊第 3 号,1983 年;陈振裕:《略论湖北秦墓》,《文博》1986 年第 4 期;滕铭予:《关中秦墓研究》,《考古学报》1992 年第 3 期等。本文为了行文方便,将墓葬中出有茧形壶的墓统称为"茧形壶墓"。

一、茧形壶的类型

由于茧形壶的分布地域较广,许多涉及茧形壶的资料发表得十分零散,加上各地考古工作发展不平衡,发表的材料各有侧重。如已发表的报告中,有的只交待出土茧形壶却没有任何线图或照片;有的则是照片难以辨认或线图绘制得很不准确,文字描述多有遗漏,有的就连有无圈足也没作说明;还有的是墓葬形制或共存器物的情况很难在报告中理出一个完整轮廓。上述情况给资料整理工作带来了极大困难,因此,本文只能选择发表资料中可以辨明器形或相关资料较为完整者,同时参考了自己在曲村整理秦汉墓葬的有关资料,[1]就茧形壶的器形作如下分类(图2-1)。

第一类　圜底型茧形壶。据口部特征可大致分为两型。

A型　小口短颈,横向长圆腹,腹长径一般略大于器高。又分3式。

Ⅰ式　标本1979凤西M43∶5,高29,5、口径10.7、腹长径32.5、短径26厘米。腹部纵向饰以绳纹带。[2]

Ⅱ式　标本"丽山饮宫"遗址T7窖穴出土,泥质灰陶,含少量细沙,胎质坚硬。高57、腹长径71、短径56.5厘米。腹部饰以细线纹及环形带纹。[3]

Ⅲ式　标本杜陵K1∶165,高12.6、口径4.2、腹长径14.6、短径11厘米。颈部有一道凸棱,腹部素面无纹饰。[4]

B型　大口短圆腹,腹部饰以绳纹或席纹,间以纵向的带状抹痕或弦带纹。标本咸阳塔儿坡M28203∶1,短颈斜折沿,方唇,腹部饰绳纹带。高16.5、口径10、腹长径18.5厘米。颈下戳印"咸□西亘"文字。[5]

---

[1] 北京大学考古系和山西省考古研究所曲村工作站的发掘资料。参见本人的硕士毕业论文《曲村秦汉墓葬分期》,北京大学考古系,1990年。

[2] 吴镇烽、尚志儒:《陕西凤翔西村战国秦墓发掘简报》,《考古与文物》1986年第1期。

[3] 秦始皇陵考古队:《秦始皇陵西侧"丽山饮宫"建筑遗址清理简报》,《文博》1987年第6期。

[4] 中国社会科学院考古研究所:《汉杜陵陵园遗址》,科学出版社,1993年。

[5] 咸阳市文物考古研究所:《咸阳塔尔坡战国秦墓发掘简报》,《文博》1997年第4期。

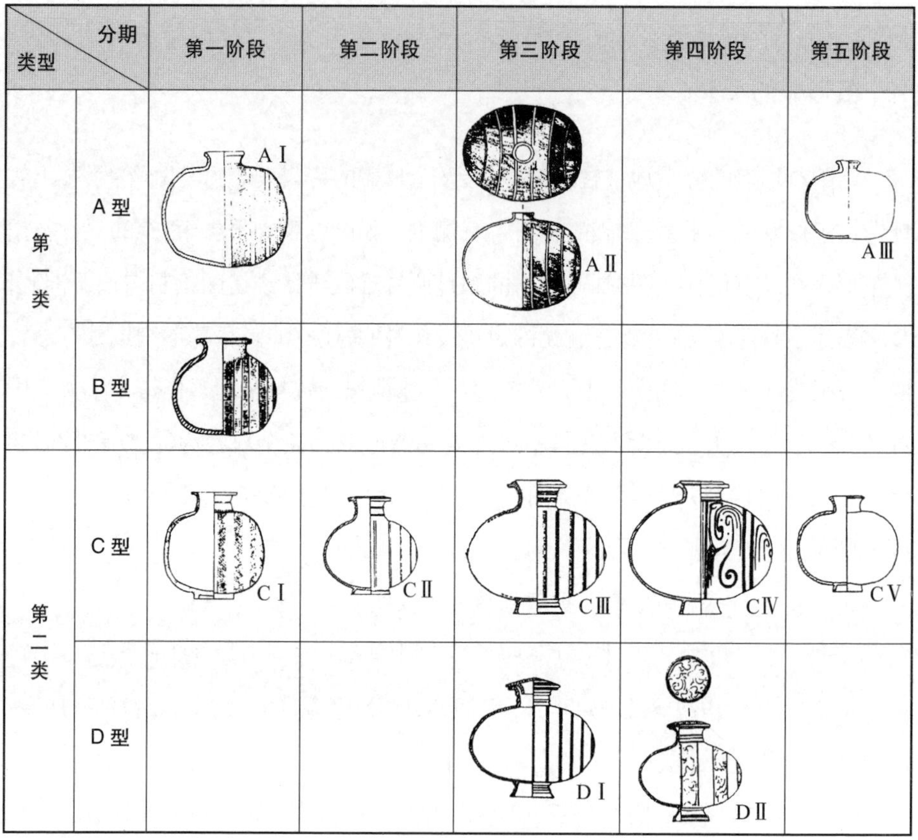

类型 分期	第一阶段	第二阶段	第三阶段	第四阶段	第五阶段
第一类 A型	AI		AII		AIII
B型					
第二类 C型	CI	CII	CIII	CIV	CV
D型			DI	DII	

图 2-1　茧形壶分期图

第二类　圈足型茧形壶。根据盖的有无分为两型。

C型　无盖。分5式。

Ⅰ式　标本铜川枣庙 M6：2，折平沿，束颈，短圆腹，泥条盘成矮圈足。器身饰以交错绳纹，间以抹光带纹。高21.4厘米。[1]

Ⅱ式　腹部绳纹消失，代之以纵向凹弦纹，颈部及圈足多有凸棱1~2周。标本云梦睡虎地 M47：21，折沿下斜，方唇，短圆腹两端略尖。高 25.8、口径 12 厘米。[2]

---

[1] 陕西省考古研究所：《陕西铜川枣庙秦墓发掘简报》，《考古与文物》1986年第2期。
[2] 湖北省博物馆：《1978年云梦秦汉墓发掘报告》，《考古学报》1986年第4期。

Ⅲ式　圈足加高,呈喇叭状,腹部相对加长,两端尖圆。颈部及圈足多有凸棱,腹部仍以成组凹弦纹为主。少数在颈部或腹部弦纹部位出现涂朱现象。标本陕县M3101∶2,侈口,外折沿,高26.5、腹长径27.2厘米。[1]

Ⅳ式　长圆腹,器表通体饰以彩绘。标本侯马房管局M1∶1,侈口束颈,宽折沿,方唇,腹部用红白纵向宽带纹分隔成不同区域,内饰卷云纹。高26、腹长径29.2厘米。[2]

Ⅴ式　细颈矮圈足,腹部短圆,两端圆缓或扁平。器表多饰彩绘。标本曲村M6065∶1,窄沿斜方唇,高22.5、腹长径25.2厘米。[3]

D型　带盖茧形壶。分2式。

Ⅰ式　圈足较高,长圆腹,器表饰以凸、凹弦纹。器形和C型Ⅲ式接近。标本1982年随州出土,侈口卷沿,带榫盖。高31、口径13.7厘米。[4]

Ⅱ式　束颈,通体饰彩绘。标本徐州后楼山XHM∶64,弧面形盖,折曲状圈足。高27、腹长径28.4厘米。腹部以弦纹分隔,饰云气纹。[5]

据我个人的初步统计,上述各类型茧形壶在各地的出土情况参见表2-1。

表2-1　茧形壶的类型与分布关系表

类型		分布	陕西关中	陕南	陕北	河南	山西	四川	湖北	江苏	山东	甘肃
第一类	A型	Ⅰ	✓									
		Ⅱ	✓									
		Ⅲ	✓									
	B型		✓			✓						

[1] 中国社会科学院考古研究所:《陕县东周秦汉墓》,科学出版社,1994年。

[2] 山西省考古研究所侯马工作站:《山西侯马东周、两汉墓》,《文物季刊》1994年第2期。

[3] 北京大学考古系和山西省考古研究所曲村工作站的发掘资料。参见本人的硕士毕业论文《曲村秦汉墓葬分期》,北京大学考古系,1990年。

[4] 随州市博物馆:《湖北随州市城北汉墓》,《文物》1989年第8期。

[5] 徐州博物馆:《徐州后楼山西汉墓发掘报告》,《文物》1993年第4期。

（续表）

类型		分布 陕西关中	陕南	陕北	河南	山西	四川	湖北	江苏	山东	甘肃
第二类	C 型	Ⅰ ✓									
		Ⅱ ✓			✓		✓	✓	✓	✓?	
		Ⅲ ✓	✓			✓			✓		✓
		Ⅳ ✓	✓	✓		✓					
		Ⅴ				✓					
	D 型	Ⅰ						✓			
		Ⅱ ✓				✓			✓		

二、茧形壶的分布

从表 2-1 可以看出,第一类茧形壶主要分布在关中地区(图 2-2)。其中 A 型圜底茧形壶目前只在关中地区有发现。B 型除了关中以外,还见于三门峡一带(见图 2-2"Ⅰ区")。第二类茧形壶的分布范围明显大于第一类,尤其是从 C 型 Ⅱ 式开始,茧形壶的分布范围已向东扩大到东部沿海,并向南到达江汉地区,在西南的成都也有发现。从 C 型 Ⅲ 式开始,扩张的方向似乎有所转变,很明显的是茧形壶在东方和南方的分布范围并没有进一步扩大,C 型 Ⅳ 式、Ⅴ 式以及 D 型都只是在原有的范围内继续发展。相反,关中以西、以北地区开始出现了 C 型 Ⅲ 式和Ⅳ式茧形壶,但均在秦长城范围以内,而在长城外侧还没有出土茧形壶的报道(见图 2-2 "Ⅱ区")。

为进一步弄清茧形壶在分布上变化的历史背景,下面试就几个相对集中的区域作一简单的归纳和对比。

第一是陕西关中地区,这里是秦国的大本营。该地区出土的茧形壶型式最为齐全,出土数量也最多,约占总数的 30%。其中 A 型各式目前只在关中地区有所发现,A 型 Ⅰ 式(小口圜底茧形壶)主要分布于关中西部的凤翔一带和咸阳北的铜川

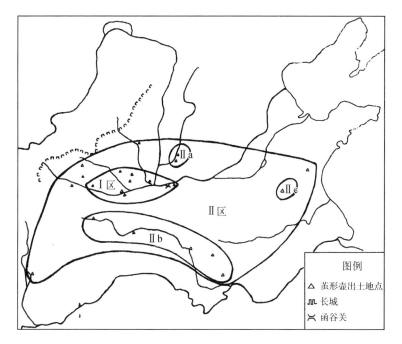

图 2-2　茧形壶分布示意图

地区。目前确知的几件均出土于竖穴土坑墓中。一般每墓只出 1 件,共存陶器组合明确者,如 1979 凤西 M43 为罐、盂、甂,[1] 枣庙 M17 为罐、釜,[2] 1981 凤八 M14 为罐、盆。[3] 其中,1981 凤八 M14 另外还有一组由鼎、甗、盆、盘、匜组成的微型铜器。Ⅱ式曾在咸阳故城、秦始皇骊山陵园的窖藏或水井遗迹中出土,器形较大,属于实用器,[4] 还没有在墓葬中见到。Ⅲ式小口圜底茧形壶只在汉杜陵陵园遗址的陪葬坑发现 1 件,是已知茧形壶中年代最晚的。[5] 至于 B 型大口圜底茧形壶,更集中分布在咸阳及其以北、以东的关中东部地区。最早见于报道的是在西安

[1] 雍城考古队李自智、尚志儒:《陕西凤翔西村战国秦墓发掘简报》,《考古与文物》1986 年第 1 期。

[2] 陕西省考古研究所:《陕西铜川枣庙秦墓发掘简报》,《考古与文物》1986 年第 2 期。

[3] 陕西省雍城考古队:《1981 年凤翔八旗屯墓地发掘简报》,《考古与文物》1986 年第 5 期。

[4] 秦始皇陵考古队:《秦始皇陵西侧"丽山饮宫"建筑遗址清理简报》,《文博》1987 年第 6 期。

[5] 中国社会科学院考古研究所:《汉杜陵陵园遗址》,科学出版社,1993 年。

半坡墓地发现的一批,共9件,分别出土于9座洞室墓中。之后,在耀县、[1]咸阳故城、[2]黄家沟、[3]塔儿坡、[4]大荔朝邑[5]和西安南郊[6]等地都有发现。种种迹象表明,茧形壶的最早发源地很可能就在关中地区。正因如此,有关论著中几乎毫无例外地将茧形壶冠以"秦式器物"的称号。不过,在茧形壶被看成是典型的秦式器物的同时,却很少有人考虑过不同器物形态在分布上的差异,以及这种差异背后的历史原因。

　　第二是河南省的三门峡地区。该地区距离关中的门户——函谷关不远,是进出关中的咽喉所在,地理位置十分险要。战国时期的秦惠文王十三年(前325),张仪率领秦军攻取该地,并"出其人与魏"。[7]此后,三门峡一带成为秦国在关东地区的重要据点,并在秦兼并六国的历史进程中发挥了重要作用。三门峡市司法局墓地是已知除关中以外唯一出土B型茧形壶的地点。将该地区与关中地区出土的B型茧形壶作一对比(参见表2-2)便不难看出,两地茧形壶的尺寸大小都非常接近,高在16~22厘米之间,口径10厘米左右,腹长径大致与高相当。以出土于洞室墓为主。一般每墓随葬1件茧形壶,个别为2件(西安南郊M10)。共出器物主要是日用陶器,有鬲、釜、甑、罐、盆、盂等,数量较少。有的墓除1件茧形壶外别无他物。墓主葬式明确者多为屈肢葬,头向多朝西。有的随身携带铜(铁)带钩。以上情况表明,关中地区(确切地说是关中东部地区)和三门峡地区出土B型茧形壶的墓葬,无论是墓葬形制、墓主葬式、随葬品组合,还是茧形壶的器形和尺寸都呈现出较强的一致性。这种共性应该是共同的时代特征和文化背景的反映。联系当时的历史背景,张仪取陕后秦国势力的东渐应是茧形壶在三门峡地区出现的直接原因。[8]

----

[1] 马建熙:《陕西耀县战国、西汉墓葬清理简报》,《考古》1959年第3期。

[2] 陕西省社会科学院考古研究所渭水队:《秦都咸阳故城遗址的调查和试掘》,《考古》1962年第6期。

[3] 秦都咸阳考古队:《咸阳市黄家沟战国墓发掘简报》,《考古与文物》1982年第6期。

[4] 咸阳市文物考古研究所:《咸阳塔尔坡战国秦墓发掘简报》,《文博》1997年第4期。

[5] 陕西省文管会、大荔县文化馆:《朝邑战国墓葬发掘简报》,《文物资料丛刊》第2辑,1978年。

[6] 王久刚:《西安南郊山门口战国秦墓清理简报》,《考古与文物》1994年第1期。

[7] 《史记·秦本纪》。

[8] 三门峡市文物工作队:《三门峡市司法局、刚玉砂厂秦人墓发掘简报》,《华夏考古》1993年第4期。

表2-2　关中及三门峡地区墓葬出土 B 型茧形壶情况简表

出土地点	墓号	墓型	葬式及头向	茧B件数	茧B尺寸（厘米）	共存陶器	其他共存随葬品	出　处
西安半坡	M8	H1	侧屈，西	1	高 19.4，口 10		铜带钩、印、环，木漆盒	《考古学报》1957 年第 4 期
	M10	H1	仰屈，西	1	高 20，口 11	鬲		
	M14	H1	仰屈，西	1	高 20，口 10.3		铁带钩	
	M19	H1	仰屈，西	1	高 20，口 11			
	M28	H1	？	1	高 19.8，口 10.9	盂		
	M112	H1	仰屈，北	1	高 17.9，口 10			
	M38	H1	仰屈，西	1	高 18.5，口 10.3		漆器	
	M60	H2	侧屈，南	1	高 20.5，口 11		石柱形器 2	
	M29	H3	侧屈，西	1	高 18.6，口 10.2	釜	铜镜	
西安南郊山门口	M7	H1	屈，西	1	高 20.5，口 12，腹 21.5	釜、甑	石块 3	《考古与文物》1994 年第 1 期
	M10	H1	屈，西	2	高 19.6，口 11.2，腹 19.6	釜、盂	铜带钩	
耀县	M11	H1	仰屈，西	1	高 18	钵、釜、壶	铜带钩	《考古》1959 年第 3 期
大荔朝邑	M211	H3		1	？	釜、甑、罐、盆、茧 CⅡ		《文物资料丛刊（2）》
成阳塔儿坡	M28203	H3	仰屈，南	1	高 16.5，口 10，腹 18.5	钵、盆、罐 2、盒？		《文博》1997 年第 4 期
三门峡司法局	M42	P	仰屈，西	1	？		料珠	《华夏考古》1993 年第 4 期
	M178	P	仰直，北	1	高 19.2，口 10.4	鬲、罐、壶		
	M11	H1	仰屈，北	1	？	釜、盆	铁器	
	M52	H1	仰屈，西	1	？	釜、碗		
	M183	H1	仰屈，西	1	？		铜镞，铁带钩	
	M68	H1	仰屈，西	1	？	鬲、罐		

说明：1. 墓葬形制中，P 指竖穴土坑墓，H 指洞室墓，其中 H1、H2、H3 分别代指半坡洞室墓第Ⅰ、Ⅱ、Ⅲ式。

2. 尺寸栏内"腹"指腹部横向长径。

3. 共存器物栏内未标数量者均为 1 件。

在三门峡火电厂、[1]三里桥[2]以及陕县后川村[3]等地还有不少墓葬(均为洞室墓)出土了圈足型茧形壶,已发表材料中可明确判断器形的都属于C型Ⅲ式。共存陶器组合主要以缶、罐为主,未见仿铜陶礼器,这一点与当地出土B型茧形壶的墓葬的组合接近;而且,墓葬形制和共存陶器的器形都具有明显的延续性。但不少此类茧形壶墓中还共存有铜容器(包括鼎、钫、蒜头壶、釜、甑等)或铁釜。引人注目的是,墓主可辨认葬式者均为仰身直肢(参见表2-3),与当地出土B型茧形壶的墓葬有着显著区别,这一变化耐人寻味。[4]

第三是山西南部的侯马、曲沃、襄汾一带(见图2-2"Ⅱa区"),即通常所谓河东地区。该地区本为晋国的中心所在,战国时期曾属于魏国领地,后逐渐被秦占领。史载秦惠文王九年(前329),秦军曾"渡河,取汾阴、皮氏"。在张仪取陕之后的秦昭襄王二十一年(前286)"魏献安邑",次年,"河东为九县"。[5]至此,该地区完全归入秦的版图。见于报道的主要有侯马[6]和襄汾[7]两地发现的茧形壶墓。已发表的材料除侯马乔村的报道过于简略外,侯马的另外3座墓均为洞室墓,襄汾的2座是竖穴空心砖墓。此外,曲村发现的茧形壶墓也是以洞室墓为主,兼有少量竖穴土坑墓。[8]已知该区出土的茧形壶均为C型,包括Ⅱ、Ⅲ、Ⅳ、Ⅴ各式。关于共存陶器,仅少数C型Ⅱ、Ⅲ式茧形壶是与釜、罐类日用器共出,其余均以鼎、盒类礼

[1] 三门峡市文物工作队:《河南三门峡市火电厂西汉墓》,《考古》1996年第6期。

[2] 三门峡市文物工作队:《三门峡市三里桥秦人墓发掘简报》,《华夏考古》1993年第4期。

[3] 中国社会科学院考古研究所:《陕县东周秦汉墓》,科学出版社,1994年。

[4] 三门峡地区含茧形壶的墓葬,从其结构、葬具、葬式的变化以及随葬品组合上的演变可以看出,墓主人的身份及社会地位似乎经历了一个由低到高的变化过程。由此推测,茧形壶墓(至少在三门峡地区)中墓主葬式的变化,除了环境(人文和自然)的影响或制约以外,墓主身份、地位的改变也是不容忽视的重要因素。

[5] 《史记·秦本纪》。

[6] 有关侯马地区发表的茧形壶资料,除本书第27页注[2]所揭文以外,主要还有:山西省文管会侯马工作站:《侯马地区东周、两汉、唐、元墓葬发掘简报》,《文物》1959年第6期;山西省考古研究所侯马工作站:《侯马几处东周陶器墓》,《文物季刊》1996年第3期;吴振禄:《侯马乔村墓地述要》,《晋都新田》,山西人民出版社,1996年,第330页。

[7] 山西省考古研究所、襄汾县博物馆:《襄汾县南寨汉空心砖墓》,《文物季刊》1993年第1期。

[8] 北京大学考古系和山西省考古研究所曲村工作站的发掘资料。参见本人的硕士毕业论文《曲村秦汉墓葬分期》,北京大学考古系,1990年。

器为主,铜容器基本未见(参见表2－3)。

表2－3　墓葬出土C、D型茧形壶共存关系表

墓　葬	器形与数量	墓型	葬式	模型明器	陶礼器	日用陶器	铜容器	漆器	玉器	其他随葬品	出　处
铜川枣庙 M6	CⅠ－1	p									《考古与文物》1986 年第 2 期
大荔朝邑 M211	B－1 CⅡ－1	H3									《文物资料丛刊(2)》
大荔朝邑 M1	CⅡ－1	H	屈			✓					《文物资料丛刊(2)》
凤翔高庄 M39	CⅢ－1	H	直肢		✓	✓					《考古与文物》1981 年第 1 期
甘泉县城	CⅣ－1	H6			✓	?				✓	《考古与文物》1995 年第 3 期
汉中杨家山 M3	CⅢ－4	P			✓	✓	✓		✓	✓	《文博》1985 年第 5 期
安康 M3	CⅣ－2	P		✓	✓	✓					《文物》1992 年第 1 期
成都羊子山 M172	CⅡ－1	P				✓	✓	✓	✓	✓	《考古学报》1956 年第 4 期
襄阳山湾 M18	CⅡ－1	P				✓	✓				《考古与文物》1983 年第 3 期
云梦睡虎地 M9	CⅡ－1	P				✓	✓			✓	《文物》1976 年第 9 期
云梦睡虎地 M47	CⅡ－2	P	仰直			✓	✓	✓	✓	✓	《考古学报》1986 年第 4 期
侯马 515M12	CⅡ－1	H3	仰直			✓				✓	《文物季刊》1996 年第 3 期
侯马 57H6M1	CⅣ	H4			✓						《文物》1959 年第 6 期
侯马房管局 M1	CⅣ－1	H4	仰直		✓					✓	《文物季刊》1994 年第 2 期

（续表）

墓　葬	器形与数量	墓型	葬式	模型明器	陶礼器	日用陶器	铜容器	漆器	玉器	其他随葬品	出　处
襄汾南寨 M1	CⅣ-1	P			✓						《文物季刊》1993 年第 1 期
襄汾南寨 M2	CⅣ-2	P	.		✓						《文物季刊》1993 年第 1 期
三门峡三里桥 M22	CⅢ	H3?	仰直			✓	✓		✓	✓	《华夏考古》1993 年第 4 期
三门峡火电厂 M21	CⅢ?	H3	仰直			✓			✓	✓	《考古》1996 年第 6 期
陕后 M3025	CⅢ-5	H4	仰直			✓	✓				《陕县东周秦汉墓》
陕后 M3101	CⅢ-2	H5	仰直			✓				✓	《陕县东周秦汉墓》
陕后 M3146	CⅢ-1	H4	仰直			✓				✓	《陕县东周秦汉墓》
徐州子房山 M3	CⅡ-2	P			✓	?	✓		✓	✓	《文物资料丛刊(4)》
徐州子房山 M1	CⅢ-5	P			✓	✓	✓	✓		✓	《文物资料丛刊(4)》
临沂银雀山 M4	C-2	P	仰直	✓	✓	✓			✓	✓	《考古》1975 年第 6 期
随州城北	DⅠ-2	P		✓	✓	✓		✓		✓	《文物》1989 年第 8 期
后楼山 XHM	DⅡ-10	H4?		✓	✓	✓			✓	✓	《文物》1993 年第 4 期
徐州米山 M4	DⅡ-2	P		✓	✓	✓			✓	✓	《考古》1996 年第 4 期
米山 M1	DⅡ-3	P		✓	✓	✓			✓	✓	《考古》1996 年第 4 期
米山 M3	DⅡ-2	P		✓	✓	✓			✓	✓	《考古》1996 年第 4 期

（续表）

墓　葬	器形与数量	墓型	葬式	模型明器	陶礼器	日用陶器	铜容器	漆器	玉器	其他随葬品	出　处
奎山	DⅡ-2	P	仰直		✓	✓			✓	✓	《考古》1974年第2期
子房山M2	DⅡ-6	H	仰直	✓	✓	✓				✓	《文物资料丛刊(4)》
韩山M1	DⅡ-8	H6		✓	✓	✓			✓	✓	《文物》1997年第2期

说明：关于墓葬形制,P指竖穴墓(未分类),H指洞室墓。H后的数字代表型式(形制不明者未标),其中H3指墓道长宽均明显大于洞室的土洞墓(相当于半坡Ⅲ式),H4指宽墓道长洞室墓,H5指等宽型洞室墓,H6指窄墓道宽洞室墓。

第四是汉水流域,主要包括陕南汉中和湖北省北部(见图2-2"Ⅱb区")。该地区与关中之间隔有秦岭这一巨大的天然屏障。春秋战国时期,这里长期是楚国的统辖区。自秦惠文王更元九年(前316)司马错灭蜀以后,秦国开始与楚国争夺汉中地区,并逐渐南下,进入楚国中心的江汉地区。秦昭襄王二十九年(前278),白起攻下楚郢都,并设置南郡,迫使楚王东迁淮河流域。[1]至此,汉水流域尽归秦国。已知该区出土茧形壶的墓葬均为竖穴土坑木椁墓,葬式明确者以仰身直肢为主。茧形壶主要有C型Ⅱ、Ⅲ、Ⅳ式和D型Ⅰ式。其中,与前两者共存的器物主要以铜容器为主,兼有漆器和少量日用陶器;而与后两者共存的是以成组陶礼器为主,兼有日用陶器,并出现模型明器。附带说明的是,成都地区虽偏于一隅,且只有羊子山172号墓报道有1件C型Ⅱ式茧形壶出土,但该墓的形制以及随葬品组合都和云梦地区出土同类茧形壶的墓葬呈现出较强的一致性。

第五是江苏徐州地区(见图2-2"Ⅱc区")。徐州古称彭城,为东部地区重要的战略要冲。在秦统一前的最后几年,秦国势力才到达这一地区。已知徐州地区有15座墓出土了55件茧形壶,包括C型Ⅱ、Ⅲ式和D型Ⅱ式,每墓出土茧形壶的数量在2~10件不等。[2]茧形壶的器形特征及共存物都明显地表现出晚于三门

[1]《史记·秦本纪》。

[2]徐州地区发表的材料除本书第27页注[5]所揭文以外,主要还有：徐州博物馆：《江苏（转下页）

峡和江汉地区的某些特点,如共存器物除鼎、盒、壶、钫类陶礼器以外,还有仓、灶、井、磨类模型明器以及男女陶俑等。不少墓中还随葬成套的铜车马器和大量玉器,其中玉枕、玉面罩为其他地区的茧形壶墓所未见。至于墓葬形制,则表现出较强的地方特点。因多在山上开凿,故墓坑往往是石穴而非土坑。尽管如此,也有的开凿成偏洞室(子房山 M2)或洞室(后楼山 XHM)的形状,表明是受到了来自西边流行的洞室墓的影响。

除了以上几个茧形壶分布相对集中的区域外,在关中以西、以北的甘肃东部和陕北地区也曾有茧形壶出土,但数量很少。天水[1]和崇信[2]出土的 2 件均为 C 型Ⅲ式,其中后者的圈足内有阳文戳印“卤”字,口沿部位还阴刻有“二斗”字样,似乎表明该器为当地的产品。陕北甘泉城关 6 号洞室墓出土的茧形壶为 C 型Ⅳ式,是目前所知出土地点较北的一件。[3]山东临沂银雀山 4 号墓中出土的 2 件圈足型茧形壶,为漆衣陶器,较为特殊。[4]

上述各区域茧形壶在共存关系上的发展变化对于探讨茧形壶的发展演变轨迹无疑是非常有意义的。茧形壶在各区域出现的先后顺序都应同某种相应的历史背景有关,这些历史背景是我们判断茧形壶年代的重要依据。

三、茧形壶的分期与年代

根据茧形壶器形特征的演变及共存器物组合的时代特点,并结合在分布范围

(接上页)徐州奎山西汉墓》,《考古》1974 年第 2 期;徐州博物馆:《江苏徐州市米山汉墓》,《考古》1996 年第 4 期;徐州博物馆:《江苏徐州子房山西汉墓清理简报》,《文物资料丛刊》第 4 辑,1981年;徐州博物馆:《徐州绣球山西汉墓清理简报》,《东南文化》1992 年第 3、4 期合刊等。

[1] 甘肃省文物考古研究所、天水市北道区文化馆:《甘肃天水放马滩战国秦汉墓群的发掘》,《文物》1989 年第 2 期。

[2] 陶荣:《甘肃崇信出土的秦戳记陶器》,《文物》1991 年第 5 期。

[3] 陕西省考古研究所、延安地区文管会、甘泉县文管所:《西延铁路甘泉段汉唐墓清理简报》,《考古与文物》1995 年第 3 期。至于内蒙古自治区博物馆收藏的 1 件 C 型Ⅲ式茧形壶(《内蒙古文物考古》1996 年第 1、2 期合刊,第 33 页),因为是从古董店征集,出土地点不明,暂不作分布上的考虑。

[4] 山东省博物馆、临沂文物组:《临沂银雀山四座西汉墓葬》,《考古》1975 年第 6 期。

上变迁的历史背景,茧形壶的发展、演变大致可分为五个阶段(图 2 - 1)。

第一阶段　以 A 型 Ⅰ 式和 B 型为代表,稍晚出现 C 型 Ⅰ 式。它们的共同特征是器表饰以绳纹或线纹,并用抹光的手法对纹饰加以间隔。从分布上看,主要集中于关中地区,晚些时候才在靠近关中的三门峡一带出现。由于三门峡地区是秦国势力最早在关外占领的地区之一,这一历史背景使得对 B 型茧形壶的年代下限有了较可靠的参照。再者,比较三门峡与侯马两地茧形壶在器形演变早晚上的差异便会发现,三门峡地区有 B 型圜底茧形壶而侯马地区却未见。由此推测,关东地区茧形壶从圜底到圈足的转变很可能就在张仪取陕之后到魏献安邑之间。也就是说,本阶段的年代下限应相当于公元前 4 世纪末至公元前 3 世纪初。至于其上限,目前已知的茧形壶均不早于战国中期。[1]

第二阶段　以 C 型 Ⅱ 式为代表。器表绳纹少见,而代以凹弦纹。该阶段是茧形壶在分布范围上的一个大发展时期。除了距离关中较近的山西南部(河东地区)有发现以外,远离关中的四川成都、湖北云梦等地也都有出土。本阶段茧形壶在关东地区的迅速传播及在广大地区所呈现出的较强的一致性,表明它们有着共同的来源,而且在年代上也应大致相当,以这些茧形壶为代表的陶器组合,在共存关系和器形上所表现出的与当地文化传统的巨大反差,体现的是一种社会变动所导致的外来文化因素的渗透。而这种外来因素和关中地区的密切联系,则是秦国在取陕之后灭蜀、占河东、攻郢等一系列向外扩张的重大历史事件的具体展现。因此,本阶段的时间应相当于公元前 3 世纪中叶,个别年代较晚的可能到秦统一。[2]

第三阶段　以 C 型 Ⅲ 式为代表,南方新出现 D 型茧形壶。器表仍流行成组的凹弦纹,彩绘开始出现。墓葬出土者每墓出土数量虽仍以 1 件为常,但也有多至 5

---

[1]　茧形壶出现的时间,学界意见不一,见本书第 24 页注[4]所揭文。从 B 型和 A 型 Ⅰ 式在分布地域上的东西差异,以及后来茧形壶的发展方向来看,A 型早于 B 型出现的可能性是存在的,但关中东部和西部在文化渊源上的差别也不容忽视。因此,关于茧形壶的最早起源问题,仍有待于进一步探索。

[2]　尽管史载秦灭蜀的时间是公元前 4 世纪末,但成都羊子山 M172 出土的茧形壶很可能是后期移民携带入蜀的。原报告将该墓笼统地断为战国时期。宋治民《略论四川战国秦墓葬的分期》认为“属于秦至西汉早期茧形壶的形式”,从而将该墓定为“秦代墓葬,其下限可能到西汉初”(《中国考古学会第一次年会论文集》,文物出版社,1980 年)。本文认为应以战国晚期为宜。

件的。在共存器物的组合上也出现一些新迹象,除了仍有以铜容器为主的以外,出土成套陶礼器的比重明显增加。在分布上,关东地区相对减弱,而关中以西的长城沿线开始出现。这种分布方向上的转变很可能与秦统一前后北防的加强有关。因此,本阶段的时间大致定在公元前3世纪末。

第四阶段 以C型Ⅳ式和D型Ⅱ式为代表,盛行彩绘。茧形壶在关东地区的分布范围进一步缩小,而且地区之间的差异增加,如徐州地区流行D型Ⅱ式,侯马一带则流行C型Ⅳ式。关中除咸阳附近地区[1]以外已很少发现。共存器物中铜容器的数量锐减,而以成套陶礼器为主。每墓随葬茧形壶的数量往往根据陶礼器组合的需要而进行搭配,大都与鼎、盒的件数保持一致。可见此时茧形壶在功能上(至少是在随葬器物组合中所担当的角色)已发生变化,这种原有传统的丧失或改变应该说是文化融合的一种体现。[2]汉取代秦虽然在政治上是统一的中央集权制的延续,但从统治者的文化背景来看,却是关东势力取代关中势力而走上大一统的历史舞台。源于关中的茧形壶所发生的变化,应该说是与这一历史背景的变迁有关。因此,本阶段的时间大致定在西汉前期,约相当于公元前2世纪的大部分。

第五阶段 以C型Ⅴ式为代表,主要集中发现于山西南部地区。共存器物仍以成套陶礼器为主,但明显小型化。个别出土茧形壶的墓葬填土中发现了西汉五铢钱,表明已到了公元前2世纪末。此外,汉宣帝杜陵园陪葬坑中发现的1件A型Ⅲ式茧形壶,也属于该阶段。它表明,茧形壶走向衰亡的时间可能是在汉武帝至汉宣帝时期。

四、结语

本文对茧形壶的初步探讨有以下几点认识:

[1] 陕西省文管会、博物馆、咸阳市博物馆杨家湾汉墓发掘小组:《咸阳杨家湾汉墓发掘简报》,《文物》1977年第10期。
[2] 有关茧形壶从日用陶器向礼器转变的轨迹,在曲村墓地表现得非常充分,参见拙著《曲村秦汉墓葬分期》中的有关论述。

1. 茧形壶的器形根据圈足的有无,分为圜底型和圈足型两大类。其中圜底型有小口、大口之分,圈足型则有无盖与带盖之别。最早出现的茧形壶应是圜底型的,稍后才出现了圈足。盖的出现则是在圈足型茧形壶发展演变过程中的一种变异。

2. 茧形壶首先出现在关中地区,随后向周围地区(主要是关东地区)扩散。已知茧形壶的分布区域大致介于北纬 30°～37°之间,南以长江为界,北至秦长城一线。茧形壶在关中以外地区的出现和流传是与秦国征战六国、统一天下的历史背景密切相关的。

3. 茧形壶的发展、演变可分为五个阶段,大约自战国中期开始出现,战国晚期至秦统一时期发展到鼎盛阶段,西汉中期消失,前后历时约 3 个世纪。

4. 墓葬所见茧形壶曾经历了从日用型器物到加入成套陶礼器组合的转变,彩绘的出现是这一转变的标志,其背后的动因则是社会变迁导致的文化融合。

本文的写作是在导师宿白先生和徐苹芳先生的关怀下进行的,资料收集得到刘绪老师的帮助,在此一并致谢。

本文原载《文物》2000 年第 8 期。

3

苏州合丰小城 2014SFFM80 的年代与
江东"秦墓"的甄别

一、关于苏州合丰小城 2014SFFM80 的年代

位于苏州市区西南的"木渎古城"是近年来新发现的一处非常重要的周代大型遗址群。2011～2014 年间,由中国社会科学院考古研究所和苏州市考古研究所组成的苏州古城联合考古队对该遗址群进行了大规模的考古工作,取得了不少重要收获。对于位于木渎古城西南部、紧邻太湖之滨的"合丰小城"的局部发掘与认识便是其中很重要的一项。《考古学报》2016 年第 2 期发表的《苏州木渎古城2011～2014 年考古报告》(以下简称《木渎报告》,文中引用的该报告资料及图片,不再另注)刊布了有关发掘成果。然而,笔者在仔细阅读已公布的墓葬资料以及相关分析之后,觉得《木渎报告》对于编号为 2014SFFM80(以下简称"合丰 M80")的年代认识存有疑问。由于该墓的年代判断会影响到对于合丰小城使用期限乃至木渎古城兴衰历程的认识,因而有必要将问题提出来,以求教于方家。

根据《木渎报告》,合丰 M80 位于土墩 D152 上,为长方形竖穴土坑墓(图 3‐1),"开口在第 6 层下,打破第 7 层城墙堆积",葬具为单棺,人骨保存较为完整,为仰身直肢。棺外一侧随葬有两件陶器:一件是泥质灰褐陶的印纹硬陶瓿,敞口,假圈足,平底,"通体拍印曲折纹,纹饰较深,颈部有五周较浅的弦纹",口径 9.7、底径 9.7、高 7.2 厘米(图 3‐2);另一件是泥质灰陶罐,"直口,圆唇,斜折肩,腹斜收,底微凹。素面",口径17.6、底径 12.5、高 20.1 厘米(图 3‐3)。不难看出,这两件器物无论是在质地、造型,还是在装饰方面,都存在着显著的差异。从现有的考古资料可以推断,这种差异实际上是不同文化渊源的体现,并且还存在着时代早晚的差别。然而《木渎报告》却只关

注了其中的 1 件器物,即具有当地文化传统且年代特征偏早的硬陶瓿,通过与德清独苍山土墩墓、常州淹城遗址已发现的同类硬陶器物的比较,便得出了该墓"当属春秋早期"的认识。在此基础上,《木渎报告》还结合合丰小城城墙内出土遗物的时代,进一步推论合丰 M80 所处这段城墙"仅经过较短时间的使用即告废弃"。

图 3-1　合丰 M80

图 3-2　合丰 M80 出土的印纹硬陶瓿　　图 3-3　合丰 M80 出土的泥质灰陶罐

　　众所周知,在考古学上判断一座墓葬的年代,通常并不是选取墓葬中年代特征最早的随葬品作为依据,而是应在充分比较墓葬中所有随葬品的时间序列之后,主要依据随葬品中年代最晚的样本来判断墓葬所处的时代。因此,要正确判断合丰 M80 的年代,还需对与硬陶瓿共存的泥质灰陶罐有一个清晰的认识。

笔者认为：恰恰是被《木渎报告》所忽略的合丰 M80 所出泥质灰陶大口罐，就出土地点所处的江东地区而言应属于一种外来的文化因素，而且在年代上要比同墓共存的印纹硬陶瓿晚许多。已知同类型的陶大口罐最初似主要流行于关中地区的战国秦墓中，在《塔儿坡秦墓》[1]《高陵张卜秦汉唐墓》[2]《西安南郊秦墓》[3]《西安北郊秦墓》[4]《西安尤家庄秦墓》[5] 等报告中均有报道。而且随着秦国的东扩，该类大口罐还逐渐从关中地区向关东六国地区传播，出现在今三门峡、[6] 襄樊、[7] 荆州[8] 等地的战国晚期至秦统一时期的秦墓中，有的还延续至西汉早期。总体来看，其空间分布的变化与秦统一进程有着密切的关联，主要流行时间是战国中晚期至秦统一时期。器形特征上除了大口、平底之外，尤以其肩腹部的明显折痕最为典型，如已报道的陕西高陵张卜 ⅢM33：9、西安南郊茅坡光华胶鞋厂 M66：11、西安南郊茅坡邮电学院 M116：1、陕县 M3411：4 等标本所见（具体器形参见图 3－4），因而也可以称之为"秦式折肩大口罐"。很明显，合丰 M80 出土的陶罐与上述秦墓常见的折肩大口罐应属于同一类型。如果这一判断不误，那么，合丰 M80 的年代

图 3－4　部分秦墓出土的陶折肩大口罐

1. 高陵张卜 Ⅲ M33：9　2. 西安南郊茅坡光华胶鞋厂 M66：11　3. 西安南郊茅坡邮电学院 M116：1　4. 陕县 M3411：4

[1] 咸阳市文物考古研究所：《塔儿坡秦墓》，三秦出版社，1998 年。

[2] 陕西省考古研究所：《高陵张卜秦汉唐墓》，三秦出版社，2004 年。

[3] 西安市文物保护考古所：《西安南郊秦墓》，陕西人民出版社，2004 年。

[4] 陕西省考古研究所：《西安北郊秦墓》，三秦出版社，2006 年。

[5] 陕西省考古研究院：《西安尤家庄秦墓》，陕西科学技术出版社，2008 年。

[6] 中国社会科学院考古研究所：《陕县东周秦汉墓》，科学出版社，1994 年；河南省文物考古研究所：《三门峡南交口》，科学出版社，2009 年。

[7] 湖北省文物考古研究所等：《襄阳王坡东周秦汉墓》，科学出版社，2005 年。

[8] 荆州博物馆：《荆州荆南寺》，文物出版社，2009 年。

就不太可能是《木渎报告》依据硬陶瓿所推断的春秋早期,而应该晚至秦灭楚、占领江东地区之后,可以说是江东地区新发现的一座"秦墓"。其实,类似合丰 M80 这种晚期墓葬中随葬早期印纹硬陶器的情况过去在江东地区也有报道,如在浙江湖州方家山一座年代大致属于新莽至东汉初期的墓葬 M20 中,与汉代高温钙釉器物共存的就有 1 件春秋时期的印纹硬陶瓿。[1]

二、关于江东"秦墓"的甄别

关于江东地区的"秦墓",长期以来一直难以做出清晰的判断。1983 年,在距离苏州不远的上海青浦福泉山墓地就曾发现有 2 件与合丰 M80 所出折肩大口罐器形一致的器物,分别出自编号为青福 M1 和青福 M2 的两座墓。[2]其中编号为青福 M1：10 的那件,口径 15.1、底径 14.5、高 19.3 厘米;编号为青福 M2：3 的那件,口径 16、底径 13、高 19.2 厘米。两件器物的器形和尺寸大小也都与合丰 M80：2 接近,只是胎质为泥质红陶而已。更为重要的是,在编号为青福 M2：3 罐的肩部还发现有戳印的"吴市"印文,由此也可以推断是在江东地区的"吴"地(苏州或其附近)烧造的(或许其胎质变为泥质红陶,也正是与此烧造环境的变化有关)。同类型折肩大口罐,在前述河南陕县 M3411 出土的一件,上面戳印有"夹(陕)亭"印文;[3]而在三门峡南交口 M16 出土的一件,肩部戳印的是"陕市"印文(图 3-5),表明都应是在"陕"当地烧造的。依据俞伟超先生的研究,战国晚期以来陶器上"市""亭"戳印文的出现往往和秦的统治有关。[4]"陕"地正是秦国东扩进程中较早占领的地区之一,所出带有"夹(陕)亭""陕市"戳印文的折肩大口罐,器表往往还保留有一定的绳纹装饰,也和关中地区的秦墓所见更为接近。而当此类罐出现在江汉地区时,器表的纹饰明显减少,开始出现增加器盖、施加黑陶衣等新的情况;

[1] 黎毓馨等:《浙江湖州市方家山第三号墩汉墓》,《考古》2002 年第 1 期。
[2] 郑金星:《上海青浦县重固战国墓》,《考古》1988 年第 8 期。
[3] 中国社会科学院考古研究所:《陕县东周秦汉墓》,科学出版社,1994 年。
[4] 俞伟超:《秦汉的"亭""市"陶文》,《先秦两汉考古学论集》,文物出版社,1985 年。

图 3-5　三门峡南交口 M16 出土的陶折肩大口罐及其"陕市"戳印

江东所见,还出现了泥质红陶胎的折肩大口罐。这些都说明,同样是具有秦文化因素的折肩大口罐,在传播过程中也会随着时间、空间的变迁而发生某些变化。

不过,前引《上海青浦县重固战国墓》报告的作者在推断青福 M2 的年代时,同样未注意墓中所出土陶罐的特征以及陶罐上的"吴市"戳印这一重要发现,而是将注意力放在了泥质灰陶鼎、盒、壶、豆组合上,通过与湖南地区楚墓出土遗物相比较,认为其年代是战国晚期,并归入了"楚墓"的范畴。然而,从具有秦文化背景的"吴市"大口罐的出现而言,笔者认为青福 M2 的实际下葬年代可能已晚至秦统一江东之后了。[1]因此,从文化因素上讲,青福 M2 和 M1 随葬陶器的构成实际上是楚式与秦式两类器物的混合体,已不是纯粹的"楚墓"了;尽管其墓主人很可能仍是楚人,但若按时代论,则应归入"入秦"之后的"秦代墓葬"(或"秦墓")范畴。

物质文化面貌的变迁与政治环境的改变究竟有着怎样的关联?这恐怕是历史时期考古必须面对的一个重要议题。通过对合丰 M80 年代的判断和江东秦墓的甄别,也为回答这样的问题提供了一点思考。当秦末天下大乱时,正是江东楚人的奋勇北上,谱写了一曲壮丽的悲歌。故事的背后,也的确有许多值得我们进行考古学研究时认真思考的内容。

本文原载《中国文物报》2016 年 8 月 26 日第 6 版。

---

[1] 参见拙稿《文化变迁中的器形与质地——关于江东地区战国秦汉之际墓葬所见陶瓷器组合的初步考察》,《文物》2012 年第 4 期。

4
略谈秦汉时期印纹硬陶的区域类型及相互关系

　　本文所说的"印纹硬陶",是指胎质坚硬同时器表拍印几何印纹装饰的陶瓷产品。[1]

　　在中国考古学的发展历程中,基于南方地区的考古发现而提出的"印纹硬陶"这一概念曾引起广泛的讨论。然而,回顾将近一个世纪的研究历程,不难发现,已有的有关中国古代印纹硬陶的探讨主要集中于先秦时期,关注较多的主要是在它的产生和发展壮大过程中,印纹硬陶在南方地域文化演进过程中的作用和历史地位,或通过与同时期中原北方地区文化的比较来认识先秦时期南北文化之间的相互关系等。[2]关于印纹硬陶的衰落,已有不少学者进行了分析。[3]可是,迄今有关秦汉统一帝国时期印纹硬陶的发展演变情况及其所呈现出的区域特征等,却很少受到应有的关注。本文试以目前已发表的秦汉时期的印纹硬陶资料为基础,就其

---

[1] 在中国学术界,"印纹硬陶"通常被界定为"中国青铜时代至汉代长江中下游和东南沿海地区生产的一种质地坚硬、表面拍印几何图案的日用陶器"(李知宴:《印纹硬陶》,《中国大百科全书·文物·博物馆》,中国大百科全书出版社,1993 年,第 684 页)。然而,实际考古资料所见,到了秦汉时期,一方面印纹硬陶的生产并不仅限于"日用陶器"的范畴,在部分地区还曾一度流行印纹硬陶的鼎、盒、壶类"礼器组合",甚至在灶、井之类"模型明器"上也施加印纹;另一方面秦汉帝国时期烧制印纹硬陶的地理空间也比先秦扩大,并不仅限于长江中下游和东南沿海地区;再加上汉末之后,印纹硬陶在南方仍有延续。因此,本文对印纹硬陶的界定没有时空限制,也没有功能限制,而是采用了较为简洁的方式,主要是从"印纹硬陶"这个概念本身出发,指兼顾硬胎、拍印几何纹饰这两样关键指标的陶瓷产品而言。事实上,无论在先秦时期还是在秦汉时期,印纹硬陶器上均存在施釉现象,只是秦汉时期印纹硬陶的施釉情况变得更为复杂、更为普遍而已。

[2] 1978 年在江西庐山专门召开了有关江南地区印纹硬陶问题的学术讨论会,相关论文可参见文物编辑委员会:《文物集刊(3)》,文物出版社,1981 年;彭适凡:《中国南方古代印纹陶》,文物出版社,1987 年。

[3] 李放:《关于南方地区几何印纹陶产生、变化和衰退原因的分析》,《江西历史文物》1981 年第 1 期;彭适凡:《中国南方古代印纹陶》,文物出版社,1987 年。

区域类型及相互关系问题略述己见,希望能起到抛砖引玉之功效。

一、分布与分区

　　根据笔者初步统计,已知秦汉时期的印纹硬陶在今安徽、重庆、福建、广东、广西、贵州、河北、河南、湖北、湖南、江苏、江西、山东、陕西、上海、四川、天津、云南、浙江等省区直辖市,以及越南北部地区均有发现,以墓葬出土资料为主,也有少数是从遗址(或窑址)中出土的。其中国内已报道的发现秦汉时期印纹硬陶的县市超过150个,已报道的器物数量达数千件,而实际发现的数量则远不止这些。其分布之广,数量之多,说明在秦汉时期印纹硬陶仍然得到了长足的发展,并不是以往所理解的仅以"衰落"二字可以简单概括的。

　　整体上看,秦汉时期印纹硬陶的主要产地和先秦时期大致相同,仍主要集中于长江中下游干流以南地区。不过,伴随着秦汉帝国疆域的扩大,部分地区如越南北部(汉代交趾郡辖区内)也出现了烧造印纹硬陶的新情况。在新的历史条件下,秦汉帝国疆域范围内的文化整合导致南方地区的区域文化格局也发生了许多新的变化。通过对各地墓葬出土秦汉时期印纹硬陶资料在器形、拍印纹饰特征以及共存关系等方面的详细比较研究,并且结合遗址以及窑址的发现,本文认为秦汉时期的印纹硬陶可大致分为岭南区、湘赣区、江东区、东南沿海区四个主要的区域类型,[1]它们各自有着自身的特点和发展演变轨迹。

二、岭南区

　　该区范围以今之广东、广西两省为主,大致相当于汉代的交州刺史部辖区。先秦时期,该区为百越之地。秦统一时期已设郡县进行统治,秦末之后,岭南进入相

---

[1] 至于越南北部地区,在汉代陶瓷手工业的发展历程中也逐渐形成了自己的特点,但因与两广地区同属交州刺史部辖区,从印纹硬陶的角度看也与两广关系密切,总体上似仍可视为岭南区的一个小区,故本文暂不作为一个单独的区域看待。受资料的局限,一些具体情况,还有待将来补充。

对独立的南越割据时期,直到汉武帝灭南越之后才重新纳入汉统一政权的直接管辖。

从广西平乐、[1]贺县、[2]合浦,[3]广东乐昌、[4]始兴、[5]增城、[6]广州、[7]博罗、[8]德庆、[9]肇庆、[10]清远[11]等地的考古发现来看,尽管对某些遗存的年代判断还存在一定的分歧,[12]但当地印纹硬陶的发展从战国至秦汉绵延不断的事实是可以肯定的,只是在进入秦汉时期以后,该区烧造的印纹硬陶在具体的器形、纹饰等方面也都发生了一些变化,尤其是以各种形状的戳印纹的出现最为突出,应该是与秦统一岭南有关。

《广州汉墓》[13]报告集中报道了20世纪50年代在广州一带发掘的400余座墓葬资料,时间跨度大致是从秦统一岭南之后到东汉末年。通过报告的分期,大致勾勒出当地墓葬出土各类器物的发展演变状况。具有鲜明地方特色的印纹硬陶便是其中的一个重要组成部分,其显著特征就是流行在方格纹地上施加独特的"几何图形印纹"。这种戳印的几何图形印纹大致有圆形、方形、四叶形、菱形、异形等多

[1] 广西壮族自治区文物工作队:《平乐银山岭战国墓》,《考古学报》1978年第2期;广西壮族自治区文物工作队:《平乐银山岭汉墓》,《考古学报》1978年第4期;关于银山岭战国墓葬的年代,也有学者主张应改订为"南越国早期",参见黄展岳:《论两广出土的先秦青铜器》,《考古学报》1986年第4期。

[2] 广西壮族自治区文物工作队等:《广西贺县河东高寨西汉墓》,《文物资料丛刊》第4辑,1981年。

[3] 广西文物保护与考古研究所:《广西合浦县双坟墩土墩墓发掘简报》,《考古》2016年第4期。

[4] 广东省文物考古研究所等:《广东乐昌市对面山东周秦汉墓》,《考古》2000年第6期。

[5] 广东省文管会等:《广东增城、始兴的战国遗址》,《考古》1964年第3期。

[6] 广州市文物考古研究所:《广东增城浮扶岭M511发掘简报》,《文物》2015年第7期。

[7] 广州市文物管理委员会、广州市博物馆:《广州汉墓》,文物出版社,1981年。

[8] 广东省文物考古研究所:《博罗横岭山:商周时期墓地2000年发掘报告》,科学出版社,2005年。

[9] 广东省博物馆、德庆县文化局:《广东德庆发现战国墓》,《文物》1973年第9期。

[10] 广东省博物馆、肇庆市文化局:《广东肇庆市北岭松山古墓发掘简报》,《文物》1974年第11期。

[11] 莫稚等:《广东清远的东周墓葬》,《考古》1964年第3期。

[12] 关于始兴、增城战国遗址的年代,曾有学者提出异议,认为从出土铁器的角度看,不会早到战国,而应该是"秦始皇开拓岭南以后"。参见区家发:《从出土文物看广东在战国时是否已进入铁器时代》,《考古与文物》1991年第6期。对于岭南印纹硬陶分期的新看法,还可参见李龙章《岭南地区出土青铜器研究》(文物出版社,2006年)一书中有关岭南夔纹陶以及米字纹陶遗存年代等的讨论。

[13] 广州市文物管理委员会、广州市博物馆:《广州汉墓》,文物出版社,1981年。

种形式,戳印图形有的简单,有的复杂,且富于变化。除单独使用外,有的器物上还采用不止一种戳印图案相互配合或组合成新的复合纹样(图4-1)。其中西汉前期的图案纹样最为复杂,达到120个以上。西汉中期以后还新出现了钱形、火焰形等新的戳印图形。进入东汉以后,由于刻划纹逐渐在岭南地区流行,器表拍印方格纹并施加戳印的做法逐渐衰落。但直到东汉晚期以后,岭南地区仍存在一定数量的印纹硬陶。从《广州汉墓》对各阶段的器物描述中可以知道,当地秦汉墓葬出土的印纹硬陶器主要有瓮、罐、鼎、瓿、釜、甗、盆、提筒、井等器类(图4-2),尤以横系的四耳瓮、四耳罐、双耳罐、提筒等最具地方特色。

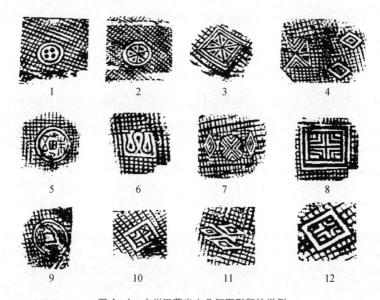

图4-1　广州汉墓出土几何图形印纹举例

1~4. 西汉前期　5~7. 西汉中期　8~9. 西汉晚期　10. 东汉前期　11~12. 东汉后期

　　1983年发掘的南越王墓,[1]首次揭示出了西汉时期岭南最高等级墓葬中的随葬品情况。据报告的《器物登记总表》,该墓出土的各类陶容器有近20种210余件(不包括陶璧、陶网坠之类),其中饰拍印纹饰的主要有硬陶瓮、罐、

[1] 广州市文物管理委员会、中国社会科学院考古研究所、广东省博物馆:《西汉南越王墓》,文物出版社,1991年。

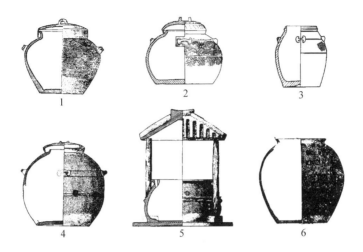

图 4-2　广州汉代墓葬出土的部分印纹硬陶器

1. 双耳罐　2. 四耳罐　3. 四耳罐　4. 四耳瓮　5. 井　6. 罐

鼎、瓿等器形(图 4-3),约 100 件,纹饰以方格纹为主,外加戳印纹饰,有的泥条盘筑痕迹明显。在部分饰方格纹的鼎、瓮上还施加有"长乐宫器"篆文戳印。[1]

汉武帝元鼎六年(前 111)以后,岭南被正式纳入汉朝的版图。考古所见,岭南地区西汉中期以后的墓葬资料显著增多、分布更广。已知属于西汉中晚期的墓葬资料除了在贵县、平乐、贺县、乐昌、广州等地继续有发现以外,还见于合浦、梧州、藤县、柳州、曲江、始兴、南海、顺德等地。各地墓葬中也都随葬了一定数量的印纹

---

[1]《西汉南越王墓》报告在第 334~335 页曾对南越的制陶业进行了论述,指出"南越国的制陶业是岭南新石器时代几何印纹陶的制陶工艺的继承和发展"。"南越国西部的瓯骆人居住区(今广西),出土陶器也以泥质硬陶为主,不论器形、纹饰作风以及刻划记号都与广州所出的近似,胎质、硬度、制法、煅烧、火候也是一致的。稍有差异的是,广州硬陶造型比较精细,器形变化比较多,而贵县、平乐、贺县南越墓所出陶器制作较粗,器形也比较简单。广州的硬陶纹饰以拍印方格纹带几何图案戳印居多,而贵县、平乐、贺县不带几何图案戳印。这种微小的区别,并不妨碍它们同属于一个陶系"。按：实际上,贺县金钟 M1、平乐银山岭、贵县罗泊湾汉墓中的印纹陶有不少都是带印的。此外,贵县北郊汉墓(《考古》1985 年第 3 期)出土的陶井上也拍印方格纹及方形印戳,与《广州汉墓》第 225 页西汉中期 M2060 所出陶井相同;广州罕见的回字纹在合浦有发现(《考古》1986 年第 9 期);广西金秀汉墓也出土有带戳印的印纹陶罐(《广西文物》1992 年第 2 期)。故《西汉南越王墓》报告有关"贵县、平乐、贺县不带几何图案戳印"的说法是需要重新考虑的。

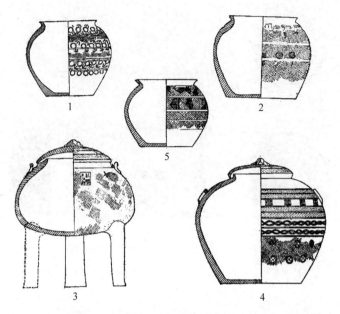

图4-3　南越王墓出土的部分印纹硬陶器

1. 罐　2. 罐　3. 鼎　4. 瓿　5. 罐

硬陶。印纹硬陶在岭南的发展从空间上看呈现出由东向西、由北向南推进的趋势。值得注意的是,西汉中晚期至新莽东汉之际,岭南地区尽管印纹硬陶的分布范围明显扩大、出土的器物数量增多,印纹硬陶的发展势头似乎并未减弱,但从印纹硬陶的器物种类和数量以及拍印纹饰上看,与南越国时期相比似乎已开始走下坡路了。在南越国时期曾一度盛行的具有鲜明地方特色的戳印纹图案,其种类呈逐渐减少的发展趋势。当然,也有新的戳印图案出现,如钱纹就是一个典型的例子,具有明显的仿照汉五铢钱的特点。这种在方格地纹上加钱纹(多为五铢钱纹或简化的五铢纹)的装饰,除了广州以外,还见于广西藤县、贵县、合浦等地,流行年代多在当地纳入汉中央政权统一管辖之后的西汉中晚期,应该是南越灭亡之后才出现的新情况。

进入东汉以后,岭南地区汉墓的分布范围进一步扩大,相应地,从空间分布上看,印纹硬陶在西至柳州、东至揭阳、南抵徐闻的广大地域均有发现和报道,然器形较大的瓮类器物变得少见,罐类器物上的戳印图案种类进一步减少,有不少器物只是在肩部局部保留了拍印纹饰,加上刻划纹的流行,岭南印纹硬陶的发展进一步走向衰落。在这一过程中,岭南各地区域发展的不平衡情形也显得日益突出。

例如,距离广州较远的徐闻,1973～1974 年发掘 51 座东汉墓,共出土陶器 103 件,据称"全是实用品,不见模型明器。陶胎是灰色细泥,火候较高,质地坚硬,器表大都挂一层黄褐色薄釉"。[1]其中罐类器物就有 67 件,包括带戳印的印纹硬陶罐 31 件,但这些罐的器表大多只是在腹部以上饰有方格纹,并加印一至二排长方形或方形戳印,有的印纹清晰整齐,有的方格纹印痕不明显。其余的 36 件"罐"中,唯属于Ⅳ式的 1 件四耳罐"肩部饰方格纹"。据墓葬登记表,总计 32 件印纹硬陶,出自 15 座墓,每墓 1～4 件不等。相比广州汉墓而言,徐闻汉墓所见的印纹硬陶器物单调、纹饰简化,年代上具有明显的"滞后"特征。

同样,广西贵县、钟山、昭平、兴安、合浦等地的东汉墓中,硬陶侈口罐、直身罐、四耳罐上仍较多保留有拍印纹饰,与广州地区似略有不同,也显得相对滞后一些。合浦文昌塔汉墓所见,两汉时期各阶段都有不少印纹硬陶的瓮罐类器物出土,除了数量较多的侈口瓮、侈口罐、四耳罐、双耳罐、提筒之外,也有少量的印纹硬陶瓿、甑、盆、井等(图 4-4),而且部分器物上的戳印图案尚未见于广州地区,说明合浦地区也可能烧造一些具有地方特色的印纹硬陶产品。[2]

总的来看,进入东汉以后,当广州地区印纹硬陶的发展开始走向衰落时,岭南地区印纹硬陶的空间分布也出现了不少变化。一些距离广州较远的地区,印纹硬陶仍有发展,并呈现出相对滞后的特点。合浦所见,在东汉以后的吴晋时期,印纹硬陶瓮罐仍有不少出土,除方格纹加戳印纹的风格以外,还出现了菱格纹、线条纹等新的印纹装饰图案。[3]

[1] 广东省博物馆:《广东徐闻东汉墓》,《考古》1977 年第 4 期。
[2] 广西文物保护与考古研究所:《广西合浦文昌塔汉墓》,文物出版社,2017 年。
[3] 广西文物保护与考古研究所、合浦县文物管理局:《2009～2013 年合浦汉晋墓发掘报告》,文物出版社,2016 年。

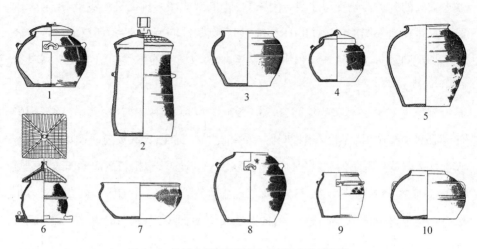

图 4 - 4　合浦文昌塔汉墓出土的部分印纹硬陶器

1. 四耳罐　2. 提筒　3. 罐　4. 双耳罐　5. 瓮　6. 井　7. 盆　8. 四耳瓮　9. 四耳罐　10. 瓿

三、湘赣区

该区主要包括今湖南和江西的部分地区,大致相当于汉代荆州刺史部的长沙、武陵、零陵、桂阳郡的部分地区和扬州刺史部的豫章郡部分地区。先秦时期,该区原来主要是越人的分布区,湘西则可能以巴人为主。后来湘赣大部分地区逐渐被楚占领。尤其是在战国时期,湘赣各地均受到了楚文化不同程度的影响。[1]继楚之后,是秦的统一。秦在该区的统一基本上是由西向东、由北向南推进的,先后设置了黔中、长沙、九江等郡进行管辖。入汉之初,该区分属于长沙国和庐江国辖区。之后庐江国除为汉郡,长沙国地域缩小,至东汉初,长沙亦改国为郡。值得注意的是,在灭南越后,该区南部的桂阳郡和新设的零陵郡辖区均包含了原属于南越的部分地区,呈现出兼跨五岭南北的格局,为五岭南北之间的物质文化交流提供了更加便利的条件。

———————

[1] 高至喜:《楚文化的南渐》,湖北教育出版社,1996 年。

　　从湖南衡阳、[1]资兴、[2]耒阳、[3]郴州、[4]永州[5]等地的考古发现来看，作为南方百越文化最具代表性的文化特征之一——印纹硬陶，在经历了战国至秦汉之际的历史变迁后并未在当地消失，相反却仍有较多发现，在湘南地区楚越文化长期并存的格局尤为突出，[6]并且出现了许多新的发展迹象。

　　例如：1952～1956年发掘的衡阳凤凰山西汉早期78座墓，[7]共出土陶器1015件，其中硬陶约629件，包括鼎72、盒65、壶76、勺15、罐431件，占陶器总数的62%。可见当地硬陶之发达。在这些硬陶中，除了勺以外，包括鼎、盒、壶、罐在内的器物都饰有复杂的印纹，有的还施釉。这种在硬陶"礼器组合"鼎、盒、壶上也施加拍印纹饰的做法，显然是进入秦汉以后当地印纹硬陶发展的新迹象，与同时期的其他地区明显不同。另外，衡阳当地的"软陶"鼎、盒、壶、罐中也有施加印纹的，则是值得注意的。联系到衡阳公行山秦墓以及衡阳蒋家山东汉墓等有关发现，可以看出，秦汉时期，衡阳的印纹陶始终比较发达，并持续到汉末之后（图4-5）。

　　年代在西汉早期的长沙马王堆一号汉墓，"礼器组合"鼎、盒、壶、钫之类器物仍为泥质灰陶产品或为漆器制品，但该墓也出土了一批带釉的印纹硬陶器，包括1件"瓿"、1件"带耳罐"或"双耳罐"（按：应改称"壶"）、22件大口罐，共计24件（图4-6）。其共同的特点是"器物的肩部均拍印席纹，腹部均拍印方格纹，然后施

［1］周世荣：《衡阳战国秦汉墓》，《湖南古墓与古窑址》，岳麓书社，2004年；衡阳市博物馆：《衡阳市苗圃五马归槽茅坪古墓发掘简报》，《考古》1984年第10期。

［2］湖南省博物馆：《湖南资兴旧市战国墓》，《考古学报》1983年第1期；湖南省博物馆、湖南省文物考古研究所：《湖南资兴西汉墓》，《考古学报》1995年第4期。

［3］湖南省博物馆等：《耒阳春秋、战国墓》，《文物》1985年第6期。

［4］郴州地区文物工作队：《湖南郴州东周墓发掘简报》，《文物》1990年第10期；龙福廷：《郴州市南郊战国越人墓地》，《中国考古学年鉴（1994）》，文物出版社，1997年，第245页。

［5］零陵地区文物工作队：《永州市鹞子岭战国墓发掘简报》，《湖南考古辑刊》第4辑，1987年。

［6］裴安平、吴铭生：《湖南资兴旧市战国墓的再研究》，《湖南考古辑刊》第4辑，1987年；湖南省博物馆、湖南省文物考古研究所：《湖南资兴西汉墓》，《考古学报》1995年第4期。过去，彭适凡先生也曾注意到："延至西汉时期，湘东与湘南地区的几何形印纹陶还有较多的出土，这在南方诸省区中是比较突出的。"彭适凡：《中国南方古代印纹陶》，文物出版社，1987年。

［7］周世荣：《衡阳战国秦汉墓》，《湖南古墓与古窑址》，岳麓书社，2004年。

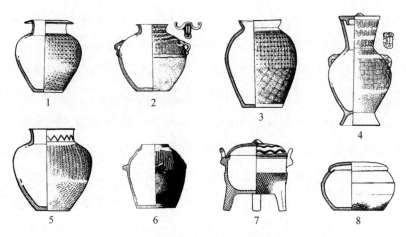

图 4-5　衡阳秦汉墓出土的印纹硬陶器

1. 罐　2. 瓿　3. 罐　4. 壶　5. 罐　6. 四耳罐　7. 鼎　8. 盒

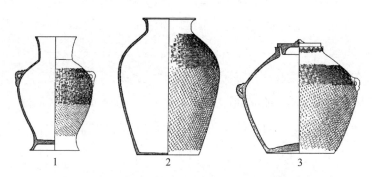

图 4-6　长沙马王堆一号墓出土的印纹硬陶器

1. 双耳罐(壶)　2. 大口罐　3. 瓿

釉",[1]与衡阳所见相同。这种在器表的上、下部位分别拍印不同纹饰的做法,成为湘赣地区西汉时期印纹硬陶最为流行的特征之一。无论是从装饰风格还是从器物造型上讲,秦至汉初,衡阳、长沙等地的印纹硬陶基本上都是承袭了南方先秦印纹硬陶的传统,以至于有学者指出,马王堆汉墓中大量印纹硬陶的存在"是越文化的'复兴'"。[2]

[1] 湖南省博物馆、中国科学院考古研究所:《长沙马王堆一号汉墓》,文物出版社,1973 年,第 122 页。

[2] 高至喜:《马王堆汉墓的楚文化因素分析》,《湖南博物馆文集》,岳麓书社,1991 年。

大约从西汉中期开始,湘赣地区印纹硬陶的分布范围也显著扩大,由南向北推进的势头十分明显。具有湘赣特色的印纹硬陶鼎、盒、壶类组合,除了在湘南资兴等地继续有发现以外,还见于宜春、南昌、常德、保靖等地。从早年长沙发掘的汉墓资料来看,当地也是在西汉后期印纹硬陶才大量出现,主要是罐和壶两大类器形。据《长沙发掘报告》介绍,西汉后期“手制的罐形器”“花纹系用工具拍印,纹样以方格纹最为普遍,亦有少数作叶脉纹状”。罐的口部和肩部多施釉,肩部往往还有刻划文字。在“轮制的壶形器”中,有的亦拍印方格纹或兼施釉。报告列举的伍家岭 M244 出土的Ⅱ式壶和伍家岭 M203 出土的Ⅲ式壶,均采用横向系耳,具有模仿岭南陶壶(即报告中的Ⅰ式壶)的特点,只是腹部拍印方格纹的做法,却为岭南同类器物所罕见。据墓葬登记表,这两座墓葬中共存的印纹硬陶罐分别有 3 件和 19件。其他西汉后期的墓葬中大多也都有硬陶罐出土,其中数量在 10 件(含)以上的有 12 座墓,最多者一墓中达 20 余件。[1]除了由岭南输入的或仿制岭南类型的四耳罐以外,更多的都是和马王堆一号墓出土大口罐近似的侈口、鼓腹、平底罐,是当地印纹硬陶在西汉时期持续发展的明证。

1973 年在南昌东郊西汉墓群清理的 13 座墓,出土陶器 149 件,其中属于印纹硬陶的有 110 件左右,以方格纹为主,器表多施釉。从墓葬登记表来看,几乎各墓均有印纹硬陶出土,但每墓数量一般不超过 20 件,主要器形包括鼎、盒、壶、罐、双唇罐及双耳罐等。罐的肩部往往刻划数字或容量,和长沙所见大体一致。[2]

保靖、常德等地汉墓也出土有类似湘南地区的印纹硬陶鼎、盒、壶组合,然略有不同的是,还往往共出具有模仿江东类型钙釉器特征的印纹硬陶壶、瓿类器物,器表也施釉,流行斜方格纹或麻布纹之类拍印纹饰,如常德南坪 D3M18 所见,该墓出土的 28 件陶器中,可归入印纹硬陶的就有 20 件之多,包括了器表施加酱釉的鼎、盒、壶、瓿以及无釉的罐、双耳罐等器形[3](图 4 - 7)。至于席纹加方格纹或叶脉

[1]　中国科学院考古研究所:《长沙发掘报告》,科学出版社,1957 年。
[2]　江西省博物馆:《南昌东郊西汉墓》,《考古学报》1976 年第 2 期。
[3]　湖南省常德市文物局、常德博物馆、鼎城区文物局、桃源县文物局、汉寿县文物局:《沅水下游汉墓》,文物出版社,2016 年。

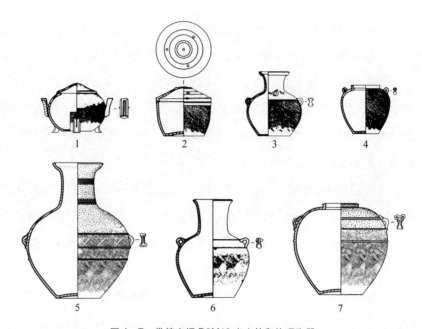

图 4-7　常德南坪 D3M18 出土的印纹硬陶器

1. 鼎　2. 盒　3. 壶　4. 双耳罐　5. 壶　6. 壶　7. 瓿

纹加方格纹之类的纹饰,在沅水流域则较少见到。这说明湘赣地区内部在随葬印
纹硬陶器方面也还是存在一定的地区差异的。

　　进入东汉以后,湘赣地区仍然流行印纹硬陶。目前有关湘赣地区东汉墓报道
较集中的主要是耒阳、资兴、郴州、衡阳、宜春、南昌、长沙、常德等地,基本上都有印
纹硬陶出土。其他如湖口、修水、德安、樟树、万载、乐平、南康、赣州、赣县、永新、攸
县、醴陵、零陵、邵东、邵阳、益阳等地也都有东汉时期的印纹硬陶报道。说明东汉
时期湘赣地区印纹硬陶的分布范围仍相当广泛。尤其是湘南地区的衡阳、耒阳、资
兴一带,硬陶器的器形复杂多样,饰拍印纹饰的器物数量也相对较多。常见的印纹
硬陶器形主要有鼎、壶、坛、罐、四耳罐、双耳罐、双唇罐、镳壶、釜、瓿、盘、钵、盆、洗、
灯、仓、灶、井、屋、猪圈、鸡鸭埘等(图 4-8)。不少器物上也施釉,有的还被称为瓷
器或青瓷器等。罐形鼎采用环形耳,饰有拍印纹饰的硬陶壶上往往还有附加堆纹,
这些都是湘赣地区较为流行的作风。尤其是饰拍印纹饰的仓、灶、井、屋、猪圈、鸡
鸭埘之类模型明器,在器形上更具有当地特色,而且很少见于其他地区。流行的拍

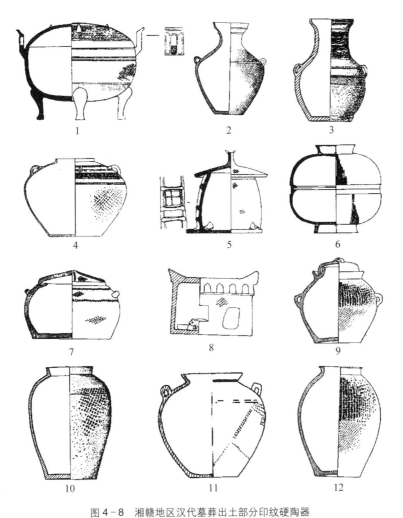

图 4-8　湘赣地区汉代墓葬出土部分印纹硬陶器

1. 鼎　2. 壶　3. 壶　4. 瓿　5. 仓　6. 盒　7. 双耳罐　8. 圈　9. 双唇罐
10. 罐　11. 双耳罐　12. 罐

印纹饰主要是方格纹,包括细方格纹、斜方格纹之类。至于带戳印纹饰的坛、罐之类器物,除少量仿制品以外,大部分仍是从岭南输入的产品,表明了岭南印纹硬陶对于湘赣地区的持续影响。同岭南地区一样,直到东汉时期,湘赣地区流行的饰拍印纹饰的器物除了以硬陶为主外,也有一部分据称属于"软陶"。如 1988 年衡阳市凤凰山东汉墓 M9 所出的仓、屋、鸡埘、猪圈之类模型明器上多有方格纹,但报告称这些"冥器均为夹砂红色软陶"。[1]还有一些印纹硬陶器,在器形上似明显模仿岭南的同类器物,只是装饰上岭南的同类器物早已改变为以刻划纹或弦纹、素面之类为主,但湘赣地区仍采用拍印纹饰。这些也都是值得注意的现象。

从空间分布上看,东汉时期湘赣地区印纹硬陶的发展也出现了明显的不均衡现象。湘西地区印纹硬陶明显减弱,但赣江流域却显著增强。这种区域内部格局的改变,前者可能是与武陵蛮族起义所导致的湘西地区社会动荡有关,同时说明印纹硬陶与蛮族之间可能缺少关联;后者则是赣江流域在东汉时期得到进一步开发的结果。同样的饰拍印纹饰的器物,却往往有硬陶和软陶两种不同的质地,其背后隐含的文化意味值得深思。这或许说明秦汉时期湘赣流域的开发和岭南地区一样,都应是在汉越民族的共同努力下进行的。汉末之后,印纹硬陶在湘赣地区尤其是湘赣南部仍有延续。情形也和岭南相似。

在湘阴、丰城等地发现的据称年代能早至东汉的窑址中,不仅有印纹硬陶出土,而且不少被认为属于成熟瓷器的器物上往往还保留拍印纹饰,也说明了湘赣地区早期成熟瓷器的出现与印纹硬陶的发展密切相关。此种情形,也见于江东地区。

四、江东区

该区包括今江苏和安徽的长江以南地区、上海市和浙江省的北部地区(宁绍平原至金衢盆地一线以北),大致相当于汉代扬州刺史部北部的大部分地区,即所谓"东接于海,南近诸越,北枕大江"(《汉书·严助传》)之地。秦时设会稽郡,入汉之初曾一度属于诸侯王国封域,至汉武帝时期,江东尽归中央。

先秦时期,尤其是西周至战国中晚期以前,江东地区作为吴越文化的核心区域,无论在墓葬结构(如流行土墩墓)还是随葬品构成(如流行以原始瓷器和印纹陶器随葬)上,都具有鲜明的地域色彩。其中印纹硬陶主要以生活用器为主,墓葬

---

[1] 衡阳市文物工作队:《湖南衡阳市凤凰山汉墓发掘简报》,《考古》1993 年第 3 期。

所见印纹硬陶也往往与原始瓷器、泥质陶器共存。在经历了战国晚期楚的控制(尽管实际控制区域可能不是江东地区的全部)至秦统一时期的历史变迁之后,其考古学文化面貌的确发生了很大的改变。从目前江东地区已报道的年代大致在战国晚期至汉初的墓葬来看,一个重要的现象就是,单纯的泥质陶器组合尤其是仿铜陶礼器鼎、盒、壶、钫之类组合的大量出现,表明应是受到了楚文化的强烈影响。[1]其中一部分墓葬的主人或许就是迁入江东的楚人,[2]但也不排除部分墓葬的主人仍为当地越人的可能性。[3]总的来看,江东地区秦汉之际墓葬中所见印纹硬陶的数量相比东周时期大为减少,印纹硬陶的发展似乎一度停滞,少数墓葬中出土的印纹硬陶器大多还保留米字纹的传统。

1992年发掘的余姚老虎山一号墩,[4]共清理墓葬20座,其中6座战国—西汉土坑墓中只有D1M10出土了2件"印纹硬陶罐","通体拍印米字纹",共存原始瓷壶2件。报告认为D1M10的年代为"战国末到西汉初期",所出土的"印纹陶和原始瓷","完全属于当地的传统制品",因此推测是"本地越墓"。问题是被该墓打破的D1M14,却出土了成套的泥质陶鼎、盒、壶、钫、豆组合以及原始瓷鼎、壶、熏组合,发掘者视之为"越文化与楚文化的融合体",其出土陶瓷器总数达到43件,却没有1件真正属于印纹硬陶的器物。

1999年发掘的苏州真山四号墩清理7座墓葬,只有D4M2和D4M4各出土了1件印纹硬陶器,均带釉。其中标本D4M2:4被称为"原始瓷罐","腹体饰米筛纹"。发掘者推断D4M2的年代为战国晚期。[5]而打破D4M2的D4M1(年代被断

[1] 拙稿《文化变迁中的器形与质地——关于江东地区战国秦汉之际墓葬所见陶瓷器组合的初步考察》,《文物》2012年第4期。

[2] 刘和惠:《楚文化的东渐》,湖北教育出版社,1995年;高至喜:《论战国晚期楚墓》,《东南文化》1990年第4期。

[3] 例如绍兴凤凰山木樟墓,使用的是整木棺的形制,与常见的楚人棺木显然有别,墓主人的族属值得考虑。有关此类木棺在汉代的使用,参见拙稿《汉代的"整木棺"现象》,《中国文物报》2004年12月24日第7版。

[4] 陈元甫:《余姚老虎山一号墩发掘》,《沪杭甬高速公路考古报告》,文物出版社,2002年。

[5] 苏州博物馆:《苏州真山四号墩发掘报告》,《东南文化》2001年第7期。按:另1件印纹硬陶器为D4M4出土的标本D4M4:9,报告称之为"硬釉陶罐",其腹径42、高34.5厘米,"器身饰(转下页)

为西汉早期)虽出土了成套的钙釉鼎、盒、壶、瓿组合以及黑皮陶罐和泥质灰陶罐等,却没有 1 件真正属于印纹硬陶的器物。

此外,在浙江嵊州被认为是西汉早期的墓葬中也出土了印纹硬陶坛、罐之类,纹饰也都保留着米字纹的传统。[1]总体而言,江东地区所发现的属于战国末期至西汉早期的墓葬资料相对较少,出土的印纹硬陶也只有少量的罐、坛之类器物。一些埋葬年代已进入秦汉的墓葬中所随葬的印纹硬陶类器物还可能是先秦时期的产品。[2]

目前考古资料显示,在经过了战国末年至西汉初期的一段沉寂之后,大约从西汉早中期开始,江东地区的印纹硬陶似乎又得到了逐步恢复和新的发展。不仅产品分布范围扩大,局部地区出土的印纹硬陶数量也明显增多,尤其是以拍印席纹、栉齿纹(或称梳状纹、梳纹)为特征的瓮、罍等器物开始在江东地区流行开来,在器形和拍印纹饰上都逐渐形成新的地域特色。

已知江东地区属于西汉中晚期至东汉初期墓葬出土的印纹硬陶除在苏州、余姚、嵊州、安吉等地继续有发现以外,还在青浦、江阴、南京、镇江、无锡、芜湖、马鞍山、繁昌、高淳、杭州、绍兴、上虞、龙游等地均有发现和报道。兹略举数例:

1982 年至 1983 年,在上海青浦福泉山发掘的 46 座西汉墓,[3]出土了将近 500 件陶器,其中有 17 座墓随葬有印纹硬陶,每墓 1~3 件不等,累计只有 26 件,包括 25 件罐和 1 件坛,据称"火候高,胎质硬,通体施席纹"。按照报告的分期,这种通体饰席纹的印纹硬陶出现于西汉中期。而在"约当文景时期"的第一期 9 座汉墓中尽管已出现了成组的钙釉鼎、盒、壶、瓿,却基本未见印纹硬陶。由此似乎表明,当地印

(接上页)席纹"。从器形、尺寸以及装饰来看,与江东地区其他考古报告中所说的席纹瓮一致。发掘者推断该墓的年代为西汉早期,但实际可能已晚至西汉中期了。

[1] 张恒:《浙江嵊州市剡山汉墓》,《东南文化》2004 年第 2 期。报告称:"有 6 座汉墓中随葬米字纹、小方格纹印纹陶罐、陶坛现象,可能与山越族少数遗民保留使用印纹硬陶习俗有关,由于相关考古资料较少,有待于进一步考证。"

[2] 拙稿《苏州合丰小城 2014SFFM80 的年代与江东"秦墓"的甄别》,《中国文物报》2016 年 8 月 26 日第 6 版。

[3] 王正书:《上海福泉山西汉墓群发掘》,《考古》1988 年第 8 期。

纹硬陶的"恢复"与发展似乎要晚于成组青釉鼎、盒、壶、瓿之类的"礼器"组合的出现,而且在最初发展阶段,在印纹硬陶上施釉的情形也比较少见。这些都与岭南和湘赣地区明显有别。

1989~1990 年,在浙江安吉上马山清理的 8 座西汉墓,共出土陶器 153 件,而饰拍印纹饰的大约只有 32 件,每墓 2~8 件不等,包括瓮、坛、罐三种器形,大都是"通体拍印席纹",但也有个别器物是"肩部拍印席纹,腹下拍印方格纹"或"通体拍印麻布纹"的。另外,也只有少数印纹硬陶器物上出现施釉现象。[1]

1988 年在高淳固城发掘的 5 座西汉中期至东汉早期木椁墓均出土有印纹硬陶瓮,每墓 2~4 件不等,合计 14 件,器表均通体拍印席纹。[2]

1973 年发掘的苏州市娄葑公社团结大队天宝墩 27 号西汉墓,出土陶器 43 件,仅有 2 件釉陶瓮(报告中的 Ⅰ 式瓮)饰有拍印席纹。[3]

1984 年发掘的苏州虎丘乡汉墓 SXM1,出土了 30 件陶器,其中饰拍印纹饰的也只有 1 件" Ⅱ 型罐","肩以下饰席纹,腹以上施青黄釉"。[4]

2001 年发掘的苏州徐家坟西汉墓群,清理汉墓 7 座,共出土陶器 92 件,器表饰有席纹的只有 M15 出土的 1 件被称为"硬陶大瓮"(无釉)的器物。[5]

上述例子说明,尽管江东地区在西汉时期钙釉器物已经十分发达,盛行随葬鼎、盒、壶、瓿之类的礼器组合,但印纹硬陶却基本上局限于少数的日用器瓮、罐、罍之属,最初器表是以满饰的席纹最具特色(图 4-9)。稍后约西汉晚期,拍印的梳状纹开始流行,并延续至东汉时期。

已知在江东地区发现的东汉时期带拍印纹饰的器物,不仅数量持续增加,空间分布也显得更为密集,在苏州、南京、镇江、丹徒、丹阳、无锡、高淳、杭州、萧山、嘉兴、绍兴、上虞、余姚、慈溪、嵊州、黄岩、临海、武义、龙游、江山等地汉墓中仍时有出

[1] 安吉县博物馆:《浙江安吉县上马山西汉墓的发掘》,《考古》1996 年第 7 期。
[2] 姜林海、华国荣:《江苏高淳固城汉墓发掘简报》,《东南文化》1992 年第 5 期。
[3] 苏州博物馆:《苏州市娄葑公社团结大队天宝墩 27 号汉墓清理简报》,《文物资料丛刊》第 9 辑,1985 年,第 174~180 页。
[4] 苏州博物馆:《苏州虎丘乡汉墓发掘简报》,《东南文化》2003 年第 5 期。
[5] 苏州博物馆:《苏州虎丘乡汉墓发掘简报》,《东南文化》2003 年第 5 期。

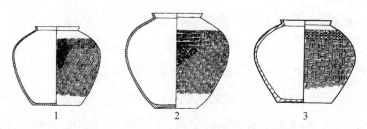

图4-9 湖州西汉墓出土的印纹硬陶瓮(罍)

土,常见器形主要还是罍、瓮、双唇罐、双系罐之类,偶尔也见井、灶之类模型明器
(图4-10)。新出现的还有为数不多的壶、四系罐等,其中部分器物可能是由其他
区域输入的产品。除了流行独具特色的梳状纹(或称栉齿纹)之外,还逐渐流行复
杂的方格网状纹,另有少量的方格纹、麻布纹之类。施釉更为普遍。从质地上讲,
不少器物因采用瓷土为胎,胎釉结合较好,被认为接近成熟瓷器或直接被称为瓷器
了。由于上虞一带向来被认为是东汉时期最早烧造成熟瓷器的地方,因此当地墓
葬中随葬陶瓷器的演变情况就显得格外引人注目。

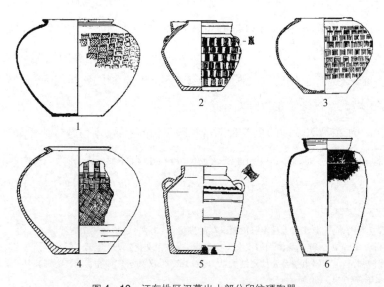

图4-10 江东地区汉墓出土部分印纹硬陶器

1. 罍 2. 双唇罐 3. 罍 4. 罍 5. 井 6. 罐

1973年在上虞蒿坝东汉永初三年(109)墓(即上虞M52)中曾出土1件"印纹陶罍",采用瓷土为胎,肩部以上施黄绿色薄釉,"肩以下拍满几何形印纹,印纹单位为2厘米见方的小方块,每方由六七条斜线互交成斜网格纹样",发掘者认为"当是本地所产"。[1]类似的施釉印纹硬陶罍也见于1975年嘉兴九里汇皇坟山东汉砖室墓,据称出土"釉陶罍"2件,"敛口,平唇,矮颈,圆鼓腹,腹壁较薄,平底,器表上拍印有网纹,器上半部施釉……火候较高,胎呈浅灰色,近似瓷器"(参见图4-10,1)。[2]而从早年绍兴漓渚的发现来看,与上虞蒿坝东汉永初三年墓出土"印纹陶罍"纹饰一致、器形接近的器物也有带双耳的,曾被称为"瓿"。[3]

1984年在上虞凤凰山清理两汉时期墓葬50座,年代大致在西汉末至东汉末年。从报告的器物列举情况看,印纹硬陶罍的腹部拍印纹饰经历了由梳状纹到网格纹的转变,至东汉中晚期,还出现了拍印网格纹的酱色釉瓷双耳罐和青色釉瓷四系罐等。[4]

1992~1993年,又在上虞县的牛头山、[5]周家山、[6]驮山、后头山等墓地发掘了一批年代大致在新莽前后至东汉末期的墓葬,出土了大批陶瓷器,其中也有一些饰有拍印纹饰的硬陶罍,器表拍印纹饰的演变与上虞凤凰山所见一致。尤其是上虞驮山木顶砖椁墓M28的1件"硬陶罍"和2件"原始瓷罍",除了施釉的差别外,造型风格、器表纹饰均完全相同,"器表拍印的栉齿纹(梳状纹)甚有规律"。而分别出土"永元八年"和"永元十二年"铭文砖的券顶砖室墓M30和M31中残存的"硬陶罍",器表拍印纹饰均改为斜向的方格网状纹,两墓中共存的"原始瓷折肩罐"和"原始瓷罐"也都饰有同样的斜向方格状网纹(图4-11)。[7]由此可见,当地印纹装饰从梳状纹到斜方格网状纹的转变似发生在东汉早中期之间。上虞驿亭谢

[1] 吴玉贤:《浙江上虞蒿坝东汉永初三年墓》,《文物》1983年第6期。

[2] 嘉兴市文化局:《浙江嘉兴九里汇东汉墓》,《考古》1987年第7期。

[3] 浙江省文物管理委员会:《绍兴漓渚的汉墓》,《考古学报》1957年第1期。

[4] 浙江省文物考古研究所、上虞县文物管理所:《浙江上虞凤凰山古墓葬发掘报告》,《浙江省文物考古研究所学刊·建所十周年纪念(1980~1990)》,科学出版社,1993年,第206页。

[5] 蒋乐平:《上虞牛头山古墓葬发掘》,《沪杭甬高速公路考古报告》,文物出版社,2002年,第127页。

[6] 胡继根:《上虞周家山古墓葬发掘》,《沪杭甬高速公路考古报告》,文物出版社,2002年,第178页。

[7] 黎毓馨:《上虞驮山古墓葬发掘》,《沪杭甬高速公路考古报告》,文物出版社,2002年,第225页。

家岸后头山东汉墓 M11 出土的青瓷罍(双耳罐)上还出现了新的拍印纹饰——"窗棂纹"。[1]而上虞等地窑址所见的拍印纹饰还要更为复杂多样。

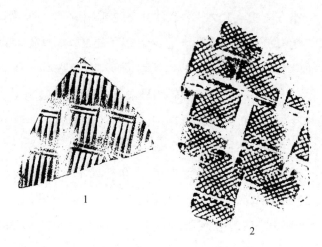

图4-11　上虞东汉墓出土印纹硬陶罍纹饰拓片

1. 梳状纹　2. 斜方格网状纹

其他有关发现,不逐一列举。总之,江东地区东汉时期印纹硬陶器的器物类型和西汉时期大体相同,始终显得比较单调,以墓葬为单位的出土数量也比较有限。据胡继根先生统计,截至 2013 年 7 月,浙江地区已发表的汉墓资料约 770 座,共出土各类陶瓷器 6121 件(组),其中器表施加印纹的仅有 702 件,"器形以罍为主,另有零星的罐、坛、瓮等"。[2]两汉时期江东地区印纹硬陶在当地陶瓷产品中所占的比重,由此可见一斑。江东各地考古报告中提及的虽有罍、罐、坛、瓮、缸、瓿之类名目,但实际所指往往器形相同或接近,如南京、绍兴、无锡等地的报道中所说的饰印纹的"瓿",有时就和罍、瓮器形一致。在这些器物上施釉已变得越来越普遍,有的被称为釉陶,有的则已被称为瓷器。在绍兴、上虞、宁波等地所谓东汉时期窑址中出土陶瓷片上所见的拍印纹装饰,尤其是被称为成熟瓷器的器物上

[1] 王海明:《上虞驿亭谢家岸后头山古墓葬发掘》,《沪杭甬高速公路考古报告》,文物出版社,2002年,第 266 页。

[2] 胡继根:《浙江汉墓》,文物出版社,2016 年。

的印纹装饰,大多和江东地区东汉墓出土器物上的印纹装饰相同,表明成熟瓷器的出现与当地印纹硬陶的发展之间存在着不可分割的联系。当然,也有一些在东汉窑址中常见的成熟瓷器上的拍印纹饰,却在已知的东汉时期墓葬中很少发现甚或根本不见。此种现象或许反过来对于窑址出土遗物的年代判断也是有帮助的。

五、东南沿海区

本文所说的"东南沿海区"是指以今福建省为主、包括浙江省南部在内的区域,大致相当于汉代扬州刺史部南部的大部分地区。

先秦时期,该区也是百越之地。秦时设闽中郡,入汉之初为闽越王、东海(东瓯)王封地,而东瓯、闽越均号称是越王勾践的后裔。汉武帝时期,先是东瓯举国内迁,灭东越之后又将当地越人大量迁出,以致"东越地遂虚"(《史记·东越列传》)。受其影响,该地保留的属于秦汉时期的遗存,年代多集中于西汉前期,已发现的数量也相对较少。目前所知主要是在福建崇安、福州、建阳、浦城和浙江温岭等地发现了年代大致属于秦汉时期(主要是西汉前期)的遗址,另外在崇安、闽侯、福州、温岭等地也发现有一些同时期的墓葬。无论是城址还是墓葬,均出土了一些独具地方特色的印纹硬陶器。尽管数量有限,本文认为,仍可以作为一种地域风格来看待。

从《武夷山城村汉城遗址发掘报告》集中报道的 1980~1996 年的发掘资料来看,该城址出土陶器上的"印纹","以方格纹为主,其次为绳纹,还有极少数菱格纹、菱形回纹、凸麻点(或称乳钉)纹、米字形纹、网格纹、圆圈纹和几何图形戳印纹"(按:报告图 88 所列拓片中似还有席纹)。通过报告列举的材料知道,拍印方格纹的器物以瓮、罐为主,亦见于缸、盆等器形。这些饰拍印方格纹的瓮、罐类器物上多有纵向的系耳,尤其是纵向四耳的风格,具有鲜明的地域特点(图 4-12)。至于方形和圆形的戳印纹,报告称"是由一种以方格纹作地纹,上刻各种几何图形小戳印的专制的陶拍,在器坯未干时在器表上逐段拍印出来的"。[1]然而仔细检查发表器物上的戳印纹后发现,也有不少戳印与方格纹交叉错乱的情形。因此,不排除是和岭南地区类似的施加方法,即在拍印的方格纹地上再戳印纹饰。从具体的戳印图案看,也可能是受岭南的影响。

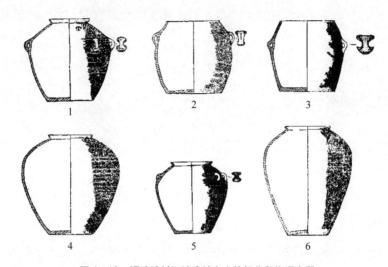

图 4-12　福建城村汉城遗址出土的部分印纹硬陶器

1. 四耳瓮　2. 双耳罐　3. 双耳罐　4. 瓮　5. 四耳瓮　6. 瓮

在福建发现的其他秦汉遗址中,出土的印纹硬陶情况,也大体类同于城村汉城所见,[2]但也有个别遗址中发现席纹较多的情况。[3]

在福建地区发现的秦汉时期墓葬资料较少。1982~1983 年在闽侯庄边山发掘墓葬 8 座,出土陶器以鼎、盒、壶(或瓿壶)、瓿、豆为主要组合,有软陶和硬陶之分,其中可归入印纹硬陶者似仅 M35 出土的 1 件瓮,为"紫灰色细砂硬陶","通身饰网格纹,腹部有五道抹光带纹",高 41.4 厘米。[4]对于这批墓葬的墓主人,学术界有不同的看法。

[1] 福建博物院、福建闽越王城博物馆:《武夷山城村汉城遗址发掘报告(1980~1996)》,福建人民出版社,2004 年。
[2] 杨琮:《福建建阳平山汉代遗址调查》,《考古》1990 年第 2 期。
[3] 林忠干、赵洪章:《福建浦城三处古遗址调查简报》,《考古》1993 年第 2 期。
[4] 林公务:《福建闽侯庄边山的古墓群》,《东南文化》1991 年第 1 期。

　　1999 年以来,在武夷山城村汉城遗址附近的亭子后、牛栏后、斧头山和福州的益凤山等地发掘数座具有典型越人风格的墓葬,出土陶器虽以硬陶为主,但器表施加拍印几何纹饰的也只有为数不多的瓮、四耳瓮、双耳罐之类器物,通常是在器表通体拍印方格纹。与之前在城村汉城遗址出土的器物完全相同。

　　2003 年、2006 年先后在浙江温岭市塘山清理 2 座被认为是西汉前期东瓯国的墓葬,[1]也出土了印纹硬陶瓮、双耳罐之类器物,均采用泥条盘筑法制作,器表通体拍印方格纹,在肩部和腹部有抹去方格纹后留下的凹痕。附近的温岭大溪古城遗址也出土了同样的印纹硬陶器,[2]其器形与装饰都与崇安城村汉城遗址以及福建所见秦汉墓出土的一致。由此也说明,秦至西汉前期,东瓯和闽越在文化上的确具有很强的共性。

　　由于越人内迁,年代属于西汉中晚期至东汉时期的墓葬资料在东南沿海区非常罕见。1958 年闽侯荆溪庙后山发掘的 1 座年代被认为是"汉末或晚至西晋的墓葬",出土的瓮、罐、壶等器物上大都饰有斜小方格纹,其印纹硬陶数量仍然较多,值得注意。[3]

　　总之,该区秦汉遗存中所见印纹硬陶,器形也是以瓮罐类日用器为主,不少器物的造型也具有鲜明的地域特色。拍印纹饰主要是方格纹,但通体方格纹的瓮罐类器物表面往往还流行施加凹弦纹或抹光带纹。少数器物的器表也出现了类似岭南风格的方格纹加戳印纹,表明该区至少在秦至西汉前期,印纹硬陶也曾受到岭南区的影响。福州所见,也发现有少量从岭南或江东输入的印纹硬陶产品,但年代多为东汉或更晚时期。至于福建部分遗址中席纹较多的情况,和周围地区的联系如何,还有待更多的考古发现去进一步探讨。

---

[1] 浙江省文物考古研究所等:《浙江温岭塘山发现西汉东瓯国墓葬》,《东南文化》2007 年第 3 期;浙江省文物考古研究所等:《浙江温岭市塘山西汉东瓯贵族墓》,《考古》2007 年第 11 期。在温塘 M1 中与印纹硬陶双耳罐共存的还有 8 件器形一致并拍印方格纹的印纹软陶双耳罐以及其他没有拍印纹饰的硬陶器等。这种器形相同、纹饰一致,但质地软硬不同的情况,在其湘赣区、岭南区也曾见到。

[2] 浙江省文物考古研究所、温岭市文化广电新闻出版局:《浙江温岭大溪古城遗址的调查与试掘》,《东南文化》2008 年第 2 期。

[3] 黄汉杰:《福建荆溪庙后山古墓清理》,《考古》1959 年第 6 期。

六、关于各区域类型之间的相互关系问题

就秦汉时期岭南、湘赣、江东、东南沿海这四个均烧造印纹硬陶的区域而言,在印纹硬陶的器物种类、具体的器形和拍印纹饰上均有着自身的特点和发展演变轨迹。另外,不同区域的印纹硬陶产品还都曾广为流传,并在不少地区出现交叉重叠,交织成十分复杂的网络。通过对各区域类型的系统甄别与综合比较,至少有以下几点值得注意:

1. 从印纹硬陶的器物种类和数量上看,岭南区和湘赣区都非常发达,彼此之间的关系也最为密切。尤其是西汉中期以后,不仅大量的岭南类型陶瓷器北传湘赣区,湘赣区烧造的陶瓷产品也明显受到了岭南区的强烈影响,出现了较多的模仿岭南区特征的印纹硬陶产品。[1]不过,在岭南区却极少见到来自湘赣区的印纹硬陶产品。至于江东区和东南沿海区,秦汉时期的印纹硬陶器种类均相对较少,从出土数量上看,在当地墓葬随葬陶瓷产品中所占的比重也比较有限,不如岭南区和湘赣区那样发达;从产品流布上看,彼此之间也只是偶见对方的印纹硬陶产品,相互关系似乎也没有湘赣区和岭南区那样密切。

2. 岭南区与江东区相比,差异始终比较突出,彼此在印纹硬陶的器形和纹饰上明显缺乏共性。不仅西汉早期如此,在南越灭亡、该地纳入统一汉政权之后的西汉中晚期至东汉时期也是如此。而且直到东汉中晚期,两大地区之间也很少互见对方的印纹硬陶产品,显示出两地之间的联系也一致较弱。直到东汉晚期以后,情况才有所改变。

3. 湘赣区与江东区相比,两地生产的印纹硬陶虽有不少造型类似或接近的器物品种,但在具体的细部特征上又往往存在明显的差异,这在西汉时期表现得尤为突出。由于湘赣区的陶瓷手工业在秦汉时期的发展过程中,既受到岭南区

---

[1] 具体参见拙稿《试论两汉时期岭南类型陶瓷器的北传及影响》,《徐苹芳先生纪念文集》,上海古籍出版社,2012 年,第 192~215 页。

的强烈影响,又与江东区有着较为密切的联系,[1]故也出现了一些模仿江东区或兼有江东和岭南因素的印纹硬陶产品,只是被湘赣区模仿最多的江东陶瓷产品多为流布甚广但本身却很少施加印纹的钙釉壶、瓿之类器形。这种在模仿中所发生的装饰风格的转变也是非常值得关注的。更重要的是,到了东汉中晚期,湘赣区与江东区的联系或相互渗透似进一步加强,以致新出现的某些共性因素,仅从类型学的角度已难分彼此。秦汉时期,湘赣区陶瓷手工业这种兼收并蓄的发展模式,为南方陶瓷技术的交流与整合提供了很好的契机,应予以高度重视。

4. 东南沿海区的印纹硬陶,在西汉中期越人内迁以前,显示出与岭南地区有着更多的共性和较为密切的联系。但越人内迁之后直到东汉中晚期,当地的文化发展几乎处于停滞状态,直到汉末吴晋时期,由于外来人口的渗入,才又有所恢复。此时,印纹硬陶又有出现,似乎还有新的发展。

5. 与先秦时期的印纹硬陶相比,从秦统一到西汉前期,印纹硬陶的发展在岭南区、湘赣区和东南沿海区都表现出明显的延续性或继承性,唯有江东区在秦汉之际印纹硬陶的发展似乎一度停滞,[2]之后才渐渐恢复,并持续发展,直到完成向成熟瓷器转变之后才最终消退。因此,秦汉时期印纹硬陶的发展从空间上看可以说是经历了一个迂回曲折的过程。

综上所述,可以说秦汉时期仍是中国古代印纹硬陶的一个大发展时期。秦汉时期印纹硬陶的大发展是在先秦南方印纹硬陶基础上继续前行并不断创新的结果,不仅产品数量众多,而且流通广泛,整体的空间分布范围还要远远超过先秦时期,并且在新的历史条件下形成了具有鲜明地域特色的几个区域类型。不同的区

---

[1] 关于江东区陶瓷对湘赣区的影响问题,参见拙稿《关于长江中上游地区汉墓出土江东类型陶瓷器的初步考察》,中国社会科学院考古研究所、浙江省文物考古研究所编著《秦汉土墩墓考古发现与研究——秦汉土墩墓国际学术研讨会论文集》,文物出版社,2013 年,第 189~209 页。

[2] 1982 年出版的《中国陶瓷史》在讲述战国时期的"印纹硬陶和原始瓷"时就曾指出:"原吴越地区发达的印纹硬陶和原始瓷器的突然消失,很可能与楚灭越的兼并战争有关","广东、湖南南部等地的印纹硬陶和原始瓷手工业,则继续缓慢地向前发展"。参见中国硅酸盐学会编:《中国陶瓷史》,文物出版社,1982 年。

域类型之间关系错综复杂,为揭示秦汉时期南方地区的文化整合提供了丰富的信息。

　　附记:本文为 2004 年北京大学桐山教育基金资助课题"秦汉时期印纹硬陶研究"的研究成果之一,2010 年 9 月曾在河南内黄召开的汉代学术讨论会上宣读,2017 年 6 月初增补并修订。

本文原载《中原文物》2017 年第 5 期。

5

北方地区汉墓出土的南方类型陶瓷器

——关于汉代南北之间物质文化交流的考察之一

    本文所说的"北方地区"是指秦岭至淮河干流一线以北地区而言。

    汉朝疆域辽阔,因自然地理环境、历史文化传统与习俗等的区域差别,各地烧造的陶瓷产品风格各异。其中各类(高温)钙釉陶瓷产品[1]以及无釉的硬陶或印纹硬陶之类,在两汉时期主要生产并流行于长江中下游及其以南的南方地区;目前公认的所谓成熟瓷器,也是首先在汉代的南方地区烧造成功的。[2]然而,考古资料也显示:在汉朝统一的历史环境下,属于南方地区烧造的上述陶瓷产品在北方地区也存在着广泛的分布。廓清相关陶瓷产品在北方地区的整体分布状况及其阶段性变化、主要的器物类型及其流传情况,必将有助于进一步揭示汉代南方和北方之间存在的物质文化交流问题——这也正是本文的主要目的。为了行文方便,本文暂将两汉时期属于长江中下游及其以南地区烧造的,在质地、器形、装饰等方面均具有鲜明的南方地域特色的各类陶瓷产品概称为"南方类型陶瓷器"。

    诚然,由于本文所考察的汉墓分布广泛,出土器物数量众多,使得资料甄别和梳理工作极为困难。加上不少考古报告在器物描述方面所存在的局限性,[3]而需

---

[1] 在有关的报道和研究中,关于汉代高温钙釉类陶瓷产品所使用的称谓十分复杂,主要有"原始瓷(器)""原始青瓷""早期瓷器(器)""早期瓷器""青瓷""瓷器""硬质釉陶""施釉硬陶""硬胎绿釉陶""青釉器""青釉陶""釉陶""南方釉陶"等。本文认为,无论按照现代的视角如何定义汉代的各类高温钙釉类陶瓷产品,它们在文化传统上本身都是紧密相关联的,故本文将它们视为一个整体。

[2] 中国硅酸盐学会主编:《中国陶瓷史》,文物出版社,1982年。

[3] 大部分考古报告中对器物的描述在侧重于形制的同时,往往对于质地的差别重视不够。就"釉陶"类的器物而言,在缺乏图片资料和相关的胎釉检测报告的情况下,读者大多无法判断是属于铅釉还是属于钙釉或者其他,因此也就无从归类。借此希望将来的报告中对这两大系统的"釉陶"不再混为一谈。

要甄别的陶瓷器中有胎釉检测分析的又十分有限,对于一些报道简略或含混不清
又难以从考古类型学的角度进行甄别、归类的,本文只能暂时搁置不论。还有部分
器物,本文虽进行了甄别归类,但囿于目前的条件,其胎釉属性和产地仍有待于将
来的科学检测与比较研究后方能最终确认。这些都是需要首先说明的。不足之
处,敬希指正。

一、发现与分布

　　根据笔者的初步梳理,就目前已报道的汉墓资料[1]中可大致断定归属的器物而
言,在秦岭至淮河干流以北地区的汉代墓葬中出土的南方类型陶瓷器,数量已达 600 件
以上。[2]已知的出土地点主要有: 天津武清;[3]河北满城,[4]鹿泉市高庄,[5]定
县,[6]安平,[7]怀安;[8]山西朔州;[9]陕西甘泉,[10]咸阳龚家湾、[11]汉阳陵陪
葬墓园,[12]西安北郊、[13]西安净水厂、[14]西安财政干部培训中心、[15]国棉五厂、[16]

----

[1] 目前所知,北方地区所见南方类型陶瓷器绝大多数均出自墓葬,仅个别地区报道曾在遗址中有发
　　　现。由于墓葬以外的相关资料较少,且缺乏详细的报道,故本文暂时忽略不论。
[2] 尚不包括通常所说的"灰陶"类产品。尽管有一部分具有南方地域特色的"灰陶"器物出现在北方
　　　地区的汉墓中,但由于汉代各地"灰陶"产品的烧造所具有的普遍性,其产地界定还需要更为细致
　　　的工作,这些将留待将来进行。
[3] 天津市文物管理处考古队:《武清东汉鲜于璜墓》,《考古学报》1982 年第 3 期。
[4] 中国社会科学院考古研究所、河北省文物管理处:《满城汉墓发掘报告》,文物出版社,1980 年。
[5] 河北省文物研究所、鹿泉市文物保管所编著:《高庄汉墓》,科学出版社,2006 年。
[6] 定县博物馆:《河北定县 43 号汉墓发掘简报》,《文物》1973 年第 11 期。
[7] 河北省文物研究所:《安平东汉壁画墓》,文物出版社,1990 年。
[8] 水野清一等著:《万安北沙城》,(日本)东亚考古学会,1946 年。
[9] 平朔考古队:《山西朔县秦汉墓发掘简报》,《文物》1987 年第 6 期。
[10] 陕西省考古研究所等:《西延铁路甘泉段汉唐墓清理简报》,《考古与文物》1995 年第 3 期。
[11] 孙德润、贺雅宜:《龚家湾一号墓葬清理简报》,《考古与文物》1987 年第 1 期。
[12] 陕西省考古研究所编:《汉阳陵》,重庆出版社,2001 年。
[13] 中国社会科学院考古所唐城队:《西安北郊汉墓发掘报告》,《考古学报》1991 年第 2 期。
[14] 陕西省考古研究所配合基建考古队:《西安净水厂汉墓清理简报》,《考古与文物》1990 年第
　　　6 期。
[15] 西安市文物保护考古所:《西安财政干部培训中心汉、后赵墓发掘简报》,《文博》1997 年第 6 期。
[16] 陕西省考古研究所:《白鹿原汉墓》,三秦出版社,2003 年。

方新村、[1]陕西省交通学校、[2]三兆殡仪馆;[3]河南新安,焦作,洛阳烧沟、[4]中州路、[5]金谷园、[6]五女冢、[7]唐门寺、[8]东关夹马营路、[9]王城公园、[10]春都花园小区,[11]巩义市叶岭、[12]新华小区、[13]新郑,禹县东十里铺、[14]襄城,鄢陵岗周,淮阳平粮台、[15]鹿邑,永城保安山、[16]太丘;[17]山东平原王韩村,[18]临淄商王村、[19]金岭镇、[20]淄博张庄、[21]长清大觉寺村,[22]沂水牛岭埠、[23]安丘王家

[1] 西安市文物保护考古所、郑州大学考古专业编著:《长安汉墓》,陕西人民出版社,2004 年。
[2] 西安市文物保护考古所、郑州大学考古专业编著:《长安汉墓》,陕西人民出版社,2004 年。
[3] 西安市文物保护考古所、郑州大学考古专业编著:《长安汉墓》,陕西人民出版社,2004 年。
[4] 中国科学院考古研究所:《洛阳烧沟汉墓》,科学出版社,1959 年;李宗道:《洛阳烧沟清理西汉墓葬》,《文物》1959 年第 9 期。
[5] 中国科学院考古研究所:《洛阳中州路》,科学出版社,1959 年。
[6] 洛阳市第二文物工作队:《洛阳金谷园东汉墓(ⅠM337)发掘简报》,《文物》1992 年第 12 期。
[7] 洛阳市第二文物工作队:《洛阳五女冢 267 号新莽墓发掘简报》,《文物》1996 年第 7 期。
[8] 洛阳市文物工作队:《洛阳唐寺门两座汉墓发掘简报》,《中原文物》1984 年第 3 期。
[9] 洛阳市文物工作队:《洛阳东关夹马营路东汉墓》,《中原文物》1984 年第 3 期。
[10] 洛阳市文物工作队:《洛阳王城公园东汉墓》,《文物》2006 年第 3 期。
[11] 洛阳市第二文物工作队:《洛阳春都花园小区西汉墓(ⅠM2354)发掘简报》,《文物》2006 年第 11 期。
[12] 巩县文化馆:《河南巩县叶岭村发现的一座西汉墓》,《考古》1974 年第 2 期;郑州市文物考古研究所、巩义市文物保护管理所:《河南巩义市康店叶岭砖厂汉墓发掘简报》,《华夏考古》2005 年第 3 期。
[13] 郑州市文物考古研究所、巩义市文物保护管理所:《河南巩义市新华小区汉墓发掘简报》,《华夏考古》2001 年第 4 期;郑州市文物考古研究所、巩义市文物保护管理所:《河南巩义市新华小区二号墓发掘简报》,《华夏考古》2003 年第 3 期。
[14] 河南省文物研究所:《禹县东十里村东汉画像石墓发掘简报》,《中原文物》1985 年第 3 期。
[15] 曹桂岑:《淮阳县平粮台龙山文化古城址及汉墓》,《中国考古学年鉴(1986)》,文物出版社,1988 年,第 145 页。
[16] 河南省文物考古研究所:《永城西汉梁国王陵与寝园》,中州古籍出版社,1996 年。
[17] 李俊山:《永城太丘一号汉画像石墓》,《中原文物》1990 年第 1 期;永城县文管会、商丘博物馆:《永城太丘二号汉画像石墓》,《中原文物》1990 年第 1 期。
[18] 平原县图书馆:《山东平原王韩村汉墓》,《文物资料丛刊》第 10 辑,1987 年。
[19] 淄博市博物馆、齐故城博物馆:《临淄商王墓地》,齐鲁书社,1997 年。
[20] 山东省文物考古研究所:《山东临淄金岭镇一号东汉墓》,《考古学报》1999 年第 1 期。
[21] 淄博市博物馆:《山东淄博张庄东汉画像石墓》,《考古》1986 年第 8 期。
[22] 济南市考古研究所、长清区文物管理所:《济南市长清区大觉寺村一、二号汉墓清理简报》,《考古》2004 年第 8 期。
[23] 马玺伦:《山东沂水县牛岭埠发现一座东汉墓》,《考古》1993 年第 10 期。

沟,[1]嘉祥范式墓,[2]枣庄方庄,[3]滕州柴胡店,[4]微山大辛庄、[5]陈庄、[6]

万庄和沟南,[7]莒县,苍山,郯城,莱西董家庄,[8]海阳,[9]崂山古庙,[10]诸城,[11]

胶南河头、[12]丁家皂户,[13]胶州赵家庄,[14]日照大古城、[15]海曲,[16]五莲张家仲

崮,[17]临沂金雀山、[18]吴白庄;[19]江苏徐州奎山、[20]子房山、[21]碧螺山、[22]后楼

[1] 贾德民、王秀德:《山东安丘县出土一批西汉器物》,《考古》1995 年第 2 期。

[2] 嘉祥县文化馆:《嘉祥发现的东汉范式墓》,《文物》1972 年第 5 期;李卫星、吴征甦:《东汉范式墓
出土文物及其它》,《考古与文物》1992 年第 3 期。

[3] 石敬东:《山东枣庄方庄汉画像石墓》,《考古与文物》1994 年第 3 期。

[4] 山东省博物馆:《山东滕县柴胡店汉墓》,《考古》1963 年第 8 期。

[5] 微山县文物管理所:《山东微山县西汉画像石墓》,《文物》2000 年第 10 期。

[6] 杨建东、陈宝祥:《山东微山出土汉代青瓷器》,《中国文物报》2001 年 12 月 7 日第 2 版。

[7] 杨建东等:《山东微山出土西汉新莽时期石椁画像墓》,《中国文物报》2004 年 4 月 7 日第 2 版。

[8] 莱西县文化馆:《莱西县董家庄西汉墓》,《文物资料丛刊》第 9 辑,1985 年。

[9] 高京平、王志文、张春明:《海阳西汉古墓出土罕见青瓷器》,《中国文物报》2002 年 8 月 28 日
第 1 版。

[10] 时桂山:《山东崂山古庙汉墓》,《文物资料丛刊》第 4 辑,1981 年;孙善德、刘璞:《青岛崂山县发现
一座西汉夫妇合葬墓》,《文物资料丛刊》第 9 辑,1985 年。

[11] 山东省文物管理处、山东省博物馆合编:《山东文物选集(普查部分)》,文物出版社,1959 年。

[12] 李曰训、宋爱华、林玉海:《胶南市河头汉代墓葬》,《中国考古学年鉴(2003)》,文物出版社,2004
年,第 221 页。

[13] 宋爱华、李曰训、纪仲良:《胶南市丁家皂户汉代墓葬》,《中国考古学年鉴(2003)》,文物出版社,
2004 年,第 223 页。

[14] 兰玉富、李文胜、王磊:《山东胶州赵家庄汉代墓地的发掘》,国家文物局主编《2005 年中国重要考
古发现》,文物出版社,2006 年,第 110~113 页;又见兰玉富、李文胜、王磊、马健:《山东胶州赵家
庄抢救性发掘汉代墓地》,《中国文物报》2006 年 1 月 20 日第 1 版。

[15] 日照市博物馆:《山东日照市大古城汉墓发掘简报》,《东南文化》2006 年第 4 期。

[16] 何德亮、崔圣宽:《日照市海曲西汉至魏晋时期墓地》,《中国考古学年鉴(2003)》,文物出版社,
2004 年,第 218 页;何德亮、郑同修、崔圣宽:《日照海曲汉代墓地考古的主要收获》,《文物世界》
2003 年第 5 期。

[17] 潍坊市博物馆、五莲县图书馆:《山东五莲张家仲崮汉墓》,《文物》1987 年第 9 期。

[18] 临沂文物组:《山东临沂金雀山一号墓发掘简报》,《考古学集刊》第 1 集,1981 年;临沂市博物馆:
《山东临沂金雀山周氏墓群发掘简报》,《文物》1984 年第 11 期;临沂市博物馆:《山东临沂金雀山
九座汉代墓葬》,《文物》1989 年第 1 期。

[19] 管恩洁、霍启明、尹世娟:《山东临沂吴白庄汉画像石墓》,《东南文化》1999 年第 6 期。

[20] 徐州博物馆:《江苏徐州奎山西汉墓》,《考古》1974 年第 2 期。

[21] 徐州博物馆:《江苏徐州子房山西汉墓清理简报》,《文物资料丛刊》第 4 辑,1981 年。

[22] 徐州博物馆:《徐州碧螺山五号西汉墓》,《文物》2005 年第 2 期。按:刘照建、李祥《徐州市碧螺山
西汉墓》(《中国考古学年鉴(2000)》)称之为“原始瓷器”,后来的正式简报改为“釉陶器”。

山、[1]金山村、[2]拖龙山、[3]青山泉、[4]韩山,[5]铜山小龟山、[6]荆山、[7]凤凰山、[8]班井村、[9]翟山、[10]周庄,[11]新沂,[12]邳州,睢宁距山、二龙山、[13]刘楼、[14]东海昌梨水库、[15]尹湾,[16]赣榆金山,[17]连云港海州、[18]孔望山、[19]屏锦、[20]花果山、高高顶,[21]涟水三里墩、[22]泗阳贾家墩、[23]打鼓墩;[24]安徽涡阳稽山,[25]固镇濠城、[26]渡口村,[27]凤台峡山口、[28]亳州凤凰台、[29]元宝坑、董园

[1] 徐州博物馆:《江苏徐州后楼山八号西汉墓》,《考古》2006 年第 4 期。

[2] 徐州博物馆:《江苏徐州金山村汉墓》,《中原文物》2006 年第 6 期。

[3] 刘尊志、耿建军:《徐州市拖龙山汉墓群》,《中国考古学年鉴(1999)》,文物出版社,2001 年。

[4] 邱永生:《徐州青山泉水泥二厂一、二号汉墓发掘简报》,《中原文物》1992 年第 1 期。

[5] 徐州博物馆:《徐州市韩山东汉墓发掘简报》,《文物》1990 年第 9 期。

[6] 南京博物院:《铜山小龟山西汉崖洞墓》,《文物》1973 年第 4 期。

[7] 徐州博物馆:《江苏铜山县荆山汉墓发掘简报》,《考古》1992 年第 12 期。

[8] 徐州博物馆:《江苏铜山县凤凰山西汉墓》,《考古》2004 年第 5 期。

[9] 徐州市博物馆:《江苏铜山县班井村东汉墓》,《考古》1997 年第 5 期。

[10] 刘尊志、马永强:《铜山县翟山战国西汉墓群》,《中国考古学年鉴(2002)》,文物出版社,2003 年。

[11] 王德庆:《江苏铜山东汉墓清理简报》,《考古通讯》1957 年第 4 期。

[12] 新沂市博物馆:《江苏新沂市乱墩汉墓群Ⅰ号墩发掘简报》,《东南文化》2003 年第 3 期;吴文信:《江苏新沂东汉墓》,《考古》1979 年第 2 期。

[13] 佟泽荣:《江苏睢宁距山、二龙山汉墓群调查》,《东南文化》1993 年第 4 期。

[14] 睢文、南波:《江苏睢宁县刘楼东汉墓清理简报》,《文物资料丛刊》第 4 辑,1981 年。

[15] 南京博物院:《昌梨水库汉墓群发掘简报》,《文物参考资料》1957 年第 12 期。

[16] 连云港市博物馆:《江苏东海县尹湾汉墓群发掘简报》,《文物》1996 年第 8 期。

[17] 仲璟维等:《江苏赣榆县金山乡发现一座汉墓》,《考古》1986 年第 11 期。

[18] 南京博物院:《江苏连云港市海州网疃庄汉木椁墓》,《考古》1963 年第 6 期;南京博物院、连云港市博物馆:《海州西汉霍贺墓清理简报》,《考古》1974 年第 3 期。

[19] 连云港市博物馆:《连云港市孔望山吴窑汉墓发掘简报》,《东南文化》第二辑,江苏古籍出版社,1987 年。

[20] 连云港市博物馆:《连云港地区的几座汉墓及零星出土的汉代木俑》,《文物》1990 年第 4 期。

[21] 周锦屏:《连云港市唐庄高高顶汉墓发掘报告》,《东南文化》1995 年第 4 期。

[22] 南京博物院:《江苏涟水三里墩西汉墓》,《考古》1973 年第 2 期。

[23] 淮阴市博物馆:《泗阳贾家墩一号墓清理报告》,《东南文化》1988 年第 1 期。

[24] 淮阴市博物馆、泗阳县图书馆:《江苏泗阳打鼓墩樊氏画像石墓》,《考古》1992 年第 9 期。

[25] 刘海超、杨玉彬:《安徽涡阳稽山汉代崖墓》,《文物》2003 年第 9 期。

[26] 安徽省文物考古研究所、固镇县文物管理所:《固镇县濠城东汉石室墓》,《文物研究》第 13 辑,2001 年。

[27] 周群:《固镇渡口村十二座砖室墓清理简报》,《文物研究》第 11 辑,1998 年。

[28] 刘锋:《凤台峡山口汉墓清理简报》,《文物研究》第 11 辑,1998 年。

[29] 亳县博物馆:《亳县凤凰台一号汉墓清理简报》,《考古》1974 年第 3 期。

村,[1]灵璧,[2]五河,萧县,濉溪,等等。[3]

从空间分布上看,汉代南方类型陶瓷器在西至关中、东到大海、北抵长城沿线的广大北方地区均有出土。其中分布最为密集的是与南方有着便利的水运交通条件且地域邻近的黄淮平原以东到东部沿海一带,已发现的数量也最多——已知北方地区所见南方类型陶瓷器的80%左右均出土于该区域。另外在汉代都城所在的长安和洛阳一带也有较多的发现。至于与南方之间距离较远、交通不便的华北平原北部以及太行山以西的黄土高原地区,都只有零星的报道,已知的数量均较少。

二、主要器形与产地来源

已知北方各地汉墓出土的南方类型陶瓷器中有较详细报道、器形特征明确的约380件,器形主要以瓿、鼎、盒、壶、罐为主,另外还有少量的钫、瓷、罍、灶、虎子、耳杯等(具体参见附表)。通过与汉代南方各地陶瓷产品的比较后发现,本文所收集的北方地区汉墓出土的南方类型陶瓷器主要来源于江东地区,还有部分器物来源于长江中游地区。至于更远的属于岭南地区生产的陶瓷产品,虽见于江汉地区和南阳一带,但目前尚无确凿证据表明曾在更北的地区出现。

下面就主要的器物类型分别介绍如下:

1. 瓿

汉代南方类型陶瓷器中被称为"瓿"的器物,在造型和装饰上均具有自己显著的特征。然而,当它们出现在北方地区的汉墓中时,却常被称作"罐""双系罐"或"瓷""罍"之类,个别还被称为"鼎"。这种名称上的混乱状况虽给资料甄

[1] 安徽省亳县博物馆:《亳县曹操宗族墓葬》,《文物》1978年第8期。

[2] 安徽省文物考古研究所、灵璧县文物管理所:《灵璧县大李墓群发掘简报》,《文物研究》第12辑,1999年。

[3] 汉代南方类型陶瓷器在朝鲜半岛北部也有出土,具体情况本文暂从略。

别带来一些困难,但也正是由于对来自南方的瓿类器物缺乏清晰的认识,在大多被视为"异类"的同时报道得反而更为充分一些。就目前的资料来看,北方地区汉墓中出土的属于南方类型的瓿类器物数量已达60件以上,器形明确者可大致分为两型:

A型:大口,平底。数量较少,暂不分式。徐州子房山M1[1]出土的1件,被称为"瓷瓿",为"蜗牛耳",口径17、高20厘米(图5-1,1);涟水三里墩西汉墓[2]出土的1件被称为"釉陶罐","肩部有两个兽面饰,鼻有孔而无环。口肩部有浅黄褐色釉",高17.6厘米(图5-1,4)。

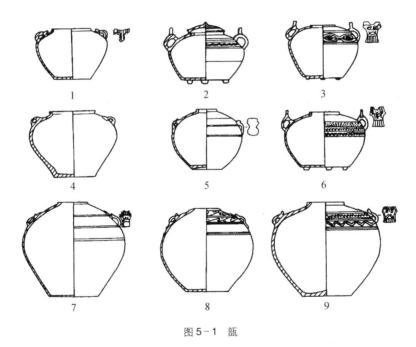

图5-1　瓿

1、4. A型　2、3、6. B型Ⅰ式　5、7、8. B型Ⅲ式　9. B型Ⅱ式

B型:小口,双耳多呈宽扁的兽面形,多饰有复杂的装饰。数量较多,可分3式:

Ⅰ式:器底有三足,腹径往往大于高,且双耳顶端往往略高于器物口部。徐州

[1] 徐州博物馆:《江苏徐州子房山西汉墓清理简报》,《文物资料丛刊》第4辑,1981年。
[2] 南京博物院:《江苏涟水三里墩西汉墓》,《考古》1973年第2期。

奎山汉墓[1]出土的 2 件,均带盖,高分别为 23 厘米和 24.5 厘米(图 5-1,2);徐州子房山 M1[2]出土的 1 件瓷瓿,"耳上有蜥蜴形饰",口径 10.5、腹径 31、高 23.5 厘米(图 5-1,6);涡阳稽山汉墓[3]出土的 2 件,大小、形制相同,短直口,"肩部以上、器内侧底部均施釉,其他部位无釉",口径 8.8、腹径 24.5、高 18 厘米(图 5-1,3)。除徐州、涡阳以外,此式瓿在睢宁、[4]微山、[5]临沂[6]等地亦有发现。

Ⅱ式:平底或矮圈足,双耳顶端与口沿平齐或略低,相比 Ⅰ 式瓿而言器物高度普遍增加。徐州碧螺山 M5[7]出土的 2 件形制相同,据称"通体施青黄釉",其中 1 件口径 10、高 33.2 厘米(图 5-1,9);铜山荆山汉墓[8]出土的 2 件均带盖,其中 1 件口径 12、高 28.5 厘米。此式瓿亦见于睢宁、[9]连云港[10]等地。

Ⅲ式:平底,双耳顶端低于口沿,腹部流行凸弦纹装饰,以三组为常见,有的在弦纹之间还有刻划图案。微山大辛庄 M18[11]出土的 1 件被称为"原始瓷瓿","肩、腹部饰 3 组凸弦纹,每组弦纹均由 3 周细弦纹组成。腹上部及口沿施绿釉,腹下部呈红褐色",口径 9、高 31 厘米(图 5-1,7);洛阳金谷园 Ⅰ M337[12]出土的 2 件被称为"罐",在肩部的凸弦纹之间还"填饰两组二方连续卷云纹","腹上部和口沿内壁施褐绿色釉",口径 9、高 29 厘米(图 5-1,8);西安净水厂汉墓 M55[13]出土的 1 件,被称为"罍","通体酱色釉",口径 12、高 32.9 厘米(图 5-1,5)。此式瓿分布范

[1] 徐州博物馆:《江苏徐州奎山西汉墓》,《考古》1974 年第 2 期。
[2] 徐州博物馆:《江苏徐州子房山西汉墓清理简报》,《文物资料丛刊》第 4 辑,1981 年。
[3] 刘海超、杨玉彬:《安徽涡阳稽山汉代崖墓》,《文物》2003 年第 9 期。
[4] 佟泽荣:《江苏睢宁距山、二龙山汉墓群调查》,《东南文化》1993 年第 4 期。
[5] 傅吉峰:《两件西汉早期原始青瓷》,《中国文物报》1999 年 1 月 20 日第 4 版。
[6] 临沂文物组:《山东临沂金雀山一号墓发掘简报》,《考古学集刊》第 1 集,1981 年。
[7] 徐州博物馆:《徐州碧螺山五号西汉墓》,《文物》2005 年第 2 期。按:刘照建、李祥《徐州市碧螺山西汉墓》(《中国考古学年鉴(2000)》)称之为"原始瓷器",后来的正式简报改为"釉陶器"。
[8] 徐州博物馆:《江苏铜山县荆山汉墓发掘简报》,《考古》1992 年第 12 期。
[9] 佟泽荣:《江苏睢宁距山、二龙山汉墓群调查》,《东南文化》1993 年第 4 期。
[10] 连云港市博物馆:《连云港地区的几座汉墓及零星出土的汉代木俑》,《文物》1990 年第 4 期。
[11] 微山县文物管理所:《山东微山县西汉画像石墓》,《文物》2000 年第 10 期。
[12] 洛阳市第二文物工作队:《洛阳金谷园东汉墓(Ⅰ M337)发掘简报》,《文物》1992 年第 12 期。
[13] 陕西省考古研究所配合基建考古队:《西安净水厂汉墓清理简报》,《考古与文物》1990 年第 6 期。

围比较广泛,除以上列举的地点以外,在巩义、[1]赣榆、[2]日照、[3]莱西[4]等地也有出土,墓葬年代确切的基本上都属于西汉,不晚于新莽时期。[5]另外,此式瓿在朝鲜半岛北部平壤一带的汉代墓葬中也有出土。

总的来看,北方地区汉墓出土的南方类型瓿类器物,绝大多数在器表上半部和内底都施有釉,釉色有"褐绿釉""绿釉""酱釉""黄绿釉""黄褐色釉""青釉""青黄釉"等,器物高度大致在18~41厘米左右,通常每墓出土瓿的数量在1~5件不等,以2件最为常见。目前的资料显示,A型瓿在战国时期已经出现,如上虞凤凰山、[6]苏州真山[7]等地所见,基本上都是分布在长江以南的吴越故地。其中真山 D4M3 出土的 1 件"原始瓷"瓿,器形及尺寸大小基本和前述子房山 M1 的瓷瓿一致,且均施釉。在西汉早期,此型瓿在江淮之间的不少地点也有发现,但西汉中期以后就很少见到了。目前北方汉墓所出土的 A 型瓿数量也很少,主要分布在苏皖北部靠近淮河下游的地区,地理位置与江淮、江东较近,且之间存在便利的水运交通条件,年代也都在西汉早中期,推测其来源也应该是江淮或江东一带。

至于 B 型瓿,最早约出现于战国晚期至秦统一前后,最初在造型上具有明显的仿铜器特征。目前所知,年代较早的例子也多见于江东地区,如上海嘉定外冈、[8]余姚老虎山一号墩、[9]苏州真山[10]等地的发现。之后一直到东汉初期 B 型瓿均

---

[1] 巩县文化馆:《河南巩县叶岭村发现的一座西汉墓》,《考古》1974 年第 2 期。

[2] 仲璟维等:《江苏赣榆县金山乡发现一座汉墓》,《考古》1986 年第 11 期。

[3] 日照市博物馆:《山东日照市大古城汉墓发掘简报》,《东南文化》2006 年第 4 期。

[4] 莱西县文化馆:《莱西县董家庄西汉墓》,《文物资料丛刊》第 9 辑,1985 年。

[5] 洛阳金谷园 I M337 曾被误断为"东汉中期—晚期",笔者认为应改定为西汉晚期,参见拙稿《关于洛阳金谷园汉墓 I M337 的年代》,《华夏考古》2003 年第 2 期。

[6] 浙江省文物考古研究所、上虞县文物管理所:《浙江上虞凤凰山古墓葬发掘报告》,《浙江省文物考古研究所学刊·建所十周年纪念(1980~1990)》,科学出版社,1993 年。

[7] 苏州博物馆:《苏州真山四号墩发掘报告》,《东南文化》2001 年第 7 期。

[8] 黄宣佩:《上海市嘉定县外冈古墓清理》,《考古》1959 年第 12 期。

[9] 陈元甫:《余姚老虎山一号墩发掘》,浙江省文物考古研究所编《沪杭甬高速公路考古报告》,文物出版社,2002 年。

[10] 苏州博物馆:《真山东周墓地——吴楚贵族墓地的发掘与研究》,文物出版社,1999 年。

盛行于江东地区,且自身的器形演变规律十分清晰。[1]上述北方地区出土的 B 型瓿资料表明:大致在东汉初期之前,B 型瓿曾在北方地区广为流传。具体来说,从西汉早期开始,此类瓿的流传便已向北越过淮河干流、出现在当时的楚国都城——彭城及其附近区域。以后,从 I 式到 II 式再到 III 式,此类瓿在北方地区的流传范围逐步扩大:向西出现在黄河流域的巩义、洛阳,并进一步延伸到关中地区,出现在都城长安附近的墓葬中;向东北沿山东半岛的沿海地区延伸,到达莱西一带,并且越过黄海,出现在朝鲜半岛北部的汉乐浪郡地区。

与此同时,笔者也注意到,在汉代江东地区,前述 B 型瓿的发展演变还有一种更晚的形态——[2]有的称为"瓿式罐",如上虞周家山 M27[3]和上虞牛头山 M23[4]所见,主要流行于东汉早中期。目前这种晚期形态的瓿尚未在北方地区的汉墓中出现。这或许暗示出:新莽末年至东汉初期的社会动荡之后,包括瓿在内的江东地区陶瓷产品在北方地区的流传也受到了一定的影响。

2. 鼎

已知北方地区汉墓中出土的南方类型陶瓷鼎的数量并不多,但绝大多数也施釉,釉色有"青绿""青黄""黄""黄绿"等,多施于盖顶和器身上部,另外在耳部和足部多有纹饰,器物高度多在 20 厘米上下。通常每墓随葬鼎的数量在 1~4 件不等,以 2 件最为常见。目前可大致确认的约 26 件,主要分布在淮阳以东至连云港一带,向北到达临沂、日照等地。流行时间均在西汉。进入东汉以后,北方地区基本未再见到来自南方的同类器物用于随葬。

其中器形明确者可分 3 式:

I 式:三蹄足略高,盖上有三组。如徐州奎山汉墓[5]所出,高 20 厘米

---

[1] 参见黎毓馨《论长江下游地区两汉吴西晋墓葬的分期》一文中有关瓿器形演变的论述,见浙江省文物考古研究所编:《浙江省文物考古研究所学刊》,长征出版社,1997 年。

[2] 即黎毓馨划分的 IV 式瓿,参见上揭《论长江下游地区两汉吴西晋墓葬的分期》一文。

[3] 见《沪杭甬高速公路考古报告》第 193 页,图一四,2。

[4] 见《沪杭甬高速公路考古报告》第 141 页,图一四,1。

[5] 徐州博物馆:《江苏徐州奎山西汉墓》,《考古》1974 年第 2 期。

(图5-2,2);徐州金山M1[1]所出,"腹部弦纹以上至盖顶以及三足施青黄釉",高
18.4厘米;徐州后楼山M8[2]所出,"上腹部、耳、足及盖上施青釉",高17厘米(图
5-2,4);涡阳稽山汉墓[3]所出,为"灰陶,盖施满釉,腹部、足部仅局部施釉",高
18厘米(图5-2,1)。

Ⅱ式:三足变得更加矮小。徐州碧螺山M5[4]所出的2件,盖上仍有三纽,器
表施有青黄釉,高分别为20.4厘米(图5-2,3)和19.2厘米(图5-2,8);铜山荆山
汉墓[5]所出的Ⅰ式鼎,盖上已无纽,亦外施青黄釉,高17.2厘米(图5-2,6)。

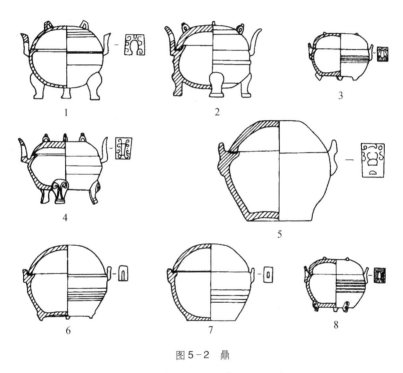

图5-2 鼎

1、2、4. Ⅰ式　3、6、8. Ⅱ式　5、7. Ⅲ式

[1] 徐州博物馆:《江苏徐州金山村汉墓》,《中原文物》2006年第6期。
[2] 徐州博物馆:《江苏徐州后楼山八号西汉墓》,《考古》2006年第4期。
[3] 刘海超、杨玉彬:《安徽涡阳稽山汉代崖墓》,《文物》2003年第9期。
[4] 徐州博物馆:《徐州碧螺山五号西汉墓》,《文物》2005年第2期。按:刘照建、李祥《徐州市碧螺山
　　西汉墓》(《中国考古学年鉴(2000)》)称之为"原始瓷器",后来的正式简报改为"釉陶器"。
[5] 徐州博物馆:《江苏铜山县荆山汉墓发掘简报》,《考古》1992年第12期。

Ⅲ式：平底或平底略内凹。对于此式鼎,由于缺少三足,有的称作"陶敦",也有称作"附耳陶盒"或"双耳盒"。[1]如连云港纱帽寺 M1[2]所出的 2 件,就被称作"附耳陶盒",平底内凹,"器身施青黄色釉",高分别为 17.5 厘米和 19 厘米(图5-2,5);铜山荆山汉墓[3]所出的 1 件 Ⅱ式鼎,高 18.6 厘米,亦施有青黄釉(图5-2,7)。

上述 Ⅰ 至 Ⅲ 式鼎,绝大多数都和前述的 B 型瓿共存,其器物造型以及时代早晚的器形演变规律都与汉代江东地区的同类器物一致,装饰特征也完全相同,表明这些器物也应该和前述 B 型瓿一样都是来自江东地区的陶瓷产品,并且很可能是成套或成组输送至北方的。从江东地区来看,前述 Ⅲ 式鼎已是此类鼎发展演变的最后形态,青浦、[4]湖州、[5]安吉、[6]龙游、[7]嵊州[8]等地的发现表明其流行年代基本上都在西汉中晚期,进入东汉以后,就基本消失了。前述北方地区出土此式鼎的墓葬年代也大致都在西汉中晚期,和江东地区相比未见明显的滞后,表明此类器物从烧造到输往北方并用于随葬的时间间隔也应该不会很久。

3. 盒

汉代南方类型陶瓷器中的"盒"类器物,与当时广为流行的普通灰陶盒仅从形态上有时很难区分。不过,在北方地区汉墓中出土的南方类型陶瓷盒,多为硬陶胎质,而且绝大多数施釉,器表装饰以弦纹为主,不见彩绘。已报道的数量约在 28 件以上,高度通常在 17~22 厘米之间,个别较低矮。一般而言,每墓随葬的件数以 2 件最为常见,少数为 4 件,而数量最多的一座墓出土了 10 件。由于南方类型的盒

---

[1] 在江东地区,也有报告将此类 Ⅲ 式鼎称作"双耳盒"的,参见朱土生:《浙江龙游东华山汉墓》,《考古》1993 年第 4 期。

[2] 连云港市博物馆:《连云港地区的几座汉墓及零星出土的汉代木俑》,《文物》1990 年第 4 期。

[3] 徐州博物馆:《江苏铜山县荆山汉墓发掘简报》,《考古》1992 年第 12 期。

[4] 王正书:《上海福泉山西汉墓群发掘》,《考古》1988 年第 8 期。

[5] 浙江省文物考古研究所:《浙江湖州市方家山第三号墩汉墓》,《考古》2002 年第 1 期。

[6] 安吉县博物馆:《浙江安吉县上马山西汉墓的发掘》,《考古》1996 年第 7 期。

[7] 朱土生:《浙江龙游东华山汉墓》,《考古》1993 年第 4 期。

[8] 张恒:《浙江嵊州市剡山汉墓》,《东南文化》2004 年第 2 期。

与鼎在北方地区的汉墓中通常是成组出现,因此两者在空间分布上也大体一致。

器形明确者可分2式:

Ⅰ式:圈足,盖有捉手或三组。盖有捉手者如徐州奎山汉墓[1]所出,高17.2
厘米(图5-3,1);又涡阳稽山汉墓[2]所出,"盖外壁满釉,器腹不施釉",高17厘
米(图5-3,2);徐州后楼山M8[3]所见,"盖上遍施青釉,有流釉现象,腹上部施青
釉",高14厘米(图5-3,3);盖有三组者如睢宁距山[4]所出,为"夹砂褐陶胎",施
有青黄釉,高17.8厘米。

Ⅱ式:平底。徐州碧螺山M5[5]所出土的1件,腹壁斜直,盖有捉手,"通体饰

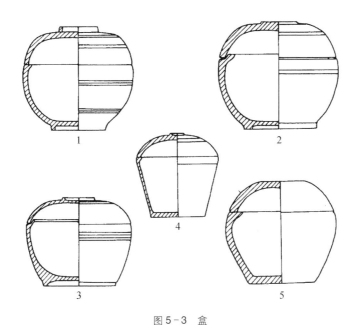

图5-3　盒

1~3. Ⅰ式　4、5. Ⅱ式

[1] 徐州博物馆:《江苏徐州奎山西汉墓》,《考古》1974年第2期。

[2] 刘海超、杨玉彬:《安徽涡阳稽山汉代崖墓》,《文物》2003年第9期。

[3] 徐州博物馆:《江苏徐州后楼山八号西汉墓》,《考古》2006年第4期。

[4] 佟泽荣:《江苏睢宁距山、二龙山汉墓群调查》,《东南文化》1993年第4期。

[5] 徐州博物馆:《徐州碧螺山五号西汉墓》,《文物》2005年第2期。按:刘照建、李祥《徐州市碧螺山
西汉墓》(《中国考古学年鉴(2000)》)称之为"原始瓷器",后来的正式简报改为"釉陶器"。

青黄釉",高21.3厘米(图5-3,4);连云港纱帽寺M1[1]所出,盖无捉手,"周身施青黄绿色釉",高20厘米(图5-3,5)。

上举Ⅰ至Ⅱ式盒,其器形特征和胎釉性质均与汉代江东地区流行的同类盒一致,应该和共存的鼎、瓿以及下文将要讨论的侈口壶一样,都是来自江东地区的陶瓷产品。尽管在北方地区随葬有来自南方的壶或者瓿的汉代墓葬中不一定随葬来自南方的盒——正如目前的资料所显示的,已知北方地区出土南方类型瓿的墓葬超过30座,只有7例与南方类型的盒共存;出土南方类型壶的墓葬超过70座,也只有8例与南方类型盒共存;然而在随葬有来自南方的鼎的墓葬中,却只有1例未见来自南方的盒;凡是有盒的墓葬,往往共存鼎和瓿,并且都有壶——在已知8座随葬有南方类型盒的墓中,仅1座未见瓿,其余7座均鼎、盒、壶、瓿齐全。这或许表明:南方类型的盒与鼎一样,通常是作为某种固定组合的一个组成部分被输送到北方地区的。而这种组合所代表的某种意义或者所具有某种礼制的含义,应该是导致它们成组出现在北方地区墓葬中的主要原因之一。而当组合结构发生松动或者改变时,首先消失的便是盒与鼎,也恰好说明了这两类器物所具有的特殊含义。

4. 壶

在汉代流传至北方地区的各类南方类型陶瓷器中,以壶的数量最多,其分布地域也最为广泛,在西至关中、东到大海、北抵长城内侧的广大地区多有发现。依据器形特征可大致分为侈口壶、盘口壶、小口长颈壶、直口壶四大类。已报道的在200件以上,其中侈口壶数量最多,达150件以上;盘口壶其次,约40件;而直口壶和小口长颈壶的数量均较少。下面分述之:

侈口壶:

北方地区汉墓出土的南方类型侈口壶一般都有纵向双系,流行刻划纹饰,绝大多数都施釉。从器形、纹饰、胎釉特征来看,基本上都和南方陶瓷系统中的"江东类

---

[1] 连云港市博物馆:《连云港地区的几座汉墓及零星出土的汉代木俑》,《文物》1990年第4期。

型"[1]一致,表明其来源也应该是江东地区。从出土的情况来看,侈口壶的器形大小相差悬殊,高大者多在 40 厘米以上,小的高不足 10 厘米。通常与前述的南方类型鼎、盒、瓿类器物共存的侈口壶都是器形较大者。在西汉早期,鼎、盒、壶、瓿成组出现时壶多 2 件一对,器形一致,大小相当,如徐州金山、[2]奎山、[3]安徽涡阳[4]等地汉墓所见;单出壶者如徐州子房山 M2[5]所见有 4 件,形制相同,大小虽不一,但悬殊并不大,高均在 24~27 厘米之间。西汉中期以后,大小不等的数件陶壶成组出现的情况增多,有的 4 件,有的 5 件,还有的 6 件、7 件或 10 件等。同墓出土的壶在器形大小上的差距也增加,例如巩义市叶岭村汉墓[6]所出 5 件,大的高达 44 厘米,小的高 21 厘米。以墓为单位出土壶数量最多的是连云港纱帽寺 M1,[7]多达16 件,也是分成大中小三种不同尺寸,高分别为 46.5 厘米、36 厘米、29.5 厘米。另外笔者注意到,还有少量器高不足 15 厘米的南方类型小型壶出现在北方地区的汉墓中,虽大致呈敞口,但或许是因为器形太小的缘故,在细部特征上又和器形较大的侈口壶有别,加上很少与前述的南方类型鼎、盒、瓿共存,或可单独作为一个亚型看待。故本文暂按大小将侈口壶分作两型:

A 型:高一般在 18 厘米以上。分 2 式:

Ⅰ式:圈足较高,颈部略长,器表流行凹弦纹间以水波纹的装饰。徐州奎山汉墓[8]出土的 1 件,带盖,"肩部饰四道弦纹和二道水波纹","肩部以上施青黄釉",高 32.8 厘米(图 5-4,2);徐州后楼山 M8[9]出土的 1 件,腹上部有三组弦纹,施青釉,高 27.5 厘米(图 5-4,3);徐州金山村 M1[10]出土的 2 件壶高分别为 27.2 厘米

[1] 关于汉代南方陶瓷系统中地域类型的划分,笔者在《汉墓随葬青釉陶的区域类型及其变迁》和《秦汉时期印纹硬陶研究》两篇论文中进行了初步的探讨,将另外发表。
[2] 徐州博物馆:《江苏徐州金山村汉墓》,《中原文物》2006 年第 6 期。
[3] 徐州博物馆:《江苏徐州奎山西汉墓》,《考古》1974 年第 2 期。
[4] 刘海超、杨玉彬:《安徽涡阳稽山汉代崖墓》,《文物》2003 年第 9 期。
[5] 徐州博物馆:《江苏徐州子房山西汉墓清理简报》,《文物资料丛刊》第 4 辑,1981 年。
[6] 巩县文化馆:《河南巩县叶岭村发现的一座西汉墓》,《考古》1974 年第 2 期。
[7] 连云港市博物馆:《连云港地区的几座汉墓及零星出土的汉代木俑》,《文物》1990 年第 4 期。
[8] 徐州博物馆:《江苏徐州奎山西汉墓》,《考古》1974 年第 2 期。
[9] 徐州博物馆:《江苏徐州后楼山八号西汉墓》,《考古》2006 年第 4 期。
[10] 徐州博物馆:《江苏徐州金山村汉墓》,《中原文物》2006 年第 6 期。

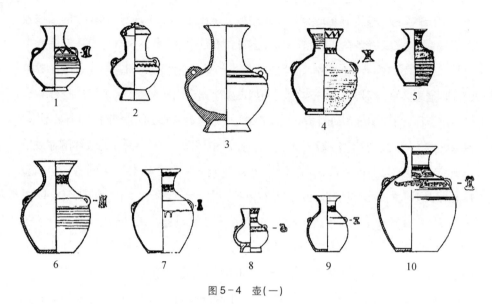

图 5-4 壶(一)

1~3. A 型 I 式　4~7、9、10. A 型 II 式　8. B 型

和 28 厘米,"腹部以上和足部及口、颈内壁施青黄釉,多流釉现象";涡阳稽山汉墓[1]出土的壶,腹部还出现了明显的凸棱纹,高 26.5 厘米(图 5-4,1)。

II 式:矮圈足或平底,腹部流行二至三组弦纹或密集的瓦棱纹,有的在弦纹之间还有水波纹、卷云纹等刻划纹饰。通常情况下,此式壶的颈部大多较直,但也有呈亚腰状的。平朔汉墓群 GM202[2]出土的 1 件,为"红褐色胎,口沿内外及肩部施青釉",高 26.8 厘米(图 5-4,4);洛阳烧沟 M175[3]出土的 1 件,为"绛红胎,胎极硬","腹上半部及口内上釉,口及颈为褐釉,其他呈虾青色釉",器高 23.4 厘米(图 5-4,5);安丘王家沟汉墓[4]出土的 1 件"绿釉陶壶",高 26.5 厘米,颈部有一周波浪纹带(图 5-4,6);微山大辛庄 M18[5]出土的 4 件"原始青瓷壶",大小不一,其中编号为 M18:2 的 1 件高 34.5 厘米,"口沿和肩部施墨绿色釉"(图 5-4,

[1]刘海超、杨玉彬:《安徽涡阳稽山汉代崖墓》,《文物》2003 年第 9 期。
[2]平朔考古队:《山西朔县秦汉墓发掘简报》,《文物》1987 年第 6 期。
[3]中国科学院考古研究所:《洛阳烧沟汉墓》,科学出版社,1959 年。
[4]贾德民、王秀德:《山东安丘县出土一批西汉器物》,《考古》1995 年第 2 期。
[5]微山县文物管理所:《山东微山县西汉画像石墓》,《文物》2000 年第 10 期。

7);洛阳春都花园小区 Ⅰ M2354[1]出土 7 件"釉陶壶",也是大小不等,高分别为
41.8 厘米(图 5 - 4,10)和 22.3 厘米(图 5 - 4,9),而且器形较大者除了水波纹和弦
纹以外,还在肩部弦纹带之间刻划云气纹。

　　B 型:高在 15 厘米以下。甘泉县城附近汉墓 M8 出土的 1 件"双耳青瓷壶",
侈口,扁圆腹,圈足外侈,系耳部位出现了环状装饰,器高 14 厘米(图 5 - 4,8)。据
称,其胎质紧密坚硬,呈棕褐色,在"壶口内壁,肩部及内底涂青釉,圈足上亦部分施
釉"。发掘者推断该墓年代为西汉中期,所出"原始青釉瓷壶""应为南方窑口所烧
制"。[2]其他已报道的几件类似的小型壶基本上都分布于苏皖北部地区,如徐州顾
山 M1[3]出土的 1 件,高 12 厘米,施青色釉;临沂金雀山 M32[4]出土的 1 件,高
11.3 厘米,施黄绿色釉;固镇渡口村 M1[5]出土的 1 件,高 9 厘米,为硬胎酱釉;连
云港孔望山吴窑 M1[6]所出 2 件,高分别为 7.5 厘米和 9 厘米,施酱黄色釉;等等。
这些釉色多变的小型壶,通常都是单独出现,很少与其他南方类型陶瓷器共存,是
否具有特殊的功用或含义,目前还不得而知。

　　盘口壶:

　　和侈口壶一样,北方地区汉墓出土的南方类型盘口壶一般也都有纵向双系,也
都流行叶脉纹、水波纹、弦纹之类的装饰。有时,盘口壶还和侈口壶同墓共存,且胎
釉特征一致,表明两者之间有着密切的关系。根据对器形、装饰和胎釉特征的比较
研究,并结合南方地区汉代窑址的资料,目前北方汉墓中所见到的属于南方类型的
各类盘口壶基本上也都和前述侈口壶一样,以来源于江东地区为主。[7]不过在汉

---

[1] 洛阳市第二文物工作队:《洛阳春都花园小区西汉墓(IM2354)发掘简报》,《文物》2006 年第 11 期。

[2] 陕西省考古研究所等:《西延铁路甘泉段汉唐墓清理简报》,《考古与文物》1995 年第 3 期。

[3] 徐州博物馆:《江苏徐州市顾山西汉墓》,《考古》2005 年第 12 期。

[4] 临沂市博物馆:《山东临沂金雀山九座汉代墓葬》,《文物》1989 年第 1 期。

[5] 周群:《固镇渡口村十二座砖室墓清理简报》,《文物研究》第 11 辑,1998 年。

[6] 连云港市博物馆:《连云港市孔望山吴窑汉墓发掘简报》,《东南文化》第二辑,江苏古籍出版社,
1987 年。

[7] 南方地区汉代窑址发现较多,但经过正式发掘并报道的材料极少,目前大多是一些调查材料,如
《浙江上虞县发现的东汉瓷窑址》(《文物》1981 年第 10 期)、《浙江宁波汉代瓷窑调查》(《考古》
1980 年第 4 期)等,故本文在分析北方汉墓中的南方物来源时,只是从大的区域特征出发作初步
的判断,至于具体的窑口问题,还要等到科学的发掘资料积累到一定程度之后才有可能进行探讨。

代南方(尤其是江东)类型陶瓷器的发展演变过程中,盘口壶出现的时间比侈口壶要晚一些,故在北方汉墓中盘口壶与同属南方类型的鼎、瓿共存的情况显著减少,目前也未见到与南方类型的盒共存的例子。到了东汉时期,来自南方的盘口壶偶尔与南方类型的罐类器物共存,但更多的仍然是单独出现在北方地区的汉墓中。已报道的约40件盘口壶中,属于西汉墓出土的约13件,其余出自东汉墓。通常每墓出土数量约1~3件,东汉时期个别墓达到6件。

依据器形可分三型:

A型:深腹,矮圈足或平底。分3式。

Ⅰ式:矮圈足,颈部较高,盘口略外侈。铜山荆山汉墓[1]出土3件,器表饰四组水波纹,腹部以上施青黄釉,其中1件高38厘米(图5-5,1);五莲张家仲崮汉墓群[2]出土4件,报告列举的1件(编号M1∶12)为泥质红陶,施豆青色釉,高18.4

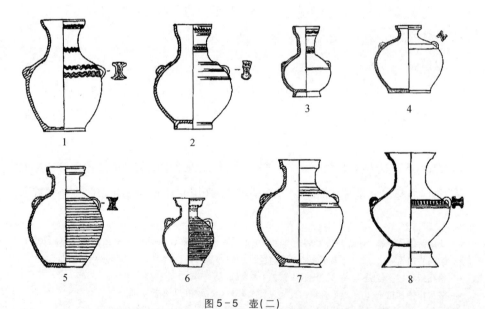

图5-5 壶(二)

1~3.A型Ⅰ式　4.C型　5、6.A型Ⅲ式　7.A型Ⅱ式　8.B型

[1] 徐州博物馆:《江苏铜山县荆山汉墓发掘简报》,《考古》1992年第12期。

[2] 潍坊市博物馆、五莲县图书馆:《山东五莲张家仲崮汉墓》,《文物》1987年第9期。

厘米,器表饰水波纹和弦纹(图5-5,3);洛阳春都花园小区 ⅠM2354[1]出土的2件,口部和颈部仍为弦纹和水波纹,但腹部出现了明显的三组凹弦纹带饰,系耳出现了"兽面"和"环",形成类似铺首衔环的装饰,高34厘米(图5-5,2)。

Ⅱ式:矮圈足,盘口和颈部均较直。新沂乱墩M14[2]出土的1件,高41.5厘米(图5-5,7)。

Ⅲ式:平底或平底略内凹,盘口加深,腹部流行明显的轮旋纹。沂水牛岭埠东汉墓[3]出土的1件,"胎骨呈粉红色,烧制火候较高。青釉,近底部露胎",高26厘米(图5-5,5);徐州韩山东汉墓M1[4]出土的6件,胎质坚硬,施黄绿色薄釉,颈以下器身遍饰凸棱,其中1件(M1:23)高26厘米(图5-5,6)。此式盘口壶在嘉祥东汉范式墓[5]中也出土了数件。据记载,墓主人范式曾任荆州刺史,并卒于庐江太守任上,[6]推测墓中随葬的来自南方的器物也可能与墓主人的任职经历有关。

上述 A 型盘口壶从 Ⅰ 式到Ⅲ式的器形演变,和同时期江东地区的盘口壶一致。在浙江湖州、[7]上虞、[8]嵊州、[9]龙游[10]等地,我们均能见到和上述盘口壶器形一样并且演变规律相同的例证。

B 型:扁圆腹,高圈足,耳部多饰叶脉纹(或称"蕉叶纹"),高多在28厘米以上。东海昌梨水库M1[11]出土的1件,高28.2厘米,"器内以及外表的上半部,都

[1] 洛阳市第二文物工作队:《洛阳春都花园小区西汉墓(ⅠM2354)发掘简报》,《文物》2006年第11期。

[2] 新沂市博物馆:《江苏新沂市乱墩汉墓群Ⅰ号墩发掘简报》,《东南文化》2003年第3期。

[3] 马玺伦:《山东沂水县牛岭埠发现一座东汉墓》,《考古》1993年第10期。

[4] 徐州博物馆:《徐州市韩山东汉墓发掘简报》,《文物》1990年第9期。

[5] 嘉祥县文化馆:《嘉祥发现的东汉范式墓》,《文物》1972年第5期;李卫星、吴征甦:《东汉范式墓出土文物及其它》,《考古与文物》1992年第3期。

[6] 《后汉书》卷八十一《范式传》。

[7] 浙江省文物考古研究所:《浙江湖州市方家山第三号墩汉墓》,《考古》2002年第1期。

[8] 浙江省文物考古研究所、上虞县文物管理所:《浙江上虞凤凰山古墓葬发掘报告》,《浙江省文物考古研究所学刊·建所十周年纪念(1980~1990)》,科学出版社,1993年。

[9] 张恒:《浙江嵊州市剡山汉墓》,《东南文化》2004年第2期。

[10] 朱土生:《浙江龙游东华山汉墓》,《考古》1993年第4期。

[11] 南京博物院:《昌梨水库汉墓群发掘简报》,《文物参考资料》1957年第12期。

满涂茶绿色釉";临淄商王村 M85[1]出土的 1 件,为"灰胎,施青釉",高 39 厘米
(图 5-5,8)。同类器物在河南永城、[2]河北定县[3]等地也有出土。在江东地区
的考古报告中,类似 B 型盘口壶的器物通常被称为"钟",如浙江上虞蒿坝[4]和嘉
兴九里汇[5]东汉墓所见,年代以东汉中晚期居多。上述北方地区出土该类器物的
墓葬年代也大致与江东地区一致或略晚。[6]

C 型:小口,圆鼓腹,大平底。安平东汉壁画墓[7]出土的 1 件,被称为"青釉
双耳瓶","胎为瓷土制成,呈灰白色,……器表施以高温青釉",高 19 厘米(图 5-
5,4)。类似器物在绍兴东汉墓[8]中曾有出土,年代也在东汉晚期,M307 出土的 1
件高 21.9 厘米,大小也和安平出土的接近。

小口长颈壶:

亦被称作"投壶",数量不多,主要分布在东部地区。已知在北方地区出土南方
类型长颈壶的墓葬年代大致都在西汉中晚期至东汉初这样一个时间段内。五莲张
家仲崮 M1[9]出土的 1 件,腹部扁圆,圈足略高,为夹砂灰胎,饰水波纹和弦纹并施
青绿色釉,高 23 厘米(图 5-6,1);灵璧大李 M2[10]出土的 1 件,"口至颈部饰四段
波浪纹,肩和腹部饰弦纹数道,口至腹中部饰青釉",高 25.3 厘米(图 5-6,3)。此
外在日照、徐州等地也有出土。黄淮以西,目前仅见西安有报道。[11]2000 年西安

---

[1] 淄博市博物馆、齐故城博物馆:《临淄商王墓地》,齐鲁书社,1997 年。

[2] 李俊山:《永城太丘一号汉画像石墓》,《中原文物》1990 年第 1 期。

[3] 定县博物馆:《河北定县 43 号汉墓发掘简报》,《文物》1973 年第 11 期。

[4] 吴玉贤:《浙江上虞蒿坝东汉永初三年墓》,《文物》1983 年第 6 期。

[5] 嘉兴市文化局:《浙江嘉兴九里汇东汉墓》,《考古》1987 年第 7 期。

[6] 永城太丘 M1 的年代,原报告推断为"东汉早期",属于误断。从随葬品推测,其年代也应该属于东
汉晚期为是。

[7] 河北省文物研究所:《安平东汉壁画墓》,文物出版社,1990 年。

[8] 绍兴市文物管理委员会:《绍兴狮子山东汉墓》,《考古》1984 年第 9 期。

[9] 潍坊市博物馆、五莲县图书馆:《山东五莲张家仲崮汉墓》,《文物》1987 年第 9 期。

[10] 安徽省文物考古研究所、灵璧县文物管理所:《灵璧县大李墓群发掘简报》,《文物研究》第 12 辑,
1999 年。

[11] 至于早年山西孝义汉墓出土的 1 件,其胎釉性质还有待查证。参见山西省文物管理委员会、山西省
考古研究所:《山西孝义张家庄汉墓发掘记》,《考古》1960 年第 7 期。其他东汉墓出土的长颈壶大
多为铅釉陶或泥质灰陶产品,不在本文讨论之列。

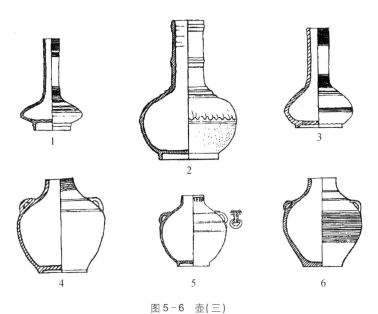

图5-6　壶（三）

1~3. 小口长颈壶　　4~6. 直口壶

三兆殡仪馆M1[1]出土的1件，为"黑灰瓷胎，青釉，下腹及底不施釉"，颈肩有三周竹节形凸棱，高29.4厘米（图5-6,2），墓葬年代为西汉晚期。器形与之接近的过去曾在杭州古荡汉墓中有出土，与侈口壶、瓿和江东常见的印纹罍、双唇罐共存，[2]年代也大致在西汉晚期。

　　不过，截至目前，长江干流以南地区已报道的汉墓资料中所见到的同类器物数量也很少。相反在淮河下游干流南北附近区域似乎见到的更多。本文只是从胎釉特征大致推断为南方地区生产，但目前尚缺乏窑址的证据，因此，有关其具体的烧造地点的探讨还有待于将来的新发现。从器物造型上看，秦统一时期广为传播的蒜头壶，以及百越地区流行的匏壶和小口长颈瓶等，都有可能对此类长颈壶的出现产生过一定影响。另外，在中原北方地区的汉代墓葬中还出土了不少低温铅釉陶的长颈壶和普通灰陶长颈壶，器形也都大体接近。这种采用不同质地烧造的同类

［1］西安市文物保护考古所、郑州大学考古专业编著：《长安汉墓》，陕西人民出版社，2004年。
［2］浙江省文物管理委员会：《杭州古荡汉代朱乐昌墓清理简报》，《考古》1959年第3期。

器物之间相互关系如何,也是值得关注的问题。

直口壶:

其腹部特征与同时期的 A 型侈口壶或 A 型盘口壶大体一致,只是口部似经切割,部分器物本身也有可能就是侈口壶或盘口壶的口部缺损所致,或者在侈口壶或盘口壶的口部缺损后还进行了加工打磨,以使器口平整。由于发掘报告均未能详细说明,笔者亦未见到具体的实物,故本文暂时单独作为一类壶处理。已报道的仅有数件,属于西汉时期的如永城保安山 M2[1] 出土的 1 件(标本 M2 - 9∶13),平底,无系耳,肩部施绿釉,高 29 厘米;洛阳五女冢 M267[2] 出土的 1 件,矮圈足,有纵向双系,饰波浪纹和弦纹,高 16.1 厘米(图 5 - 6,4);西安北郊铁路三中 M19[3] 出土的 1 件,器表上半部还施绿釉,腹部弦纹为三组,系耳部位增加了环状装饰,高 24.2 厘米(图 5 - 6,5)。属于东汉时期墓葬出土的目前所见有洛阳东关 C3M15[4] 出土的 1 件,有纵向双系,颈腹部均饰弦纹,高 17.2 厘米(图 5 - 6,6)。该器形与嘉祥东汉范式墓出土盘口壶中的口部残损者[5]非常接近,时代也大致相同。故推测这种直口壶的来源也应该和前述的 A 型侈口壶及 A 型盘口壶一致,原本属于汉代江东地区的陶瓷产品。当然,如果其质地与当地的普通灰陶完全一致的话,则应另当别论。

5. 瓮罐

北方地区汉墓中出土的南方类型瓮罐类器物的数量虽不如壶,但器形最为复杂多样:按照系耳的数量差别可分为无系、双系、四系、六系几类,其中带系的又可依据系耳的特征细分为横系和纵系两小类,少数还有集横系与纵系于一身的;就口部特征而论,有大口、小口,或敛口、侈口、直口之分;就装饰而论,存在印纹的施加与否、釉的有无之类区别。因此在报道中,有的被称为印纹硬陶,有的则归入原始

[1] 河南省文物考古研究所:《永城西汉梁国王陵与寝园》,中州古籍出版社,1996 年。
[2] 洛阳市第二文物工作队:《洛阳五女冢 267 号新莽墓发掘简报》,《文物》1996 年第 7 期。
[3] 中国社会科学院考古所唐城队:《西安北郊汉墓发掘报告》,《考古学报》1991 年第 2 期。
[4] 洛阳市文物工作队:《洛阳东关夹马营路东汉墓》,《中原文物》1984 年第 3 期。
[5] 参见《考古与文物》1992 年第 3 期,第 17 页,图三,8。

瓷器或瓷器范畴,或仅将施釉者称为"釉陶"。

已报道的器形明确的瓮罐类器物(不包括可辨器形的残片)数量约在 50 件以上,与前述推测来自江东的瓿的数量相当,只是两者极少共存。相比之下,北方汉墓中随葬的瓿的来源比较单一,器形演变规律也就十分清晰。而瓮罐类器物因来源复杂,加上本身的地域色彩或许更为浓厚,故在不同器形之间很难寻找到内在的逻辑演变关系。由于考古学术语中"瓮"与"罐"之间的区分标准或界限往往十分模糊、含混,故本文将瓮罐放在一起叙述。考虑到北方地区汉墓所见南方类型瓮罐类器物的实际情况,被称为"瓮"者均未见系耳,故本文将有系耳的仍以"罐"相称,分为双系罐、四系罐、六系罐三大类,而将无系耳的瓮罐放在一起进行型式划分。

双系罐:

已知数量在 21 件以上。通常每墓以 1 件为常,但也有出土 3、4 件,甚至 7 件的。可分为五型:

A 型:侈口、鼓腹、平底,纵向双系位于肩上部。满城一号汉墓[1]出土的 1 件"表面施酱色釉,火候高,质地坚硬","肩部施凹弦纹两道,腹部印有模糊的细方格纹",口径 12.3、高 25.4 厘米(图 5-7,10)。同类器形在西汉时期主要流行于湘赣地区,如湘西古丈白鹤湾汉墓 95HM7[2]出土的 1 件印纹硬陶罐,器形与之一致,只是未见施釉。考虑到同时期江东和岭南地区流行的双系罐均风格迥异,故推测满城汉墓出土的双系罐当以来源于湘赣地区的可能性为大。值得注意的是,满城一号汉墓的主人中山靖王刘胜和第一任刘姓长沙王刘发本是同父异母的兄弟,[3]或许正是这种关系才导致湘赣地区的印纹硬陶罐出现在距离遥远的满城。

B 型:侈口、鼓腹,纵向双系在腹上部,器表有明显的轮旋纹(宽弦纹)。西安国棉五厂 M1[4]出土的 1 件,为"夹砂灰陶",口径 16.8、高 25.2 厘米(图 5-7,6)。

[1] 中国社会科学院考古研究所、河北省文物管理处:《满城汉墓发掘报告》,文物出版社,1980 年。

[2] 湘西自治州文物管理处等:《古丈县白鹤湾战国西汉墓发掘报告》,湖南省文物考古研究所、湖南省考古学会合编《湖南考古 2002》,岳麓书社,2004 年。

[3] 《汉书》卷五十三《景十三王传》。

[4] 陕西省考古研究所:《白鹿原汉墓》,三秦出版社,2003 年。

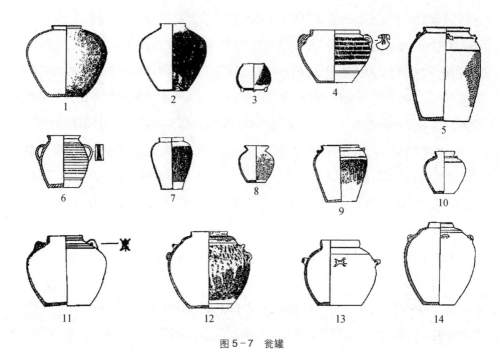

图 5-7　瓮罐

1、2. B 型无系耳瓮罐　3. C 型无系耳瓮罐　4. D 型双系罐　5. C 型四系罐　6. B 型双系罐　7. D
型无系耳瓮罐　8. A 型无系耳瓮罐　9. E 型双系罐　10. A 型双系罐　11. C 型双系罐　12. 六系罐
13. A 型四系罐　14. B 型四系罐

胶州赵家庄汉代墓地[1]出土的同类器物,器表施釉,被称为"原始瓷器",从发表
的 1 件器物图片看,其年代要比西安所见为早。在汉代,类似的器物尽管分布较
广,但最为流行的还是江东地区,在当地的窑址和墓葬中均有发现,并且从西汉到
东汉的器形演变规律清楚,故推测北方地区汉墓中出土的 B 型双系罐也应该是以
来源于江东地区为主。从目前报道的资料看,此类罐在北方地区似乎也是首先出
现在东部沿海一带,然后才向西扩散的。

---

[1] 兰玉富、李文胜、王磊:《山东胶州赵家庄汉代墓地的发掘》,国家文物局主编《2005 年中国重要考
古发现》,文物出版社,2006 年,第 110~113 页。又见兰玉富、李文胜、王磊、马健:《山东胶州赵家
庄抢救性发掘汉代墓地》,《中国文物报》2006 年 1 月 20 日第 1 版。

　　C 型：直口较小，纵向双系，鼓腹，平底。枣庄方庄画像石墓[1]出土的 1 件，为泥质红陶，外施酱釉，颈肩施凹弦纹，耳饰叶脉纹，口径 9.5、高 17 厘米（图 5 - 7，11）。类似器物早年曾在滕县出土较多，有的"通体施釉"，发掘者曾推测"似和江南绍兴等地出土器物有些联系"，[2]但对于胎釉性质却未说明。类似胎釉性质不明的同类器物在北方地区的汉墓中还有一些发现，然迄今对于北方汉墓出土的 C 型双系罐的胎釉性质仍缺乏科学的检测。本文从类型学角度暂将此类器物和前述的 B 型双系罐一起归入江东类型的范畴，但不排除有属于硬胎、钙釉系统之外的"仿制品"存在的可能性。事实上，至少在稍晚于汉的中原地区墓葬中，我们的确看到了大量的类似器形的泥质灰陶双系罐的存在，显然是与南方陶瓷器的持续影响分不开的。

　　D 型：直口较大，纵向双系，双系及腹部均有纹饰。巩义市新华小区 M1[3]出土的 2 件，"胎质硬，敲之有金属声"，其中 1 件"肩腹部模印菱形与方格纹，下腹部有一周凹弦纹"，口径 16、高 18.8 厘米（图 5 - 7，4）；另 1 件带盖，口径 15.6、通高 22.4 厘米，"肩腹部模印菱形与细绳纹"。同类双系罐在新华小区 M2[4]中也出土 1 件，其"肩腹部饰篦点纹"。该型双系罐和前述的 B 型、C 型双系罐在器形、质地和装饰方面虽有某些共性，但又存在明显的区别。目前尚未在江东地区见到与之完全一致的器物，反倒是在江汉地区有一些类似的发现，如襄樊、[5]宜昌、[6]房县[7]等地所见，年代在东汉至六朝早期，既有硬陶胎质的，也有普通灰陶质地的。推测此类器物的出现应该是受到了江东地区双系罐的影响，产地可能就在长江中游地区。

[1] 石敬东：《山东枣庄方庄汉画像石墓》，《考古与文物》1994 年第 3 期。
[2] 山东省博物馆：《山东滕县柴胡店汉墓》，《考古》1963 年第 8 期。
[3] 郑州市文物考古研究所、巩义市文物保护管理所：《河南巩义市新华小区汉墓发掘简报》，《华夏考古》2001 年第 4 期。
[4] 郑州市文物考古研究所、巩义市文物保护管理所：《河南巩义市新华小区二号墓发掘简报》，《华夏考古》2003 年第 3 期。
[5] 襄樊市博物馆：《湖北襄樊市两座东汉墓发掘》，《考古》1993 年第 5 期。
[6] 长办库区处红花套考古工作站：《湖北宜昌前坪包金头东汉、三国墓》，《考古》1990 年第 9 期。
[7] 湖北省博物馆：《湖北房县的东汉、六朝墓》，《考古》1978 年第 5 期。

E 型：以横向双系为特征。长清大觉寺村 M2[1]出土的 1 件,被称为"釉陶罐","方唇,侈口,宽肩,斜腹,平底,上有双横耳。口部至腹部拍印纹饰且施深绿釉"。口径 23.7、高 34.6 厘米(图 5−7,9)。遗憾的是,该罐拍印的是何种纹饰,报告未明言。从发表的器物图看,似仍为方格纹之类。发掘者推断墓葬的年代在东汉晚期。同类器物在邗江、[2]丹阳、[3]蕲春[4]等地均有报道,从胎釉和装饰判断,属于南方地区烧造的特征是比较明显的,只是具体产地还有待于进一步探讨。从造型风格上讲,不排除此类器物属于长江中游地区烧造的可能性。

四系罐:

已报道的数量和双系罐接近,器形可确认的 21 件出于 12 座汉墓,均为横系,年代集中于东汉中晚期。通常每墓也是以 1 件为常,也有 2 件的,较特殊的是永城太丘 M1[5]中出土了 8 件,十分罕见。除永城太丘 M1 和东海昌梨水库 M1[6]等少数墓葬以外,四系罐也很少与同样来自南方的双系罐或盘口壶共存。依据器形特征可细分为三型:

A 型：直口,球形腹,器形通常较小。见于洛阳、永城、泗阳等地。洛阳中州路 M708[7]出土的 1 件,被称为"四耳釉陶罐","腹部有模印斜方格纹,肩腹之间有一周弦纹。胎高岭土质,火候很高,接近瓷器",腹径 18.5、高 16.5 厘米(图 5−7,13)。泗阳打鼓墩汉墓[8]出土的 1 件,被称为"青瓷四系罐","灰白胎,茶绿色釉",腹径 16.5、高 13 厘米,腹部脱釉部位暴露出拍印的细方格纹。

B 型：小口,短颈,深圆腹,肩部多有一层凸棱,从剖面看呈现明显的转折,被称为双肩式,或称台肩式。已发现的数量较多、分布十分广泛,有的还与 A 型四系罐

[1] 济南市考古研究所、长清市文物管理所：《济南市长清区大觉寺村一、二号汉墓清理简报》,《考古》2004 年第 8 期。

[2] 南京博物院：《江苏邗江甘泉东汉墓清理简况》,《文物资料丛刊》第 4 辑,1981 年。

[3] 镇江市博物馆等：《江苏丹阳东汉墓》,《考古》1978 年第 3 期。

[4] 黄冈市博物馆等：《罗州城与汉墓》,科学出版社,2000 年。

[5] 李俊山：《永城太丘一号汉画像石墓》,《中原文物》1990 年第 1 期。

[6] 南京博物院：《昌梨水库汉墓群发掘简报》,《文物参考资料》1957 年第 12 期。

[7] 中国科学院考古研究所：《洛阳中州路》,科学出版社,1959 年。

[8] 淮阴市博物馆、泗阳县图书馆：《江苏泗阳打鼓墩樊氏画像石墓》,《考古》1992 年第 9 期。

共存。临淄商王村 M65[1]出土的 1 件,灰黄胎,施青釉,口径 13.2、高 33 厘米
(图 5 - 7,14)。亳县董园村一号墓[2]出土的 1 件,称为"青瓷罐","直口,削肩大
腹,四横耳,布细网纹。高 30、径 14.8 厘米"。亳县凤凰台 M1[3]出土的 1 件完整
的四系罐,遍施细网纹,口径 14.5、腹径 30、高 28 厘米,"陶质较细,火候较高,施青
色釉",被视为瓷器。洛阳烧沟 M147[4]出土的 1 件,称为"异型罐","肩部有凸形
突起,似作两层,并于突起的下缘,作双弦纹。瓷质,轮制,外壁着黄绿色釉,于釉下
隐约可见布纹。器高 22,腹径 28.4 厘米"。平原王韩村东汉墓[5]出土的 1 件,"高
29、口径 10、腹径 26 厘米","口微侈,凹唇,斜肩,腹微鼓,平底。肩部四耳,施一道
凸弦纹,通体饰小方格纹。口至下腹部施青绿釉,底以上部分露胎,有釉泪痕"。

C 型:侈口,深腹,平底。武清东汉鲜于璜墓出土的 1 件,胎质夹砂呈灰色,"腹
身饰方格纹,上施青褐釉",口径 18.4、高 36.4 厘米(图 5 - 7,5)。据称为天津地区
汉墓首次发现,报告归之为"早期青瓷",并认为"与南方早期青瓷窑系有着密切的
关系"。[6]依据出土的墓碑知,墓主人曾任"赣揄(榆)令",地点虽仍在淮河干流以
北,但属于东部沿海出土南方陶瓷器较为密集的区域,不知墓中随葬的四系罐的来
源是否也与这种任职经历有关?

《中国陶瓷史》曾将前述亳县董园村一号墓和烧沟 M147 等东汉墓葬中出土的
四系罐作为东汉晚期成熟瓷器出现的代表性器物之一,并指出同类器物"在上虞县
的许多窑址中都有发现"。[7]遗憾的是,仅在图版中列举了 1 件高 19.8 厘米的"汉
代青瓷四系罐"(参见同书,彩版 9,1),至于具体的出土情况,迄今未见发表。[8]从

[1] 淄博市博物馆、齐故城博物馆:《临淄商王墓地》,齐鲁书社,1997 年。
[2] 安徽省亳县博物馆:《亳县曹操宗族墓葬》,《文物》1978 年第 8 期。
[3] 亳县博物馆:《亳县凤凰台一号汉墓清理简报》,《考古》1974 年第 3 期。
[4] 中国科学院考古研究所:《洛阳烧沟汉墓》,科学出版社,1959 年。
[5] 平原县图书馆:《山东平原王韩村汉墓》,《文物资料丛刊》第 10 辑,1987 年。
[6] 天津市文物管理处考古队:《武清东汉鲜于璜墓》,《考古学报》1982 年第 3 期。
[7] 中国硅酸盐学会主编:《中国陶瓷史》,文物出版社,1982 年,第 129 页。
[8] 朱伯谦:《浙江上虞县发现的东汉瓷窑址》(《文物》1981 年第 10 期)一文中发表的"上虞百官镇出
　　　土的青瓷四耳罐",从照片上看与《中国陶瓷史》彩版 9,1 似乎为同一件器物,只是拍照角度略有变
　　　化。遗憾的是,也未指出具体的出土环境,而且迄今亦未见到江东地区有新的类似证据发表。

目前已知汉代四系罐的出土情况来看,岭南地区从西汉早期开始便流行横系的四系罐(瓮),并且有关产品在西汉中期以后大量传入湘赣地区,稍后湘赣地区也开始烧造具有当地风格的横系四系罐类产品。[1]如果有关江东地区在东汉时期也开始烧造横系的四系罐的年代判断不误的话(尽管仍需确凿证据),它的出现应该是受到了湘赣或岭南地区的影响。上述北方汉墓中出土的四系罐本身具有不同的类型,其具体来源是江东或湘赣,抑或其他地区,都还是一个有待探讨的问题。目前来说,似不排除有江东以外的地区(尤其是湘赣流域的东汉窑址)烧造以后流传至北方的可能性。

六系罐:

器形和前述 B 型四系罐接近,只是在四横系下方的腹部又增加了一对纵向双耳。目前在北方仅知亳县凤凰台 M1[2]曾出土 2 件,被称为"釉陶罐","直口略高,肩部为波浪纹,上腹为细网纹",施黄褐色釉,多已脱落,通高 28 厘米(图 5-7,12),与同墓出土的 1 件瓷四系罐大小也基本一致。[3]类似器物在邗江、[4]蕲春、[5]涪陵、[6]新津[7]等地都有出土。这种集横系与纵系于一身的作风,应该是在汉代南方地区陶瓷演进过程中不同地域风格相互影响的结果,只是具体的产地还有待探讨。推测和前述四系罐一样,也不排除由湘赣地区烧造后流传至北方的可能性。

无系耳的瓮罐:

北方地区汉墓所见南方类型的无系瓮罐基本上都属于"印纹硬陶"系统,且大多施釉。除残片以外,能复原的或完整器物数量有限,尽管如此,可辨器形者亦形制多样,大小悬殊,可大致分为以下几型:

[1] 具体情况参见拙稿《汉晋时期"四系罐"的北渐三部曲》一文,待刊。

[2] 亳县博物馆:《亳县凤凰台一号汉墓清理简报》,《考古》1974 年第 3 期。

[3] 按:报告所说的该"口径 7.2、腹径 15 厘米"明显有误,参照器物图,估计是指半径而言,故实际尺寸与同墓出土的瓷四系罐"口径 14.5、腹径 30 厘米"非常接近。

[4] 南京博物院:《江苏邗江甘泉二号汉墓》,《文物》1981 年第 11 期。

[5] 黄冈市博物馆等:《罗州城与汉墓》,科学出版社,2000 年。

[6] 四川省文物管理委员会:《四川涪陵东汉崖墓清理简报》,《考古》1984 年第 12 期。

[7] 四川省博物馆文物工作队:《四川新津县堡子山崖墓清理简报》,《考古通讯》1958 年第 8 期。

　　A 型：侈口较大、束颈、鼓腹、平底。鹿泉市高庄一号汉墓出土的 1 件，"通体饰小方格纹"，"肩部有刻划符号"，高 22.3 厘米（图 5-7,8）。在初期的报道中该器曾被称为"釉陶罐"，[1]但后来发表的简报[2]和正式报告[3]均未提及是否有釉，改称"印纹硬陶罐"。从器形特征和装饰来看，同类器物在西汉早中期主要流行于湘赣地区。联系前述满城 M1 出土的 A 型双系罐，其来源应该相同。值得注意的是，满城 M1 的墓主人为中山王刘胜，卒于元鼎四年（前 113）；鹿泉市高庄 M1 的墓主人据推测为常山王刘舜，卒于元鼎三年（前 114）。刘胜与刘舜不仅卒年接近，且两人与长沙王刘发均为景帝之子，受封为王的时间也相差不远。[4]推测这种关系正是导致上述少量印纹硬陶出现在满城、鹿泉市的原因。

　　B 型：小口、鼓腹、平底。见于永城保安山二号墓，[5]据介绍，在前室及其周围各室发现大量的釉陶器残片，"仅口沿计有 200 片"，可复原的 8 件器物均为手制，陶胎厚薄不均匀，器表多施釉。其中 6 件高在 51~57 厘米之间的被称为瓮，最大腹径与高相当或略大于高，呈鼓腹状，有 4 件器表拍印"蒲席纹"（标本 M2-6∶4 见图 5-7,2）、2 件拍印"方格纹"（标本 M2-6∶9 见图 5-7,1）。另外有 1 件被称为"壶"的器物（标本 M2-9∶14），器形也和前述瓮大体接近，只是尺寸略小，高 35 厘米，"肩部施绿釉，腹部施酱红色釉，器表拍印蒲席纹"。发掘者认为墓主人是梁孝王之妻李后，卒年约在公元前 136~前 123 年之间。如果这一判断不误，该墓的年代要比前述满城中山王墓和鹿泉常山王墓的年代略早。类似器表满饰席纹的瓮罐类器物（有的被称为"罍"）在西汉时期主要流行于江东地区，在青浦、[6]龙游、[7]安吉、[8]湖

[1] 石家庄市文物保管所、获鹿县文物保管所：《河北获鹿高庄出土西汉常山国文物》，《考古》1994 年第 4 期。

[2] 河北省文物研究所、鹿泉市文物保管所：《河北高庄汉墓发掘简报》，《河北省考古文集（二）》，北京燕山出版社，2001 年。

[3] 河北省文物研究所、鹿泉市文物保管所编著：《高庄汉墓》，科学出版社，2006 年。

[4] 《汉书》卷五十三《景十三王传》。

[5] 河南省文物考古研究所：《永城西汉梁国王陵与寝园》，中州古籍出版社，1996 年。

[6] 王正书：《上海福泉山西汉墓群发掘》，《考古》1988 年第 8 期。

[7] 朱土生：《浙江龙游东华山汉墓》，《考古》1993 年第 4 期。

[8] 安吉县博物馆：《浙江安吉县上马山西汉墓的发掘》，《考古》1996 年第 7 期。

州[1]等地均有发现,部分器表也施釉。推测永城保安山 M2 中的带釉印纹硬陶也可能与江东地区有关。

C 型：敛口、鼓腹、底有三足。器形较小,仅见涟水三里墩西汉墓[2]出土 1 件,被称为"小硬陶罐",高仅 3.8 厘米,器表有细密的方格纹(图 5-7,3)。该器在汉代十分罕见。从器形看,与江东地区先秦时期常见的三足罐(或杯)一致。类似器物在浙江上虞凤凰山墓地就有出土,标本 M200：13,高 8.6 厘米。[3]上虞周家山战国墓 M5 出土的 1 件"三足罐",高 13.6 厘米,肩部还附加了铺首耳。[4]由于涟水三里墩西汉墓中还出土了先秦时期的铜器,不知该印纹硬陶罐是否也为先秦遗物。

D 型：侈口、瘦长腹、平底。临淄金岭镇一号东汉墓[5]出土的 1 件,被称为瓮,"陶胎灰色,质地坚硬",方唇,矮领,圆肩,"肩腹部饰细密的小方格纹,器表施绿釉"。口径 15.6、高 32.4 厘米(图 5-7,7)。发掘者推断墓主人可能是卒于永平十三年(70)的齐炀王刘石。然而综合考察该墓中的各类随葬品,笔者认为,并不排除墓主为卒于永和六年(141)的齐惠王刘无忌的可能性。墓中出现的来自南方的印纹硬陶器或许与墓主人曾为芜湖侯的经历有关。[6]

除了以上列举的器物类型以外,还有一些零散出土的器物,如徐州后楼山 M8 出土的"原始瓷"钫、[7]淄博张庄画像石墓出土的"青釉瓷"耳杯、[8]铜山班井村东汉墓出土的黑釉瓷灶、[9]新沂唐店东汉墓 M4 出土的黄绿釉"瓷虎子"、[10]临淄

---

[1] 浙江省文物考古研究所：《浙江湖州市方家山第三号墩汉墓》,《考古》2002 年第 1 期。

[2] 南京博物院：《江苏涟水三里墩西汉墓》,《考古》1973 年第 2 期。

[3] 见《浙江省文物考古研究所学刊·建所十周年纪念(1980~1990)》,科学出版社,1993 年,第 215 页,图一四,3。

[4] 见《沪杭甬高速公路考古报告》,文物出版社,2002 年,第 184 页,图六,1。

[5] 山东省文物考古研究所：《山东临淄金岭镇一号东汉墓》,《考古学报》1999 年第 1 期。

[6] 据《后汉书》卷十四《宗室四王三侯列传》记载：齐炀王刘石之子刘晃继位后于章和元年(87)被贬为芜湖侯,"晃卒,子无忌嗣",后来在永元二年(90)无忌又被封为齐王。

[7] 徐州博物馆：《江苏徐州后楼山八号西汉墓》,《考古》2006 年第 4 期。

[8] 淄博市博物馆：《山东淄博张庄东汉画像石墓》,《考古》1986 年第 8 期。

[9] 徐州市博物馆：《江苏铜山县班井村东汉墓》,《考古》1997 年第 5 期。

[10] 吴文信：《江苏新沂东汉墓》,《考古》1979 年第 2 期。

商王村 M65 出土的"青釉"灯[1]等,数量均较少。除钫见于西汉墓以外,其余多出土于东汉时期尤其是东汉晚期的墓葬中,甚至个别墓葬还可能略晚于汉。从胎釉性质并结合器物造型推断,大多也应该是在汉代由南方烧造后流传至北方的。

由于遭到盗扰的原因,在北方还有不少汉墓中仅存来自南方的器物残片。例如,亳县元宝坑一号墓[2]出土的"瓷器片"中就"有一种类似印纹硬陶的瓷器",包括篮纹青色釉、双边格楞纹棕黄色釉、上下交错的双边格楞纹棕黄色釉。尽管具体的器形不明,但该墓随葬的瓷器中不少仍保留拍印纹饰,且纹饰多样则是可以肯定的。从文字描述看,所施拍印纹饰应与江东地区关系密切。类似仅存残片的例子还较多,但因报道大多简略,无法就其来源进行细致的比较研究,在此不一一叙述。

当然,已报道资料中还有一些在器形上属于南方常见的类型但胎釉性质不明的器物,目前还无法判断是否为南方烧造后流传至北方的,还是北方地区仿南方器物的造型自己烧造的,这些问题只好留待将来探讨了。

三、阶段性变化

通过对汉代北方各地随葬有南方类型陶瓷器的墓葬年代的综合考察,并结合当时的历史背景,本文认为两汉时期南方类型陶瓷器在北方地区的流传可大致分为以下三个阶段:

第一阶段:从西汉初至汉武帝统一南方[3]的将近百年间。

这一时期出现在北方的南方类型陶瓷器,主要集中分布在东方重镇——楚国的都城彭城(今徐州)及其附近区域,另外在太行山东麓也有少量发现(参见图5-8)。器形主要有:Ⅰ式鼎、Ⅰ式盒、A 型Ⅰ式侈口壶、A 型瓿、B 型Ⅰ式瓿、钫、A 型双系罐,以及无系耳的 A 型、B 型和 C 型瓮罐等。其中彭城及其附近的今

[1]　淄博市博物馆、齐故城博物馆:《临淄商王墓地》,齐鲁书社,1997 年。
[2]　安徽省亳县博物馆:《亳县曹操宗族墓葬》,《文物》1978 年第 8 期。
[3]　指元鼎六年灭南越、元封元年灭东越。具体参见《史记》卷一百一十三《南越列传》和卷一百一十四
　　《东越列传》。

苏鲁豫皖交界地区出土的主要是来自江东地区的陶瓷产品,流行和江东地区一致的鼎、盒、壶、瓿类组合,并且绝大多数施釉。而太行山东麓的中山国和常山国境内出现的少量印纹硬陶产品则可能来自湘赣地区,有的也施有釉。

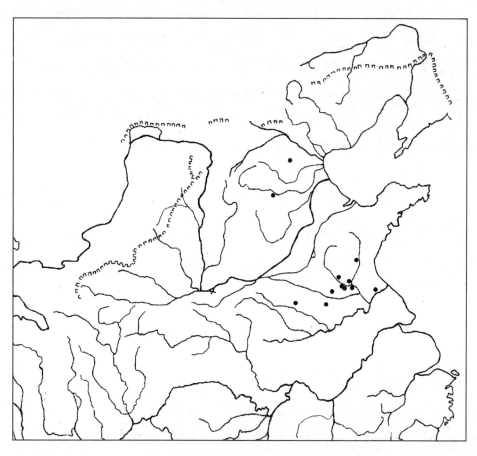

图5-8　第一阶段南方类型陶瓷器分布示意图

　　具体来说,大约从西汉早期开始,来自江东的完整的鼎、盒、壶、瓿组合就已出现在彭城地区的墓葬中,如徐州奎山汉墓[1]出土了原始瓷器鼎、盒、壶、瓿各2件;徐州金山村M1[2]出土原始瓷鼎1、盒2、壶2、瓿2件;同一时期的徐州后楼山

[1] 徐州博物馆:《江苏徐州奎山西汉墓》,《考古》1974年第2期。
[2] 徐州博物馆:《江苏徐州金山村汉墓》,《中原文物》2006年第6期。

M8,[1]虽未见瓿,但出现了比较少见的钫,且鼎、盒、壶组合完整,另外还有1件施釉的印纹硬陶罐。[2]差不多与出现在彭城同时或稍后,来自江东的陶瓷产品还进一步向西流传,出现在黄淮之间的永城、涡阳、淮阳等交通(主要是水运)路线上,或向北溯泗水、沂水出现在微山、临沂等地。从空间分布的早晚变化来看,当时来自江东地区的陶瓷产品似乎是首先涌向彭城这样一个地域文化中心,然后才在北方地区进一步扩大其流传范围的。流经彭城的泗水在下游与沂水、濉水合流后汇入淮水,而泗水、濉水的上游又都有人工开凿的水渠与黄河干流相连,这种便利的交通条件无疑为南方类型陶瓷器(尤其是来自江东地区的产品)的流通提供了广阔的空间。

就使用者等级来看,尽管在彭城发现的楚王及王后陵墓中尚未见报道有类似发现,但永城保安山二号墓的发现显示,当时来自南方的陶瓷器除了在前述徐州奎山、金山村等等级较低的中小型墓葬中被用作随葬品以外,还出现在诸侯王或王后这样高等级的大型墓葬中,只是在具体的产品选择上似乎也存在有一定的区别。满城汉墓和鹿泉市高庄汉墓的发现则进一步表明,部分高等级墓葬中随葬的南方陶瓷产品可能是通过某种特殊途径被输送到北方的。

至于汉朝都城长安附近的墓葬中,在这一时期也出现了少量带釉的器物,如"利成"积炭墓[3]所见的釉陶壶、罐之类,可惜因报道简略,不知道是南方的钙釉器还是其他。从最近《长安汉墓》新报道的情况看,南方类型的陶瓷器在该阶段便已流入关中的可能性是存在的,只是目前还缺乏确凿的证据。

第二阶段:汉武帝统一南方之后至东汉初期,约140年的时间。

这一时期,南方类型陶瓷器在北方地区的流传获得了空前的大发展,尤其是在西汉晚期可以说达到一个高峰。从空间分布上看,相比前一阶段有了显著的

---

[1] 徐州博物馆:《江苏徐州后楼山八号西汉墓》,《考古》2006年第4期。

[2] 据报告称,该罐残损,饰凹弦纹和拍印的小方格纹。既然被归入"原始瓷器"范畴,表明器表是施釉的。因无图片,有关其来源亦无从推测。

[3] 郑洪春:《陕西新安机砖厂汉初积炭墓发掘报告》,《考古与文物》1990年第4期。

扩大,其突出表现在:1. 从郑洛一带到关中地区发现的数量明显增多;2. 沂水以东的东部沿海地区的分布十分密集,发现的数量也非常多;3. 在北方长城沿线内侧也有少量发现(具体分布参见图5-9)。此外,朝鲜半岛北部乐浪郡辖区内出现的少量来自汉代南方的壶、瓿类器物,估计也是在这一时期经由东部沿海地区流传过去的。

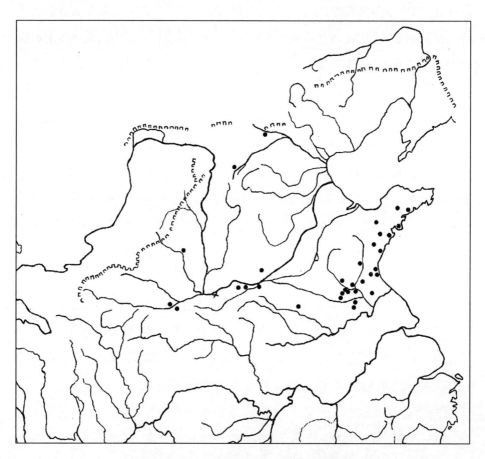

图5-9   第二阶段南方类型陶瓷器分布示意图

从器物类型上看,也比前一阶段有所增加:鼎流行Ⅱ式和Ⅲ式,盒流行Ⅱ式,瓿流行B型Ⅱ式和Ⅲ式;壶的种类增多,除了流行A型Ⅱ式侈口壶以外,新出现的还有B型侈口壶、A型Ⅰ式和Ⅱ式盘口壶以及长颈壶和直口壶等;瓮罐类器物主要是 C 型和 D 型双系罐。此外,部分在江东地区被称为"罍"的器物也可能在该阶段被输送到了北方。[1]

　　就产品来源而言,来自江东地区的陶瓷产品仍占据绝对优势,且随着距离江东地区的远近不同在组合及数量上也存在明显的变化。其中较为完整的鼎、盒、壶、瓿组合仍主要分布于东部的徐州及其附近区域。而缺少鼎、盒的壶、瓿组合的分布范围则显著扩大,向西出现在巩义、洛阳,并且到达当时的都城长安地区,东北方向则主要在沿海一带推进至胶东半岛北部地区,如莱西汉墓所见。至于距离江东更远且交通不便的陕北甘泉和雁北朔州所见,往往只有壶一种器物,已发现的数量也极少。这种随着距离的增加而器物种类和数量逐渐减少的"衰减"分布状态,应该说是与相关产品在来源上的共性分不开的,而它们共同的源头便是江东地区。至于来自湘赣地区的陶瓷产品,在该阶段尚无确凿的例证。曾一度出现少量湘赣地区印纹硬陶的太行山东麓地区,在这一时期反倒未见到任何来自南方的陶瓷器被用于随葬。

　　因受到交通条件、历史文化传统以及人口流动方向等的影响,在不同的区域,南方类型陶瓷器的流通途径可能并不完全相同。从江东陶瓷产品经黄淮之间的漕运路线西上郑洛地区并进一步出现在长安附近的流通情况来看,其流传可能更多的是与因漕运往来的人口流动密切相关。这样,处于"中转站"地理位置的巩义市及其邻近的都市洛阳也因此出现了较多的江东地区的陶瓷产品。然从仅在少数墓葬中集中出土的现象来看,也正好说明在当地这种产品的获得恐怕不完全是通过商业途径。相应地,因与南方之间相隔遥远且交通不便,在北方长城内侧出现的少量南方陶瓷产品则由墓主人或其家族携带至边疆的可能性更大一些。陕北甘泉所见器高仅 14 厘米的 B 型侈口壶,恐怕也正是与便于携带有关。在汉武帝击败匈奴、收回河南地之后,曾大规模移民实边。之后,北方边疆与内地之间的人口流动日益频繁。少量南方类型陶瓷器在西汉中晚期出现于北方边疆一带,应该说是与这样一个大的历史背景分不开的。至于东部沿海地区,其运输条件与内陆地区不

---

[1] 笔者考察所见,具体资料尚待发表。

同,加上地理位置邻近江东,从西汉早期开始,江东地区生产的陶瓷产品便大量涌向沂水和泗水流域,而且直到东汉末年,该区域始终是南方类型陶瓷产品分布密集、数量较多的地区。便捷的水运路线以及与江东地区在历史文化传统上的密切关联等都无疑为江东地区陶瓷产品在该区域的流传创造了优越的条件。汉朝统一南方之后,善于舟楫的越人大量内迁江淮等地。[1]而江东类型陶瓷产品在东部沿海地区的流传也在越人内迁之后的西汉中晚期达到空前的繁荣,或许其中一部分也与内迁越人的活动不无关联。

就使用者的等级而言,该阶段的南方类型陶瓷器主要出土于中小型墓葬中,尚未见到在诸侯王或王后级别的墓葬中出现,墓主人身份明确的例证也非常有限。由于有关南方类型陶瓷器在北方的流传史无明文,前述漕运往来、内迁越人的活动或实边戍边时携带等都只是一种推测,事实上在东部邻近江东的地区也不排除因地域邻近的纯商业往来所导致的产品流通,成组的鼎、盒、壶、瓿之类江东陶瓷产品集中出现于该区域恐怕也正是为了满足某种丧葬礼仪的需要,而有关这一时期的文献记载中也曾提及随葬品是可以从市场购买的。[2]但无论如何,都是汉朝统一南方后,南北之间的物质文化交流得到进一步发展的一种体现。

在稍后的东汉早期,南方陶瓷器在北方的流传又陷入低谷,恰说明南北方之间的物质文化交流与大的社会政治环境有着密切的关联。新莽东汉易代之际的社会动荡很可能对南方陶瓷器在北方的流传产生了不小的冲击。这时,南方地区尤其是江东和湘赣地区的陶瓷发展也开始了新的变化,等到东汉中晚期,这些地区的陶瓷产品再度在北方地区广为流传时,已经是另一种面貌了。

第三阶段:东汉中晚期,约140年的时间。

因缺乏东汉早期的资料,本阶段和第二阶段之间似乎存在一段"间歇"期。相比西汉晚期曾达到的高峰而言,东汉中晚期南方类型陶瓷器在北方地区的

---

[1] 据《史记》卷一百一十四《东越列传》记载,元鼎六年(前111),汉灭东越,"于是天子曰东越狭多阻,闽越悍,数反复,诏军吏皆将其民徙处江淮间。东越地遂虚"。

[2] 关于西汉时期买卖随葬品的事例,可参见《汉书》卷七十六《韩延寿传》和卷九十二《原涉传》等。

流传呈现出明显的退缩,主要表现在:1. 北方长城沿线基本未见任何直接来自南方地区的陶瓷产品用于随葬;2. 关中地区除个别墓葬出土了来自南方的双系罐以外,其他类型的器物也很少见到;3. 作为当时政治中心的洛阳地区已发现的南方类型陶瓷器也比第二阶段大幅度减少;4. 东部沿海地区的分布地点和出土数量也都明显减弱,尤其是日照至临淄一线以东的半岛区域几成空白。与此同时,南方类型陶瓷器在北方的分布仍有局部的增加,最为明显的是,在第二阶段几乎是空白的太行山东麓至鲁北一带又出现了一些来自南方的器物,并且基本上都出自当地规模较大、等级较高(包括诸侯王)的墓葬中(具体分布参见图5-10)。

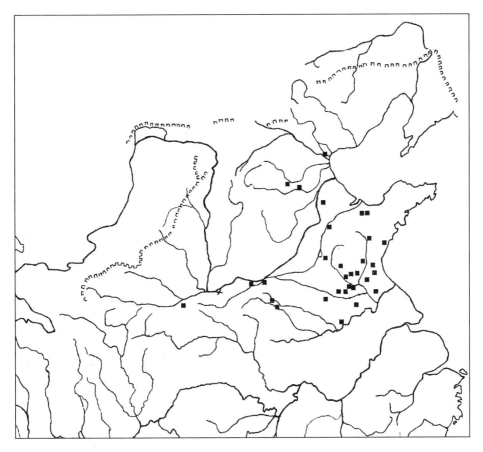

图5-10　第三阶段南方类型陶瓷器分布示意图

此时,北方地区汉墓中出土的南方类型陶瓷器与前两个阶段相比有了显著的变化,不仅器物类型主要是以壶、罐为主,而且质地上大多数都已被视为成熟瓷器,尤其是带横系的器物的流传成为本阶段有别于前两个阶段的一大特色。具体来说,壶类器物中,侈口壶已很少见到,直口壶还有个别发现,前一阶段出现的 A 型盘口壶在该阶段主要流行的是 Ⅲ 式,另外新出现 B 型和 C 型盘口壶。瓮罐类器物主要是各类四系罐和双系罐,此外还有少量六系罐和无系瓮罐等。一些零散出土的被视为成熟瓷器的耳杯、灶、虎子、灯等年代也大多属于这一时期,个别还可能略晚。

由于该阶段出土南方类型陶瓷器的墓葬大部分遭到盗扰,因此除个别墓葬外,相对集中的出土状况也大幅度减少,残存的器物往往缺乏明显的组合关系。从零散的资料中可以大致看出,单出双系罐或四系罐的例子显著增加,但不同类型的罐也很少共存,且每墓出土的数量均十分有限。单出双系罐者一般不超过 4 件,单出四系罐者则更少,只有 1~2 件。另外,横向系的四系罐与纵向系的盘口壶虽很少共存一墓,但在空间分布上却呈现出明显的交错状态。

从使用者的情况来看,该阶段北方地区出土南方类型陶瓷器的墓葬往往都是规模较大者,墓主身份明确的等级往往都比较高并且部分人还与南方地区有着某种关联。与前两个阶段相比,东汉中晚期北方地区中小型墓葬中随葬南方陶瓷器的例子显著减少。这种使用者等级上的变化值得关注。结合其分布地域来看,或许说明该阶段南方类型陶瓷器在北方的流通途径也与以前有所区别。关中地区的减少和北方边疆地区的消失,应该是与关中的政治地位下降和经济衰落、北方边防的削弱和边疆地区的人口内迁分不开的。而华北地区的情况则表明,当南方地区的陶瓷发展经历了一场变革之后,刚刚兴起的所谓成熟瓷器很快便获得了当地上层社会或地方豪强的青睐。一些曾在南方任职的人(如前述的山阳人范式之流)往往也不放弃获得这种产品的机会。在这种情况下,如果成熟瓷器被视为一种时尚,其被仿制的可能性似乎就要增加了。

附表 5－1　北方地区汉墓出土的南方类型陶瓷器统计简表

出　土　地　点		器物名称及数量	出　　处
天津市	武清鲜于璜墓	四系青釉罐 1	《考古学报》1982 年第 3 期
河北省	满城 M1	酱釉双系罐 1	《满城汉墓》
	鹿泉市高庄汉墓	印纹硬陶罐 1	《高庄汉墓》
	定县 M43	双耳陶壶 1	《文物》1973 年第 11 期
	安平东汉壁画墓	盘口壶 1	《安平东汉壁画墓》
	怀安(征集)	壶 3	《万安北沙城》
山西省	平朔汉墓群 GM202	双耳釉陶壶 1	《文物》1987 年第 6 期
陕西省	甘泉 M8	双耳青瓷壶 1	《考古与文物》1995 年第 3 期
	汉阳陵陪葬墓园	釉陶壶 1	《汉阳陵》
	咸阳龚家湾 M1	原始瓷罐(残)?	《考古与文物》1987 年第 1 期
	西安北郊 M11	瓿 1、壶 3?	《考古学报》1991 年第 2 期
	西安北郊 M19(征集)	壶 1	《考古学报》1991 年第 2 期
	西安净水厂 M55	瓿 1	《考古与文物》1990 年第 6 期
	西安财政干部培训中心 M31	壶 4	《文博》1997 年第 6 期
	西安国棉五厂 M1	双耳罐 1	《白鹿原汉墓》
	西安 1997 方新村 M16	壶 1	《长安汉墓》
	西安 1998 年陕西省交通学校 M246	釉陶壶 1	《长安汉墓》
	西安 2000 年三兆殡仪馆 M1	投壶 1	《长安汉墓》
河南省	洛阳烧沟 M175	壶 1	《洛阳烧沟汉墓》
	洛阳烧沟 M1034	壶 1	《洛阳烧沟汉墓》
	洛阳烧沟 M147	四系罐 1	《洛阳烧沟汉墓》
	洛阳中州路 M708	四耳釉陶罐 1	《洛阳中州路》
	洛阳烧沟空心砖墓	壶?、瓿?	《文物》1959 年第 9 期
	洛阳金谷园 IM3227	壶 10、瓿 5	《考古学报》1963 年第 2 期

（续表）

出 土 地 点		器物名称及数量	出 处
河南省	洛阳金谷园 IM337	釉陶壶 6、瓿 2	《文物》1992 年第 12 期
	洛阳五女冢 M267	壶 1	《文物》1996 年第 7 期
	洛阳唐门寺 M1	瓷四系罐 1	《中原文物》1984 年第 3 期
	洛阳东关 C3M15	壶 1	《中原文物》1984 年第 3 期
	洛阳王城公园 C1M8567	壶 1	《文物》2006 年第 3 期
	洛阳春都花园 IM2354	釉陶壶 7、盘口壶 2、瓿 2	《文物》2006 年第 11 期
	巩县叶岭村汉墓	釉陶壶 5、瓿 2	《考古》1974 年第 2 期
	巩义市叶岭砖厂 M2	壶 1	《华夏考古》2005 年第 3 期
	巩义市新华小区 M1	双系罐 4	《华夏考古》2001 年第 4 期
	巩义市新华小区 M2	双系罐 1	《华夏考古》2003 年第 3 期
	鄢陵岗周汉墓	青瓷壶、罐？	《中国文物地图集・河南分册》
	鹿邑汉墓	青瓷罐？	《中国文物地图集・河南分册》
	永城保安山 M2	釉陶瓮 6、釉陶壶 2	《永城西汉梁国王陵与寝园》
	永城太丘 M1	青瓷双耳壶 2、瓷罐 15	《中原文物》1990 年第 1 期
	永城太丘 M2	青瓷罐 1、瓷罐 3	《中原文物》1990 年第 1 期
	淮阳平粮台汉墓群	青釉、酱胎的鼎、盒、壶、瓮等？	《中国考古学年鉴（1986）》
	襄城茨沟画像石墓	双耳釉陶罐 1？	《考古学报》1964 年第 1 期
	禹县画像石墓	瓷罐 1（残）	《中原文物》1985 年第 3 期
山东省	临淄商王村 M65	四系罐 1、灯 1	《临淄商王墓地》
	临淄商王村 M85	壶 1	《临淄商王墓地》
	临淄金岭镇 M1	印纹硬陶瓮 1	《考古学报》1999 年第 1 期
	淄博张庄画像石墓	青瓷耳杯 3	《考古》1986 年第 8 期
	平原王韩村汉墓	瓷四系罐 1	《文物资料丛刊（10）》

（续表）

出　土　地　点	器物名称及数量	出　　处
长清大觉寺 M2	釉陶罐 1	《考古》2004 年第 8 期
沂水牛岭埠汉墓	瓷壶（盘口壶）2	《考古》1993 年第 10 期
安丘王家沟汉墓	绿釉陶壶 3	《考古》1995 年第 2 期
嘉祥东汉范式墓	釉陶壶（盘口壶）1?、陶壶（盘口壶）5	《考古与文物》1992 年第 3 期；《文物》1972 年第 5 期
枣庄方庄画像石墓	酱釉双系罐 1	《考古与文物》1994 年第 3 期
滕县柴胡店汉墓群	壶、双耳罐?	《考古》1963 年第 8 期
微山大辛庄 M18	原始青瓷壶 4、瓿 1	《文物》2000 年第 10 期
微山两城乡陈庄石室墓	青瓷壶、瓿残片	《中国文物报》2001 年 12 月 7 日
微山万庄、沟南 M22 和 M23	原始青瓷壶口沿	《中国文物报》2004 年 4 月 7 日
微山	青瓷瓿 1、壶 1	《中国文物报》1999 年 1 月 20 日
苍山小北山石棺墓	釉陶壶?	《考古》1992 年第 6 期
诸城	青釉瓷壶 1	《山东文物选集》
莱西董家庄 M2	瓷壶 3、瓿 1	《文物资料丛刊(9)》
海阳西汉墓	青瓷壶 3、盘口壶 1	《中国文物报》2002 年 8 月 28 日
崂山古庙 M1	陶壶 5	《文物资料丛刊(4)》
崂山古庙石椁墓	釉陶壶 6	《文物资料丛刊(9)》
胶南河头汉墓群	硬质釉陶壶、陶罐等?	《中国考古学年鉴(2003)》
胶南丁家皂户汉墓群	硬质釉陶壶、陶罐?	《中国考古学年鉴(2003)》
胶州赵家庄汉墓群	原始瓷壶、盘口壶、双耳罐等?	《中国文物报》2006 年 1 月 20 日
日照大古城汉墓群	施釉硬陶壶 7、瓿 4	《东南文化》2006 年第 4 期

山东省

（续表）

出　土　地　点		器物名称及数量	出　　处
山东省	日照海曲汉墓群	施釉硬陶壶、罐、瓶、鼎等共计 240 余件？	《中国考古学年鉴（2003）》；《文物世界》2003 年第 5 期
	五莲张家仲崮汉墓群	壶？、盘口壶 4、长颈壶 1	《文物》1987 年第 9 期
	临沂金雀山 M1	瓿 1	《考古学集刊》第 1 集
	临沂金雀山 M10	釉陶壶 2、鼎 1？	《文物》1984 年第 11 期
	临沂金雀山 M32	素面壶 1	《文物》1989 年第 1 期
	临沂吴白庄汉墓	碎青瓷片	《东南文化》1999 年第 6 期
江苏省	徐州奎山汉墓	原始瓷鼎 2、盒 2、壶 2、瓿 2	《考古》1974 年第 2 期
	徐州子房山 M1	瓷瓿 4	《文物资料丛刊(4)》
	徐州子房山 M2	壶 4	《文物资料丛刊(4)》
	徐州小龟山崖洞墓	壶 1	《文物》1973 年第 4 期
	徐州拖龙山汉墓	瓷壶、罐、鼎等？	《中国考古学年鉴（1999）》
	徐州碧螺山汉墓 M5	釉陶鼎 2、盒 2、壶 5、瓿 2	《文物》2005 年第 2 期
	徐州顾山 M3	青瓷壶 1	《考古》2005 年第 12 期
	徐州后楼山 M8	原始瓷鼎 4、盒 2、壶 4、钫 2、印纹罐 1	《考古》2006 年第 4 期
	徐州金山村 M1	原始瓷鼎 1、盒 2、壶 2、瓿 2	《中原文物》2006 年第 6 期
	徐州青山泉 M1	青瓷壶残片	《中原文物》1992 年第 1 期
	徐州韩山 M1	绿釉盘口壶 6	《文物》1990 年第 9 期
	徐州韩山 M2	绿釉盘口壶 1	《文物》1990 年第 9 期
	铜山周庄石室墓	青釉碎片	《考古通讯》1957 年第 4 期
	铜山班井村东汉墓	瓷灶 1	《考古》1997 年第 5 期
	铜山荆山汉墓	釉陶鼎 4、壶 3、瓿 2	《考古》1992 年第 12 期
	铜山翟山汉墓群	原始青瓷主要有鼎、盒、壶、瓿等？	《中国考古学年鉴（2002）》

（续表）

出　土　地　点	器物名称及数量	出　　处
铜山凤凰山 M2P1	釉陶壶 1	《考古》2004 年第 5 期
新沂唐店东汉墓 M4	瓷虎子 1	《考古》1979 年第 2 期
新沂乱墩 M5	原始青瓷壶 2、瓿 4	《东南文化》2003 年第 3 期
新沂乱墩 M14	硬陶盘口壶 3、双系罐 3	《东南文化》2003 年第 3 期
睢宁距山、二龙山汉墓群	鼎 6、盒 2、壶 6、盘口壶 2、瓿 4	《东南文化》1993 年第 4 期
睢宁刘楼汉墓	双耳硬陶壶等？	《文物资料丛刊(4)》
东海尹湾 M6	釉陶壶 4、瓿 2	《文物》1996 年第 8 期
东海尹湾 M4	釉陶壶 4	《文物》1996 年第 8 期
东海尹湾 M1	釉陶壶 6	《文物》1996 年第 8 期
东海昌梨水库 M1	釉陶盘口壶 1、四系罐 1	《文物参考资料》1957 年第 1 期
东海昌梨水库砖室墓	釉陶罐 1、釉陶壶残片 2	《文物参考资料》1957 年第 1 期
赣榆金山汉墓	釉陶壶 2、瓿 2	《考古》1986 年第 11 期
连云港网疃庄汉墓	釉陶壶 2	《考古》1963 年第 6 期
连云港霍贺墓	釉陶壶 2	《考古》1974 年第 3 期
连云港吴窑 M1	釉陶壶 2	《东南文化》第 2 辑
连云港锦屏纱帽寺 M1	鼎 2、盒 10、壶 16、瓿 4	《文物》1990 年第 4 期
连云港凤凰山水库木椁墓	瓿 2	《文物》1990 年第 4 期
连云港花果山砚台池汉墓	鼎 1、盒 4、壶 2、瓿 1	《文物》1990 年第 4 期
连云港高高顶汉墓	釉陶鼎 2、盒 2、壶 4、瓿 2	《东南文化》1995 年第 4 期
涟水三里墩西汉墓	瓿 1、三足罐 1	《考古》1973 年第 2 期
泗阳贾家墩 M1	釉陶壶 5、瓿 2	《东南文化》1988 年第 1 期
泗阳打鼓墩汉墓	四系罐 2	《考古》1992 年第 9 期
安徽省　涡阳稽山汉墓	施釉硬陶鼎 2、盒 2、壶 2、瓿 2	《文物》2003 年第 9 期

（注：表格左侧"江苏省"为竖排，标示铜山凤凰山至泗阳打鼓墩各行；"安徽省"标示涡阳稽山汉墓行）

（续表）

出 土 地 点		器物名称及数量	出　处
安徽省	固镇濠城东汉墓 M2	釉陶壶 2（残）	《文物研究》第 13 辑
	固镇渡口村 M1	硬陶双耳罐 1、酱釉壶 1	《文物研究》第 11 辑
	固镇渡口村 M2	酱釉双耳罐 1	《文物研究》第 11 辑
	固镇渡口村 M11	青瓷四系罐 1	《文物研究》第 11 辑
	凤台峡山口 M10	硬胎绿釉陶壶 2	《文物研究》第 11 辑
	灵璧大李 M2	长颈壶 1	《文物研究》第 12 辑
	亳县凤凰台 M1	四系罐 2、六系罐 2	《考古》1974 年第 3 期
	亳县元宝坑 M1	青瓷器和印纹硬陶器残片	《文物》1978 年第 8 期
	亳县董园村 M1	青瓷四系罐 1	《文物》1978 年第 8 期

说明：

1. 出土单位清楚者均以墓为单元统计，墓葬组合不清楚或难以判明者以发掘报告或墓群为单位统计；

2. 表中加"?"表示数量不明或器物的属性尚有待确认（还有一些胎釉性质有疑问者表中暂未列入），加"等"字者表明还有其他可能属于南方类型的器物但暂时难以确认具体器形或者具体资料尚未发表；

3. 同一地区因资料发表时间先后的原因所导致的行政区划名称的变化，如"巩县"和"巩义市"之类，表中仍依报告，不作变更；

4. 表中所列具体器物名称多依报告，诸如"双耳"和"双系""四耳"和"四系"之类并未统一，但原报告采用"X 型 X 式"方式描述者均以适当的名称替代，至于在定名上有明显出入者（如将"瓿"称为"罍"或"鼎"之类）则进行相应的变更。

本文原载中国社会科学院考古研究所、陕西省考古研究院、西安市文物保护考古所编《汉长安城考古与汉文化：汉长安城与汉文化——纪念汉长安城考古五十周年国际学术研讨会论文集》，科学出版社，2008 年。

6

输入与模仿[*]

——关于《萧县汉墓》报道的江东类型陶瓷器及相关问题

安徽萧县地处黄淮平原东部,介于江苏徐州与河南永城之间,向北不远与鲁南地区相望,属于"苏鲁豫皖交界地区"这样一个大的区域范围内。在汉代考古学研究中,"苏鲁豫皖交界地区"主要是从汉代石椁墓或画像石墓的专题研究中提出来的一个区域概念,[1]突显的是两汉时期这一地区在墓葬形制及石刻装饰方面的某种地域特色。那么,该地区汉墓随葬的大量陶瓷产品所呈现的文化面貌又是怎样的呢?2008 年出版的《萧县汉墓》[2]可以说为解答上述问题提供了一些新的资料和线索。该报告选录了 1999~2001 年为配合连霍高速公路工程建设在安徽省萧县白土镇的张村、冯楼,丁里镇的王山窝,孙圩子乡的破阁以及杜楼镇的车牛返 5 个地点抢救发掘的 151 座汉墓资料,并以墓葬为单位、按照发掘地点的墓葬序号逐一介绍了所收录的每座汉墓的形制和出土遗物,为进一步研究两汉时期该地区的文化面貌提供了翔实的资料。

在该报告的编写过程中,笔者曾应邀前往资料整理现场对有关的出土器物进行观察,发现这批汉墓所出土的陶瓷产品中既有属于南方系统的高温钙釉器,也有属于中原北方系统的低温铅釉陶器,在数量众多的普通泥质陶产品中也有一些值得注意的地方特点。通过仔细比较后还发现,在不同系统的陶瓷产品之间还存在有"模仿"或"被模仿"的迹象。于是,曾挑选了一些器物标本进行检测分析,除了

---

[*] 本研究为教育部人文社会科学研究重大项目"秦汉时期江东地区的文化变迁"课题(项目批准号: 11JJD780005)研究成果之一。

[1] 有关研究参见王恺:《苏鲁豫皖交界地区汉画像石墓的分期》,《中原文物》1990 年第 1 期;燕生东、刘智敏:《苏鲁豫皖交界区西汉石椁墓及其画像石的分期》,《中原文物》1995 年第 1 期等。

[2] 安徽省文物考古研究所、安徽省萧县博物馆:《萧县汉墓》,文物出版社,2008 年。

验证有关钙釉和铅釉的直观判断以外,还发现了部分铅釉陶产品可能存在二次烧造的新情况。[1]为了进一步弄清南北不同系统的陶瓷器在这里的"交汇"状况以及对当地的文化影响,本文先选择《萧县汉墓》报告所发表的汉代江东类型陶瓷器略作整理,并就"仿制"江东类型陶瓷器的现象略做分析。不足之处,敬希指正。

一、输入的江东类型陶瓷器

本文所说的汉代"江东类型陶瓷器"是指两汉时期在江东地区烧造并广为流传的具有鲜明地域特色的陶瓷产品而言的,尤以高温钙釉器最具特色。初步统计在《萧县汉墓》报道的 151 座汉墓中共发现有 7 座墓(其中竖穴土圹墓 6、砖石合构墓 1 座)出土了属于输入的汉代江东类型的高温钙釉器物,分布于冯楼、破阁、车牛返 3 个发掘区域,约占墓葬总数的 4.6%。器形包括壶 15、瓿 2、罍 1 件,累计 18 件,约占这批汉墓出土陶瓷器总数的 2%。[2]具体情况大致如下:

1. 冯楼汉墓群

在冯楼汉墓群的 35 座墓中有 2 座竖穴土圹墓出土了属于江东类型的钙釉器物,为 2 件钙釉壶。其中 XFM85 出土的 1 件"釉陶双耳壶",即标本 XFM85：4,为泥质青灰胎质,圈足较高,口、颈部残缺,残高 11.8 厘米,器表饰有弦纹(图 6-1,17);XFM58 出土的 1 件"釉陶壶",即标本 XFM58：2,也是泥质青灰色胎质,侈口,平底,据称"中腹以上施青绿釉,大部分脱落",肩颈交界处饰成组水波纹,腹部饰有"成组的凹弦纹",在饰叶脉纹的双耳上方还贴塑有对称的"S"纹泥条,器高

---

[1] 崔剑锋、贾庆元、杨哲峰、吴小红:《安徽萧县汉墓出土部分汉代施釉陶瓷的 LA-ICP-AES 分析》,《萧县汉墓》,文物出版社,2008 年,第 360~364 页。

[2] 依据《萧县汉墓》第三章对陶器型式划分时总结的数据得知,所收录的 151 座汉墓中出土的各类器物数量分别是:鼎 80、盒 74、壶 156(包括小壶 9)、镵壶 1、茧形壶 1、长颈壶 1、钫 14、罐 135(含小陶罐?)、瓮 12、盘 36、盆 27、勺 4、碗 3、食 4、案 6、耳杯 18、杯 11、豆形灯 4、熏炉 5、釜 3、钵 2、缶 1、簋 1、魁 1、匕 1、匜 1、罍 1、灶 50、甑 13、磨 49、井 32、仓 26、圈 41、涵 19、楼 1、楼顶 1 件,共计约 835 件。未提及的还有瓿 2 件、器盖等,本文暂以 835 件计算。

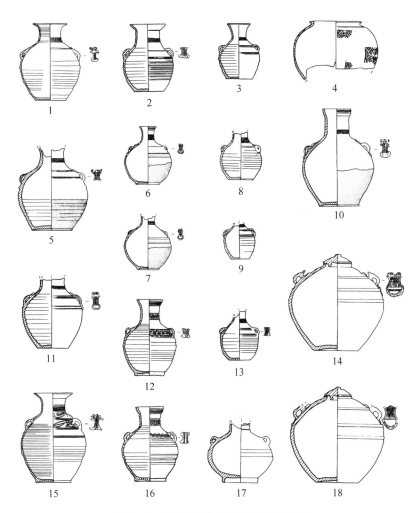

图6-1　萧县汉墓出土的江东类型钙釉器

1. 釉陶壶（XFM58：2）　2. 釉陶壶（XPM158：6）　3. 釉陶壶（XPM158：30）　4. 釉陶罍（XPM61：1）　5. 釉陶壶（XPM84：12）　6. 釉陶壶（XPM84：17）　7. 釉陶壶（XPM84：16）　8. 釉陶壶（XPM158：16）　9. 釉陶壶（XPM158：26）　10. 釉陶壶（XPM84：15）　11. 釉陶壶（XPM158：8）　12. 釉陶壶（XPM145：10）　13. 釉陶壶（XPM158：29）　14. 釉陶瓿（XPM84：3）　15. 釉陶壶（XCM22：11）　16. 釉陶壶（XPM145：11）　17. 釉陶双耳壶（XFM85：4）　18. 釉陶瓿（XPM84：14）（说明：本文的器物图均来源于《萧县汉墓》报告,尺寸大小未按统一比例）

30.6厘米(图6-1,1)。

2. 破阁汉墓群

破阁汉墓群出土的江东类型钙釉器数量相对较多,在73座墓中有4座墓共出土了15件器物。其中年代较晚的XPM61为带长斜坡墓道的"十字形"砖石合构的画像石墓,规模较大,墓中出土了1件"釉陶罍",即标本XPM61:1,为泥质青灰胎质,据称"质密坚实",敛口,平沿,尖圆唇,圆鼓腹,器表拍印成组的斜方格纹,腹下部至底残缺,残高24.4厘米(图6-1,4)。

其余3座墓年代略早于XPM61,出土的江东类型钙釉器物为壶和瓿两种器形。

XPM84为竖穴土圹墓,无墓道,出土了4件"釉陶壶"和2件"釉陶瓿",均为泥质青灰胎质,器形高大。壶虽大小有别,但均有低矮的圈足,纵向的双系,颈部饰成组的水波纹,"肩部饰对称铺首衔环","口至中腹施绿釉,施釉不匀,流釉现象严重",叶脉纹耳的上方有"S"纹。4件壶中有2件的口部残缺,标本XPM84:12残高32.4厘米,下腹部有明显的轮旋纹(图6-1,5),标本XPM84:16残高42.6厘米(图6-1,7)。另2件器形相对完整的壶口部形制略有区别,标本XPM84:17为侈口壶,高达46厘米,腹部有凸棱(图6-1,6);标本XPM84:15的口部略呈盘口状,腹部凸棱不明显,器高38厘米(图6-1,10)。这两件器形完整的钙釉壶在口沿的外侧还都饰有成组的水波纹。同墓共存的2件钙釉瓿,形制相同,大小相近,均小直口,平沿,带盖,盖上有纽,圆鼓腹,平底微凹,肩腹部有三周凸弦纹,饰对称的铺首衔环。铺首表面也都饰有刻划纹饰,"盖至上腹部饰黄绿釉,下腹及底无釉"。标本XPM84:3通高37.6厘米(图6-1,14),标本XPM84:14通高38厘米(图6-1,18)。

XPM145为带墓道竖穴土圹墓,有头厢和侧龛室,在侧龛室中出土了2件形制相同、大小相近的"釉陶壶",均为泥质青灰胎质,侈口,圆唇,矮圈足,腹部有明显的轮旋纹,口沿外侧、颈部和肩部均饰有成组的水波纹,在纵向双系上饰叶脉纹,"器表施青绿釉,施釉不匀,有脱釉现象"。标本XPM145:10高30.4厘米,肩部以凹弦纹作为间隔饰有两组水波纹(图6-1,12);标本XPM145:11高29.4厘米,肩部饰一组水波纹(图6-1,16)。

XPM158为带墓道的竖穴土圹双棺合葬墓,出土了6件"釉陶壶"。壶的器形大小不一,胎色略有不同,但均为平底,肩部有纵向双系,腹部有明显的轮旋纹。在口部有残缺的4件壶中,属于"泥质青灰胎质"的有2件,即标本XPM158：16(图6-1,8)和标本XPM158：26(图6-1,9),残高分别为13.6厘米和19.4厘米,"颈下部饰有一水波纹圈带,腹饰数道凹弦纹"。另2件属于"泥质灰黄胎质",颈肩结合部都饰有"水波纹圈带"：标本XPM158：8残高28厘米,在叶脉纹双耳的上、下方分别有"S"纹和环状贴塑,构成类似铺首衔环的结构,在肩、腹部还各有二组凹弦纹,"中腹以上施绿釉"(图6-1,11);标本XPM158：29残高19.6厘米,也是叶脉纹双耳,"肩以下饰数周凹弦纹",据称"器身遍施绿釉,但施釉不匀"(图6-1,13)。器形保存完整的2件壶均为侈口,纵向双系耳上饰叶脉纹,颈部饰成组水波纹。标本XPM158：30颈部较细,高26厘米(图6-1,3);标本XPM158：6颈部较粗,口沿与颈部衔接处出现明显的转折,腹部有明显的轮旋纹,高27厘米(图6-1,2)。据介绍这2件壶也属于"泥质灰黄胎质",均"通体施绿釉",但"施釉不匀"。[1]

3. 车牛返汉墓群

在车牛返汉墓群的20座墓中仅1座墓即XCM22出土了钙釉器物,该墓为竖穴土圹墓,保存完好,出土的钙釉器为1件"釉陶壶",即标本XCM22：11,泥质青灰胎质,有低矮圈足,外侈的口沿与颈部之间有明显转折,肩部双耳上饰叶脉纹,腹部轮旋纹明显,"口内及上腹部饰绿釉","肩部饰有刻画水禽状纹间以戳点纹",高35.7厘米(图6-1,15)。

综上所述,在《萧县汉墓》新报道的15件江东类型钙釉壶中口部残损的就有7件,其余8件按口部特征区分的话,属于侈口壶的有7件,盘口壶仅1件。这些钙

[1] 从《萧县汉墓》报告公布的器物照片(彩版四七,2)来看,至少标本XPM158：6上并未看出有满釉的迹象。因此,关于该器"通体施釉"的说法,暂存疑。

釉壶形体大小不一,冯楼 XFM85、破阁 XPM158 出土的几件壶形体相对略小一些,而冯楼 XFM58、破阁 XPM84 和车牛返 XCM22 出土的壶均形体较大(具体尺寸参见表 6-1)。从表 6-1 的统计中可以看出,完整的钙釉侈口壶高多在 26 厘米以上,最大的 1 件即标本 XPM84:17 高达 46 厘米,与之共存的 1 件盘口壶和 2 件瓿的高度也在 37.6~38 厘米之间。按照报告的描述,这些钙釉器的釉色主要是青绿、黄绿、绿三种,施釉部位多为器身上半部从口部至腹中部的位置。无论器形、装饰都和汉代江东地区流行的钙釉器的风格完全一致,推测均应属于从江东地区输入的产品。上述出土钙釉壶、瓿的 6 座墓葬均为竖穴土圹墓(或有木椁),按照报告的分期,均属于西汉墓,集中于西汉晚期。在砖石合构墓中出土的江东类型钙釉产品只有 1 件钙釉瓿,出自破阁 XPM61。该墓由前中后三室及两侧室组成,也是这 151 座汉墓中规模最大的 1 座,出土了较多的画像石,报告推断其年代为东汉中期。这种现象也说明,进入东汉以后,当地的普通墓葬中便很少随葬来自南方的钙釉器物了,只是个别规模较大的墓葬中还有零星的发现。这和过去笔者对北方地区汉墓中出土南方类型陶瓷器的考察结果是基本一致的,[1]进一步丰富了我们对于汉代江东类型陶瓷器在北方地区流传状况的认识。

表 6-1　萧县汉墓出土江东类型钙釉器尺寸统计表(单位:厘米)

墓地	墓葬	器物	口径	腹径	底径或圈足径	高	备注
冯楼	M58	侈口壶 XFM58:2	13.6	24.4	12	30.6	图 6-1,1
	M85	壶 XFM85:4	?	13.2	7.2	残 11.8	图 6-1,17
破阁	M61	瓿 XPM61:1	20.8	34.4	?	残 24.4	图 6-1,4
	M84	壶 XPM84:12	?	28.6	16.6	残 32.4	图 6-1,5
		盘口壶 XPM84:15	11.6	29.2	16.6	38	图 6-1,10
		壶 XPM84:16	?	39.2	18	残 42.6	图 6-1,7

---

[1] 拙稿《北方地区汉墓出土的南方类型陶瓷器:汉代南北之间物质文化交流的考察之一》,《汉长安城考古与汉文化:汉长安城与汉文化——纪念汉长安城考古五十周年国际学术研讨会论文集》,科学出版社,2008 年,第 507~542 页。

（续表）

墓地	墓葬	器　　物	口径	腹径	底径或圈足径	高	备　注
破阁	M84	侈口壶 XPM84：17	14	38.8	20	46	图 6 - 1,6
		瓿 XPM84：3	11.6	38.8	17.4	37.6	图 6 - 1,14
		瓿 XPM84：14	11.4	39.6	18	38	图 6 - 1,18
	M145	侈口壶 XPM145：10	10.4	22	12.2	30.4	图 6 - 1,12
		侈口壶 XPM145：11	11.6	23	12.8	29.4	图 6 - 1,16
	M158	侈口壶 XPM158：6	14.4	20.4	12	27	图 6 - 1,2
		壶 XPM158：8	?	24.4	12.8	残 28	图 6 - 1,11
		壶 XPM158：16	?	16.8	7.2	残 13.6	图 6 - 1,8
		壶 XPM158：26	?	12.4	10	残 19.4	图 6 - 1,9
		壶 XPM158：29	?	15.6	8.8	残 19.6	图 6 - 1,13
		侈口壶 XPM158：30	9.2	16.8	10.4	26	图 6 - 1,3
车牛返	M22	侈口壶 XCM22：11	15.8	26.4	14.5	35.7	图 6 - 1,15

与萧县邻近的江苏徐州、铜山、睢宁,安徽涡阳,河南永城等地,大约从西汉早期开始,部分墓葬中便随葬了来自江东地区的钙釉器,而且大多成组出现。年代属于西汉早中期的墓葬如徐州奎山西汉墓、[1]后楼山八号西汉墓、[2]碧螺山五号西汉墓、[3]金山村汉墓、[4]拖龙山西汉墓、[5]铜山县翟山西汉墓、[6]安徽涡阳县稽山汉墓[7]等所见,最为典型的钙釉器物组合也和江东地区完全一样,主要流行鼎、盒、壶、瓿四种器形的组合搭配(个别墓葬中还出现了钙釉钫)。这种钙釉组合在连云

[1] 徐州博物馆:《江苏徐州奎山西汉墓》,《考古》1974 年第 2 期。

[2] 徐州博物馆:《江苏徐州后楼山八号西汉墓》,《考古》2006 年第 4 期。

[3] 徐州博物馆:《徐州碧螺山五号西汉墓》,《文物》2005 年第 2 期。

[4] 徐州博物馆:《江苏徐州金山村汉墓》,《中原文物》2006 年第 6 期。

[5] 徐州博物馆:《徐州拖龙山五座西汉墓的发掘》,《考古学报》2010 年第 1 期。

[6] 徐州博物馆:《徐州翟山战国至西汉墓葬群发掘简报》,《东南文化》2008 年第 3 期。

[7] 刘海超、杨玉彬:《安徽涡阳稽山汉代崖墓》,《文物》2003 年第 9 期。

港一带还一直延续到西汉中晚期。[1]萧县的这批汉墓中,未见到属于西汉早中期流行的钙釉鼎、盒、壶、瓿组合类型,连钙釉壶、瓿共存的情况也仅有 1 例,更多的都是单出的壶类器物,年代集中于西汉晚期。与邻近的徐州汉墓相比,出土江东类型钙釉器的情况存有一定的差异。至于造成这种差异背后的原因,还值得今后进一步探讨。

二、普通泥质陶器所见对江东类型钙釉器的模仿

就在上述出土有精美江东类型钙釉侈口壶的车牛返 XCM22 中,还发现了一组饰有成组水波纹(报告中称之为"水波纹圈带")的普通泥质灰陶器,包括 2 件壶、1 件罐、1 件鼎。2 件壶的形制均为侈口(其中 1 件接近盘状口)、鼓腹、大平底,整体器形与当地西汉墓中流行的饰铺首的普通泥质灰陶或褐陶圈足壶(参见图 6-3)显著不同,而和同时期江东地区盛行的侈口或盘口的平底壶近似(只是缺少了双系),尤其是在肩、腹部均出现了类似江东类型钙釉壶上常见的成组水波纹装饰,也流行以弦纹相间隔。以壶为例,标本 XCM22∶12,为侈口尖圆唇,"肩、腹部饰有三组凹弦纹间饰二周水波纹圈带",口径 11.8、高 20.2 厘米(图 6-2,3);标本 XCM22∶14,为侈口斜沿(接近盘状口),卷圆唇,带覆盘状盖,"肩与上腹部饰三组凹弦纹间饰二周水波纹圈带",口径 12、通高 25.2 厘米(图 6-2,4)。就已知汉代陶瓷产品的装饰来看,这种水波纹与弦纹相间的装饰风格在江东类型的钙釉器物(主要是壶、瓿等器形)上最为盛行,在前述萧县汉墓出土的来自江东地区的钙釉壶上也是如此(参见图 6-1)。推测这种水波纹带装饰出现在淮河以北地区的普通泥质陶器上,很可能是受到了江东钙釉器系统的影响、是对其装饰进行"模仿"的结果。除了模仿壶类器物外,在车牛返 XCM22 中,与 2 件水波纹陶壶共存的 1 件"陶罐",即标本 XCM22∶9,为子母口内敛,带覆盘状盖,斜直肩略折,平底微凹,"肩部饰水波纹圈带",通高 14.2 厘米(图 6-2,2)。从器形及装饰特征看,也很可能是

---

[1] 连云港市博物馆:《连云港地区的几座汉墓及零星出土的汉代木俑》,《文物》1990 年第 4 期。

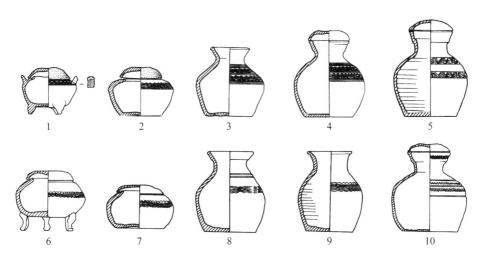

图6-2　萧县汉墓出土饰水波纹带的普通泥质陶器

1.鼎(XCM22:10)　2.罐(XCM22:9)　3.壶(XCM22:12)　4.壶(XCM22:14)　5.壶(XPM87:5)　6.鼎(XCM8:7)　7.罐(XCM8:8)　8.壶(XCM3:1)　9.壶(XCM3:4)　10.壶(XCM11:9)

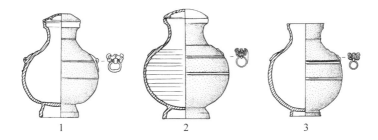

图6-3　萧县汉墓出土的部分普通泥质陶圈足壶

1.XPM103:8　2.XPM163:2　3.XCM25:1

"模仿"了江东类型的瓿类器物。[1]至于同墓共存的1件陶鼎,即标本XCM22:10,为子母口内敛,带覆体状盖,肩部耸对称短耳,三足呈柱状,口径8、通高13.6厘米,"肩饰有二周凹弦纹间饰水波纹圈带"(图6-2,1)。与江东地区流行的钙釉鼎

---

[1] 固镇濠城汉墓所见,模仿江东类型钙釉瓿的"黄釉红胎""罐",也是敛口、带盖、鼓腹、平底,肩部除了饰有水波纹以外,有的还增加了对称的铺首衔环,无论器形还是装饰都更接近江东类型的钙釉瓿类器物。参见蔡文静、胡锐:《固镇县濠城西汉墓清理简报》,《文物研究》第11辑,1998年。

相比,无论器形和装饰,则差异都比较明显,尤其是水波纹带装饰,在已知江东类型的钙釉鼎上还是极为罕见的。

在车牛返的另一座竖穴土圹墓 XCM8 中也出土了有水波纹带装饰的鼎、罐类器物,器形与 XCM22 所见略有区别,器表所饰水波纹的位置也略有变化。陶鼎标本 XCM8:7,未见附耳,为子母口内敛,带覆盘状盖,下有三蹄足,"肩饰水波纹圈带一周",口径 9.2、通高 16.2 厘米(图 6-2,6);陶罐标本 XCM8:8,为子母口,带盖,鼓腹,下腹斜弧内折,平底稍凹,"肩、腹交界处饰水波纹圈带一周",口径 8.8、通高 11.8 厘米(图 6-2,7)。

此外,在破阁的 XPM87、车牛返的 XCM3、XCM11 这几座墓中也都出土了成对的普通泥质陶壶(报告中多称之为"罐")。其中 XCM3 出土的 2 件泥质灰陶壶上均有水波纹带装饰:标本 XCM3:1,侈口,圆唇,大平底,口径 13、底径 14.4、高 22 厘米,"肩饰两周弦纹,腹上部饰水波纹圈带"(图 6-2,8);标本 XCM3:4,为侈口,尖圆唇,大平底,口径 12.4、底径 13.4、高 21.6 厘米,"肩饰水波纹圈带"(图 6-2,9)。在车牛返 XCM11 和破阁 XPM87 这两座竖穴土圹墓中,同类型的陶壶虽成对出土,但通常是 1 件饰有水波纹带,而另 1 件器形相同但未装饰水波纹。车牛返 XCM11 所见,标本 XCM11:9 为泥质灰陶,底径 18.6、通高 28 厘米,器形和前述 XCM22:14 壶非常接近,也带覆钵状盖,鼓腹,大平底,只是口部特征更接近于盘口壶了。该器除了在"肩、腹部饰三周凹弦纹间饰二周水波纹"以外,还在"唇下饰水波纹一周"(图 6-2,10),从装饰角度也更接近江东类型的钙釉壶在口沿外侧饰水波纹的风格,故也应该称为"壶"或"盘口壶"才对。[1]同墓出土的另 1 件壶,即标本 XCM11:12,器形和标本 XCM11:9 完全一致,但器表未见水波纹装饰。破阁 XPM87 所见,标本 XPM87:5(图 6-2,5)和标本 XPM87:4,均为泥质灰陶,盘口带覆钵状盖,溜肩、鼓腹、大平底,前者口径 12、底径 14.4、通高 26.2 厘米,"肩和上腹部饰有两周水波纹圈带";后者通高 27.6 厘米,除了肩部有一周"凹弧纹"外,别无装饰。这种器形相同但装饰有别的共存现象也是值得关

---

[1] 类似的器物也有增加铺首状装饰的,如标本 XPM73:13,参见《萧县汉墓》报告第 126 页。

注的。

综合而言,萧县这批汉墓中大约有5座墓(其中竖穴土圹墓4、砖室墓1座)共出土了10件饰成组水波纹的普通泥质陶器,包括壶6、罐(瓿)2、鼎2件,累计只占出土陶瓷器总数的1.2%。除1件陶壶是出自破阁墓地外,其余9件均集中出土于车牛返墓地。在车牛返XCM22中,来自江东的钙釉壶还和饰水波纹的普通泥质陶鼎、壶、罐(瓿)共存。按照《萧县汉墓》报告的分期,上述出土有水波纹陶器的墓葬,年代大致集中于西汉晚期,但略有早晚。这些发现表明,大致在西汉中晚期,萧县地区的汉墓中在随葬来自江东地区的钙釉壶、瓿类器物的同时,还出现了模仿钙釉器器形及装饰的有成组水波纹的普通泥质陶器。尽管数量还十分有限,但作为一种文化现象是值得我们关注的。从具体的器物造型来看,属于"仿制品"的普通泥质陶器与被仿制的江东类型的同类器物之间还存在不同程度的差异。其中陶壶和带盖罐(瓿)在"模仿"江东类型钙釉壶、瓿方面相对更注重装饰与器形的一致性,然而水波纹陶鼎的出现则很可能只是将模仿的装饰特征"移植"到该类器物上的结果,可以说是在模仿中产生的一种变异。类似的"移植"现象在苏鲁豫皖交界区及其邻近地区其他汉墓出土的普通泥质陶产品或者低温铅釉陶产品中也都有发现。[1]

三、低温铅釉陶器所见对江东类型钙釉器的模仿

萧县汉墓所见,当低温铅釉陶开始在该地区的墓葬中涌现时,也有部分产品在器形特征及装饰上模仿了江东类型的钙釉器,其中最具代表性的是壶和罐之类

---

[1] 例如在鲁中南地区的曲阜花山和柴峪汉墓群中所出土的一些与江东类型钙釉罐器形迥异的普通泥质陶罐上,也出现了类似的成组水波纹间以弦纹的装饰情况,参见山东省文物考古研究所编著:《鲁中南汉墓》,文物出版社,2009年。安徽固镇濠城西汉墓所见,出土的大约16件"黄釉红胎陶器"包括4件侈口壶(报告称"瓶")、2件盘口壶、8件瓿(报告称"罐")和2件鼎,均有成组的水波纹装饰。其中饰水波纹的釉陶鼎,器形也与江东地区常见的钙釉鼎不同,被认为是当地汉墓中极具典型的代表物。参见蔡文静、胡锐:《固镇县濠城西汉墓清理简报》,《文物研究》第11辑,1998年。

器物。

初步统计,在《萧县汉墓》报道的 151 座汉墓资料中大约有 16 座墓葬(其中竖穴土圹墓 2、砖构墓 7、砖石合构墓 7 座)出土了将近 38 件低温铅釉陶器,约占陶瓷器总数的 4.6%。其中 13 座墓中都有铅釉陶壶,每墓出土釉陶壶的数量在 1~3 件不等,累计 22 件。排除口部残缺者,器形基本完整且器体施釉的有 18 件,[1] 均为泥质红陶胎质的平底盘口壶。如果按系耳的有无划分的话,可以将这 18 件盘口壶分为 A、B 两型。A 型盘口壶,数量仅 2 件,出自王山窝 XWM25,肩部有和江东类型盘口壶类似的纵向双系,标本 XWM25∶7 高 17.4 厘米(图 6 - 5,1),标本 XWM25∶8 高 17.8 厘米(图 6 - 5,2)。据介绍这 2 件盘口壶的"口及中腹施黄绿釉,肩、腹交界处饰弦纹"。其盘口外侈的做法以及整体器形都和江东地区自西汉晚期开始盛行的钙釉盘口壶非常接近,只是束颈较短以及肩部饰密集弦纹的风格略有不同。B 型盘口壶,16 件,均无系耳,出自冯楼 XFM3、XFM5、XFM13、XFM24、XFM26、XFM28、XFM56、王山窝 XWM27、XWM39、破阁 XPM150 等 10 座墓葬。这些无系耳的盘口壶器形大体一致(具体器形参见图 6 - 4),高多在 14.4~22 厘米之间,绝大多数高 16~20 厘米(具体尺寸统计如表 6 - 2)。和 A 型盘口壶一样,不少器物还在肩部、上腹部饰细密的弦纹。更为重要的是,施釉部位也多局限于器身上半部,釉色以黄绿釉为主,也有绿釉,个别为褐色釉。从施釉部位以及器表流釉现象观察,这些铅釉盘口壶大多应该是采用口沿朝上的方式"正烧"而成,尚未见到中原地区汉代铅釉陶壶常见的"覆烧"现象。总的来看,无论有无系耳,这些铅釉盘口壶器表所采用的施半釉的手法都和汉代江东类型钙釉壶常见的施釉手法接近,而在器形、施釉部位、烧成工艺上都与中原两京地区常见的铅釉陶壶存在着显著的区别。类似施半釉的低温铅釉盘口壶在与萧县邻近的淮北市李楼 M2 中也有发现,[2]

---

[1] 此统计数字未包括萧县破阁 XP159 出土的 1 件口沿残缺的器物以及破阁 XPM108 出土的仅盖施釉或口沿残缺的器物在内。

[2] 淮北市李楼 M2 出土的 3 件平底釉陶壶高分别为 14.7、16.2、23.6 厘米,均为红胎,施半釉,肩部和上腹部都有细密的弦纹,器形和装饰都和萧县汉墓所见完全一致。参见安徽省文物考古研究所、淮北市博物馆:《安徽淮北市李楼一号、二号东汉墓》,《考古》2007 年第 8 期。

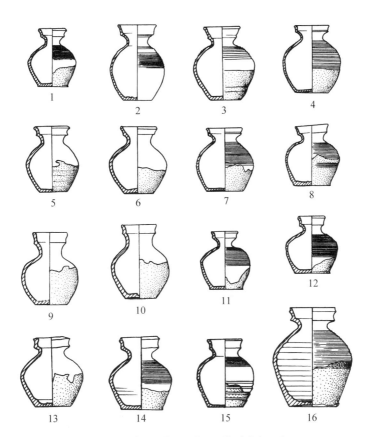

图 6-4　萧县汉墓出土的 B 型铅釉陶盘口壶

1. XFM24：10　2. XFM5：1　3. XFM13：1　4. XPM150：3　5. XFM3：1
6. XFM26：1　7. XPM150：6　8. XPM150：7　9. XFM28：1　10. XFM28：2
11. XFM24：4　12. XFM24：8　13. XWM27：1　14. XWM27：2　15. XFM56：1
16. XWM39：7

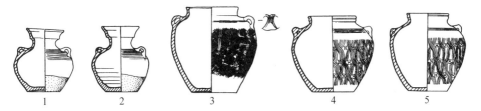

图 6-5　萧县汉墓出土的部分铅釉陶器

1. 盘口壶（XWM25：7）　2. 盘口壶（XWM25：8）　3. 双耳罐（XFM8：8）　4. 釉陶罐（XPM172：1）
5. 釉陶罐（XPM 172：2）

表 6-2   萧县汉墓出土铅釉陶盘口壶尺寸统计简表(单位：厘米)

	器　物	口径	腹径	底径	高	备　注
A 型	XWM25：7	10.5	16.6	9.2	17.4	图 6-5,1
	XWM25：8	10.7	16.2	8.7	17.8	图 6-5,2
B 型	XFM3：1	10.8	15.6	8.2	19	图 6-4,5
	XFM5：1	11.2	15.8	8	22	图 6-4,2
	XFM13：1	10.8	17.8	8.8	21.2	图 6-4,3
	XFM24：4	7.6	14.4	9.8	16.8	图 6-4,11
	XFM24：8	8	15.4	10.8	16.6	图 6-4,12
	XFM24：10	8.6	14.4	9.2	16.8	图 6-4,1
	XFM26：1	9.6	15.6	8	17.1	图 6-4,6
	XFM28：1	9.2	15.2	8.6	19.2	图 6-4,9
	XFM28：2	9.6	15.6	8.4	19.6	图 6-4,10
	XFM56：1	7.6	12	7.6	14.4	图 6-4,15
	XWM27：1	8	13.6	7.6	14.6	图 6-4,13
	XWM27：2	8	13.2	9	15.4	图 6-4,14
	XWM39：7	10	17.2	10.8	20	图 6-4,16
	XPM150：3	9.2	16	9.5	17.8	图 6-4,4
	XPM150：6	9.6	15.2	9.6	16.8	图 6-4,7
	XPM150：7	9.2	14.8	10	16.2	图 6-4,8

很可能就是在当地或者邻近地区烧造的产品。[1]

---

[1] 事实上,在江苏邳州、睢宁,山东滕州等地的汉墓中也发现了不少器形大体一致的平底盘口壶,但
　　具体造型略有区别,多为长颈、平底略小、腹部略瘦、整体略显瘦高的特征,器表多通体施绿釉或褐
　　色釉,说明苏鲁豫皖交界地区烧造的低温铅釉陶器在仿制江东类型陶瓷器方面还存在着细微的地
　　域差异。其中关于《鲁中南汉墓》新报道的相关资料,参见拙稿《关于〈鲁中南汉墓〉报道的汉代带
　　釉陶瓷器》,《中国文物报》2011 年 7 月 8 日第 7 版。

在《萧县汉墓》报道的低温铅釉陶器中,还有3件纵向系的双耳罐也值得注意。[1]
冯楼 XFM8 出土的1件"釉陶双耳罐",即标本 XFM8∶8,为泥质灰黄胎质,侈口,方
唇,鼓腹,平底,"通体施绿釉","肩部饰两周弦纹,耳饰叶脉纹,腹部拍印斜方格几何
纹",口径14.5、腹径24、高23.2厘米(图6-5,3)。该罐无论整体器形还是系耳风格,
都和汉代江东地区流行的双耳罐一致,但质地却是低温铅釉陶,因此也应该是"仿制"
的结果。需要指出的是,该罐器表的方格纹拍印纹饰,虽也是汉代江东地区常见的,
但通常拍印在被称为"罍"的器物上而不是在双耳罐上。江东类型的双耳罐器表流行
的轮旋纹痕迹却未在该罐上反映出来。由此可见,此类低温铅釉陶双耳罐在仿制南
方地区同类器物时虽注意到器形的一致性,但装饰上却有所损益或变通。同样情况
也见于 XPM172 出土的2件"釉陶罐"上。标本 XPM172∶1,口径13.6、腹径23.2、
底径11.6、高21厘米(图6-5,4);标本 XPM172∶2,口径12、腹径21.2、底径10.8、
高21.4厘米(图6-5,5)。这2件罐形制相同,均为泥质红陶胎质,侈口近直,圆
唇,唇外有突棱一周,平底。"器施绿釉,下腹及底无釉"。肩部与耳相对应饰弦
纹二周,耳以下至下腹有拍印纹,并在空处印有篆体"五"字。与这2件罐相同的
拍印纹饰目前在长江以南地区的汉代双耳罐上尚未见到,似乎也是一种变通的
结果。

　　类似器形的低温铅釉陶双耳罐,在安徽固镇、[2]山东滕州[3]等地均有
出土,与前述仿江东类型钙釉器的铅釉盘口壶的分布范围非常接近,突显了苏

---

[1] 在萧县王山窝 XWM15 中还出土有1件"泥质红陶"双耳罐,肩部也有纵向双系,"肩、腹部饰数道
　　细弦纹",口径9.4、高15.6厘米。《萧县汉墓》报告在正文第89页描述时未提及是否施釉,但在第
　　294页列举时说"泥质红陶,火候较低,施酱釉不及底,腹饰细密弦纹"。由于从器物照片(图版一
　　四,2)看,未见明显施釉痕迹,故存疑,暂不讨论。至于在破阁 XPM61 中与钙釉罍共存的1件泥质
　　灰陶双耳罐,即标本 XPM61∶7,也是纵向双系,肩部有凹弦纹一周,口径10.4、通高19.4厘米。是
　　否也属于"仿制品",还有待进一步确认。
[2] 如固镇渡口村 M2 出土的1件双耳罐,标本 M2∶10,红色胎,高23.6厘米,"器身内外施酱色釉",
　　肩部凹弦纹两道,其间饰水波纹。参见周群:《固镇渡口村十二座砖室墓清理简报》,《文物研究》
　　第11辑,1998年。
[3] 如滕州封山墓地 M13 出土的1件,标本 M13∶1,泥质红陶,高21.8厘米,"通体饰酱黄釉,底部及
　　口沿内侧皆有,釉层厚度均匀"。参见山东省文物考古研究所编著:《鲁中南汉墓》,文物出版社,
　　2009年,第58页。

鲁豫皖交界地区汉代铅釉陶的一种地方特点。除壶、罐之类铅釉陶器具有明显的仿江东类型钙釉器特征以外,萧县汉墓出土的其他铅釉陶器如模型明器中的船形灶之类,也显示出和长江下游地区之间的密切联系,具体情形暂从略。

四、余论

考古资料显示,汉代江东类型的钙釉器曾在长江中上游、江淮之间、淮河以北至北方长城沿线等广大地区流传。《萧县汉墓》新报道的 18 件钙釉器中有 17 件出土于西汉时期的墓葬中,并且集中在西汉晚期。从出现的时间上讲要明显晚于邻近的徐州地区,也未见到包括鼎、盒、壶、瓿在内的典型钙釉器物组合。那么,造成这种差异的原因究竟是与墓葬的等级或墓主人的文化背景有关? 还是与江东类型钙釉器的具体流通线路或流通途径有关? 或者其他? 这些都是值得将来进一步探讨的问题。无论是何种原因,都为探讨江东类型钙釉器在淮河以北地区的流通状况提供了新的信息。

更为重要的是,萧县汉墓所见,当地在将输入的江东类型钙釉壶、瓿作为随葬品的同时或稍后,也将部分具有模仿江东类型钙釉器特征的普通泥质陶器或低温铅釉陶器纳入了随葬品的行列。通过本文的梳理可以看出,这种对江东类型钙釉器的“模仿”大致存在两种发展趋势:一是在部分普通泥质陶器上施加最具有汉代江东类型陶瓷器装饰特色的水波纹带装饰,主要是器形仿江东类型钙釉壶、瓿特征的平底壶和带盖罐(瓿),造型上与被模仿的江东类型壶、瓿相比存在一定差距,而且还出现了将模仿的水波纹带“移植”到其他器物(如鼎)上的情况;二是采用新兴的低温铅釉陶技术烧造了一些仿江东类型高温钙釉器物特征的新产品,主要是釉陶平底壶和双耳罐等器形,其中无系耳的铅釉陶平底壶在造型上仍较多沿用了饰水波纹带的普通泥质陶壶大平底的地域风格,但纵向系的双耳罐、双耳盘口壶则更注重追求具体形态与江东类型同类器形的一致性,在装饰上也有所变通和创新,加上流行施半釉的方式,从而与中原北方其他地区流行的铅釉陶器形成鲜明的对比,呈现出显著的地域特征。[1]依据《萧县汉墓》报告的分期研究,第一种情况主要集中于西汉晚期前后,第二种则大致从西汉晚期延续到东汉晚期。整体上看,当地对于江东类型钙釉器的模仿似乎首先是从普通泥质陶开始的,随后才是低温铅釉陶器,并且在苏鲁豫皖交界地区逐渐形成一种新的地域风格。而这种新地域风格的形成,揭示的正是地处南北中间地带的苏鲁豫皖交界地区在汉代大一统历史背景下文化发展演变的一个具体动向。

本文原载《江汉考古》2013 年第 1 期。

---

[1]　1985 年在萧县县城西南的虎山脚下发掘了 3 座石椁墓(资料参见安徽省萧县博物馆、萧县文物管理所:《安徽萧县西虎山汉墓清理简报》,《东南文化》2007 年第 6 期),其中 M2 曾出土了 2 件器形一致的"釉陶壶",器形均与西汉时期江东地区流行的侈口壶接近,但 1 件(即标本 M2:11)为"灰褐色胎",高 18.3 厘米,"下腹部露胎,有流釉痕","颈至腹部刻有数道弦纹,颈部饰水波纹";另 1 件(即标本 M2:10)为"红陶胎",高 22.8 厘米,装饰仅"肩下部饰细弦纹数周"。笔者推测这两件器物应分别属于江东类型的钙釉器及其低温铅釉陶的仿制品。但由于未见到器物照片和具体实物,对有关器物胎釉性质的推断还有待确认,故附录于此。至于该墓出土的另 1 件红陶胎的釉陶壶(即标本 M2:9),为空心假圈足壶,口部特征接近盘口,腹部还有对称的铺首衔环,器高 31.5 厘米,与中原地区流行的铅釉陶壶器形接近。在同一墓地的 M3 中还出土了 1 件器形与之相同的"灰陶壶"(即标本 M3:4),但在《萧县汉墓》新报道的资料中尚未发现同类器物。很显然,萧县地区汉墓中出土的低温铅釉陶壶,还应存在着不同的文化渊源。本文所讨论的来自江东地区钙釉器的影响也只是当地文化发展中的一个侧面。

7

关于《鲁中南汉墓》报道的汉代带釉陶瓷器

由山东省文物考古研究所编著的《鲁中南汉墓》[1]是迄今为止报道汉墓数量最多的一部发掘报告集,综合报道了1998~2000年配合公路、铁路建设在滕州封山、东郑庄、东小宫、顾庙,兖州徐家营,曲阜花山、柴峪,嘉祥长直集共8处汉代墓地清理的1675座汉墓资料,为我们了解两汉时期鲁中南地区的文化面貌提供了极为丰富的信息。就所报道的汉代带釉陶瓷器而言,数量虽不多,但从胎釉性质上讲可以明显分为高温钙釉和低温铅釉两大类别,两者有着不同的来源。然而由于报告所采纳的报道方式的局限,仍有部分器物的胎釉属性、具体的数量和出处等方面的信息还有待澄清。因此,笔者觉得有必要将有关问题呈现出来,以便于将来做进一步研究。

经笔者初步梳理得知,在《鲁中南汉墓》报道的8处汉代墓地资料中,共发现了近3000件陶瓷器(部分未修复的不在此统计范围),其中施釉的有40余件,主要见于滕州封山和东小宫、曲阜花山、嘉祥长直集这4处墓地。具体情况如下:

一、滕州封山墓地。共出土施釉陶瓷器约9件。按照报告的分类,被归入“釉陶器”的是3件“双系釉陶罐”(第58页),均出自M13,列举的2件中泥质红陶者器表通体施酱黄釉(M13∶1),泥质灰陶者内外壁皆施黑釉(M13∶2);被归入“原始瓷器”的2件(第59页)均出自M31,报告称之为“原始瓷罐”,实际上属于口、颈部残缺的矮圈足壶类器物,其中1件“腹上部饰墨绿色釉,腹下部至底饰红褐色釉”(M31∶3),另1件“腹上部饰酱绿釉和三周凹弦纹,下部红陶衣”(M31∶1);此外,在180余件“陶器”中,还有4件Ca型Ⅱ式壶是“皆釉陶”(第43页)的,列举的2

---

[1] 山东省文物考古研究所:《鲁中南汉墓》,文物出版社,2009年。

件出自 M3,均为泥质红陶,器表通体施酱黑釉(M3：2)或酱黄釉(M3：1)。从墓葬登记表得知,4 件 Ca 型 Ⅱ 式壶均出自 M3。报告指出 M3 出土的釉陶壶"同柴胡店 M18：1、M16：1 形制近似",[1]属于"低温釉陶壶",这无疑是正确的。需要补充的是,类似封山 M13 出土的"双系釉陶罐"也曾在柴胡店汉墓群中发现过,在器形上具有汉代江东盛行的钙釉双系罐的特点,不排除部分产品有输入的可能性(如下文的曲阜花山 M71：1),但属于泥质红陶的封山 M13：1 则很可能是低温铅釉陶系统的产品,因此,区分此类产品的胎釉属性是十分重要的。目前所知,汉代仿江东钙釉双系罐的低温铅釉陶双系罐也多见于苏皖北部至鲁中南一带,具有鲜明的地域特色。

二、滕州东小宫墓地。在已发掘的 300 余座汉墓中只有 M161 出土了 1 件带釉的器物——"釉陶壶"(即 M161：3),报告将之单独归类并定性为"硬釉陶"(第264 页),表明和前述封山墓地的 2 件"原始瓷器"一样,应该都是来自江东地区的钙釉壶类器物。

三、曲阜花山墓地。共出土了"釉陶器"6 件(第 632 页),包括 M84 出土的 5件壶和 M77 出土的 1 件罐。报告对 M84 出土的 5 件"釉陶壶"的质地描述存在明显的矛盾之处,前面综述釉陶壶时说"质地坚硬,火候较高"(第 632 页),而具体到D 型的 1 件壶(M84：12)时又说"陶质较粗糙……烧制火候较低"(第 634 页)。显然,前面的综述应该是仅针对其他 4 件壶而言的：其中 C 型的 1 件(M84：13)为汉代江东地区常见的㧈口壶类型；B 型的 1 件(M84：13)则为江东常见的盘口壶类器物；Ab 型的 1 件(M84：15)"上部及口沿已残",口部原来的形制已不明,但"经打磨后又继续使用"的做法值得关注,类似情况在洛阳、西安等地也曾发现；Aa型的 1 件(M84：20)呈直颈状,是否也存在口部打磨的问题,还有待于查证。总的来说,这 4 件壶从质地和器形上看均和汉代江东地区流行的钙釉壶接近。而被归入 D型的那件壶(M84：12)则很有可能是属于低温铅釉陶产品。两类不同胎釉属性的产品在花山 M84 中的共存,值得关注。至于 M71 出土的那件釉陶罐(M71：1),"烧制

[1] 山东省博物馆：《山东滕县柴胡店汉墓》,《考古》1963 年第 8 期。

火候较高"(第634页),推测应该和M84的4件钙釉壶一样都属于来自汉代江东地区的产品。

四、嘉祥长直集墓地。该墓地出土的施釉器物数量相对较多,遗憾的是报告将所有施釉的器物(包括鼎、盒、壶、盘等)与无釉的器物都混杂在一起进行型式划分。这样一来,尽管列举了大量的例证,但仍有部分器类的施釉器物数量或出土单位不甚明了。例如:报告说44件鼎"除3件釉陶外,均为彩绘陶"(第833页),然而在具体列举中,除1件A型Ⅵ式鼎(M215∶7)为"红釉陶"(第836页)以外,还有3件C型Ⅱ式鼎也标明是"红釉陶"(第837页),列举的2件是M35∶10和M307∶1。据墓葬登记表,还有1件C型Ⅱ式鼎也出自M35,如果也是带釉器物的话,长直集墓地出土釉陶鼎的总数就不是3件而应该是4件了。再如:总数39件的陶盒中"除3件釉陶外,均为彩绘陶"(第837页)。依据报告的型式划分,这3件釉陶盒均被归入"其他型",列举的2件出自M215。而依据墓葬登记表,M215出土的其他型盒也只有2件,那么,另1件出自哪座墓呢?笔者在查检了长达30页的墓葬登记表之后才发现,可能是出自M351。问题是:M351的年代被断为第一期,即西汉早期。如果M351的那件未列举的其他型盒与被断为第五期(东汉早期)的M215所出釉陶盒同为低温铅釉陶的话,那将是十分重要的新发现。可由于报告的省略,究竟是报告的断代有误还是M351施釉盒的胎釉性质有别,读者就无从判断了。再如:壶有89件,通过报告的列举得知器表施釉的大约有9件,具体包括Ab型Ⅵ式壶1件(M35∶6)、Ab型Ⅶ式壶5件(列举的2件是M307∶3和M307∶8)和Cb型长束颈壶3件(M35∶5、M35∶4、M307∶6)。问题是,排除报告举例的6件之后,剩下的3件Ab型Ⅶ式壶据墓葬登记表有2件出自M35,但还有1件出处不明。另外,报告在概述"中型罐"时,也曾提及"除3件釉陶外,其余均为泥质灰陶"(第866页),可惜的是未见列举,故具体情形也不明了。还有部分施釉器物的定名也有值得商榷的地方。比如出自M35和M307的2件红釉陶"仓"(第851页),其器身部分极有可能是"井"类器物,尤其是M35出土的那件(M35∶7)"上腹饰划三角纹",而且还有"对称两镂孔",是汉代模型明器井类器物常见的特征。至于覆盖其上的所谓"覆盘形盖",从发表的照片(彩版五八)来看,也应该和

A 型Ⅲ式盘（仅 1 件，出自 M307）一样，本身都是施釉的。这样一来，如果将 2 件釉陶仓拆分为 2 件井和 2 件盘的话，釉陶盘就可统计为 3 件了。其他属于该墓地出土的施釉器物还有：M215 出土的 1 件红釉陶盉（第 852 页），M35 出土的 1 件红釉陶熏（第 852 页）、1 件红釉陶楼（第 853 页）、1 件红釉陶猪圈（内置 1 件釉陶猪）（第 854 页），以及 M35 和 M307 出土的 2 件釉陶灶（第 852~853 页）。从报告公布的器物照片来看，嘉祥长直集墓地出土的施釉器物基本上都是属于低温铅釉陶产品，集中出自 M35、M215 和 M307 这 3 座墓。其中 M35 出土的釉陶器数量较多，大约有 13 件；M307 出土的釉陶器约 7 件；M215 出土了大约 4 件釉陶器，加上 M351 的 1 件釉陶盒以及出处不明的 3 件釉陶罐，累计当不少于 28 件。

如果将上述四处墓地出土的带釉陶瓷器按照胎釉性质区分开的话，属于江东钙釉系统的器物大约有 8 件（包括 7 件壶和 1 件双系罐），其余约 36 件可大致归入低温铅釉系统。从两类器物的器形观察，一个特别值得注意的现象就是，部分铅釉陶器的造型可能是受到了来自钙釉系统的影响。如封山 M13 出土的双系釉陶罐的器形就和花山 M71 出土的釉陶罐非常近似，封山 M3 出土的釉陶盘口壶也和花山 M84 出土的盘口壶接近，只是少了纵向的双系（图 7-1）。类似受江东高温钙釉器物造型影响的低温铅釉陶器在邻近的苏皖北部也多有发现，并且和洛阳至关中一带汉墓出土的铅釉陶器在器物造型上形成明显的区别，表明在汉代铅釉陶的发展演变过程中，苏皖北部至鲁中南一带有可能分化出一个相对独立的地域类型。

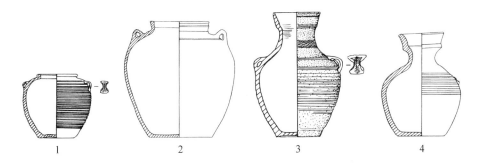

图 7-1　《鲁中南汉墓》报道部分钙釉器与铅釉陶的器形对比图

1. 花山 M71：1　2. 封山 M13：1　3. 花山 M84：14　4. 封山 M3：1

这一地域类型的形成应该是和兼受南北之间物质文化的交互影响分不开的,突显的正是南北之间中间地带的文化特性。因此,明确区分包括鲁中南地区在内的各地汉墓出土带釉陶瓷器的胎釉属性,对于探讨这两大系统的发展演变与产品流通及其相互关系,无疑都是非常重要和十分必要的。

本文原载《中国文物报》2011 年 7 月 8 日第 7 版。

8
汉晋时期"四系罐"的北渐三部曲
——兼谈洛阳曹休墓的新发现

2010 年 5 月 17 日,河南省文物局、洛阳市文物局和洛阳市第二文物工作队联合召开新闻发布会,向外界公布了在洛阳北邙山上发现三国时期著名将领曹休的墓葬的消息。在公布消息之前的论证会上,笔者曾就曹休墓出土的"四系罐"(图 8-1)谈了谈自己观摩后的感想,提出曹休墓出土的灰陶四系罐就器形而言和当时南方地区流行的钙釉系统的横向系四系罐基本一致,其烧造应该是模仿了南方的同类产品。为了进一步说明这个问题,现将汉晋时期四系罐的发展演变情况略作整理,以求教于方家。

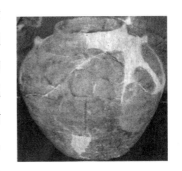

图 8-1　曹休墓出土四系罐

根据笔者对各地出土的汉晋时期陶瓷产品的初步梳理后发现,类似于曹休墓中所发现的横向系四系罐最早流行于岭南地区,在之后此类四系罐的发展演变过程中,其分布地域明显存在由南而北逐步扩大的空间变化。在这种地域空间的扩大化过程中,除了跨区域的产品流通以外,还存在相关地区对流入产品的"仿制"问题。由于各地陶瓷手工业传统的差异,加上汉晋时期陶瓷发展的巨大变革,其结果是出现了包括印纹硬陶、高温钙釉陶、成熟瓷器、普通泥质灰陶、低温釉陶等在内的不同质地和装饰的四系罐产品。这些不同类别的四系罐产品的出现时间虽有先后,但在器形演变上彼此之间又存在着密切的关联,而且空间上是逐步向北推进的,所揭示的是汉晋时期南方物质文化持续影响北方的一个重要侧面。归结起来,可以将汉晋时期四系罐由南向北的发展演变过程大致分为以下三个步骤:

第一步：初步北传及被模仿,时间主要集中于西汉中晚期至东汉初期。在这一时期,横向系的四系罐主要是由珠江流域的两广地区北传至长江中游地区,并首先在湘赣地区被模仿。

从考古类型学的角度而言,目前所知道的横向系四系罐大致出现于战国秦汉之际的岭南地区,最初基本上都是属于印纹硬陶的产品,器表除拍印纹以外,有的还有刻划及戳印的纹饰,部分器物也施加有薄薄的钙釉。从《广州汉墓》所报道的资料可以看出,整个两汉时期当地的横向系四系罐类器物的发展一直绵延不绝,只是因器形大小悬殊,加上口部特征的变化,被划分成"四耳瓮""四耳罐""四耳展唇罐"等不同的器物类型。其器表装饰的变化规律大致是:拍印纹和戳印纹逐步减少,演变为以刻划纹为主,或者素面、器表仅施加少量弦纹。汉末以后,在岭南地区,四系罐仍持续发展,只是质地进一步提高,大多都演变成瓷器了。

就目前的考古资料来看,西汉前期,横向系的四系瓮罐类器物主要流行于岭南地区,是当地最具特色的陶瓷产品之一。大约在汉武帝平定南越之后,才开始向北流传至长江中游的湘赣地区。目前在湖南资兴、[1]郴州、[2]永州、[3]长沙[4]等地的西汉中晚期至东汉初期墓葬中都发现了来自岭南地区的横向系四系罐类器物。事实上,除了四系罐以外,其他诸如双耳罐、(无耳)罐、五联罐、鼎、壶、簋、俑灯、带把杯、圈足碗、提筒等岭南地区烧造的陶瓷器,也都是在这一时期开始大量北传并出现在长江中游地区的墓葬中,甚至在不少墓葬中还成组出现。受其影响,湘赣地区烧造的部分陶瓷产品在造型和装饰上也开始出现了明显的模仿岭南陶瓷产品风格的迹象——例如壶、罐类器物上横向系的采纳便是最为引人注目的新变化。[5]

---

[1] 湖南省博物馆、湖南省文物考古研究所:《湖南资兴西汉墓》,《考古学报》1995年第4期。

[2] 龙福廷:《湖南郴州清理一座新莽时期墓葬》,《考古》1987年第4期。

[3] 湖南省文物考古研究所、永州市芝山区文物管理所:《湖南永州鹞子岭二号西汉墓》,《考古》2001年第4期。

[4] 中国科学院考古研究所:《长沙发掘报告》,科学出版社,1957年。

[5] 具体情况参见拙稿《试论两汉时期岭南类型陶瓷器的北传及其影响》,北京大学桐山教育基金资助课题,待刊。

　　第二步：在模仿中提高与再度北传,时间大致相当于东汉中晚期。

　　在这一时期,横向系的四系罐在珠江流域继续烧造并持续北传,在长江中游的湖南资兴、[1]耒阳、[2]湖北随州[3]以及江西湖口[4]等地都发现有来自岭南的四系罐产品,器表流行的是刻划纹或者仅有简单的凹弦纹。

　　而属于长江中下游地区烧造的四系罐,器表大多饰拍印或模印的布纹、细方格纹等,有的因釉层覆盖而若隐若现,但极少见到采用类似岭南地区流行的大面积刻划纹的。就器形而言,也与同时期岭南地区烧造的四系罐相比发生了一些变化,最具代表性的是小口台肩式的横向系四系罐和大口扁腹式的横向系四系罐,[5]有时两者还共存于同一座墓葬中。一些采用高岭土为胎,烧成状况较好的都已被视为成熟瓷器了。这类器物大多胎色灰白、质地坚硬,以青釉系为主,但釉色还不够纯正,多呈现偏黄绿、酱黄、青绿诸色。此外,也有胎色灰褐或施褐釉的。质地略差一些的,则被称作"釉陶",无釉的或釉脱落严重的往往被归入"硬陶"。它们不仅在长江中下游地区广为流传,与来自岭南的器物交错分布,还进一步向北流传,出现在同时或稍后中原及华北地区的墓葬中。已知在河南洛阳、永城,安徽亳州、固镇,江苏泗阳、东海,山东平原、临淄,天津武清等地的东汉墓葬(个别墓葬的年代可能略晚于汉)中都有发现。由于出土这些南方器物的墓葬等级大多比较高,表明长江中下游地区烧造的四系罐产品,因质量改进,很快受到中原北方地区上层社会的青睐。[6]据悉,在河南安阳新发现的"曹操墓"中也出土了瓷四系罐,推测和早年安徽亳州发现的曹氏家族墓中的瓷四系罐[7]一样,都应是来自南方的产品。

---

[1] 湖南省博物馆:《湖南资兴东汉墓》,《考古学报》1984 年第 1 期。

[2] 衡阳市博物馆:《湖南耒阳市东汉墓发掘报告》,《考古学集刊》第 13 集,2000 年。

[3] 王世振、王善才:《湖北随州东城区东汉墓发掘报告》,《文物》1993 年第 7 期。

[4] 杨赤宇:《湖口县象山东汉纪年墓》,《江西历史文物》1986 年第 1 期。

[5] 参见《罗州城与汉墓》《襄阳王坡东周秦汉墓》等的报道。

[6] 具体情况参见拙稿《北方地区汉墓出土的南方类型陶瓷器:汉代南北之间物质文化交流的考察之一》,中国社会科学院考古研究所、陕西省考古研究所、西安市文物保护考古所编《汉长安城与汉文化:汉长安城考古与汉文化——纪念汉长安城考古五十周年国际学术研讨会论文集》,科学出版社,2008 年。

[7] 安徽省亳县博物馆:《亳县曹操宗族墓葬》,《文物》1978 年第 8 期。

第三步：持续北传与再度被模仿，时间是三国至西晋时期。

当四系罐在珠江流域和长江流域仍继续烧造并不断发展的同时，在中原北方地区也开始烧造仿制南方产品特征的四系罐了。只是这一时期，南方无论是长江流域还是珠江流域，所烧造的四系罐基本上都是后世所说的"瓷器"类产品，而北方黄河流域烧造的四系罐则是以泥质灰陶为主，另外有少量的低温釉陶。

早在 20 世纪 50 年代，在洛阳地区发掘的西晋墓中就普遍出土一种被称为"四鼻罐"的器物。从报告所列举的例子来看，基本上都是横向系的四系罐。据介绍，"器身最高 33.7 厘米，一般 10 厘米左右"。[1]之后，除了洛阳以外，这类横向系的四系罐还在河南偃师、[2]孟津、[3]新安、[4]巩义、[5]郑州、[6]嵩县[7]以及山西太原[8]等地均有出土。绝大多数都是素面的泥质灰陶产品，部分带盖，常见的高度大都在 10~20 厘米之间。太原西晋墓出土的 1 件高 21.5 厘米，为泥质红陶，内外均施酱黄釉，应为低温釉陶。类似的施低温釉者在洛阳也有发现，但数量很少。笔者认为，无论是低温釉陶还是泥质灰陶的横向系四系罐，在中原北方地区的出现都应该是和南方四系罐持续北传的影响分不开的。

但中原地区何时开始烧造这种仿制的横向系四系罐呢？洛阳曹休墓的发现可以说为我们解答上述问题提供了新的线索。过去，这类四系罐通常被视为中原地区西晋墓葬断代的标志性器物之一，但所见大多属于器形较小的类型。最近，曹休墓中出土的数件泥质灰陶横向系四系罐，器高约 30 厘米，无论造型特征还是尺寸大小，都更接近当时长江中下游地区流行的同类产品。而且这类产品也曾出现在安徽亳州曹操

[1] 河南省文化局文物工作队第二队：《洛阳晋墓的发掘》，《考古学报》1957 年第 1 期。

[2] 中国社会科学院考古研究所河南第二工作队：《河南偃师杏园村的两座魏晋墓》，《考古》1985 年第 8 期。

[3] 洛阳市文物工作队：《洛阳孟津晋墓、北魏墓发掘简报》，《文物》1991 年第 8 期。

[4] 洛阳市文物工作队：《河南新安西晋（C12M262）发掘简报》，《文物》2004 年第 12 期。

[5] 郑州市文物考古研究所、巩义市文物保护管理所：《河南巩义市晋墓发掘报告》，《华夏考古》2001 年第 4 期。

[6] 见《郑州文物考古与研究（一）》，科学出版社，2003 年。

[7] 洛阳市第二文物工作队：《嵩县果酒厂晋墓发掘简报》，《中原文物》2005 年第 6 期。

[8] 太原市文物考古研究所：《太原市尖草坪西晋墓》，《文物》2003 年第 3 期。

宗族墓葬中。[1]对于曹休墓的认定使我们确信,中原地区对于南方四系罐的仿制当不晚于228年(曹休卒年)。这也是目前所知中原地区有确切年代依据的最早的四系罐"仿制品"了。从《三国志·曹休传》的记载来看,曹休早年丧父后曾携母亲"渡江至吴",后来又取道荆州北归、投奔曹操。那么,这种模仿长江中下游地区流行的瓷四系罐而烧造的泥质灰陶四系罐出现在曹休的墓中,或许也是与他的经历不无关系吧。

　　总体来看,汉晋时期四系罐的北渐发端于西汉时期南越地区被纳入汉中央统治之后,由本来是在珠江流域盛行的地域性器物,因北传及被仿制,扩展到长江中下游地区并逐渐演化成一种新的面貌。之后,属于长江流域烧造的成熟瓷器的四系罐产品进一步北传,又成为黄河流域模仿的对象,于是才出现了曹休墓中所见到的泥质灰陶四系罐产品。西晋时期,这类产品曾一度流行于中原地区。但西晋灭亡之后,中原北方地区四系罐的烧造似乎又骤然而止。等到北方地区终于烧造出可以和南方媲美的瓷四系罐时,已是西晋灭亡200年之后的事情了。

2010年5月18日初稿,5月30日修订。

本文原载《中国文物报》2010年8月6日第7版。

---

[1] 如董园村1号墓出土的一件"青瓷罐"高30厘米,参见安徽省亳县博物馆:《亳县曹操宗族墓葬》,《文物》1978年第8期。

9

蕲春汉墓所见江东与岭南陶瓷产品及相关问题*

——读《罗州城与汉墓》札记之一

1986~1994年间,为配合柳界公路和京九铁路建设,黄冈市博物馆、湖北省文物考古研究所等单位在湖北省蕲春县罗州城遗址附近发掘了7处汉代墓地,共计清理115座墓葬,发掘报告《罗州城与汉墓》[1]全面报道了这批汉墓资料。该报告"采用了以墓地为单位列章分别叙述的编排体例,并以西汉与东汉这两个大的时代为界线,将罗州城外七处墓地的汉墓资料统一进行了分期排序,同时对墓葬形制及随葬器物统一进行了型式的划定"(第4页)。按照报告的分期,西汉墓有77座,东汉墓有38座。其中茅草山、鼓儿山、付家山、草林山4处墓地仅有西汉墓葬发现,而陈家大山、对面山、鳡鱼咀3处墓地既有西汉墓,也有东汉墓。对于这3处墓地,报告是分别按时代进行叙述的。在报告"结语"中,也是"对西汉墓与东汉墓分别进行分期"(第281页),将77座西汉墓("随葬器物组合较齐全、形制较清楚、能参加型式分析的有59座")分为三期五段,将38座东汉墓("墓葬形制清楚且随葬器物形制也基本清楚的有23座")分为三期四段。可以说基本建立了当地两汉墓葬的年代框架,并为鄂东及其邻近地区的汉墓编年树立了一个标尺。在分期基础上,报告还分别就西汉墓和东汉墓进行了文化因素分析,对墓葬等级与墓主人的身份等问题进行了探讨,提出了许多值得关注的见解。

然而,正是由于报告是将所报道的汉墓资料按照西汉与东汉两个大的时段分

---

* 本研究为教育部人文社会科学研究重大项目"秦汉时期江东地区的文化变迁"课题(项目批准号:11JJD780005)研究成果之一。

[1] 黄冈市博物馆、湖北省文物考古研究所、湖北省京九铁路考古队编著:《罗州城与汉墓》,科学出版社,2000年。

别进行叙述和分析的,以至于对同一墓地两汉墓葬的形制和随葬品的型式划分也未能前后贯通、保持一致的标准,从而在一定程度上影响了对某些文化因素的判断和分析。就陶瓷产品而言,报告中虽注意到了不同的文化渊源,但在具体的分类和认识上还存在一些模糊不清的地方。鉴于此,笔者认为有必要再对《罗州城与汉墓》所报道的汉墓出土陶瓷器资料进行重新梳理。本文拟首先对于其中来自江东、岭南的陶瓷产品进行初步甄别,至于湘赣地区的陶瓷产品,当另文讨论。需要说明的是,有关汉代陶瓷产品的区系类型研究是一个极复杂的系统工程,本文对有关陶瓷产品来源的判断主要是从类型学角度进行的,希望能为将来通过科技检测手段进行的产地分析提供一点参考,并希望能得到进一步的检验或修正。

一、关于江东类型陶瓷器的甄别

本文所说的汉代"江东类型陶瓷器"是指两汉时期在江东地区烧造并广为流传的具有鲜明地域特色的陶瓷产品而言的。在《罗州城与汉墓》所报道的两汉墓葬中,出土了数量较多的江东类型陶瓷器,具体包括壶、瓿、双耳罐、罍等器形,累计约34件。通过报告的列举,我们能确知器形与尺寸的有21件。简略整理如下:

壶:共15件,有侈口和盘口之分。

侈口壶:12件,集中出土于陈家大山 M15(8件)和付家山 M6(3件)这两座墓,另外在草林山 M8中也出土1件,年代均为西汉。报告中列举的有8件,除标本草 M8:14那件 C 型釉陶壶为细颈小壶、高仅 13.6 厘米(图 9-1,12)以外,其余的均称 A 型釉陶壶,高多在 20 厘米以上,器形基本一致,纹饰也大体相同,在颈部往往有成组的水波纹带,肩部有凸弦纹,纵向双系耳的耳面上多模印叶脉纹(报告中或称"麦穗纹")。其中形体较大的如标本陈 M15:15 高 39.6 厘米(图 9-1,1)、标本付 M6:7 高 39.2 厘米(图 9-1,9),中型的如标本付 M6:1 高 28.4 厘米(图 9-1,8)、标本陈 M15:6 高 26 厘米(图 9-1,2),形体较小的如陈 M15:3 和陈 M15:8,高分别为 23 厘米和 21.9 厘米(图 9-1,7、4)。报告中将 A 型釉陶壶只划分了 I 式和 II 式,表明此类壶的器形变化不大,在时间上也主要集中出土于西汉

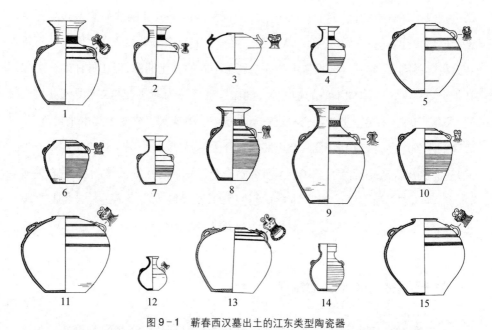

图9-1　蕲春西汉墓出土的江东类型陶瓷器

1. 壶(陈 M15：15)　2. 壶(陈 M15：6)　3. 瓿(鳝 M24：7)　4. 壶(陈 M15：8)　5. 瓿(付 M6：5)　6. 瓿(付 M6：25)　7. 壶(陈 M15：3)　8. 壶(付 M6：1)　9. 壶(付 M6：7)　10. 瓿(付 M6：20)　11. 瓿(付 M1：9)　12. 小壶(草 M8：14)　13. 瓿(陈 M15：4)　14. 盘口壶(付 M6：21)　15. 瓿(草 M8：13)

晚期墓葬之中。

　　盘口壶：3件。形制明确的2件分别出自陈家大山 M4 和付家山 M6,在付家山 M6 中盘口壶还与前述的侈口壶共存。从形制上看,此类盘口壶均有纵向的双系,平底或矮圈足,腹部多有明显的轮旋纹。标本付 M6：21 出自西汉墓,被称为 B型釉陶壶,其口部较直、底有矮圈足,器身上部施浅酱色釉,口径 7.6、高 18.8 厘米(图9-1,14)。标本陈 M4：26 出自东汉墓,被称为 A 型 I 式硬釉陶壶,为泥质夹砂灰陶胎,盘口较大、略外侈,平底,口径 13.2、高 26.6 厘米(图9-2,4)。另外陈家大山 M12 出土的1件东汉 B 型硬釉陶壶(即标本陈 M12：3),圈足较高,器表施浅黄釉,双耳上饰模印的叶脉纹,残高 18.4 厘米(图9-2,5)。该壶口部虽残,从器形类比知道也应属于高圈足的盘口壶类型,与主要流行于江东地区的被称为“钟”的器物形态一致。

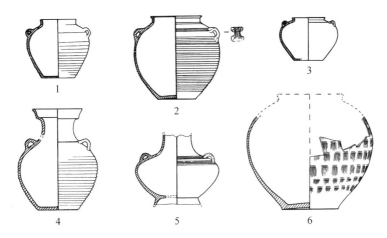

图 9-2　蕲春东汉墓出土的江东类型陶瓷器

1. 双耳罐(陈 M4：24)　2. 双耳罐(陈 M3：1)　3. 双耳罐(陈 M16：1)
4. 盘口壶(陈 M4：26)　5. 壶(陈 M12：3)　6. 罍(陈 M4：16)

　　瓿：共 15 件,出自 6 座西汉墓,即陈家大山 M15 和 M17,鳡鱼咀 M24,付家山 M1 和 M6,草林山 M8,每墓 1~7 件不等。器形均为小口、平底,器表上半部多施釉,肩部饰对称铺首。报告列举的有 7 件,分别是:标本鳡 M24：7,为褐红色硬胎,施青黄釉,平底较大,整体器形较矮胖,高 21 厘米(图 9-1,3)。标本陈 M15：4,圆鼓腹,肩部有三组凸弦纹,兽面铺首增加了贴塑的衔环,高 30.8 厘米(图 9-1,13)。标本付 M1：9 和草 M8：13 的器形比较一致,口部有明显的折沿,高分别为 32 厘米和 31.2 厘米(图 9-1,11、15)。标本付 M6：5,其敛口特征与陈 M15：4 接近,但平底变小,整体器形变瘦,高 28.5 厘米(图 9-1,5)。标本付 M6：20 和付 M6：25 的器形比较接近,腹部均出现明显的轮旋纹,整体器形略显瘦小,高分别为 23.2 厘米和 18 厘米(图 9-1,10、6)。在报告中将这些瓿划分为 Ⅰ~Ⅳ式,基本上勾勒出了其形态演变的早晚序列。

　　双耳罐：3 件,出自陈家大山墓地的 3 座东汉墓,均有纵向双系。标本陈 M3：1,泥质灰胎,耳面饰模印的叶脉纹,肩部有浅黄釉,高 21.7 厘米(图 9-2,2)。标本陈 M4：24,为夹砂灰陶胎,和陈 M3：1 一样,腹部也有明显的轮旋纹,高 15.4 厘米(图 9-2,1)。标本陈 M16：1,为泥质褐陶胎,腹部最大径位置偏上,双耳的位置也明显上移,但整体器形较小,高仅 11.2 厘米(图 9 - 2,3)。

罍:仅陈家大山东汉墓出土 1 件,即标本陈 M4:16(图 9 - 2,6),器身上部残损,残高 24 厘米,在报告中被称为 Bb 型Ⅰ式矮领罐,实际为汉代江东地区流行的罍形器,其器表拍印的纹饰报告中称为"间断篮纹",但在江东地区通常被称为"梳状纹"或"梳篦纹"。[1]

按照发掘报告的分期,上述蕲春汉墓出土的 34 件江东类型陶瓷器,有 28 件为西汉墓出土,6 件为东汉墓出土。西汉时期的 28 件散见于 6 座墓中,其中数量较少的如鳡 M24 仅出土 1 件瓿,数量多的如陈 M15 出土了 8 件壶和 2 件瓿,付家山 M6 出土了 4 件壶(其中 1 件为盘口壶)和 7 件瓿。剩下的 6 件分别见于陈 M17(瓿 3 件)、付 M1(瓿 1 件)、草 M8(壶、瓿各 1 件)。其中壶、瓿共存的有 3 座墓,其余 3 座墓中均只有瓿一种器形。没有见到来自江东地区的鼎、盒、壶、瓿成套组合。此外,被推断为西汉墓的陈 M17 还曾出土 1 件硬陶灶和 2 件硬陶壶,皆因形制不明,暂无从分析其来源。

东汉时期的 6 件江东类型陶瓷器出自 4 座墓,集中于陈家大山墓地,即陈 M3 出土的 1 件双耳罐,陈 M4 出土的盘口壶、双耳罐和罍各 1 件,以及陈 M12 出土的 1 件(盘口)壶(钟)、陈 M16 出土的 1 件双耳罐。以墓葬为单位的出土器物数量有所减少,除陈 M4 以外,均为单件的器物。

二、关于岭南类型陶瓷器的甄别

相比前述江东类型的陶瓷产品而言,蕲春汉墓中出土的属于岭南类型的陶瓷器数量还要少一些。同样,本文所说的汉代"岭南类型陶瓷器"也是指两汉时期在岭南地区烧造并广为流传的具有鲜明地域特色的陶瓷产品而言的。蕲春汉墓所见,属于岭南类型陶瓷器的主要是匏壶和部分罐类器物。器物种类也很单调。具

---

[1] 在江东地区类似的发现很多,可参见浙江省文物考古研究所编:《沪杭甬高速公路考古报告》,文物出版社,2002 年。

体如下：

　　瓿壶：仅鳡鱼咀西汉墓 M35 出土 1 件，即标本鳡 M35：1，为"褐黄硬胎施青黄釉"，口部残，肩部有双横系，器表饰三周凹弦纹，残高 14.4 厘米（图 9-3,1）。陶瓿壶在秦汉时期主要流行于原百越文化分布区域，此类圈足型的瓿壶主要分布于岭南。从图上看，圈足上似乎还有对穿的孔（发掘报告中未说明），这也和岭南地区流行的风格是一致的。[1] 除了这件瓿壶以外，《罗州城与汉墓》所报道的西汉墓葬中，尚未见到其他来自岭南的陶瓷产品。这与当地西汉墓葬中出土了较多的来自江东地区的陶瓷产品形成鲜明的对比，同时也为我们探讨西汉时期该地所受周围文化的影响状况提供了很好的证据。

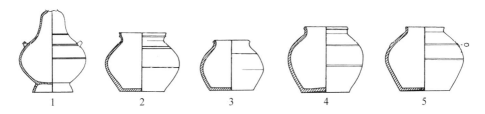

图 9-3　蕲春汉墓出土的岭南类型陶瓷器

1. 瓿壶（鳡 M35：1） 2. 罐（陈 M3：8） 3. 罐（陈 M3：7） 4. 罐（陈 M3：3） 5. 罐（陈 M3：17）

　　罐：汉代岭南地区的罐类器物原本器形多样，但蕲春汉墓所见，属于岭南类型的罐类器物数量也不多，主要出土于陈家大山墓地的东汉墓之中，尤以陈 M3 的发现最为集中，可初步确认的就有 6 件之多，包括报告中的 Ba 型 I 式矮领罐 2 件、Ba 型 II 式矮领罐 3 件及 C 型罐 1 件。这 6 件器物均施釉，具体来说，被归入 Ba 型 I 式的 2 件均为泥质灰胎，标本陈 M3：7，施酱褐釉，高 14.8 厘米（图 9-3,3）；标本陈 M3：17 施灰绿釉，高 18.9 厘米（图 9-3,5）。被归入 Ba 型 II 式的 3 件中只列举了标本陈 M3：3，施褐釉，高 19.2 厘米（图 9-3,4）。而归入 C 型无耳罐的 1 件，即标本陈 M3：8，为泥质灰白胎，高 17.1 厘米，据称器表所施"灰绿釉""几乎全落"（图 9-3,2）。

─────────────

[1] 岭南出土的此类瓿壶数量较多，带圈足的大多在圈足上有和横系对应的穿孔，较集中的发现可参见广州市文物管理委员会、广州市博物馆：《广州汉墓》，文物出版社，1981 年。

此外,陈 M3 还出土了 1 件 Bb 型 Ⅱ 式矮领罐,即标本陈 M3:16,为夹砂深灰陶,卷唇短直口,深腹,平底,饰拍印的方格纹,高 28.9 厘米。陈 M9 出土的 1 件 Ba 型 Ⅱ 式矮领罐,即标本陈 M9:19,为泥质灰胎浅黄釉,平底内凹,高 17.2 厘米,整体器形与标本陈 M3:3 接近,被归入同一型式,但从发表的图片看,器表似还保留有拍印的纹饰。这两件器物在造型上均与汉代岭南类型的器物一致,从类型学的角度完全可以归入岭南类型,但由于两汉时期湘赣地区的陶瓷手工业受到岭南地区的强烈影响,出现了大量模仿岭南类型器物造型的陶瓷产品,故仍不排除这 2 件器物有湘赣地区仿岭南类型烧造的可能性。[1]具体如何,还希望将来能通过检测分析,得出正确的结论。

类似情况的还有被称为"青瓷器"的 7 件 A 型罐,出自陈家大山 M7 和 M18、对面山 M1 这 3 座墓,均为横系四系罐。从文化渊源上讲,此类横系的四系罐也都和汉代岭南类型陶瓷器有着密切的关系。不过,蕲春所见的这 7 件四系罐,应该都是在长江中下游地区烧造的,尤其是被称为 Aa 型的陈 M7:5、陈 M18:3、对 M1:16,其台肩式造型是在岭南类型四系瓮、罐基础上的一种新发展。同类器物曾在长江以北地区有着广泛的传播,并且在黄河流域再度被模仿,如洛阳新发现的曹休墓出土的四系罐,就是最为典型的例证。[2]

三、相关问题

若以墓葬为单位进行考察,蕲春罗州城附近发现的上述 11 座出土江东或岭南类型陶瓷器的墓葬,大多都共存有一定数量的印纹硬陶器、"软陶器"以及铜容器

[1] 关于汉代岭南类型陶瓷器的北传以及湘赣地区对岭南类型陶瓷器的仿制问题,参见拙稿《里耶与岭南——读〈里耶发掘报告〉札记之二》,《中国文物报》2009 年 10 月 30 日第 7 版;拙稿《试论两汉时期岭南类型陶瓷器的北传及其影响》(北京大学桐山教育基金会 2007 年度资助课题,已结项,待刊)。

[2] 关于北方地区出土的同类四系罐,参见拙稿《北方地区汉墓出土的南方类型陶瓷器:汉代南北之间物质文化交流的考察之一》,《汉长安城考古与汉文化:汉长安城与汉文化——纪念汉长安城考古五十周年国际学术研讨会论文集》,科学出版社,2008 年,第 507~542 页;有关四系罐的北渐及被模仿,参见拙稿《汉晋时期"四系罐"的北渐三部曲——兼谈洛阳曹休墓的新发现》,《中国文物报》2010 年 8 月 6 日第 7 版。

等(参见表9-1)。

表9-1　蕲春汉墓出土江东和岭南陶瓷产品统计简表

墓　葬	江东类型陶瓷器	岭南类型陶瓷器	共存的其他硬陶器	共存的软陶器	年　代
陈 M3	釉陶双耳罐Ⅲ-1	釉陶罐 BaⅠ-2、BaⅡ-3、C-1	硬陶罐 AbⅠ-3、BbⅡ-1、硬陶瓮1	仓1、灶1、井1	东汉一·2
陈 M4	硬陶壶 AⅠ-1、硬陶罐 BbⅠ-1(罍)、硬陶双耳罐Ⅱ-1		硬陶罐 AaⅠ-1、AaⅡ-4	灶1、井1	东汉一·2
陈 M12	釉陶壶 B-1		釉陶罐 AaⅢ-1、AbⅢ-2		东汉一·2
陈 M15	釉陶壶 AⅠ-8、釉陶瓿Ⅱ-2		硬陶罐 AⅣ-1、BⅡ-1		西汉三·4
陈 M16	硬陶双耳罐Ⅰ-1		硬陶罐 AaⅠ-1		东汉一·1
陈 M17	釉陶瓿3		硬陶灶1、硬陶壶2、硬陶罐1	鼎2、井1、瓿1	西汉
鳡 M24	釉陶瓿Ⅰ-1			鼎5、盒5、壶5、罐1、熏炉1、灶1	西汉一·2
鳡 M35		釉陶匏壶1			西汉三
付 M1	釉陶瓿Ⅱ-1		硬陶罐2	鼎2、壶2、熏炉1	西汉三·4
付 M6	釉陶壶 AⅡ-3、B-1、釉陶瓿Ⅲ-2、Ⅳ-5		硬陶罐 AⅤ-1	盒5、熏炉1、灶1、井1	西汉三·5
草 M8	釉陶壶 C-1、釉陶瓿Ⅱ-1		硬陶罐 AⅣ-1	鼎3、盒1、熏炉1、灯1、钵1、灶1、井1	西汉三·4

说明:表中的器物名称、型式与数量均依据发掘报告中的墓葬登记表,但增加了符号"-"将器物型式与数量分隔开。至于共存的软陶器则只录器形和数量,未标明具体的型式。"年代"一栏中"·"符号之前的大写数字为报告中所说的"期",后面的小写数字代表"段"。

　　其中"软陶器"的组合演变序列与长江中游其他地区乃至中原、华北地区都大体相同,较早的墓葬随葬成组的鼎、盒、壶之类仿铜陶礼器组合(如鳡鱼咀 M24),

之后,这类组合逐渐变得不完整(如付 M1、草 M8)并最终消失,而模型明器相应地呈逐步增加的发展趋势(如陈 M3)。在这个过程中,也有一个值得注意的现象,那就是,如果将来自江东的釉陶壶、瓿加入到普通泥质陶器(软陶器)的"仿铜陶礼器"组合中的话,部分墓葬如鳡 M24、草 M8 等就构成了鼎、盒、壶、瓿这样的组合搭配,而这恰是江东地区西汉墓葬中最为流行的组合构成模式。当然,在具体的器物数量上,江东地区的釉陶鼎、盒、壶、瓿多以偶数配置,而类似鳡 M24 那样鼎、盒、壶各 5 件的基数搭配,应该是长江中游地区的特色了。

至于共存的其他印纹硬陶器,主要是罐类器物,在表 9 - 1 所列的 11 座墓中就有 9 座共存有一定数量的印纹硬陶罐,少则 1 件,多则 4~5 件。其中西汉墓出土的大多无釉,而属于东汉墓出土的有少部分器表施釉。然而,从报道资料中器形明确的情况来看,这些施釉或者无釉的印纹硬陶罐中是否也有来自江东地区的产品,目前仍是一个疑问。

此外,还有两个现象值得关注:

一是来自江东或岭南的陶瓷产品均有在少数墓葬中集中出土的情况。上述属于江东类型的 34 件陶瓷器,虽散见于 10 座墓,但其中陈 M15 和付 M6 这两座墓就集中出土了 21 件之多。来自岭南地区的陶瓷产品数量虽不多,但也存在集中随葬在某一座墓中的现象,而且也出现在陈家大山墓地,即陈 M3。问题是,这种集中出土的情况与墓葬的文化属性之间关系如何呢?

就陈 M15 和付 M6 而言,在这两座墓中还都共存有器形接近的印纹硬陶罐以及矮足铜鼎和铜釜甑(报告中称"甑釜")等,表明其文化因素的构成具有很多相似性。据介绍,陈 M15 的棺木虽朽,但仍可看出是"由整木挖凿而成"的。同类整木棺在长江中游地区的汉代墓葬中极为罕见,而主要流行于长江下游至山东半岛东南沿海一带。[1] 那么,这是否能从一个侧面说明陈 M15 的主人与长江下游地区之间存在着某种密切关系呢? 换句话说,在我们进行墓葬的文化因素分析时,哪一种或哪几种因素才是与墓主人的文化属性密切相关联的呢?

---

[1] 有关汉代的整木棺,参见拙稿《汉代的"整木棺"现象》,《中国文物报》2004 年 12 月 24 日第 7 版。

　　同样的问题也适用于陈 M3。该墓出土的硬陶罐类器物共 11 件,如前所述,其中有 6 件为来自岭南的产品,器表大多施釉,另有 1 件 Bb 型 Ⅱ 式印纹硬陶罐也可能与岭南有关,其余 4 件中还有 1 件是来自江东的釉陶双系罐;另外 3 件 Ab 型 Ⅰ式无耳罐,则属于无釉的印纹硬陶产品。这也表明陈 M3 随葬陶瓷器所体现的文化因素是多源的。不仅如此,若与陈 M15 相比,陈 M3 中共存的铜容器风格也发生了明显变化,出现了包括提梁壶、灯、三足釜(报告中称"锜")在内的一些具有南方区域特征的线刻纹铜器。[1]而且这种具有南方特色的刻纹铜器也在随葬了较多江东类型陶瓷器而未见岭南类型陶瓷器的陈 M4 中出现。按照报告的分期,陈 M3 和陈 M4 年代相同,均为东汉的一期二段,相当于"东汉早期后段",而陈 M15、付 M6 的年代分属于西汉的三期四段和三期五段,分别相当于"西汉晚期前段"和"西汉晚期后段"。从陈家大山墓地的墓葬分布图上看,陈 M3 和陈 M4 这两座砖椁墓与带墓道的竖穴木椁墓陈 M15 位置非常靠近,但墓葬形制和随葬品内涵都发生了较大变化。如果再将相关汉墓中随葬的来自湘赣地区的陶瓷产品也考虑在内,其文化因素的构成就显得更为复杂。这些固然为探讨包括陈家大山墓地在内的鄂东地区从西汉到东汉的文化演变提供了重要的线索,但同时其随葬品的复杂面貌也为我们应如何进行汉代墓葬的文化因素分析提出了新的课题。

　　另一个现象就是来自江东和岭南的陶瓷产品在蕲春汉墓中由不共存到共存的变化。如前所述,蕲春罗州城附近西汉时期墓葬中随葬的来自岭南的器物仅在鳡鱼咀墓地有发现,为 1 件匏壶,出自 M35,而同墓地随葬的来自江东地区的釉陶瓿却出自 M24。按照报告的分期,鳡 M24 为西汉一期二段,相当于"西汉早期后段",而鳡 M35 为西汉第三期。这似乎表明当地在受到江东和岭南文化的影响方面存在着时间上的差异。鳡 M24 中还出土了成组的"软陶"鼎、盒、壶仿铜陶礼器组合,也是《罗州城与汉墓》报道的 77 座西汉墓中最早出现江东类型陶瓷器的墓葬。在随葬品来源十分复杂的陈家大山墓地,西汉时期的墓葬中随葬的江东类型陶瓷器的数量相对较多,但均未见到与属于岭南类型的陶瓷器共存。可是到了东汉早期,

---

[1] 关于汉代南方流行的刻纹铜器,参见蒋廷瑜:《汉代錾刻花纹铜器研究》,《考古学报》2002 年第 3 期。

集中随葬岭南类型陶瓷器的陈 M3 中就同时出现了 1 件属于江东类型的釉陶双耳罐。尽管数量有限,但不同区域陶瓷产品的共存现象值得关注。其实,这种江东类型和岭南类型的陶瓷产品共存一墓的情况在长江中游的西汉晚期墓葬中就已出现,只是地理位置上是先出现在靠近岭南的地区。1995 年发掘的湖南永州市鹞子岭二号西汉墓[1]便是其中之一。若将永州鹞 M2 与蕲春陈 M3 出土的岭南和江东类型陶瓷器进行比较,还会发现不少器物在器形和装饰上均存在着惊人的一致性,而且两墓中还都共存有器形一致的侈口印纹硬陶罐(参见表 9 - 2)。永州 M2 为西汉末年的竖穴木椁墓,而蕲春陈 M3 为东汉早期的砖椁墓,由此不难看出,同属于岭南类型的罐类器物,其出现在岭北邻近的永州要比出现在长江北岸的蕲春年代早许多,而这应该与此类器物的流传具有由南向北推进的方向性密切相关。通过这样的例子也提醒我们,在对墓葬出土遗物进行比较时,对于所比较的文化因素,一定要注意其发展演变过程中在地理分布上的空间变化以及在不同地域出现的时间差异,不能简单机械地将不同地域墓葬中出现的某些相似性因素与墓葬的年代判断等直接划等号。

表 9 - 2　蕲春陈 M3 与永州鹞 M2 出土部分陶瓷产品的器形比较

本文原载《江汉考古》2011 年第 4 期。

---

[1] 湖南省文物考古研究所、永州市芝山区文物管理所:《湖南永州市鹞子岭二号西汉墓》,《考古》2001 年第 4 期。

10

里耶汉墓出土的江东陶瓷产品

——读《里耶发掘报告》札记之一

前不久收到湖南省文物考古研究所张春龙先生寄来的《里耶发掘报告》（岳麓书社 2007 年出版,以下简称《里耶》）。初略翻阅一遍,即为其丰富的资料所深深吸引。作为湘西历史上四大商业古镇之一的里耶镇一带,因地处横穿武陵山脉的酉水河畔,自战国时期秦楚相争之时便成为兵家必争之地,同时也得到了进一步的开发。如果说里耶秦简的惊世发现的重要意义之一在于使我们第一次真正意识到了秦王朝在像里耶这样一个远离中央政府的偏远小城所实行的有效管理的话,那么,《里耶》的出版则为我们进一步了解当地自战国到两汉的社会生活状况以及文化变迁等提供了更为直观的第一手资料。尤其是大量的汉代墓葬及其所反映的文化面貌,本身也应该是继秦之后汉王朝在当地继续实施有效统治的最好证明。而丰富的汉墓出土遗物,还向我们展示了大一统历史环境下里耶盆地与外界的密切联系。其中,数量较多的来自江东地区烧造的陶瓷产品便是一个特别值得关注的现象。

通过对《里耶》所报道汉墓资料的初步梳理,可大致判定属于江东地区烧造的陶瓷产品在保靖县的清水坪西汉墓地、龙山县的大板汉代墓地均有出土,主要是壶、瓿、双耳罐、鼎等器类,总数有 10 余件。具体情况如下：

壶：数量较多,有侈口壶和盘口壶之分。其中侈口壶主要见于清水坪墓地,即所谓 B 型 I 式硬陶壶,制作规整,均侈口、鼓腹、矮圈足,"腹部以上都饰有精美纹饰",肩部多施釉。报告称有 12 件,但只列举了 4 件,分别是：标本 M19：3,为"夹细砂酱褐色陶","颈部饰波浪纹,肩部三周凹弦纹,并有一对桥形耳,耳面饰叶脉纹,腹部瓦棱纹排列密集,肩部以上施釉",口径 12、高 27.2 厘米（图 10-1,4）；标本

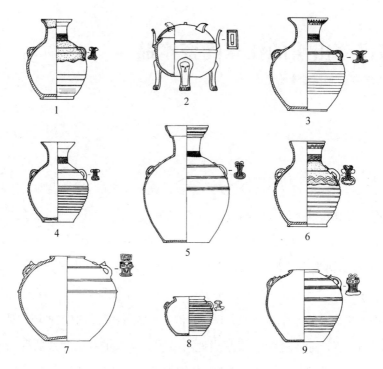

图 10 - 1　里耶汉墓出土的部分江东陶瓷产品

1. 壶(清水坪 M25∶3)　2. 鼎(清水坪 M133∶14)　3. 壶(清水坪 M238∶2)
4. 壶(清水坪 M19∶3)　5. 壶(大板 M11∶1)　6. 壶(清水坪 M91∶14)　7. 瓿
(大板 M44∶10)　8. 双耳罐(清水坪 M78∶20)　9. 瓿(清水坪 M2∶37)

M25∶3,为"夹砂灰胎硬陶,颈部、腹下部为酱褐色","颈部饰波浪纹及二道凹弦
纹,双耳上有叶脉纹,肩部、腹上部上釉,且有二道弦纹,腹下部三道弦纹,无釉",口
径10.8、高27.2厘米(图 10 - 1,1);标本 M91∶14,为"酱褐色陶","肩部、腹上部上
釉,颈、肩饰数道凹弦纹及波浪纹,桥形耳面饰叶脉纹,腹部数周凹槽",口径12.2、
高29.2厘米(图 10 - 1,6);标本 M238∶2,为"灰胎褐衣硬陶,胎壁较厚","口、颈饰
水波纹,颈、肩饰凹弦纹,腹下部连续数道凹弦纹,口内、肩部施豆青釉,肩部桥形耳
较宽,饰对称叶脉纹",口径 13.6、高32.8厘米(图 10 - 1,3)。另外,据《里耶》第
571 页的器物图得知,清水坪 M78 也出土了 2 件同类型的侈口壶(标本 M78∶5 和
M78∶25)。其余 6 件,因报告未列举,而有关清水坪汉代墓葬的登记表(《里耶》附

表三)中又未标明"BⅠ壶"的质地,故出自哪些墓葬以及具体情况如何,还有待进一步确认。至于盘口壶,仅大板汉代墓地 M11 出土 1 件(标本 M11：1),被归入"Ⅲ式釉陶双耳壶",其盘口和颈部均饰细密水波纹,"上腹部至口均施草黄色釉,多已脱落。圆鼓腹弧收,矮圈足。肩上置对称附耳衔环,耳饰蕉叶纹",口径 15.6、高 43.2 厘米(图 10-1,5)。

瓿：2 件。其中清水坪 M2 出土的 1 件(标本 M2：37)被归入"硬陶罐"的 D型,为"灰胎褐衣硬陶,近瓷",广肩,鼓腹,大平底,"肩、腹各饰数组凹弦纹,肩部一对兽面桥形耳。通体施豆青釉,釉不到底,有剥落,形似冰裂纹",高 25.8 厘米(图 10-1,9)。另 1 件出自大板汉墓群 M44 中(标本 M44：10),被称为"釉陶瓿",为"夹砂褐红色硬陶胎。器身上部饰青黄釉,腹下部露褐红胎",敛口,鼓腹,平底内凹,上腹部饰三周宽带纹,肩部置对称人面形附耳,高 31 厘米(图 10-1,7)。

双耳罐：2 件。均出自清水坪 M78,被归入"硬陶罐"的 E 型,"有双耳,通体饰瓦棱纹"。报告列举的 1 件(标本 M78：20)为"泥质红硬陶。圆唇,侈口,球腹,平底略内凹,桥形耳较大",口径 11.2、高 13.6 厘米(图 10-1,8)。

鼎：仅见于清水坪 M133 出土的 1 件(标本 M133：14),被划分为 G 型鼎,为"泥质灰胎硬陶","球面盖饰三兽角状钮。鼎身子口内敛,直腹下收,外缘面略弧,中部一周宽凸棱呈箍状。方附耳外翻,附耳顶部呈外翻折状,穿孔窄长。小平底。三蹄足外弧内平,外弧面有刀削痕,膝部饰人面像,足蹄厚实,有刀削兽爪子状凹槽",口径 14.4、高 19.2 厘米(图 10-1,2)。

就在《里耶》报道的清水坪墓地附近(属保靖县管辖),过去也曾发现来自江东地区的陶瓷产品,见于报道的 2 例均出自西汉中晚期墓葬中。其中 1982 年粟家坨 M13 出土的 1 件"Ⅱ式双耳壶",[1]器形与前述清水坪 M19：3 侈口壶完全一致;而 1998 年黄连 M9 出土的 1 件所谓"E 型异型罐",[2]器形和前述清水坪 M2：37瓿接近,也施釉。《里耶》新报道的上述资料,则进一步丰富了我们对于汉代江东陶

[1] 湘西土家族苗族自治州文物工作队：《湖南保靖粟家坨西汉墓发掘简报》,《考古》1985 年第 9 期。

[2] 湖南省文物考古研究所等：《湖南考古(2002)》,岳麓书社,2004 年。

瓷产品在该地流通状况的认识。依据《里耶》的分期,清水坪 M2、M19、M25 的年代均属于第二期 2 段,"约在武帝元狩年间至昭、宣帝之际";而清水坪 M78、M91、M133、M238 的年代均属于第二期 3 段,"约从昭宣之际至新莽元年";大板 M11 和 M44 的年代均为东汉前期,"年代大约相当于汉光武帝建武元年至十六年之前"。也就是说,已知里耶盆地出土江东陶瓷产品的汉代墓葬年代主要集中于西汉中晚期,少数可晚至东汉前期。但若与江东地区出土同类产品的墓葬进行比较,不难发现部分器物(如清水坪 M133 之鼎、大板 M44 之瓿等)在里耶地区被用于埋葬的时间似乎要比江东地区明显"滞后"。从相关墓葬的规模大小不一、共存的其他随葬品的种类和数量也存在很大差别的情形来看,推测在里耶当地获得江东陶瓷产品的途径似乎与等级身份的高低无直接关联。那么,对于江东陶瓷产品的选择是与墓主人的某种文化背景有关,还是出于其他原因,则是需要进一步探讨的问题。

当然,本文对于上述江东地区陶瓷产品的属性判断,主要是从类型学角度进行的,还有待于将来的科学检测进一步证实。事实上,在长江中游的湘赣地区,两汉时期也大量烧造属于钙釉系统的高温釉陶产品以及无釉的硬陶,并且在器形、装饰上还曾一度出现模仿江东陶瓷产品的某些特征的倾向。这些倾向在里耶出土的其他类型的施釉或不施釉的"硬陶"产品上同样存在,容另文讨论。借此机会,也希望对于汉代陶瓷产品的产地研究能够受到足够的重视,并且将有关的科学检测与分析同考古类型学的研究很好地结合起来。这样,我们才会发现更多的问题。也只有这样,离解决问题的途径才会越来越近。

本文原载《中国文物报》2008 年 10 月 17 日第 7 版。

11

里耶与岭南

——读《里耶发掘报告》札记之二

对于湘西里耶这样一个现在看来都似乎很闭塞、交通不太方便的山间小盆地，在两汉时期与外界的联系状况究竟如何？《里耶发掘报告》（以下简称《里耶》）所报道的丰富的考古学资料，可以说为解答上述问题提供了一些新的线索，并且在某种程度上拓展了我们对于汉代区域文化交流与互动的视野。除了已经谈到的里耶与江东地区之间存在的物质文化联系[1]以外，下面再谈谈汉代的里耶盆地与岭南地区之间的物质文化交流问题。同样，文中推定的来自岭南的器物和模仿岭南的器物，均是从类型学角度出发所作的判断。借此希望对其具体产地的科学检测研究，能够尽早进行。

首先是有关里耶汉墓中发现的从岭南地区输入的手工业产品。主要是少量铜器和陶瓷器，数量并不多。

就铜器而言，最为引人注目的是保靖县清水坪汉墓中出土的1件铜盒（编号为M248：4；图11-1,2），其器形特征是："盖隆起，平顶，中央一钮套环，盖面上立三个凤鸟形环钮。器身子口，弧腹，矮圈足外撇，上腹两侧有兽面铺首衔环。""隆盖中心饰柿蒂纹，蒂叶之间饰凤鸟、兽鹿各两个。向外依次为弦纹套多线锯齿纹，弦纹套多线菱形线纹，多线菱形网格纹内套对称花瓣纹。盒身纹饰从上至下依次为弦纹套多线锯齿纹，多线菱形网格纹内套对称花瓣纹，弦纹套单线菱形网格纹，网格内填单线菱形纹。圈足纹饰为一周多线锯齿纹。口径29.2、腹径30.4、底径19.2、通高25.4厘米。"《里耶》报告作者注意到该盒"与广州汉墓M3028：31铜盒形态

---

[1] 参见拙稿《里耶汉墓出土的江东陶瓷产品》，《中国文物报》2008年10月17日第7版。

相同"，并讨论了其来源及反映的文化交流问题，无疑是正确的。需要补充的是：
与该盒同墓共出的 1 件铜碗（M248：28）也是汉代岭南常见的器形，"器表有四组
细刻弦纹，碗内有一组两条细刻弦纹"。其他饰有錾刻细线花纹的铜器如清水坪
M102 出土的 1 件铜镳壶（M102：10）、清水坪 M250 出土的 1 件铜樽（M250：5），
其来源也都可能与岭南有关。[1] 按照《里耶》的分期，上述清水坪 M248、M102 和
M250 均属于二期 3 段，即西汉晚期，约从昭宣之际至新莽元年。

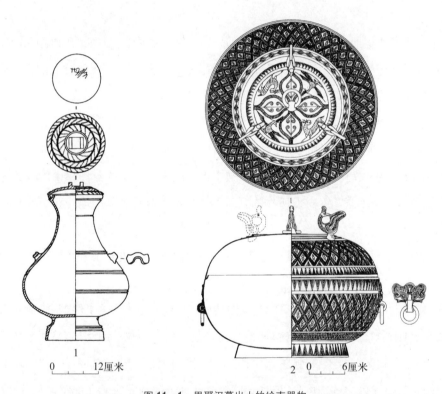

图 11－1　里耶汉墓出土的岭南器物

1. 龙山县大板汉墓群出土硬陶壶　2. 保靖县清水坪汉墓出土铜盒

陶瓷器方面，可以大致判定属于岭南地区烧造的产品主要是龙山县大板汉墓
群出土的 1 件硬陶壶，即标本 M9：5，为 D 型 I 式壶。据称该壶"陶胎表面呈灰黄

---

[１] 蒋廷瑜：《汉代錾刻花纹铜器研究》，《考古学报》2002 年第 3 期。

色,含砂细腻较硬"。具体器形为:"子口承盖,盖钮为'凹'字形立钮,盖为三周凹弦纹与斜行篦点纹相间。口方唇内敛。束颈较长,圆腹下垂,平底。圈足高大外撇,圈足上有两个对称圆形穿孔。腹上部饰对称桥形附耳。壶颈部、腹部、圈足上均饰有凹弦纹。器盖内有工匠刻划记号。"口径 11.8、腹径 27.2、圈足径 15.2、通高 40.6 厘米(图 11-1,1)。《里耶》报告中正确指出该壶"与广州汉墓Ⅳ型①式壶相近似",只是未提及是否曾施釉。按照《里耶》报告的分期,大板 M9 的年代大致属于"西汉晚期后段"。与前述保靖清水坪墓群中出土有錾刻纹铜器的几座汉墓年代大致相当。依据笔者的初步统计,同类硬陶壶,除了盛行于岭南地区以外,过去在长江中游地区的长沙、南昌、衡阳、耒阳、郴州、资兴等地汉代墓葬中也多有发现,且大多施釉,少数烧成状况较好的还被视为瓷器,见于报道的年代也大都集中于西汉中晚期至东汉早期这一时间段。只是已有的相关发现大多分布于湘水、赣水沿线地区,或地理位置上靠近岭南的地区。里耶的新发现,进一步丰富了汉代岭南陶瓷产品在湘赣地区流传的实物资料。

其次是模仿岭南风格的陶瓷产品。关于这一问题,《里耶》报告在进行器物分析时并未涉及,在以往的研究中也很少探讨。而笔者通过对湘赣地区汉代陶瓷手工业发展演变的考察后发现:大致从西汉中期以后,也就是在越来越多的岭南陶瓷产品流入湘赣地区的同时,在湘赣地区烧造的部分陶瓷产品开始出现了一股模仿岭南陶瓷产品特征的风潮。其显著的特征之一就是在壶、钫等器物的造型方面大量采纳了岭南地区盛行的横向系的做法,并且在与横向双系对应的圈足部位也出现了对穿的孔。加上部分器物还同时掺杂了一些模仿江东陶瓷产品的因素,从而在湘赣地区逐渐形成一种新的地域特色。就壶类器物而言,还出现了集横向系耳与空心假圈足于一身的独特风格。这些在里耶汉墓的出土器物中也都有反映。现将有关情况按墓群罗列如下,以备考。

经初步梳理,清水坪汉墓群出土陶瓷产品中具有明显模仿岭南风格特征的器物主要包括 C 型钫、C 型和 D 型硬陶壶等。其中 C 型钫 4 件均为硬陶,出自 M87、M246 和 M31,"肩部饰一对桥形耳,圈足部有对穿孔,并与桥形钮组成绳穿",部分器物还曾施釉,报告列举的 2 件器物高度在 25~30 厘米。C 型硬陶壶共计 19 件,分别出自 M63、M246、M87、M106、M133、M38 等,高度约 21～34 厘米不等,大多局部施釉,部分带盖,无论侈口或盘口,均"双耳作横向,圈足部有与双耳对应的绳穿孔",腹部通常还都饰有弦纹和方格纹。至于 D 型硬陶壶,只有3 件,报告列举的 2 件均出自 M95,虽为纵向系耳(类似铺首衔环),但圈足上与系耳对应部位仍穿孔,显然也是受到了岭南的影响。按照《里耶》报告的分期,出土上述器物的墓葬年代也集中于所谓二期 3 段,即西汉晚期。少数墓葬如M87、M246 中不仅壶、钫共存,并且还都出土了硬陶鼎、盒类器物,从而构成鼎、盒、壶、钫之类的硬陶器组合。类似硬陶器组合在湘南地区有较多的报道,但在湘西北地区还比较少见。

　　大板汉墓群出土陶瓷产品中具有明显模仿岭南风格特征的器物主要包括部分釉陶双耳壶、B 型 II 式钫和 III 式夹砂硬陶双耳罐等,均以采纳横向系耳为主要标志。据《里耶》报告,大板汉墓群出土的釉陶双耳壶有 16 件,形制清楚的 14 件"均系夹砂硬陶,火候较高。绝大部分肩部施釉,施釉方法为蘸釉。上腹均置对称附耳,器身饰方格纹"。受岭南风格影响的主要是属于 I 式的 2 件和属于 III 式的 1件,分别出自 M12、M10、M26。其中 M12:1 为平底、浅盘口,高 29 厘米;M26:5为侈口、假圈足,高 23.8 厘米。B 型 II 式钫共 2 件,其中 M34 出土的 1 件带盖高25.2 厘米,为"夹砂硬陶",饰"对称的横向双桥耳"。III 式夹砂硬陶双耳罐共 3 件,报告只列举了 1 件,出自 M70,高 17.6 厘米,"肩腹置对称附耳作横向(手捏合)"。从《里耶》报告的分期来看,出土上述器物的大板 M10、M12、M34、M70、M26,从一期至三期均有,但年代范围基本上也是在西汉中晚期至东汉前期,与清水坪墓群中出土模仿岭南风格器物的墓葬年代大体接近。就器物类型和造型特征而言,前述清水坪和大板两处墓地出土的模仿岭南产品风格的陶瓷器既有联系又有区别。尽管其背后的原因目前尚不甚明了,但从数量均较少、缺乏成套组合等情形来看,推测这些模仿岭南风格的器物也有可能并非里耶当地烧造的产品。它们应该和来自岭南、江东等地的其他器物一道,本身都是汉代里耶盆地与外界物质文化交流的实物证据。

　　附带说明的是,在以往的研究中,对于两汉时期岭南地区的开发及其所受到的外界文化影响往往比较重视,而岭南地区对其他(尤其是岭北)地区的文化影响却多被忽视。从上述《里耶》所报道的材料来看,在汉代(主要是南越灭亡之后),连地处湘西偏远地区的里耶盆地似乎也在一定程度上受到了来自岭南地区的文化影响。这对于我们如何进一步思考汉代南方各地的文化交流与互动问题无疑是具有启发意义的。

本文原载《中国文物报》2009 年 10 月 30 日第 7 版。

12
关于长江中上游地区汉墓出土
江东类型陶瓷器的初步考察[*]

从考古学角度来看,两汉帝国长达 400 余年的统治,使得南方广大地域的物质文化面貌发生了巨大的变化。与此同时,在形成大一统文化的"整合"过程中,南方各地域之间的交互影响也呈现出极为复杂的面貌。就陶瓷产品而言,值得格外关注的就是江东、湘赣、岭南三大地域类型的形成及其复杂的相互关系。本文所说的汉代"江东类型陶瓷器",就是指两汉时期在江东地区烧造并广为流传的具有鲜明地域特色的陶瓷产品而言的。按照目前学界普遍的看法,江东地区被认为是"成熟瓷器"最早出现的地方,应该说在某种程度上代表了当时南方地区陶瓷手工业的水平。然而,就在两汉时期江东地区陶瓷手工业不断发展、技术不断进步的过程中,其产品的流通状况如何?对其他地区陶瓷手工业的发展所产生的影响又是怎样的?在汉代物质文化演进过程中扮演了怎样的角色?等等一系列问题,目前还都缺乏系统的整理研究。

事实上,要进行上述研究,第一步工作就是要对已发现的散布于各地的汉代江东类型陶瓷产品信息进行系统的收集整理。这是一项任务艰巨的基础工作。本文的主要目的是就长江中上游地区汉墓中出土的江东类型陶瓷器进行梳理、甄别与初步整理,以便为将来的进一步研究提供参考。[1]需要说明的是,长江中上游地区

---

* 本研究为教育部人文社会科学研究重大项目"秦汉时期江东地区的文化变迁"课题(项目批准号: 11JJD780005)研究成果之一。前期资料收集工作曾得到北京大学桐山教育基金的资助。
[1] 关于秦岭—淮河干流一线以北地区汉代墓葬中发现的包括江东类型陶瓷器在内的南方类型陶瓷器,笔者曾撰文进行了初步探讨,参见拙稿《北方地区汉墓出土的南方类型陶瓷器:汉代南北之间物质文化交流的考察之一》,中国社会科学院考古研究所、陕西省考古研究院、西安市文物保护考古所编《汉长安城考古与汉文化:汉长安城与汉文化——纪念汉长安城考古五十周年国际学术研讨会论文集》,科学出版社,2008 年,第 507~542 页。

汉墓出土的陶瓷产品的构成本身是相当复杂的,在目前尚缺乏系统的科学检测的情况下,本文的资料甄别工作主要是结合实地观察、从考古类型学角度进行的。有一些未见到实物、仅据报道的信息又难以准确判断的器物,也只好先搁置不论,以待将来。不妥之处,敬希指正。

一、主要考古发现与资料甄别

已有的考古资料显示,汉代江东地区烧造的具有鲜明地域特色的陶瓷产品曾广为流传。除了在江东地区本身有大量发现以外,还在今安徽、江苏的长江以北地区,以及江西、湖南、湖北、重庆、四川、陕西、山西、河北、河南、山东等地均有出土,甚至在朝鲜半岛、越南沿海也有少量发现。具体到长江中上游地区,属于汉代江东类型的陶瓷产品在今湖南长沙、益阳、津市、常德、张家界(大庸)、古丈、保靖、龙山、溆浦、洪江、永州,江西南昌、高安,湖北蕲春、新洲、云梦、京山、随州、江陵、荆门、宜昌、宜都(枝城)、襄樊、郧县,河南南阳,重庆巫山、万州,四川绵阳等地均有报道(具体分布参见图 12-1)。

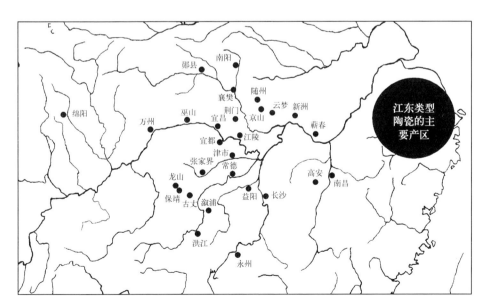

图 12-1　长江中上游地区所见汉代江东类型陶瓷器的分布示意图

绝大多数都是作为随葬品出自各地的汉代墓葬之中,并与其他类型的陶瓷产品共存。为便于分析,下面先按发现区域将有关报道及资料甄别情况整理如下:

1. 湖南省

早在 20 世纪早期,长沙地区便有不少汉代文物被发现,但大多流失海外。其中被收藏在美国耶鲁大学美术馆的一批,从 1970 年出版的有关图录来看,编号为1940.339 的侈口壶就是一件属于汉代江东类型的陶瓷产品。[1]另外,早年 Isaac Newton 在香港收购的据称是 1947~1950 年间在长沙及其附近出土的一批古代陶瓷器中,编号为 47 的侈口壶也应属于汉代江东类型的陶瓷器,但 Newton 错误地将其年代断为六朝时期,并误认为都是湖南地区烧造的。[2]

1951~1952 年,新中国的考古工作者为配合长沙市政建设发掘了一批汉代墓葬,[3]开启了长江中游地区大规模汉代考古的序幕。从《长沙发掘报告》所报道的资料来看,报告所列举的西汉后期墓葬中出土的Ⅳ式"硬陶""轮制的壶形器",即标本伍家岭 M244:2,"颈部和肩部有二周波状印纹,肩部并绕二周弦纹","陶色紫褐,肩及腹的上部施绿色浓釉。口径 12.8、腹径 21.2、底径 10.1、高 26.8 厘米"(图 12-5,19),便是 1 件汉代江东类型的陶瓷产品——侈口平底壶。原报告没有交待该式壶的总体数量。通过报告所附录的墓葬登记表得知,至少在伍家岭 M244中出土的 Ⅳ 式硬陶壶就有 3 件。

1956 年,在长沙市沙湖桥发掘的西汉木椁墓 M16 中出土有"陶瓿"2 件,"敛口,卷领极短,鼓腹,底部小而平,肩有双耳,上有盖,耳上作兽首形,口径为 10、腹径25、底径 14.6、高 21 厘米"。简报中曾笼统指出"有的陶器质地较坚硬,火候高,胎呈红色或青灰色,有的还饰有黄褐色釉"。[4]从发表的器物照片看,上述"陶瓿"应属于江东类型的瓿类器物,并且器表是施釉的。该墓为带墓道竖穴土坑木椁墓,发

[1] George J. Lee, *Selected Far Eastern Art in the Yale University Art Gallery*, Yale University, 1970.

[2] Isaac Newton, "Chinese Ceramic Wares from Hunan", *Far Eastern Ceramic Bulletin*, Vol.X, nos.3-4, 1958, pp.3-49.

[3] 中国科学院考古研究所编著:《长沙发掘报告》,科学出版社,1957 年。

[4] 李正光、彭青野:《长沙沙湖桥一带古墓发掘报告》,《考古学报》1957 年第 4 期。

掘者认为其年代属于西汉。从瓿的器形来看,同类器物在江东地区主要流行于西汉中晚期。

　　1958 年发掘的长沙五里牌 1 号汉墓中出土了陶器 35 件,据介绍其中的"双耳大陶壶、陶瓿、方格纹或绳纹陶坛等都是硬陶,陶壶、瓿上还涂有酱色釉"。[1]具体来说,该墓出土的双耳壶有 6 件,报告列举的 2 件情况是:"1 件腹上有两铺首,口缘、颈部、腹部划有弦纹水波纹和用点状组成的折角纹。另 1 件壶,素面无纹,肩两侧有兽面两个且较大,衔铁环。"共存的瓿类器物也是 2 件,"小口、直短唇,腹扁矮、形体颇大,灰胎,腹上涂酱色釉,并有凹弦纹多道,弦纹之间印有由点状组成的角状纹和水波纹,两侧的兽面很小,但兽面下衔环的鼻钮却很大。在鼻钮上又有一怪兽面。口上有一碗形盖,盖顶有圆柱形提手"。从发表的上述 2 件壶的器物照片来看,均与江东类型的钙釉壶器形一致。[2]陶瓿类器物虽无图片发表,从上述文字描述的特征判断也和江东类型的瓿类器物器形接近。该墓也是带墓道的竖穴土坑木椁墓,原报告认为该墓年代"应是西汉中期后段"。

　　1978 年,在益阳市赫山庙发掘的西汉墓 M25 出土遗物中有 1 件"瓿"(编号M25∶5)和 1 件"双耳罐"(编号 M25∶16),结合文字描述和发表的器物照片可以大致断定均属于江东类型的器物。其中瓿腹径 38、高 34 厘米,小口,宽圆肩,圆鼓腹,小平底,"灰白胎,上部施深黄色釉,釉色光亮,下部施深红色釉",[3]"腹部有三组凸弦纹,肩部两侧有对称的耳,耳面为一老年人面像";双耳罐口径 9、腹径14.4、高 10.6 厘米,"颈部有小道瓦棱形纹,胎为青灰色,质地坚硬"。据称在益阳市赫山庙发掘的这批汉墓中,"该墓是规模最大的一座",发掘者推断其年代在"西汉晚期"。[4]

　　1987 年发掘的古丈县白鹤湾西汉墓中出土的 D 型壶,为"双系青釉瓷壶,喇叭

[1]　湖南省博物馆:《长沙市东北郊古墓葬发掘简报》,《考古》1959 年第 12 期。

[2]　其中一件壶,报告称其铺首"衔铁环",这种情况非常罕见。由于照片不清晰,具体情形还有待　　查证。

[3]　报告称瓿"下部施深红色釉"的说法值得怀疑,应该只是无釉部位的器表颜色而已,为江东类型的　　壶、瓿之类器物所常见。

[4]　湖南省博物馆、益阳县文化馆:《湖南益阳战国两汉墓》,《考古学报》1981 年第 4 期。

口,束颈,溜肩圆腹,肩部一对双桥形耳,不对称,颈部饰水波纹,腹部有七道凹弦纹,釉不至底"。[1]报告列举的 1 件出自 M14,即标本 87GBM14:1,口径 10.6、腹径 15.8、高 21.8 厘米(图 12-5,15),从器形看应为汉代江东类型常见的匜口壶类器物。

1992 年发掘的津市肖家湖十七号汉墓,出土器物中有 7 件"釉陶器",全为壶,高在 20~27 厘米左右。"灰白胎,表面棕褐色或黄褐色。火候较高。上腹至肩部、器内口、颈部、内底均施深绿色釉。釉层厚薄不甚均匀,下腹有釉泪。釉面光亮,但透明度不高,局部剥落。器形为敞口,圆唇弧颈,溜肩,圆腹。肩饰对称桥形系,系上刻叶脉纹。器身饰波折纹、弦纹"。[2]器物特征也都和江东类型钙釉匜口壶一致。通过报告的列举得知:Ⅰ式的 2 件(40 号和 43 号)腹部饰细密弦纹,口径 8.4、腹径 17.2、高 20.5 厘米;Ⅱ式的 2 件(7 号和 38 号)有矮圈足,口径 11.2、腹径 20、高 24.6 厘米;Ⅲ式的 1 件(33 号)矮圈足略高,"敞口略呈盘状",腹中部有数周瓦棱纹,口径 12.6、腹径 21.6、高 26.8 厘米;Ⅳ式的 2 件(5 号和 6 号)盘口明显,矮圈足,"胎呈铅白色,更致密坚硬","双系作简化铺首衔环,铺首为双卷角状。颈、肩及上下腹部饰弦纹,肩部弦纹间饰一组波折纹",口径 12.8、腹径 24.5、高 30.8 厘米(标本 M17:6 的器形参见图 12-5,12)。该墓为带墓道竖穴土坑(木椁)墓,发掘者认为其年代"为西汉末叶"。

1992 年,在常德市德山乡清理的 2 座西汉墓中共出土了 11 件"原始青瓷鼎",据称"胎呈灰白色,质地细密,从断面看胎料经过精选,质地坚硬……鼎腹凸棱线以上表面施釉,釉面厚薄不匀,有玻璃象流笘,光泽晶莹剔透"。[3]其中 M1 出土的 6 件(A 型鼎)"形制雷同","器身作子口承盖,盖呈半球形,方形附耳,圆鼓腹,矮三

---

[1] 湘西自治州文物管理处等:《古丈县白鹤湾战国西汉墓发掘报告》,《湖南考古(2002)》,2004 年。关于该墓出土 D 型壶的数量,报告在进行器物描述时说是 3 件,但附录的《古丈白鹤湾汉墓登记表》统计为 5 件,未知孰是,待查证。

[2] 常德市文物工作队、津市市文物管理所:《津市肖家湖十七号汉墓》,《湖南考古辑刊》第 6 辑,1994 年。报告称"可分四式。除Ⅳ式为 1 件外,余三式均为形制、大小全同的一对"。但实际列举时,是Ⅲ式 1 件(编号 33),其余三式各 2 件。

[3] 湖南省文物考古研究所:《湖南常德德山西汉墓发掘报告》,《湖南考古辑刊》第 7 辑,1999 年。

蹄足。腹部饰一周凸棱纹,大平底。盖上立三个柱形纽,纽下部有半圆形穿孔",从报告列举的标本 M1∶19(口径 13.6、腹径 18、高 19.2 厘米,器形参见图 12-5,3)判断,与江东类型的鼎非常接近,推测也应是由江东地区输入的产品。至于 M2 出土的 5 件鼎,造型略有区别,是否也都是来自江东的产品,还有待查证。[1]

1982 年在保靖粟家坨清理了 13 座西汉墓,其中 M13 出土的 1 件 Ⅱ 式双耳壶,即标本 M13∶17,"敞口,长颈,鼓腹,平底微凹。颈部饰水波纹,腹部饰十一道弦纹,双耳饰人字纹",口径 11、底径 10、高 22 厘米。[2]器形特征及装饰与江东类型的双耳侈口壶一致,但原简报未提到该壶是否施釉。据称,M13 曾出土泥五铢钱和铁棺钉,从而为该墓的年代判断提供了依据。

1998 年,在保靖黄连汉墓群中出土的 1 件 E 型罐,即标本 98M9∶4,高 28.5 厘米,"微敛口,平沿,广肩,鼓腹,平凹底,肩部置对称桥形兽首双系,通体施酱黄釉,肩部刻划有弦纹,腹饰凸棱纹数周"。发掘者视之为"异型罐",[3]实际上应为一件来自江东地区的钙釉瓿。

1978~1979 年间在溆浦马田坪清理了 44 座西汉晚期墓,出土器物中的 Ⅳ 式壶,据介绍"火候尚高,属于硬陶。侈口、细颈、圆鼓腹、肩部两侧有耳。肩部饰细凹弦纹,下腹饰粗凹弦纹,从口部至腹的中部施黄褐色釉"。[4]从简报公布的标本 M33∶6(高 22.6 厘米)的器物照片判断,应属于江东类型的钙釉壶。报告称该 Ⅳ 式壶共 12 件,据墓葬登记表,M33 出土有 3 件,其他出自 M51(1 件)、M56(2 件)、M108(1 件)、M100(3 件)、M113(1 件)等墓葬,然而累计表中所列 Ⅳ 式壶仅有 11 件,还有 1 件出处不明,是否均为江东类型的钙釉壶,因报道简略而难以判断。另外,同期墓葬出土的 17 件 Ⅱ 式壶,从器形看也和江东类型陶壶近似,均为纵向双系,"敞口、短颈、鼓腹、实圈足",列举的 1 件标本 M62∶6 高 18.2 厘米,但是否

[1] 2013 年 5 月作者前往长沙时,在湖南省文物考古研究所的展室内看到了这批器物,发现德山 M2 出土的鼎在胎质及造型上均与 M1 之鼎有较大区别,推测应当另有来源。

[2] 湘西土家族苗族自治州文物工作队:《湖南保靖粟家坨西汉墓发掘简报》,《考古》1985 年第 9 期。

[3] 湘西自治州文物管理处等:《湖南保靖黄连古墓葬发掘报告》,《湖南考古(2002)》,2004 年。

[4] 湖南省博物馆、怀化地区文物工作队:《湖南溆浦马田坪战国西汉墓发掘报告》,《湖南考古辑刊》第 2 辑,1984 年。

为江东类型的陶瓷产品也还有待确认。

1988 年,在溆浦茅坪坳清理的西汉墓 M20 中出土了 2 件"硬陶壶","大小相同。器表呈棕褐色,器身施黄褐色釉,近底部抹光,釉面透明度不高且大部已脱落。侈口,束颈,鼓腹,大平底。颈部饰水波纹,腹部饰两道凹弦纹"。[1]器形特征也和江东类型的侈口壶一致,报告列举的标本 M20:15,高仅 14 厘米,属于小型壶的范畴。值得注意的是,该墓也是带墓道的竖穴土坑墓,规模还较大,共存遗物也十分丰富。

1999 年在洪江市枫木坪发掘 32 座西汉墓,其中西汉晚期墓出土了 6 件"硬陶壶",报告列举的 1 件"A 型侈口双系壶"出自 M4,即标本枫 M4:3,口径 10、腹径 15.2、底径 8.8、高 21.6 厘米,"灰胎,颈下部二道弦纹间夹水波纹,上腹部有二系,系两端腹部各饰二道弦纹,中下腹内外壁呈棱形凹凸起伏,外壁及口沿至颈内壁施黄釉",据称"出土时,口沿及颈部外壁有一层胭脂红的涂层,经与空气接触很快变黑"。[2]从发表的彩色照片看,显然应属于江东类型的钙釉侈口壶。

2002~2003 年,在龙山县大板墓地和保靖县清水坪墓地分别发掘了汉代墓葬 70 座和 255 座,出土了大量的汉代遗物,其中也有不少属于江东类型的陶瓷产品。经过初步梳理约有 18 件,包括清水坪汉墓群出土的 12 件 B 型 I 式硬陶壶(出自 M19、M25、M78、M91、M238 等,参见图 12-2,1、3、4、6)、[3]1 件 D 型硬陶罐(为江东类型的"瓿"类器物,出自 M2,参见图 12-2,9)、2 件 E 型硬陶罐(双耳罐,出自 M78,参见图 12-2,8)和 1 件 G 型鼎(出自 M133,参见图 12-2,2),大板汉墓群出土的 1 件 III 式釉陶双耳壶(盘口壶,出自 M11,参见图 12-2,5)和 1 件釉陶瓿(出自 M44,参见图 12-2,7)。[4]

---

[1] 怀化市文物事业管理处:《湖南溆浦县茅坪坳战国西汉墓》,《考古》1999 年第 8 期。所谓"硬陶壶"2 件,报告称均出自 M20,但"另一件为单钮",因无图片发表,其具体形制不明,暂存疑。

[2] 湖南省文物考古研究所、湖南怀化市博物馆、湖南洪江市芙蓉楼管理所:《湖南洪江市黔城镇张古坳、枫木坪西汉墓发掘简报》,《南方文物》2008 年第 4 期。

[3] 湖南省文物考古研究所编著:《里耶发掘报告》,岳麓书社,2007 年。报告称该 B 型 I 式硬陶壶有 12 件,然除了文中列举的 M19:3、M25:3、M91:14、M238:2 这四件外,可大致判断的还有附录中所见 M78 出土的 2 件,至于其余 6 件的具体情况,还有待确认。

[4] 具体情形,参见拙稿《里耶汉墓出土的江东陶瓷产品——读〈里耶发掘报告〉札记之一》,《中国文物报》2008 年 10 月 17 日第 7 版。

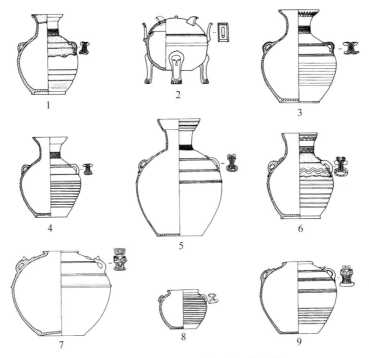

图 12－2　里耶汉墓出土的江东类型陶瓷器

1. 壶(清水坪 M25：3)　2. 鼎(清水坪 M133：14)　3. 壶(清水坪 M238：4)
4. 壶(清水坪 M19：3)　5. 盘口壶(大板 M11：1)　6. 壶(清水坪 M91：14)
7. 瓿(大板 M44：10)　8. 双耳罐(清水坪 M78：20)　9. 瓿(清水坪 M2：37)

1986~1987 年,在大庸城区(今张家界市)清理两汉墓葬约 102 座。其中东汉墓葬 SM11 出土的 1 件"釉陶壶",即标本 SM11：13,腹径 23.2、残高 20 厘米,为"灰胎,火候极高","肩两侧设双系,上下各有凹弦纹一周。釉色深褐,肩部有流釉痕迹",尽管口部残损,整体造型上看和江东地区东汉时期流行的钙釉圈足壶接近;[1]另外东汉墓出土的"耳上刻叶脉纹,通体施瓦纹"的 II 式陶罐(如标本 DM62：3,口径 11.6、腹径 16.8、底径 8.8、高 13.2 厘米,参见图 12－5,8),以及有纵向双系的VI式红陶罐(如标本 RM3：5,"口微敞,圆肩,深腹,平底,口沿外施两道

[1] 湖南省文物考古研究所、湘西自治州文物工作队、大庸市文物管理所:《湖南大庸东汉砖室墓》,《考古》1994 年第 12 期。至于另一釉陶壶,即标本 DM26：6,为红胎绿釉,盘口,实心矮圈足,纵向双系,饰凹弦纹和水波纹,口径 11.2、高 20.8 厘米,推测应该属于低温铅釉陶器,不属于本文讨论的范畴。

凸弦纹，颈、肩部各一道凹弦纹，肩部两侧置桥形系。口径9.6、腹径16、底径7.6、高12.5厘米"）也都和江东类型的双耳罐器形一致。

1995年在永州市鹞子岭二号西汉墓出土的1件B型Ⅱ式罐，[1]即标本M2：86，为"泥质红褐陶。敞口，溜肩，鼓腹，平底，肩部有双耳。器身饰弦纹。腹径22.5、高18厘米"（图12-5,5），也应属于江东类型的双耳罐。该墓规模较大，发掘者推测墓主人为"第三代泉陵侯刘庆"（即M1墓主）之妻，年代在西汉末年。

近年来，在常德又出土了大批江东类型的陶瓷器，并且出土这些陶瓷器的墓葬还采取了类似江东地区汉代土墩墓的丧葬方式，[2]从而为汉代江东类型陶瓷器的流传提供了新的证据。但详细资料尚在整理中。此外，2013年5月笔者前往湖南考察，还见到了祁阳、慈利、石门等地汉墓出土的江东类型陶瓷器。相信湖南境内类似的发现还会有一些。

2. 江西省

江西境内报道的汉墓资料较少，所见出土遗物可判断为汉代江东类型陶瓷器的主要是壶类器物。目前所见，主要有以下发现：

1973年，在南昌东郊清理13座西汉墓，出土陶器"多数是上釉的硬陶"。从发表资料中可以大致判断为江东类型的主要是所谓Ⅱ式壶和Ⅲ式壶，出自M2和M3这两座墓葬。[3]其中Ⅱ式壶4件，M2和M3各出土2件，"硬陶，喇叭口，圈足，双直系，系饰叶脉纹，系上有铺首。肩部以上施青灰色釉。口沿及颈部饰水波纹，肩部饰二道弦纹"。列举的M3：22，高29厘米。至于2件Ⅲ式壶，均出自M3，"大小形式全同。釉陶。色泽晶亮，胎质细腻白净，釉胎紧密，极近瓷质，可归入青瓷系统。喇叭口，圆肩，鼓腹，平底微凹，双直系，系饰叶脉纹，衔环。口沿及肩部饰二道弦纹，并刻有三组夔凤纹。口沿内部及肩部施灰绿色釉，颈、腹部酱色釉"。列举的

［1］湖南省文物考古研究所等：《湖南永州市鹞子岭二号西汉墓》，《考古》2001年第4期。

［2］常德博物馆龙朝彬、徐小林、潘智勇、刘颜春：《湖南常德发掘西汉长沙国》，《中国文物报》2011年8月26日第4版。

［3］江西省博物馆：《南昌东郊西汉墓》，《考古学报》1976年第2期。

M3∶3,高 46.7 厘米(图 12 - 5,1)。

1983 年初在南昌老福山又发现一座西汉墓,出土遗物中的 Ⅰ 式"青瓷壶"有 2 件,其中 1 件残破,保存较好的 1 件"口径 15.9、腹径 26.5、底径 14.2、高 33.7 厘米。喇叭形口,腹圆鼓,矮圈足。上腹部饰三组凹弦纹,每组三道;颈部饰一圈带状水波纹。带两组,钮首上部堆塑成绵羊角形图案,钮背饰叶脉形花纹。胎色灰褐,器表施青绿色釉,釉多已脱落"。[1]从发表的照片看,该壶也属于江东类型的钙釉侈口壶。共存有"大泉五十"铜钱,发掘者推断该墓年代为西汉晚期。

1982 年在高安东郊七星堆发掘的汉墓资料尚未见详细报道,从已出版图录中得知,其中也存在来自江东地区的侈口壶,器表施釉,已公布的 1 件器高达 43 厘米。[2]

除了上述西汉墓葬中的发现以外,1973 年南昌东郊东汉墓"丁 M2"中出土的 1 件盘口壶,"口以下通体饰弦纹"(参见图 12 - 5,9),[3]器形与东汉时期江东类型的盘口壶完全一致,也可能是来自江东地区的产品。

还有些资料由于报道简略,难以判断,也不排除在江西汉墓中出土有江东类型的鼎、盒、双耳罐、长颈壶之类器物的可能性。[4]

3. 湖北省

20 世纪 70 年代,为配合葛洲坝的建设,曾在宜昌前坪多次进行考古发掘,清理的汉代墓葬中也曾出土少量江东类型的陶瓷产品：例如 1971~1972 年发掘的东汉墓 M2 中出土的 2 件 Ⅱ 式罐和 M32 等出土的 Ⅰ 式罐,前者属于江东类型的轮旋纹

[1] 许智范:《南昌市老福山西汉墓》,《江西历史文物》1983 年第 3 期。

[2] 江西省文物考古研究所编:《尘封瑰宝——江西配合基本建设出土文物精品》图版 2 - 4,江西美术出版社,1999 年。2012 年 3 月笔者曾在樊昌生所长的带领下前往高安参观,见到了该地汉墓出土的江东类型钙釉壶,数量应不止 1 件。

[3] 江西省博物馆:《江西南昌东汉、东吴墓》,《考古》1978 年第 3 期。

[4] 例如《南昌东郊西汉墓》(《考古学报》1976 年第 2 期)报告发表的资料就比较简略,其中的鼎(共11 件)、盒(共 12 件)器物中是否也存在来自江东地区的产品,尚难以判断。另外 M3 中还共存 1 件"投壶",即标本 M3∶7,为"硬陶,施灰黄色釉",高 26 厘米,从发表照片看器形也和江东类型的长颈壶一致。同类器物在长江中上游地区很少发现,其产地也还有待于进一步确认。

双耳罐(报告称"通体饰凹线纹"),列举的 1 件(即标本前 M2：9)为泥质红陶,高 13.2 厘米;而后者据称共有 5 件,从列举的标本前 M32：3 来看,实际上与江东地区的盘口壶一致,应改称为盘口壶才是,该壶高 20 厘米,器表也有江东类型流行的轮旋纹;[1]又如 1975 出土的 1 件 V 式罐,"陶质坚硬,近似瓷器,直唇,有双耳,颈部有两道弦纹,耳上有细绳纹,上腹下收,通高 14.7 厘米",[2]器形和前述前 M2 出土的 Ⅱ式罐接近,耳部的"细绳纹",估计应是指江东地区同类器物上常见的叶脉纹之类,但报告未提及是否有釉;再如 1978 年在前坪发掘的一座东汉岩坑墓 M110 中,曾出土 1 件平底壶,即标本 M110：5,腹径 15.2、底径 8.8、残高 18 厘米,器表施淡青釉,"肩饰拱形耳两个,耳上有叶脉纹。颈下有十四道细线波浪纹,上腹部有两组弦纹,下腹部有十一道瓦纹",[3]形制和装饰也都和江东类型的钙釉壶一致,只是因为口部残损,是侈口壶还是盘口壶,无法断定,原报告推断该墓年代为"东汉中期偏晚",但从陶器器形看,可能为新莽东汉之际的墓葬。

1984 年,在宜昌前坪包金头又清理了 25 座东汉至三国时期的墓葬,[4]其中东汉墓 M4 出土的 1 件"灰色硬陶"双耳罐,即标本 M4：1(报告中称为 Ⅰ式罐),和江东地区东汉时期的双耳罐器形一致,口径 12.8、腹径 21.2、高 16 厘米。器形与之相似的 1 件 Ⅱ式罐,即标本 M9：16,为"酱色釉陶",口径 10.8、高 15.6 厘米。报告称此类酱色釉陶的"陶胎硬度比绿釉陶高,釉的附着力也强些,但有釉色不均和泡裂现象"。结合器形看也应属于江东类型钙釉系统的器物。

1985 年在宜都陆城发掘的 1 座东汉砖室墓中出土了数件施釉的器物,其中 1 件"釉陶罐"(报告未给出器物编号)"圆唇,口略外侈,短颈,斜肩,圆腹,平底,肩部有对称的二桥形直环耳。腹部饰数道凹弦纹。施青灰色釉不到底,下部有滴泪痕。口径 9.2、高 10、腹径 14.5、底径 8.6 厘米",也应归属于江东类型的双耳罐之列。该墓中还出土了数件青瓷器以及 1 枚银"偏将军印章",发掘者推断墓葬年代为"东

[1] 湖北省博物馆:《宜昌前坪战国两汉墓》,《考古学报》1976 年第 2 期。

[2] 宜昌地区文物工作队:《宜昌市前坪古墓葬发掘简报》,《宜昌地区历史文物资料汇编》(内部资料),湖北省宜昌地区文物办公室整理,1979 年,第 44~70 页。

[3] 宜昌地区博物馆:《1978 年宜昌前坪汉墓发掘简报》,《考古》1985 年第 5 期。

[4] 长办库区处红化套考古工作站:《湖北宜昌前坪包金头东汉、三国墓》,《考古》1990 年第 9 期。

汉晚期"。[1]

1987 年发掘的荆门子陵岗汉墓群中,M33 和 M53 各出土了 1 件釉陶壶。标本 M53∶9 口径 11、腹径 17、底径 9.2、高 21 厘米(器形参见图 12-5,18);标本 M33∶4,颈部略细,口径 9.8、腹径 15、底径 8.4、高 20 厘米,均为"侈口,平沿,圆唇,细颈,溜肩,鼓腹,平底内缩。肩部两耳对称。器口内、器表的肩部及其以上部位施酱绿釉。颈部饰波折纹,肩部饰两组弦纹,下腹饰弦纹。局部有瘤",器形特征也和江东类型的钙釉侈口壶一致。发掘者推断这两座墓的年代为西汉末期至东汉初期。[2]同类器物还见于 1989 年发掘的荆门玉皇阁汉墓,[3]仅出土了 1 件,即标本 25 号,被称为"双耳釉陶壶","泥质硬陶、喇叭口、尖唇,弧颈较细,溜肩,鼓腹,平底,矮圈足,肩部有两耳对称,颈饰波浪纹,耳部下腹饰凹弦纹。口至腹中部着绿釉",口径 9.8、腹径 15.8、底径 9.2、高 21.2 厘米。发掘者推断该墓葬年代为东汉初期。

1988 年 7 月,在襄樊市纺织机械厂宿舍楼区发现两座西汉墓,编号 M1 和 M2,两墓并列。M1 出土的 1 件 B 型壶,即标本 M1∶3,"硬陶。侈口,翻沿,尖唇,束颈,溜肩,大鼓腹,平底略凹,肩有对称蛙形弓耳。中腹以上施淡青釉,颈施水波纹,上腹饰凸弦纹",器形和江东类型的侈口壶完全一致,口径 16、底径 18、高 39.8 厘米。M2 出土的 1 件瓿,即标本 M2∶1,"硬陶。敛口,卷沿,圆唇,溜肩,大鼓腹,浅凹底,肩有对称蛙形弓耳。中腹以上施淡青釉,上腹饰三组各三道凸弦纹",[4]器形也和江东地区流行的瓿一致,口径 8、底径 10、高 32.4 厘米。报告推断两墓年代为"西汉晚期前段"。类似这样并列两墓各出 1 件江东类型陶瓷器的情况,在长江中游地区还十分罕见。

1990 年在随州西城区东汉墓 M1 中曾出土了 1 件被称为"罐"的器物,即标本

[1]宜昌地区博物馆、宜都县文化馆:《湖北宜都陆城发现一座东汉墓》,《考古》1988 年第 10 期。

[2]荆门市博物馆编著:《荆门子陵岗》,文物出版社,2008 年。需要说明的是,原简报中只列举了 1 件标本,即 M33∶4,但其尺寸和正式报告描述的不同,而和 M53∶9 完全一致,不知道两者编号是否混淆。简报参见荆门市博物馆:《荆门市子陵岗古墓发掘简报》,《江汉考古》1990 年第 4 期。

[3]荆门市博物馆:《荆门市玉皇阁东汉墓》,《江汉考古》1990 年第 4 期。

[4]襄樊市考古队:《襄樊长虹南路汉墓清理简报》,《江汉考古》1999 年第 4 期。

M1：34，"器表呈酱黄色，陶质坚硬"，"领部饰一周细小波浪纹和一道凹弦纹，肩部饰绚纹一周，腹部满饰细小方格拍印纹"，口径 18.8、腹径 32、底径 16.3、高 33.7 厘米（图 12－5，14），[1]从器形和装饰来看和江东地区流行的"罍"一致，发掘者推断该墓年代为东汉末期。同年在随州东城区也发掘了一座东汉墓，出土遗物中的 1 件 V 式罐，即标本 M1：27，口径 14.5、高 27 厘米，"盘口，长颈，溜肩。对称双桥形耳，鼓腹较深，平底。肩部饰凹弦纹和波浪纹，耳面饰叶脉纹"，[2]器形和江东类型的盘口壶一致，报告也说"呈壶形"，故应改称盘口壶才对。发掘者推断该墓葬年代为东汉中期。

1996 年，在云梦县楚王城汉墓中出土了 2 件被称为"原始瓷也称硬陶"的壶和 2 件 A 型 I 式罐，[3]前者"大喇叭口，侈唇，矮粗颈，丰肩，鼓腹，圈足。肩部饰两半环耳，饰'〰'和叶脉纹。颈部饰一组水波纹，肩部饰三条凸弦纹。施青黄釉至腹部，腹以下露胎"，器形和江东地区常见的侈口壶完全一致，口径 14、底径 14、高 36 厘米；[4]后者也被称为"原始瓷"，"敛口，斜唇，近似球腹，平底略内凹，肩附两对称半环耳，耳上堆塑'〰'和'm'纹，上压印叶脉纹，腹以下饰凹弦纹。整器施青黄釉不到底"，口径 8、底径 12、高 22.8 厘米，器形和江东地区的瓿一致，[5]从而构成壶 2、瓿 2 件的钙釉器组合。发掘者注意到这两类器物和江东地区的联系，并通过与浙江龙游汉墓出土资料的比对，将该墓断为东汉前期。

1992 年，在新洲县辛冲清理汉墓 12 座，其中的 M401 出土了 2 件硬釉陶壶和 1 件瓿，[6]列举的壶标本 M401：16，"灰白胎上施青绿色釉。大喇叭口，侈唇，矮粗

［1］王善才、王世振：《湖北随州西城区东汉墓发掘报告》，《文物》1993 年第 7 期。

［2］王世振、王善才：《湖北随州东城区东汉墓发掘报告》，《文物》1993 年第 7 期。

［3］孝感市博物馆、云梦县博物馆：《云梦县楚王城汉墓发掘简报》，《江汉考古》1997 年第 3 期。

［4］原简报中，2 件壶的编号为 M1：10、19，但报告没有区分，只给出了一件器物的尺寸，连线图也都是 1 件器物两个号码。详情参见孝感市博物馆、云梦县博物馆：《云梦县楚王城汉墓发掘简报》，《江汉考古》1997 年第 3 期所揭文。

［5］这 2 件器物的编号为 M1：27、30，报告中也是将两件混在一起描述，而线图却是分开的，有 2 件瓿，纹饰也略有区别。详情参见孝感市博物馆、云梦县博物馆：《云梦县楚王城汉墓发掘简报》，《江汉考古》1997 年第 3 期所揭文。

［6］武汉市博物馆、新洲县文管所：《1992 年辛冲汉墓群发掘简报》，《江汉考古》1996 年第 4 期。

颈,丰肩,鼓腹,挖足。肩附二半环耳,饰叶脉纹,耳上方堆塑'ဢ'形纹,下方堆塑一圆环。颈上下饰带状水波纹。三组凸棱将肩部分成三区。上二区阴刻由流线、戳点构成的抽象图案。口径 17.2、腹径 34、底径 17、通高 4.3 厘米"[1](参见图 12-5,16)。瓿标本 M401:19,为"灰白胎,青绿釉。敛口,斜唇,近似球腹,平底内凹。肩饰两铺首状耳,饰人面纹,耳上方堆塑'ဢ'形纹。肩饰三周凸棱,分成三区。上面二区阴刻由流线和戳点组成的抽象图案。口径 8.8、腹径 34.5、底径 17.8、通高 28.6 厘米"(参见图 12-5,20)。共存铜大泉五十等,发掘者注意到此类壶、瓿与江东地区之间的联系,指出为"吴越地区特色器物硬釉陶器",并与浙江龙游的资料进行比较将该墓葬年代断为"王莽时期或稍后"。

1997 年在上述同一墓区又发掘汉墓 19 座,其中砖室墓 M1 出土的 2 件"釉陶缶"(原报告的图中称"釉陶缸")实际上也是江东类型的瓿类器物,据称"形制相同,厚唇敛口,溜肩鼓腹平底。肩部饰三道凸弦纹,两附耳模制,耳正面图案为鬼脸形。施青黄釉,施釉不及底,露胎呈紫红色,火候较高。口径 8.2、底径 15、通高 28.6 厘米"。共存铜大泉五十等,发掘者将该墓年代断为东汉早期。[2]

位于湖北东部的蕲春县,为配合柳界公路和京九铁路的建设,1986~1994 年间在罗州城附近发掘了七处汉代墓地,共计 115 座汉墓。从《罗州城与汉墓》报道的资料来看,可归属于江东类型的陶瓷器数量约 34 件,包括侈口壶、盘口壶(钟)、瓿、双耳罐、罍等器形,是长江中游地区目前所报道江东类型陶瓷器数量最集中的一批。具体而言,西汉时期以壶、瓿为主,见于 6 座墓葬,分别是:陈家大地 M15 出土的 8 件 A 型 I 式壶(图 12-3,1、2、4、7)和 2 件 II 式瓿(图 12-3,13),陈家大地 M17 出土的 3 件釉陶瓿(形制不清楚),鳡鱼咀 M24 出土的 1 件 I 式瓿(图 12-3,3),付家山 M1 出土的 1 件 II 式瓿(图 12-3,11),付家山 M6 出土的 2 件 III 式瓿

---

[1] 按:此处"通高 4.3 厘米"似为 43 厘米之误。报告一方面说 2 件壶"形制相同",在列举标本 M401:16 之后,又说"另一件无阴刻图案的装饰纹样",惜无图片可供比较。具体参见武汉市博物馆、新洲县文管所:《1992 年辛冲汉墓群发掘简报》,《江汉考古》1996 年第 4 期所揭文。

[2] 武汉市新洲县文物管理所、武汉市博物馆:《武汉市新洲技校汉墓发掘简报》,《江汉考古》1998 年第 3 期。

（图12－3,5）和5件Ⅳ式瓿（图12－3,6、10）、3件A型Ⅱ式壶（图12－3,8、9）和1件B型壶（盘口壶，图12－3,14），草林山M8出土的1件C型壶（图12－3,12）和1件Ⅱ式瓿（图12－3,15）。东汉时期器形主要是盘口壶、双耳罐和罍，集中出土于陈家大地，见于4座墓，分别是：陈家大地M3出土的1件Ⅲ式双耳罐（图12－4,2），陈家大地M4出土的1件Ⅱ式双耳罐（图12－4,1）、1件A型Ⅰ式硬釉陶壶（盘口壶）（图12－4,4）、1件Bb型Ⅰ式"矮领大罐"（应称为"罍"）（图12－4,6），陈家大地M12出土的1件B型硬釉陶壶（江浙地区多称为"钟"）（图12－4,5），陈家大地M16出土的1件Ⅰ式双耳罐（图12－4,3）等。[1]

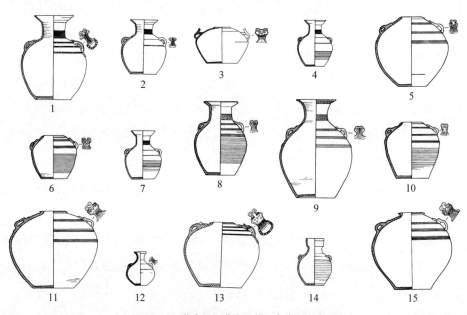

图12－3　蕲春西汉墓出土的江东类型陶瓷器

1. 壶（陈M15：15）　2. 壶（陈M15：6）　3. 瓿（鳝M24：7）　4. 壶（陈M15：8）　5. 瓿（付M6：5）　6. 瓿（付M6：25）　7. 壶（陈M15：3）　8. 壶（付M6：1）　9. 壶（付M6：7）　10. 瓿（付M6：20）　11. 瓿（付M1：9）　12. 小壶（草M8：14）　13. 瓿（陈M15：4）　14. 盘口壶（付M6：21）　15. 瓿（草M8：13）

---

[1] 黄冈市博物馆、湖北省文物考古研究所、湖北省京九铁路考古队编著：《罗州城与汉墓》，科学出版社，2000年。有关蕲春这批汉墓中出土江东类型陶瓷器的甄别与讨论，参见拙稿《蕲春汉墓所见江东与岭南陶瓷产品及相关问题——读〈罗州城与汉墓〉札记之一》，《江汉考古》2011年第4期，第82~88页。

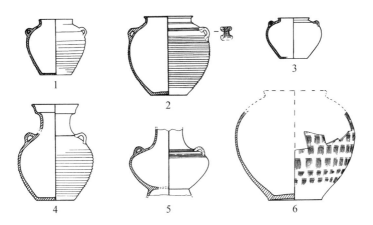

图 12-4　蕲春东汉墓出土的江东类型陶瓷器

1. 双耳罐(陈 M4∶24)　2. 双耳罐(陈 M3∶1)　3. 双耳罐(陈 M16∶1)
4. 盘口壶(陈 M4∶26)　5. 壶(陈 M12∶3)　6. 罍(陈 M4∶16)

2004~2005 年配合南水北调工程在郧县老幸福院墓地发掘东汉墓 38 座,其中 M9 出土的 1 件 B 型硬陶罐,即标本 M9∶9,"圆唇,直口,有领,圆肩,弧腹下收,平底略内凹。腹饰拍印成组的小方格纹。口径 13.8、腹径 27.6、底径 14.4、通高 27.6 厘米"(图 12-5,17),[1]器形与江东地区的印纹罍接近,器表拍印的方格纹也基本相同(只是从器物图上看器形略显瘦高)。推测也是 1 件来自江东地区的产品。

2005 年在湖北京山刘家山清理 13 座东汉砖室墓,[2]出土硬陶、釉陶器共 9 件,出自 3 座墓。其中有 4 件应属于江东类型的钙釉产品,分别是:盘口壶标本 M1∶1,"泥质夹砂灰胎,中腹以下施酱褐釉",盘口、叶脉纹耳、平底,口径 14.2、腹径 25.2、底径 12.8、高 31.2 厘米(图 12-5,11)。同墓共存的硬陶罐标本 M1∶4,"泥质灰胎,外施红衣",为叶脉纹纵向双系,腹部有瓦棱状弦纹,口径 11.2、腹径 16、底径 6.5、高 12.4 厘米,从器形看属于江东类型双耳罐。M3 出土的 2 件釉陶罐,均饰叶脉纹耳,列举的 M3∶4 为"褐胎,施酱褐釉。通高 20、口径 11.5、腹径 20、底

[1] 南水北调中线水源有限责任公司、湖北省移民局、湖北省文物事业管理局编著:《郧县老幸福院墓地》,科学出版社,2007 年。

[2] 湖北省文物考古研究所、荆门市博物馆、京山县博物馆:《京山刘家山东汉墓发掘简报》,湖北省文物考古研究所编《湖北考古报告集》,《江汉考古》2008 年增刊。

径10.4厘米",也应属于江东类型的钙釉双耳罐。发掘者将M1和M3的年代归入东汉中期。

此外,2002年笔者在江陵博物馆参观时,也曾见到当地汉墓出土的江东类型钙釉壶之类器物。惜详细资料尚未见报道。类似已发现但尚未报道的汉代江东类型陶瓷器在湖北境内估计还会有一些。

4. 河南南阳地区

邻近湖北的河南省南阳盆地,按水系划分仍属于长江中游地区。该地区的汉墓中也出土了少量来自江东地区的陶瓷产品。见于报道的主要有:

2001年南阳市嘉丰汽修厂汉墓M1出土的2件"瓷壶",报告列举的标本M1:19,"灰胎,施青绿色釉,釉未施到底。侈口,圆唇,微束颈,鼓腹,平底。在口沿外和肩部饰两周纹饰,肩部有对称两铺首衔环形耳。口径15厘米,底径15厘米,高35厘米"(图12-5,6)。[1]

2002年南阳市陈棚村汉墓M68出土的2件"瓷盒",报告列举的标本M68:10,"弧形盖,子母口,外附双耳,深腹,平底。耳和腹部饰凹弦纹。口径16、底径12、高18厘米"(图12-5,4)。[2]

2003年在南阳市三杰房地产开发公司发掘的M49出土的1件"瓷瓿",即标本M49:12,"灰胎,青黄釉,釉未施到底。小平口,溜肩鼓腹,平底,肩饰一对铺首形耳。口径10.5厘米,腹径24.8厘米,底径15.2厘米,高19.2厘米"(图12-5,2)。[3]

上述南阳报道的相关资料都进行了胎釉成分检测,证明器表所施之釉均为钙釉,并被认为都是南方地区烧造的原始瓷,实际上都是汉代江东类型的陶瓷产品。从器形上看,南阳嘉丰汽修厂M1出土的瓷壶与江东地区流行的侈口壶特征一致;陈棚村M68出土的"瓷盒"虽无三足,但器形与江东地区钙釉鼎的晚期形态一致,

[1] 南阳知府衙门博物馆、南阳市文物考古研究所:《南阳市嘉丰汽修厂汉墓清理简报》,《中原文物》2008年第4期。

[2] 河南南阳市文物考古研究所:《河南南阳市陈棚村68号汉墓》,《考古》2008年第10期。

[3] 南阳市文物考古研究所:《南阳市三杰房地产开发公司M49发掘简报》,《中原文物》2011年第3期。据称还有灰陶和釉陶片(鼎、壶、灶等),但具体情况不明。

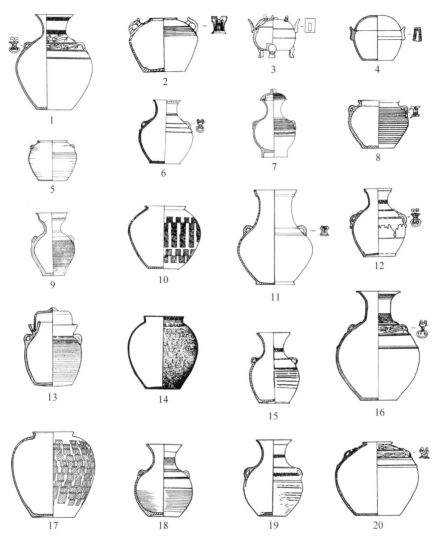

图12-5　长江中上游地区其他汉墓出土的部分江东类型陶瓷器

　　1. 壶(南昌郊区 M3：3)　2. 瓿(南阳三杰房地产开发公司 M49：12)　3. 鼎(常德德山 M1：19)　4. 鼎(南阳陈棚村 M68：10)　5. 双耳罐(永州鹞子岭 M2：86)　6. 壶(南阳嘉丰汽修厂 M1：19)　7. 壶(绵阳双包山 M2：671)　8. 双耳罐(大庸城区 DM62：3)　9. 盘口壶(南昌丁家闸 M2)　10. 罍(巫山土城坡 M41：3)　11. 盘口壶(京山刘家山 M1：1)　12. 壶(津市肖家湖 M17：6)　13. 双唇罐(万州安全 M5：4)　14. 罍(随州西城区 M1：34)　15. 壶(古丈白鹤湾 87GBM14：1)　16. 壶(新洲辛冲 M401：16)　17. 罍(郧县老幸福院 M9：9)　18. 壶(荆门子陵岗 M53：9)　19. 壶(长沙伍家岭 M244：2)　20. 瓿(新洲辛冲 M401：19)

按惯例也应该改称为"鼎";三杰房地产开发公司 M49 出土的"瓷瓿"则和江东类型的钙釉瓿完全相同。

5. 重庆市

1998 年在重庆万州安全墓地发掘 8 座汉墓,其中砖室墓 M5 出土 1 件"陶坛",即标本 M5∶4,报告称之为"泡菜坛",为"夹沙褐陶","双耳双沿,有盖,盖为覆钵状,上有桥形纽。外沿敞口,内沿敛口。两沿间有大凹槽。以备合盖。束颈,腹微鼓。腹上饰弦纹。双耳对称附于腹上部。底内凹。胎上夹有小颗粒状炭块,已烧成结"。口径 10、底径 12.4、通高 26.2 厘米(图 12 - 5,13),器形与江东类型的双唇罐完全一致。[1]

2005 年在重庆巫山土城坡墓地Ⅲ区发掘东周两汉墓葬 51 座,在 4 座保存相对完整的东汉墓中,采用了小空心砖砌墙的土洞砖室墓 M41 共出土了 19 件"釉陶器",其中有 1 件属于印纹硬陶的"方格纹罐",即标本 M41∶3,高 30.2 厘米,"烧成温度较高,器表施酱色釉",拍印方格纹(图 12 - 5,10)。从发表照片观察,当为江东类型的罍形器。发掘者推断该墓年代为东汉中期晚段或者稍晚。[2]

6. 四川省

1995 年清理的四川绵阳永兴双包山二号西汉木椁墓,"是四川省迄今发现最大的一座木椁墓"。虽盗扰,仍出土陶器 300 余件、漆器 500 余件、木器约 300 件、铁器 20 余件,以及铜釜甑、弩机、印章,铁鎏银铺首,玉衣片等。引人注目的是,随葬品中还有"原始瓷壶"1 件,即标本 M2∶671,为"灰胎,口、肩、腹部施青釉","口微侈,尖唇,长颈,广肩,球形腹,圈足外撇。肩部置双耳,由贴塑部饰四组凹弦纹和一周水波纹。有盖,盖顶出圆纽,纽外饰凹弦纹和一周水波纹。口径 12、腹径 21、

---

[1] 重庆市文化局、陕西省考古研究所:《重庆万州安全墓地 1998 年汉墓发掘简报》,《文博》2001 年第 4 期。

[2] 武汉市文物考古研究所、巫山县文物管理所:《重庆巫山土城坡墓地 Ⅲ 区东汉墓葬发掘报告》,《江汉考古》2008 年第 1 期。

底径 13、通高 34 厘米"(图 12 - 5,7)。[1]从器物造型及装饰推测,应为汉代江东类型的钙釉侈口壶。[2]

二、主要器物类型的分布、年代与共存关系

综合以上的考古发现可以知道,长江中上游地区汉墓出土的江东类型陶瓷器的主要器形大致有壶(侈口壶、盘口壶)、瓿、双耳罐、罍、鼎、双唇罐等。[3]相比江东地区而言,器物种类要少得多。从质地上讲,主要是高温钙釉器(部分或被称为原始瓷器),另有部分为无釉的硬陶产品。

壶:已知数量最多,约占长江中上游地区出土汉代江东类型陶瓷器总数的50%左右;分布也最为广泛,见于湖北蕲春、新洲、云梦、京山、随州、襄樊、荆门、宜昌、江陵,河南南阳,四川绵阳,湖南长沙、津市、大庸、古丈、保靖、龙山、溆浦、洪江、永兴,江西南昌、高安等地。按口部特征可分为侈口壶、盘口壶两大类,均有纵向双系(或增加环状装饰构成类似铺首衔环的结构),以平底者为多,少量器物有圈足。其中侈口壶 60 余件,器形上存在矮圈足、平底或平底略内凹等不同的形制,通常每

---

[1] 四川省文物考古研究所、绵阳博物馆编著:《绵阳双包山汉墓》,文物出版社,2006 年,第 122 页;四川省文物考古研究所、绵阳市博物馆:《绵阳永兴双包山二号西汉木椁墓发掘简报》,《文物》1996 年第 10 期。

[2] 有学者对该壶进行成分分析后认为其元素组成"与江西吴城的商代陶器具有相似性",推测"其黏土原料可能来源于江西吴城或其邻近地区"。参见单洁、何志国、王昌燧:《四川原始青瓷产地的探索》,《文物研究》第 13 辑,2001 年,第 289~294 页。笔者认为,从考古学角度看,今江西吴城一带在西汉时期是否烧造此类钙釉壶产品,目前还缺乏相应的证据。从已有的江东地区流行此类钙釉壶的大量事实出发,本文仍将之归入江东类型陶瓷器的范畴。这也提醒我们,如何将通过科技检测手段进行的陶瓷器产地研究与传统的考古类型学研究进行有效的结合,应为今后进行陶瓷器的产地研究时需要进一步思考的问题。

[3] 两汉时期长江中下游地区普遍流行的印纹硬陶罐在器物形态上具有较强的共性,从长江中上游各地汉墓出土的情况来看,绝大多数都应该是湘赣地区的产品,至于少数有可能来自江东的产品往往很难区分,故本文暂未纳入讨论。至于横四系罐,从文化渊源来看,应是受岭南之影响,参见拙稿《汉晋时期"四系罐"的北渐三部曲——兼谈洛阳曹休墓的新发现》,《中国文物报》2010 年 8 月 6 日第 7 版。汉代的江东地区是否大量烧造横四系罐,目前仍缺乏确凿的证据。本文为慎重起见,暂时亦未加讨论。

墓出土数量多在 1~3 件,也有少数墓葬出土 5~8 件者,年代主要集中于西汉中晚期,少数如云梦楚王城汉墓所见有可能晚至东汉初年。至于西汉早期江东地区流行的圈足略高并且带盖的侈口壶,目前仅在四川盆地的绵阳双包山 M2 出土 1 件,而在长江中游地区却尚未见报道。盘口壶约 10 件,有平底和圈足之分,通常每墓只出土 1 件,年代以东汉时期为主,少数如蕲春付家山 M6、龙山大板 M11 所见可早至西汉末期,其中蕲春付家山 M6 中盘口壶还与侈口壶共存,这种情况在长江中上游地区也是比较罕见的。

瓿:数量相对也较多,已报道的约有 30 件,见于湖北蕲春、新洲、云梦、襄樊,河南南阳,湖南长沙、益阳、保靖、龙山等地,时常被发掘者归入"罐"或"坛"类器物。以平底或平底内凹者为主,年代主要集中于西汉中晚期,个别如云梦楚王城汉墓所见可能晚至东汉初年。通常每墓出土数量为 1~3 件,个别墓出土了 7 件。而江东地区西汉早期流行的三足瓿目前尚未见在长江中上游地区有报道。若与徐州地区西汉早期墓葬中就随葬有三足瓿的情况相比,似乎江东类型的钙釉瓿在长江中游地区的出现要比在淮北地区晚得多。

鼎:数量有限,已报道的约 9 件,见于常德、保靖、南阳等地,年代基本上都属于西汉时期。器表大多施釉,有的还被归入"原始瓷"或"原始青瓷"的范畴。其中常德德山 M1 集中出土了 6 件被称为"原始青瓷"的鼎,被认为是"仿青铜礼器",其年代均有可能早至西汉前期,这在长江中游地区还是十分罕见的。相比之下,保靖清水坪 M133 出土的 1 件江东类型鼎,年代明显"滞后"一些。南阳陈棚村 M68 所见,三足已消失,已是江东类型鼎的晚期形态了。就江东类型陶瓷器的北传而言,通常鼎类器物多与盒共存、出现在距离江东地区较近的地方,如江淮地区并向北沿东部沿海到达山东日照一带,在关中地区也有少量发现。然而,长江中上游地区所见江东类型的鼎不仅数量少,还大都分布在距离江东较远的地点,且尚未见与来自江东的钙釉盒共存的例子,[1]这一情况也是非常值得关注的。

---

[1] 在江西宜春、高安,湖南常德等地均发现有和江东类型钙釉盒器形接近的硬陶盒类器物,年代基本上都是西汉时期,但受资料报道的局限,目前还不能明确判断长江中上游地区是否存在有江东类型的盒类产品。

双耳罐：数量也不多，10余件，散见于湖南益阳、大庸、保靖、永州，湖北宜昌、宜都、京山、蕲春等地，每墓出土数量约1~2件，除少数墓葬的年代可早至西汉晚期以外，大多为东汉时期。其胎釉特征大致有两种：泥质红陶者，器表多无釉，且瓦棱纹多比较明显；而器表施釉的大多是泥质灰胎，釉保存较差。

罍：数量更少，已报道的4例见于蕲春、郧县、随州、巫山等地，分布十分零散，但大体都在长江干流以北地区，每墓只出1件，年代均为东汉时期。器表的拍印纹饰，个别为梳状纹，其余多为方格纹。

双唇罐：已报道资料中可确认的仅1件，出自万州安全墓地的5号墓，年代为东汉时期。和西汉时期的鼎类似，也是分布在距离江东地区较远的地点。

整体上看，长江中上游地区出土的汉代江东类型陶瓷器，除常德德山的原始青瓷鼎、四川绵阳的青釉壶等极少数器物的年代有可能早到西汉前期并且都距离江东地区较远以外，其余年代大多都在西汉中期以后，尤其是以西汉晚期至新莽前后比较集中，至东汉中晚期又明显减少。部分壶、瓿共存的墓葬年代可晚至东汉早期，[1]相比江东地区而言略有滞后。空间分布上，靠近江东地区的蕲春汉墓群中出土了大量的江东类型壶、瓿类器物，却未见到江东类型的鼎、盒类器物。南昌汉墓群中虽有鼎、盒、壶类硬陶组合，但目前只有部分壶可确认为江东类型的产品。常德汉墓中曾出现与江东类型器形接近的硬陶鼎、盒、壶共存的情况，但其产地是否均为江东地区目前仍有疑问。也就是说，在以墓葬为单元的共存关系方面，长江中上游地区汉墓随葬的江东类型陶瓷器是以单类器物为多，成组出现的情况较少，其中壶的出现频率最高，其次是瓿，少数墓葬中有壶、瓿共存，壶、罐共存，或壶、罐、罍共存的情形。因江东类型的盒罕见、鼎的出现频率也极低，因此在已报道的长江中上游地区的汉墓资料中还不能断定有属于江东类型的鼎、盒、壶、瓿之类组合存在。不过，在部分墓葬中与江东类型钙釉

---

[1] 至于云梦罩子墩一号墓，年代被认为在东汉末期，出土的"青瓷"壶、坛与西汉时期常见的江东类型的青釉壶、瓿器形接近，又略有区别，推测可能是长江中游地区烧造的产品，情况比较特殊。由于墓葬被盗扰，墓中遗物的年代似差别较大，本文暂存疑不论。参见云梦县博物馆：《云梦罩子墩一号墓清理简报》，《江汉考古》1990年第2期。

壶、瓿共存的往往还有普通泥质灰陶系统的鼎、盒或鼎、盒、壶之类器物,因而也不排除在这些墓葬中两类不同质地的器物原本是共同构成鼎、盒、壶、瓿之类组合的可能性。以湖北蕲春汉墓的发现为例,按照《罗州城与汉墓》发掘报告的分期,蕲春汉墓出土的34件江东类型陶瓷器,有28件属于西汉墓出土,6件为东汉墓出土。西汉时期的28件散见于6座墓中,其中数量较少的如鳡M24仅出土1件瓿,数量多的如陈M15出土了8件壶和2件瓿,付家山M6出土了4件壶(其中1件为盘口壶)和7件瓿。剩下的6件分别见于陈M17(瓿3件)、付M1(瓿1件)、草M8(壶、瓿各1件)。其中壶、瓿共存的有3座墓,其余3座墓中均只有瓿一种器形。没有见到来自江东地区的鼎、盒、壶、瓿成套组合。然而,在鳡鱼咀M24中与釉陶瓿共存的还有泥质灰陶鼎、盒、壶各5件,另有陶罐、熏、灶各1件;在草林山M8中与釉陶壶、瓿共存的还有泥质陶鼎3件、盒1件以及熏、灯、罐、灶、井等,因此,不排除随葬品组合的构成也在一定程度上受了江东地区的影响,形成鼎、盒、壶、瓿的组合结构。只是共存的泥质陶组合中鼎、盒、壶之类的器物数量以奇数为多,又具有长江中游地区鲜明的地域特点。[1]

　　蕲春汉墓所见东汉时期的6件江东类型陶瓷器出自4座墓,集中于陈家大山墓地,即陈M3出土的1件双耳罐,陈M4出土的盘口壶、双耳罐和罍各1件,以及陈M12出土的1件(盘口)壶(钟)、陈M16出土的1件双耳罐。以墓葬为单位的江东类型器物数量有所减少,除陈M4以外,均为单件的器物。

　　上述情况和苏皖北部地区所见到的江东类型陶瓷器的组合情形大不相同。例如在徐州奎山、[2]连云港、[3]泗阳、[4]涡阳稽山[5]等地均发现有成组的鼎、盒、壶、瓿之类江东类型陶瓷器被随葬于当地的墓葬之中,组合与同时期的江东地区基

---

[1]　类似情形也见于新洲技校M1中,与江东类型瓿共存的泥质陶有鼎、盒各3件,以及灶、井等。参见武汉市新洲县文物管理所、武汉市博物馆:《武汉市新洲技校汉墓发掘简报》,《江汉考古》1998年第3期。

[2]　徐州博物馆:《江苏徐州奎山西汉墓》,《考古》1974年第2期。

[3]　连云港市博物馆:《连云港地区的几座汉墓及零星出土的汉代木俑》,《文物》1990年第4期。

[4]　江苏泗阳三庄联合考古队:《江苏泗阳陈墩汉墓》,《文物》2007年第7期。

[5]　刘海超、杨玉彬:《安徽涡阳稽山汉代崖墓》,《文物》2003年第9期。

本一致,并且鼎、盒、壶、瓿组合从西汉早期就开始出现,一致延续到西汉中晚期。由此说明,汉代江东类型陶瓷器在不同地区的流通状况存在着一定的差别。那么,其"西渐"与"北传"的差异背后,原因何在呢?

三、几个相关问题

1. 空间分布的阶段性变化问题

如果将已知江东类型陶瓷产品在长江中上游地区的分布状况分别按照西汉和东汉两个大的阶段进行考察的话,其具体分布状况可如图12-6、图12-7所示:

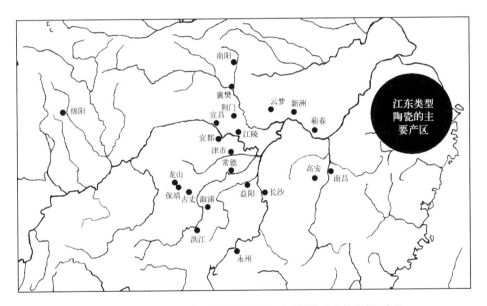

图12-6　长江中上游地区所见西汉时期江东类型陶瓷器的分布示意图

从中我们不难看出:西汉时期(主要是西汉中期以后)江东类型陶瓷产品在长江中游的湘、鄂、赣地区已有着较广泛的分布,至东汉时期则明显地向北退缩到张家界(大庸)至南昌一线以北地区,集中分布于长江干流附近以及汉水流域。具体来说,有以下值得注意的地方:

西汉时期,尽管湘水、赣水流域所见来自江东地区的陶瓷产品主要分布在长沙

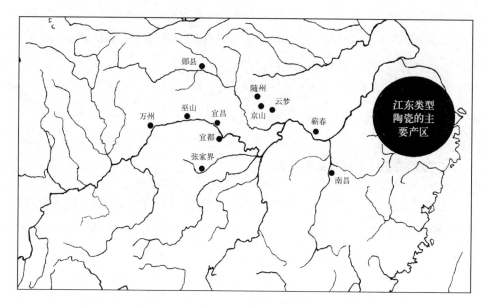

图 12-7 长江中上游地区所见东汉时期江东类型陶瓷器的分布示意图

至南昌一线,也就是说以下游地区为主,但在湘水的中上游地区的永州、祁阳[1]一带也偶有发现,在湘西的沅水、醴水流域,分布相对密集,已发现的数量也相对较多。尤其是里耶盆地,地处湘西偏远的山区,但仍出土较多的江东类型陶瓷器,反映了该地与江东地区之间的密切联系。而常德土墩墓的新发现,又进一步加深了我们对这种联系的认识。

然而到东汉时期,江东类型陶瓷产品在长江中上游地区的分布状况发生了较大的变化,其中最为引人注目的恰是在湘赣地区的大幅度减弱,尤其是湘南至湘西南一带到了东汉时期基本不见来自江东地区的陶瓷产品出现。若考虑到汉代湘西地区五陵蛮族的分布以及蛮族与汉王朝之间的武力冲突,东汉初年汉王朝对湘西南地区的放弃与郡县撤离,[2]可能是导致该地区江东类型陶瓷器分布状况发生变化的直接原因。对于湘赣大部分地区而言,尤其是从湘赣南部至长沙、南昌一线,

---

[1] 笔者在湖南考察时所见,器形主要是侈口壶。因资料尚未发表,本文的分布图中暂未作标示。

[2] 关于东汉时期湘西南地区行政设置的变化,可参见李晓杰:《东汉政区地理》,山东教育出版社,1999年。

还有一个因素值得关注,那就是自西汉中期以后大量岭南类型陶瓷产品的北传问题。若比较岭南类型陶瓷器在湘赣地区的分布状况[1]便可发现,在湘赣地区,江东类型陶瓷产品与岭南类型的陶瓷产品虽在分布上互有交错,但整体上恰形成明显的互补态势,长沙及其以南的湘水流域成为岭南类型陶瓷器北传的主要分布区。与此相应,东汉时期江东类型陶瓷器在湘赣流域的分布则明显减弱。另外,西汉中晚期以后至东汉中晚期,在岭南类型和江东类型陶瓷手工业的交互影响下,具有湘赣地区自身特色的陶瓷手工业也取得了很大发展。这样一来,也会影响到当地对于外来陶瓷产品需求量的变化。或许这也是导致东汉时期江东类型的陶瓷产品在长江中游地区分布明显减弱的另一个重要因素。

位于鄂东的蕲春是长江中上游地区发现江东类型陶瓷产品最为集中的地区之一。这一方面凸显了地域邻近的优势,同时也表明该地区在两汉时期一直与江东地区保持着密切的联系。与湘赣地区江东类型陶瓷器在空间分布上的减弱形成鲜明对照的是:由蕲春向西经长江干流西进宜昌、巫山、万州或向西北经云梦、京山北部到随州、南阳一线(即所谓"随枣走廊"一线),两汉时期江东类型陶瓷产品的分布似呈现稳步推进的发展趋势,这些应该是和当时江汉地区的水陆交通线的分布有着密切的关联。在西汉时期,随枣走廊一线也是联系都城长安与江东地区之间的重要通道之一。

三峡以西的四川盆地中西部,两汉时期仅绵阳一座西汉墓中出土了典型的江东类型钙釉壶。由于随葬这件壶的绵阳双包山 M2 为四川盆地已知规模最大的西汉木椁墓,那么,该墓中出现江东类型钙釉产品很可能是与墓主人的特殊身份背景分不开的。这也为我们了解西汉时期江东类型钙釉产品的远距离传播原因提供了线索。

2. 影响或"被仿制"问题

在长江中游地区,除了发现前述来自江东地区的陶瓷产品以外,还存在大量器

---

[1] 参见拙稿《试论两汉时期岭南类型陶瓷器的北传及影响》,《徐苹芳先生纪念文集》,上海古籍出版社,2012 年,第 192~215 页。

形上与江东类型陶瓷产品接近,但质地、装饰以及局部形态方面又存在一定区别的器物,推测其中不少产品的烧造就是受到了江东地区的影响并在某种程度上模仿了江东类型陶瓷器的结果。目前发现这种迹象比较明确的主要是体现在壶、双耳罐等器形上。

以壶类器物为例,通常情况下,长江中游地区西汉中晚期至东汉早中期墓葬中出土的仿江东类型的壶是以平底者为多(参见图12-8,5、7、10、11),少数为矮圈足(图12-8,1、2),但无论有无圈足,均出现类似江东类型的纵向的双系,并且大多数在口沿外侧、颈部或肩部出现类似江东类型壶类器物上常见的水波纹装饰,部分器物的器表也施加了钙釉。略有不同的是,长江中游地区烧造的仿江东类型壶,在腹部大多还保留有拍印的方格纹(或麻布纹)装饰。到了东汉中晚期也出现了少

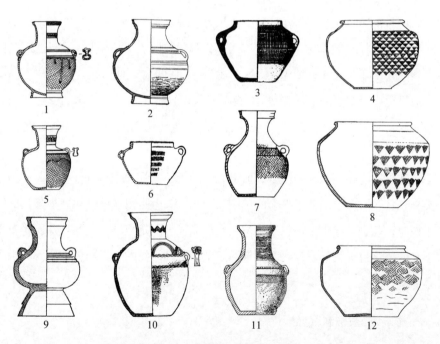

图12-8　长江中上游地区出土的仿江东类型陶瓷器

1. 壶(保靖清水坪 M74∶12)　2. 壶(荆沙瓦坟园 M4∶55)　3. 双耳罐(随州东城区 M1∶2)　4. 瓮(宜宾横江 M6∶62)　5. 壶(保靖清水坪 M92∶7)　6. 双耳罐(宜昌前坪包金头 M9∶10)　7. 壶(京山刘家山 M6∶5)　8. 瓮(彭山 661∶103a)　9. 壶(云梦癞痢墩 M1∶16)　10. 壶(荆沙瓦坟园 M2∶8)　11. 壶(南昌丁家闸汉墓)　12. 瓮(忠县将军村 M54∶31)

数仿江东地区"钟"类器物的高圈足盘口壶（图 12 - 8,9）,其突出的特征之一也是纵向双系的出现。就质地而言,仿江东类型钙釉壶的器物也是以硬陶为主,还有属于普通泥质陶的。这种具有长江中游地区地域特点的仿江东类型器物,还曾出现在江淮、黄淮地区,甚至当时的都城长安附近。只是这已超出本文的讨论范畴了。[1]

已知长江中上游地区出土的仿江东类型的双耳罐,年代多属于东汉时期,其共同的特征是直口较大、平底,肩部有纵向双系。如宜昌前坪包金头 M9 出土的 2 件,在发掘报告中被称为"Ⅲ式瓮",列举的 1 件标本 M9∶10,口径 16、高 16 厘米,也是"灰色硬陶",器形和江东类型的双耳罐一致,但腹部饰有"浅细断绳纹"[2]（图 12 - 8,6）,显然是属于模仿江东类型的产品,但又有一些新变化。随州东城区东汉墓 M1 出土的 2 件"Ⅳ式罐",大小基本相同,均有"双桥形耳","器表满饰小方格纹,肩部饰两道凹弦纹",列举的标本 M1∶2 高 15.3 厘米,[3]器形和江东类型的双耳罐接近,但器表纹饰有别,也应是仿江东类型的产品（图 12 - 8,3）。

在长江上游的四川盆地,目前还很少见到类似中游地区那样仿江东类型的壶、双耳罐之类器物,但流行一种器形类似江东类型罍的器物,通常被称为"瓮""罐"或者"缸",如彭山 661∶103a[4]（图 12 - 8,8）、宜宾横江 M6∶62[5]（图 12 - 8,4）、忠县将军村 M54∶31[6]（图 12 - 8,12）等所见,大多为泥质灰陶,大口、鼓腹、平底,器表拍印成组的菱形或三角形网格纹,年代多属于东汉时期。无论是器形还是装饰手法都与江东地区东汉时期流行的方格纹罍有许多相似之处,推测其出现也有可能是受到了江东地区的影响。江东类型的钙釉罍在巫山以东地区有少量发现,已如前述。而仿江东类型钙釉的大口瓮（罐）却基本上都分布在巫山以西地

［1］关于汉代湘赣类型陶瓷器的流传问题,拟另文讨论。

［2］长办库区处红化套考古工作站:《湖北宜昌前坪包金头东汉、三国墓》,《考古》1990 年第 9 期。

［3］王世振、王善才:《湖北随州东城区东汉墓发掘报告》,《文物》1993 年第 7 期。

［4］原报告称之为"Ⅲ型罐","肩部以下遍体方格纹",口径 30、底径 21.3、高 32 厘米。参见《四川彭山汉代崖墓》,文物出版社,1991 年。

［5］四川省文物考古研究所:《四川宜宾横江镇东汉崖墓清理简报》,《华夏考古》2003 年第 1 期。

［6］重庆市文物考古所:《重庆市忠县将军村墓群汉墓的清理》,《考古》2011 年第 1 期。

区,除前述忠县、彭山、宜宾等地外,还见于荥经、夹江、双流、丰都、新都、理县、新津、成都等地的汉墓之中。这种空间分布上的差异或许对解释众多仿制品出现的原因是有帮助的。

在此还需要特别强调的是:两汉时期,长江中游尤其是湘赣地区在出现仿江东类型陶瓷器产品的同时,大多也存在一些模仿岭南类型陶瓷产品的器物,有时还会出现将模仿的部分江东类型器物特征与岭南类型器物特征施加在同一件器物上的情况。如龙山大板 M12 出土的"Ⅰ式釉陶双耳壶"(图 12-9,2)和保靖清水坪 M95 出土的"D 型壶"[1](图 12-9,1、3)、荆沙瓦坟园 M3 出土的黄褐色釉陶壶[2](图 12-9,4)等。这些壶或横系或纵系,或平底或有圈足,通常有圈足者在圈足上往往有对穿的孔,器表往往饰有水波纹,从而在造型和装饰上形成一种融合不同地域特点的新类型。

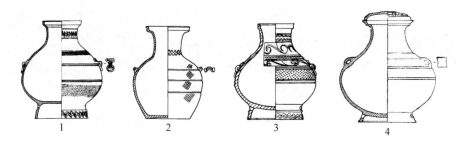

图 12-9　长江中游所见兼仿江东和岭南类型特征的陶壶

1. 保靖清水坪 M95:34　2. 龙山大板 M12:1　3. 保靖清水坪 M95:18　4. 荆沙瓦坟园 M3:4

3. 年代"滞后"问题

在长江中上游地区汉墓中出土的江东类型陶瓷器,部分器物的年代也存在较明显的"滞后"现象,如云梦楚王城东汉早期的砖室墓所出土的江东类型壶、瓿组合及其器形,就和江东地区西汉晚期墓葬所见类似,明显是落后了一个时段。前述

[1] 湖南省文物考古研究所编著:《里耶发掘报告》,岳麓书社,2007 年。
[2] 荆州博物馆:《湖北荆沙市瓦坟园西汉墓发掘简报》,《考古》1995 年第 11 期。

四川绵阳双包山汉墓 M2 出土的江东类型钙釉壶,单从壶的形态上看属于江东地区西汉初期流行的器形,但随葬这件壶的双包山 M2 年代显然要晚许多。常德德山汉墓出土的钙釉鼎也是如此。津市肖家湖 M17 被断为西汉末叶,但墓中随葬的 7 件江东类型钙釉壶,从器物形态上看多具有西汉中期的特征。其他还有不少例证,不一一列举。造成年代"滞后"的原因除了和江东类型器物的远距离流通环节有关以外,也不排除其他因素的存在。

目前所见,这些出土江东类型器物的墓葬基本上都是以中小型墓葬为主,但有一些却是当地规模相对较大的墓葬,如前述益阳赫山庙 M25、溆浦茅坪坳 M20、永州鹞子岭 M2 等。而类似绵阳双包山 M2 那样的高等级墓葬还很少发现,在长沙附近发现的王侯级别墓葬中迄今亦极少见出土江东类型的陶瓷器。这些也都是值得注意的现象。

总的来说,本文对长江中上游地区汉墓出土的江东类型陶瓷器资料的甄别与整理研究都还只是初步的。如果要弄清汉代江东类型陶瓷器在长江中上游地区的流通途径及其在文化上的影响,还需结合出土这类器物的墓葬本身进行综合考察,这当然是下一步需要进行的研究工作了。

本文原载中国社会科学院考古研究所、浙江省文物考古研究所编著《秦汉土墩墓考古发现与研究:秦汉土墩墓国际学术研讨会论文集》,文物出版社,2013 年。

13
试论两汉时期岭南类型陶瓷器的北传及影响*

秦汉王朝对岭南地区的统一给当地的经济和文化发展注入了全新的活力。考古资料显示:自从秦统一岭南以后,大量来自五岭以北地区的文化因素便不断涌入岭南,对当地的社会发展产生了巨大的推动力;与此同时,岭南地区在文化发展的某些方面仍始终保持着相当程度的地方特色,而且这种地方特色后来还反过来对五岭以北地区产生了一定程度的影响。在以往的研究中,往往比较重视两汉时期岭南地区的开发及其所接受的外界文化影响,而岭南地区对其他(尤其是岭北)地区的文化影响却多被忽视。本文的目的便是通过陶瓷器这样一个媒介去探讨以前较少关注的汉代岭南对岭北的文化影响问题,以加深对两汉时期南方地区文化变迁的理解和认识。当然,在缺乏对相关陶瓷产品的胎釉成分进行科学检测的情况下,本文的资料甄别工作主要是从考古类型学角度进行的——这也是需要首先说明的。

一、关于汉代"岭南类型陶瓷器"的界定

汉代长江以南各地烧造的陶瓷产品往往具有鲜明的地域特点,其中,岭南地区的陶瓷产品便自成特色。为了便于说明两汉时期岭南陶瓷产品在其他地区的流传与影响,本文采用了"岭南类型陶瓷器"这一概念,来特指两汉时期在岭南地区烧造的具有鲜明地方特色的各类陶瓷产品。

关于两汉时期岭南地区陶瓷产品的地域性问题,早在 20 世纪 50 年代,郑振铎

* 本文的写作得到北京大学桐山教育基金的资助。

先生在《全国基本建设工程中出土文物展览图录》序言中就曾指出："福建和广东出土的汉代陶器,其中有一部分具有相当浓厚的地方色彩。"[1]1961 年,黎金先生在论述广州地区汉代墓葬出土陶器时进一步指出,"随葬品中数量最多和占主要地位的陶器,无论器型、纹饰、胎质和施釉等方面都有它的独特的地方",并认为"广州汉陶发展的历史是上承南方新石器时代晚期的制作技术发展而来的,是继承和发展了南方印纹硬陶系统的一种独特的风格"。[2]然而这种"独特的风格",似乎并未引起足够的重视。在讨论汉代的(高温)钙釉陶、原始瓷,以及(成熟)瓷器的时候,大家所关注的多是江东地区的发展情况,对岭南地区汉代陶瓷手工业的发展及其重要性却很少撰文讨论。以 1982 年出版的《中国陶瓷史》为例,仍将广东地区出土的汉代带釉或不带釉的各类陶瓷产品(无论质地软硬)与陕西关中、河南等地出土的汉代陶器混为一谈,笼统地归入"灰陶"范畴。[3]

　　1991 年出版的《西汉南越王墓》报告,在综述南越国的制陶业时,再次强调了"南越国的制陶业是岭南新石器时代几何印纹陶制陶工艺的继承和发展"。[4]而随后发现的广州海幅寺汉代窑场遗址、[5]合浦汉窑[6]以及岭南地区其他汉代窑址,也都有力地证明了具有鲜明地方特色的汉代岭南陶瓷手工业的存在。岭南各地汉代墓葬中出土的大量陶瓷器,为探讨这种具有鲜明地方特色的陶瓷手工业的

[1] 郑振铎:《在基本建设工程中保护地下文物的意义和作用——代序》,全国基本建设工程中出土文物展览会工作委员会编《全国基本建设工程中出土文物展览图录》,中国古典艺术出版社,1955 年。

[2] 黎金:《广州的两汉墓葬》,《文物》1961 年第 2 期。

[3] 中国硅酸盐学会编:《中国陶瓷史》,文物出版社,1982 年。该书第 100 页提到战国时期,"广东、广西、湖南南部的原始瓷,胎与当地硬陶差不多,多为紫色、灰红色;釉除黄褐、黄绿色外,尚有墨绿色等,但都属以铁为主要着色剂的青釉系统"。第 103 页在论述战国时期兼并战争对于南方原始瓷手工业的影响时,也提到"广东、湖南南部等地的印纹硬陶和原始瓷手工业,则继续缓慢地向前发展"。然而进入秦汉以后,第 124 页指出秦汉原始瓷的产地为"浙江和苏南一带",分布范围提及江西、两湖,却未见福建、两广。引用的化学分析以及列举的窑址和器物主要是江浙一带的情况,且窑址只见东汉,未见西汉。第 127 页总结的原始瓷、印纹陶、成熟瓷器的发展过程,也基本上是江浙一带的情况。

[4] 广州市文物管理委员会、中国社会科学院考古研究所、广东省博物馆:《西汉南越王墓》,文物出版社,1991 年,第 334 页。

[5] 广州市文物考古研究所:《广州海幅寺汉代窑场遗址的发掘》,《考古学报》2003 年第 3 期。

[6] 颜维琦、刘昆:《合浦窑址群——再现汉代制陶业全貌》,《光明日报》2008 年 3 月 21 日第 3 版。

发展状况提供了丰富的资料。更为重要的是,汉代岭南地区生产的具有鲜明地域特色的陶瓷产品不仅在岭南各地广为流传,而且还出现在周邻地区——其中五岭以北的长江中游地区便是岭南陶瓷产品的主要输出地区之一。

二、五岭以北地区发现的汉代岭南类型陶瓷器概述

据笔者初步统计,已知汉代岭南类型的陶瓷器在今湖南郴州、[1]永兴、[2]资兴、[3]永州、[4]耒阳、[5]衡阳、[6]长沙、[7]龙山,[8]重庆涪陵、[9]江西南昌、[10]湖口,[11]湖北蕲春、[12]云梦、[13]荆门、[14]随州、[15]河南南阳[16]等地均有发现,[17]已报道的资料基本上都出自墓葬。其空间分布(图 13-1)总体上是以湘赣流域至汉水流域为主线,尤其是在湘南地区已发现的数量最集中,不少汉代墓葬

[1] 龙福廷:《湖南郴州清理一座新莽时期墓葬》,《考古》1987 年第 4 期。

[2] 笔者考察所见。

[3] 湖南省博物馆、湖南省文物考古研究所:《湖南资兴西汉墓》,《考古学报》1995 年第 4 期;湖南省博物馆:《湖南资兴东汉墓》,《考古学报》1984 年第 1 期。

[4] 湖南省文物考古研究所等:《湖南永州市鹞子岭二号西汉墓》,《考古》2001 年第 4 期。

[5] 衡阳市博物馆:《湖南耒阳市东汉墓发掘报告》,《考古学集刊》第 13 集,2000 年。

[6] 周世荣:《衡阳战国秦汉墓》,《湖南古墓与古窑址》,岳麓书社,2004 年。

[7] 中国科学院考古研究所编著:《长沙发掘报告》,科学出版社,1957 年。

[8] 湖南省文物考古研究所:《里耶发掘报告》,岳麓书社,2007 年。

[9] 四川省文物管理委员会、涪陵地区文化局:《四川涪陵三堆子东汉墓》,《文物资料丛刊》第 10 辑,1987 年。

[10] 江西省文物考古研究所编:《尘封瑰宝——江西配合基本建设出土文物精品》,江西美术出版社,1999 年。

[11] 杨赤宇:《湖口县象山东汉纪年墓》,《江西历史文物》1986 年第 1 期。

[12] 黄冈市博物馆、湖北省文物考古研究所、湖北省京九铁路考古队编著:《罗州城与汉墓》,科学出版社,2000 年。

[13] 笔者考察所见。

[14] 荆门市博物馆:《荆门十里九堰东汉墓》,《江汉考古》1987 年第 3 期。

[15] 王世振、王善才:《湖北随州东城区东汉墓发掘报告》,《文物》1993 年第 7 期。

[16] 南阳市文物工作队:《南阳第二胶片厂汉墓发掘简报》,《华夏考古》1994 年第 4 期。

[17] 事实上,迄今的考古资料显示,两汉时期岭南地区烧造的具有鲜明地域特色的陶瓷产品除了在五岭以北的今湖南、江西、湖北、河南等地有发现以外,还在云贵地区、越南北部等地均有发现。对于岭北以外的地区所发现的岭南类型陶瓷器,将另文讨论。

中还出土了成组的岭南类型陶瓷器,在随葬品中占有相当比重。由湘南向北至长江干流以北地区,已发现的数量呈逐渐减少的趋势。至秦岭—淮河干流一线以北,目前在汉代墓葬中还极少见到随葬有来自岭南的陶瓷产品。[1]

就器形而言,五岭以北地区发现的汉代岭南类型陶瓷产品主要有鼎、盒、簋、三足盒、壶、匏壶、小口壶、长颈瓶、三足釜、樽、熏炉、提筒、魁、碗、盂、卮、杯、盘、俑灯、瓮、四耳罐、双耳罐、无耳罐、展唇罐、五联罐、井、灶、屋等,几乎涵盖了汉代岭南地区生产的具有鲜明地方特色陶瓷产品的绝大多数器物类

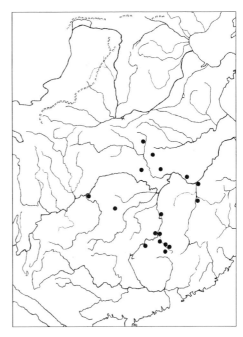

图 13-1　汉代岭南类型陶瓷器在五岭
以北地区的分布示意图

型。从胎釉来看,基本上都属于南方硬陶系统,不少器物表面还都施釉。尽管施釉器物中大多数的釉脱落严重,但少数烧成及保存状况均较好的已被视为“原始瓷”或归入“瓷器”范畴。器表饰拍印纹饰的器物则往往被归入“印纹陶”或“印纹硬陶”的范畴。下面试就已报道的相关资料按区域略述如下:

首先是湘江流域。湘江及其支流耒水沿线为汉代南北交通干线所在,尤其是湘南的资兴、郴州、耒阳等地,因地近南岭,已发现的岭南类型陶瓷器资料相当丰富。

1978~1980 年间,在湖南资兴清理两汉墓葬 360 余座。其中西汉墓 256 座,出土的 5909 件陶器中,属于岭南类型陶瓷器的主要有:三足盒 1 件(M364)、俑灯 1件(M40)、五联罐 1 件(M342)、Ⅱ式瓮 10 件(M116、M218)、Ⅱ式四耳罐 15 件

[1]　早年劳弗尔于西安收集的汉代文物中,曾有 1 件属于岭南的陶瓷产品,据称为咸阳附近地区出土。参见 Berthold Laufer, *The Beginning of Porcelain in China*, 1917。然而,1949 年以来关中以及华北地区新发表的汉代考古学资料中,尚未见到岭南类型陶瓷产品的实例。

（M372）、V式双耳罐 8 件（M271）、B 型 III 式双耳圈足壶 20 件（M196）、VI式双耳圈足壶 5 件（M300）[1]等（部分器物见图 13−2）。据介绍："部分坛、罐、壶施有薄层黄、褐色釉。"[2]尽管在报告的具体描述中并未逐一说明施釉情况，但可以肯定的是，在这批资兴西汉墓葬出土的可能来自岭南的陶瓷器中，施釉器物的种类还较少，按照件数计算，所占陶器比例累计似不足 9%。从出现的时间看，个别器物（如三足盒）可能早至西汉前期，但大多数都属于西汉中晚期。

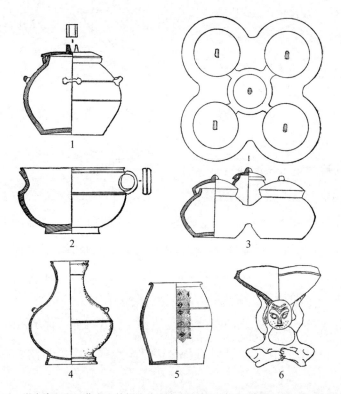

图 13−2　湖南资兴西汉墓出土的部分岭南类型陶瓷器（据《湖南资兴西汉墓》插图改制）

1. 四耳罐（M372：23）　2. 带把杯（M30：24）　3. 五联罐（M342：24）　4. 壶（M196：22）　5. 罐（M116：16）　6. 俑灯（M40：25）

---

[1] 按：括弧内的墓葬编号均指发掘报告所列举相关器物的出处，并不等于说所有同型式的器物均出自这些墓葬。另外，受发掘报告列举方式的局限，文中所列属于岭南类型陶瓷器的同型式器物的数量也只能作为参考。

[2] 湖南省博物馆、湖南省文物考古研究所：《湖南资兴西汉墓》，《考古学报》1995 年第 4 期。

　　至于资兴的107座东汉墓,共计出土陶器2038件。据称:"泥质釉陶占陶器总数的10%左右。"[1]其中属于岭南类型的陶瓷产品大致有:Ⅰ式鼎8件(M530)、Ⅱ式壶28件(M530、M120、M133、M335)、盘口罐(即岭南常见的展唇罐)[2]4件(M530)、卷唇罐(无耳罐)4件(M313)、筒罐(双耳直身罐)7件(M530)、Ⅰ式带盖双耳罐和四耳罐30件(M530)、直领罐(双耳或四耳罐)2件(M577)、瓮2件

图13-3　湖南资兴东汉墓M530出土的岭南类型陶瓷器(据《湖南资兴东汉墓》插图改制)

　　1.鼎　2.四耳罐　3.井　4.博山炉　5.四耳展唇罐　6.三足釜　7.匜　8.双耳直身罐
　9.樽　10.屋　11.簋　12.壶

---

[1] 湖南省博物馆等:《湖南资兴东汉墓》,《考古学报》1984年第1期。按:除陶器外,另外还有"瓷器"38件,包括高足杯35、碗1、钵2件。有关这些产品的来源,如果从类型学角度观察,仍和岭南类型一致,但是否也都是来自岭南的产品,则需要通过科学的检测分析方能确定。

[2] 括弧内的器物名称是参照岭南地区对于同类器物的定名所做的补充或者更正,下文中皆同,特此说明。

（M331）、碗 15 件（M424、M313、M132、M489）、筒杯（卮）3 件（M530）、簋 1 件（M530）、瓿（樽）3 件（M530、M272、M306）、魁 2 件（M424）、勺 1 件（M306）、三足釜 5 件（M530、M496）、博山炉 1 件（M530）、Ⅰ式井 1 件（M530），以及灶、屋、圈、圈足杯、盘等。相较于前述资兴西汉墓而言，器物种类明显增多，约 20 种。通过报告的举例得知，个别墓葬如年代被断为东汉早期的 M530 出土的岭南类型陶瓷器数量非常集中，其中仅施釉的器物种类就至少有 11 种之多（图 13-3）。

　　类似资兴东汉墓 M530 那样出土成组岭南类型陶瓷器的墓葬在与资兴邻近的郴州、耒阳等地也有报道。

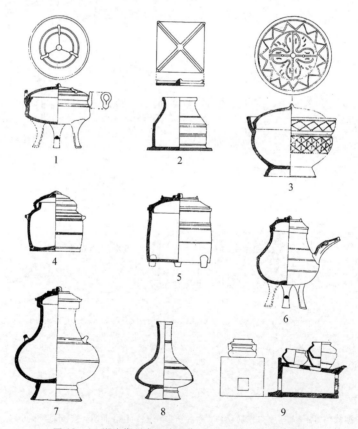

图 13-4　湖南郴州奎马岭汉墓 M2 出土岭南类型陶瓷器
（据《湖南郴州市奎马岭汉墓的发掘》插图改制）

　　1. 鼎　2. 井　3. 盒（簋）　4. Ⅰ式罐（双耳直身罐）　5. 瓿（樽）　6. 鐎壶（三足釜）　7. 壶　8. Ⅲ式壶（长颈瓶）　9. 灶

1980年郴州市奎马岭发掘了4座汉代砖室墓(编号M1~M4),其中M2保存完整,年代被推断为东汉前期。[1]该墓出土了一批属于岭南类型的陶瓷器,包括鼎1、壶2、奁(樽)1、镰壶(三足釜)1、双耳带盖罐2、无耳罐1、博山炉1、井1件等。据介绍,"釉陶表面施浅黄绿釉,有光泽,涂釉不匀,脱釉现象较多,成片状剥落或呈蛛网状裂纹"。另外该墓还出土了胎质与岭南青釉陶相同的Ⅲ式壶(长颈瓶)、盒(簋),以及灶、屋等,绝大多数器形与岭南的同类器物一致,推测也应该是来自岭南地区的产品(图13-4)。

1984年在郴州清理的另1座汉代砖室墓(编号84郴五M1)中,出土陶器18件,包括鼎2、簋1、壶2、罐6、提筒3、坛1、碗1、灯1、纺轮1件,其中绝大多数的器形也都与岭南地区流行的同类器物一致(图13-5)。据介绍,"均夹砂白灰胎,火候较高……器表施青黄釉开细冰裂纹,出土时大部分脱落"。发掘者认为该墓年代为新莽时期,[2]从器形来看,年代也的确比前述郴州奎马岭M2略早一些。其中横系陶壶腹部出现的铺首衔环装饰,也是岭南地区西汉后期至东汉早期常见的作法。[3]值得关注的是:这种铺首衔环在岭南地区横系壶上的出现本身似乎应该是受到了岭北文化的影响。那么,当这类器物出现在岭北地区的墓葬中时,等于是又将这种受到岭北文化影响的器物重新反馈到了岭北地区。汉代五岭南北之间的文化互动亦由此可见一斑。同类器物在长沙、[4]南昌[5]等地也都有出土,而且大多器表施釉,造型规整,形体高大,在北传的岭南类型陶瓷器中,显得格外引人注目。

耒阳一带汉代墓葬的发掘始于1955年。当年4月至7月在耒阳县城西郊至西南郊区清理古墓40多座,出土了一批陶瓷器。从发表的线图和照片来看,属于汉代岭南类型的陶瓷器主要有鼎、三足壶(三足釜)、圈足壶、灶、陶猪圈(屋)、陶牛栏(井)、陶奁(樽)、盒、博山炉、长颈瓶、双耳罐等器形。其中"第1号砖室墓"中出

[1] 郴州地区文物工作队:《湖南郴州市奎马岭汉墓的发掘》,《考古学集刊》第2集,1982年。
[2] 龙福廷:《湖南郴州清理一座新莽时期墓葬》,《考古》1987年第4期。
[3] 广州市文物管理委员会、广州市博物馆:《广州汉墓》,文物出版社,1981年。
[4] 湖南省博物馆:《长沙柳家大山古墓葬清理简报》,《文物》1960年第3期。
[5] 许智范:《南昌市老福山西汉墓》,《江西历史文物》1983年第3期。

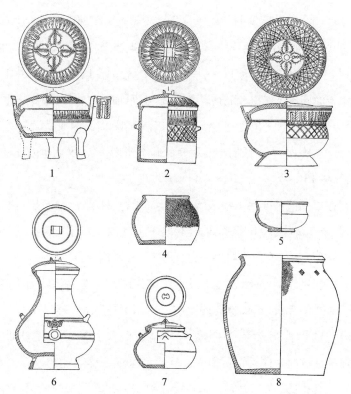

图 13-5　湖南郴州汉墓 84 郴五 M1 出土的部分岭南类型陶瓷器
（据《湖南郴州清理一座新莽时期墓葬》插图改制）

1. 鼎　2. 提筒　3. 簋　4. 罐　5. 碗（钵）　6. 壶　7. 四耳罐　8. 坛（罐）

土的岭南类型陶瓷器至少有 8 种以上,数量也非常集中。[1]另外,1984 年在耒阳市城关镇鹿歧村发掘的 4 座东汉墓中也出土了岭南类型陶瓷器,包括 I 式缸 1 件（M2∶2,四耳罐）、II 式钵 1 件（M1∶4,圈足碗）、双系罐 1 件（M2∶4,双耳罐）、圈足钵 1 件（M2∶5）等,器表大多施釉,其中后 2 件还被称为“青瓷器”。[2]

到目前止,耒阳地区已发表汉墓资料最为集中的一批还是 1984～1988 年发掘的 149 座东汉墓,共出土陶器 1288 件。据介绍,“泥质釉陶约占总数的 10%”。[3]

［1］湖南省文物管理委员会：《耒阳西郊古墓清理简报》,《文物参考资料》1956 年第 1 期;湖南省文物管理委员会：《湖南耒阳东汉墓清理简报》,《考古通讯》1956 年第 4 期。
［2］衡阳市文物工作队：《湖南耒阳城关发现东汉墓》,《南方文物》1992 年第 2 期。
［3］衡阳市博物馆：《湖南耒阳市东汉墓发掘报告》,《考古学集刊》第 13 集,2000 年。

这一比例和前述资兴东汉墓中的情况基本相似。从报告的举例中推断大致属于岭南类型的陶瓷器主要有：Ⅲ式鼎3件（M257）、B型Ⅳ式罐16件（M137）、B型Ⅴ式罐18件（M137）、Ⅱ式魁1件（M405）、B型钵6件（M37、M147、M120、M280等）、Ⅱ式小口瓶（长颈瓶）1件（M405）、A型Ⅰ式和Ⅱ式碗计7件（M120、M127）、B型碗3件（M287、M137）、A型Ⅱ式杯1件（M127）、B型Ⅱ式和Ⅲ式杯计6件（M138、M224）、C型Ⅰ式杯2件（M134）、Ⅲ式和Ⅳ式盘计4件（M256、M405）、Ⅰ式和Ⅱ式盂计8件（M37）、Ⅰ式和Ⅱ式三足釜计9件（M137、M405）、Ⅱ式镶壶3件（M387）、簋8件（M405、M128）、Ⅰ式和Ⅱ式熏炉计4件（M127、M257）、Ⅱ式奁（樽）4件（M257）、Ⅳ式奁（提筒）1件（M405）、Ⅱ式井13件（M257），等等，约占全部施釉器物的80%以上。[1]另外无釉的C型Ⅰ式、Ⅱ式、Ⅴ式和Ⅵ式壶，也属于岭南常见的器形。其他与岭南地区器形一致的器物还有：B型Ⅱ式坛、Ⅲ式和Ⅳ式灶、各式陶屋等。这样，可归入岭南类型的器物种类竟有20种以上，总体上和前述资兴东汉墓所见到的情况基本一致，由此可窥见资兴至耒阳一带在东汉时期所受到的来自岭南地区的文化影响。通过报告的列举，我们还知道，属于M405、M257等墓出土的岭南类型陶瓷器数量都达到6种以上（图13-6、图13-7）。

相比之下，永州一带汉墓中所见岭南类型陶瓷器的器物类型似乎相对简单，目前也缺乏前述郴州地区所见在同一座墓中成组成批出现的例子。已报道的零散发现主要有：1963年李家园汉墓中出土的双耳罐[2]（图13-8,3）、1984年鹞子山西汉"刘强"墓出土的9件硬陶壶[3]（图13-8,5）、1995年鹞子岭2号西汉墓出土的几件无耳罐（图13-8,1、2、4）和四耳罐[4]（图13-8,6）等。值得注意的是后两座墓，均共存有大量具有鲜明地方特色的印纹硬陶罐以及具有岭北文化特点的泥质

[1]　同本书第196页注[1]。文中的统计数字是依据报告列举的情况，将同型或同式的器物数量一并计算在内的，仅供参考。
[2]　周世荣：《湖南零陵李家园发现新莽墓》，《考古》1964年第9期。按：该墓为砖室墓，共存灰陶灶、井等器物，发掘者认为年代为新莽时期，但据出土陶器的器形推断可能应晚至东汉早期。
[3]　零陵地区文物工作队：《湖南永州市鹞子山西汉"刘强"墓》，《考古》1990年第11期。
[4]　湖南省文物考古研究所等：《湖南永州市鹞子岭二号西汉墓》，《考古》2001年第4期。该墓出土的岭南类型陶瓷器即报告中的B型Ⅰ式罐和B型Ⅲ式罐，数量分别为3件、1件。

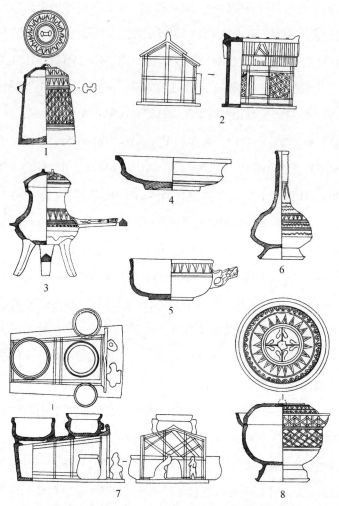

图13-6　湖南耒阳东汉墓 M405 出土的岭南类型陶瓷器
（据《湖南耒阳市东汉墓发掘报告》插图改制）

1. 双耳直身罐　2. 屋　3. 三足釜　4. 盆　5. 魁　6. 小口长颈瓶　7. 灶　8. 簋

"仿铜陶礼器"组合,发掘者推断其年代分别为西汉中期、晚期,墓主人属于当地的贵族,还可能与西汉泉陵侯家族有关。

由湘南北上,在地处湘江与其支流耒水汇合处的衡阳一带,已发现的汉代墓葬资料已经相当丰富,但报道的岭南类型陶瓷产品数量尚不多。1952 年在衡阳蒋家山清理的一座东汉砖室墓（编号衡·空 M4）中,出土了 20 件硬陶罐。从报告发表

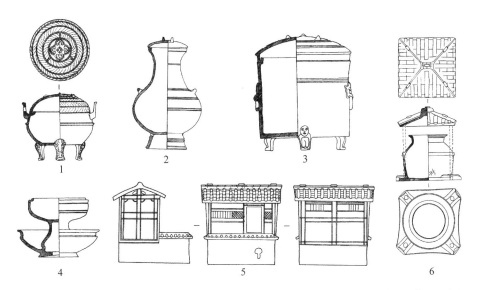

图 13-7 湖南耒阳东汉墓 M257 出土的岭南类型陶瓷器(据《湖南耒阳市东汉墓发掘报告》插图改制)

1.鼎 2.壶 3.樽 4.熏炉 5.屋 6.井

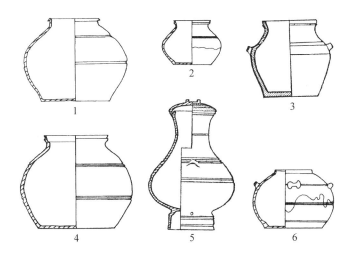

图 13-8 湖南永州地区汉墓出土的部分岭南类型陶瓷器

1.罐 2.罐 3.双耳罐 4.罐 5.壶 6.四耳罐

的照片看,2 件 C 型釉陶方块印纹罐、2 件 D 型双耳罐和 1 件 E 型带盖筒形双耳罐,均应属于来自岭南的陶瓷产品,器表大多施釉。[1]

至于长沙地区,在西汉时期曾长期作为长沙国的都城所在地。早在 20 世纪早期,长沙地区便有不少岭南类型陶瓷产品被发现,但大多流失海外。其中被收藏在美国耶鲁大学美术馆的一批,从 1970 年出版的有关图录来看,属于岭南的陶瓷产品至少包括:编号为 1940.327 的陶屋,编号为 1940.824b 的陶簋,编号为 1940.824a 的器盖,编号为 1940.343 和 1940.344 的 2 件陶魁,编号为 1940.345 的陶长颈瓶,编号为 1940.375 的陶樽,编号为 1940.376 的陶小口瓶等。[2] 另外,号称 1947 年至 1950 年间在长沙及其附近出土后辗转流入香港的一批古代陶瓷器中,也有不少属于汉代岭南类型的产品。依照收购者 Isaac Newton 所发表图录的编号,大致包括:7 号壶、8 号樽、9 号双耳罐、10 号壶、11 号双耳直身罐、12 号樽、13 号三足釜、14 号三足釜、15 号鼎、16 号壶形杯、17 号簋、18 至 20 号器盖、21 号博山炉、22 号簋(圈足碗)、23 号魁、24 号罐、25 号四耳罐、26 号长颈瓶、27 号盖、28 号长颈瓶、29 号四耳罐、30 号三足钵等。[3]

20 世纪 50 年代,长沙一带的科学考古发掘工作逐步展开。在当时发掘的部分汉代墓葬中也出土了不少与岭南地区风格一致的带釉或不带釉的陶瓷器。例如 1955 年出版的《全国基本建设工程中出土文物展览图录》中所介绍的在长沙月亮山墓葬出土的陶灶、带釉陶屋、带釉陶洗(圈足碗)、带釉陶盖碗(簋),以及杜家山墓葬出土的五连陶罐(五联罐)等,应该都是属于汉代岭南类型的陶瓷器。[4] 1957 年出版的《长沙发掘报告》,较系统地报道了 1951~1952 年间在长沙郊区的考古发现。其中西汉后期墓葬 M217 出土的 I 式"轮制的壶形器"(图 13-9,1)、M401 出土的Ⅶ式和Ⅷ式"手制的罐形器"(图 13-9,2),东汉墓葬 M262 出土的陶盉(三足

[1] 周世荣:《衡阳战国秦汉墓》,《湖南古墓与古窑址》,岳麓书社,2004 年。

[2] George J. Lee, *Selected Far Eastern Art in the Yale University Art Gallery*, Yale University, 1970.

[3] Isaac Newton, "Chinese Ceramic Wares from Hunan", *Far Eastern Ceramic Bulletin*, Vol.X, nos.3-4, 1958, pp.3-49, plates I-XLIII. 囿于当时的认识,Newton 认为这些器物都是湖南地区烧造的。

[4] 全国基本建设工程中出土文物展览会工作委员会编:《全国基本建设工程中出土文物展览图录》,中国古典艺术出版社,1955 年。

釜)和 M243 出土的圈足盘口壶等,[1]
都应是岭南类型的陶瓷器。类似的发现
还有 1956 年长沙沙湖桥西汉墓 FM4 出
土的"四耳陶坛"、[2] 1959 年长沙市东
郊柳家大山"第 32 号墓"出土的 6 件陶
"锺"(壶)[3] 等。其中柳家大山 M32
出土的岭南类型陶壶高达 49 厘米,器表
施釉,在肩腹部除了有与圈足上对穿的

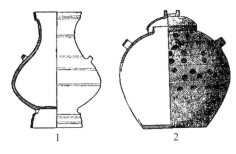

图 13 - 9　湖南长沙地区汉墓出土岭南类型陶瓷器
　　　　　(据《长沙发掘报告》)

1. 壶(M217∶1)　2. 四耳罐(M401∶83)

圆孔相对应的一对横耳以外,还在另外两侧增设了一对铺首衔环装饰。

其次是赣江流域。赣江与湘江大致东西并行,均由南向北注入长江干流。在
汉代,赣江沿线也曾是南北交通的重要通道。不过,该区域已报道的汉代考古资料
相比湘江流域明显要少,目前所知出土岭南类型陶瓷器的墓葬也不多,主要见于位
置偏北的南昌、湖口等地。见于报道的主要有:

1983 年在南昌老福山发掘的一座汉墓中出土有 1 件"青瓷锺"和 1 件Ⅱ式"青
瓷壶",[4] 实际上器形均与岭南类型的釉陶壶一致。据介绍,"青瓷锺"高 42 厘
米,口径 13 厘米,子口,带盖,"胎色灰白,釉已脱落。颈部有一道凹弦纹,肩部和腹
部各饰两道凹弦纹。肩部塑有对称的两半圆钮和铺首图案。圈足上对穿有双孔,
和钮配合可便于穿绳提携"。同样饰有铺首的横系硬陶壶在前述的郴州、长沙
地区都曾有发现。另外,该墓还出土了"盖顶中央饰柿蒂形假钮"的 2 件"青
瓷鼎",器形和装饰风格也和岭南地区的釉陶鼎接近。另据《尘封瑰宝——江
西配合基本建设出土文物精品》图版3 - 1介绍,还有 1 件老福山汉墓出土的岭

[1] 中国科学院考古研究所编著:《长沙发掘报告》,科学出版社,1957 年。
[2] 李正光、彭青野:《长沙沙湖桥一带古墓发掘报告》,《考古学报》1957 年第 4 期。
[3] 湖南省博物馆:《长沙柳家大山古墓葬清理简报》,《文物》1960 年第 3 期。
[4] 许智范:《南昌市老福山西汉墓》,《江西历史文物》1983 年第 3 期。该墓遭到破坏,据介绍,遗物包
　　括"经继续清理和群众送交获得的出土器物",但哪些是继续清理所得,哪些是群众送交,报告未明
　　言,本文暂将报告所列器物作为同一座墓出土的来看待。至于发掘时间,报告说是"今年元旦刚
　　过",据《文物考古工作十年》第 153 页介绍,应是 1983 年。

图 13 - 10　江西南昌老福山出土的
汉代岭南类型陶壶
（采自《尘封瑰宝》）

南类型釉陶壶（图 13 - 10），据说是 1980 年发现的。可见，类似的釉陶壶在老福山的出土次数可能不止一次。同类型的陶壶在 1986 年发掘的南昌京家山汉墓 M2 中也出土了 1 件，高 31.2 厘米，盘口，横系，圈足穿孔，器表施青褐色釉，被称为"青瓷壶"。发掘者推测该墓年代为新莽时期，[1]也与前述老福山汉墓的年代大体接近。

　　进入东汉以后，赣水流域所见岭南类型的陶瓷器中，壶类器物似乎减少，而横系的罐类器物有所增加，且大多被称为瓷器。例如，1973年南昌东郊东汉墓"丁 M1"中出土的 1 件釉陶双耳罐，"器表施米黄色釉不及底。高 14.5 厘米"，报告中便是称之为"瓷器"。[2]另外，1983 年，在湖口象山发现的一座东汉"永初"纪年墓[3]中，也出土了不少"青瓷器"，其中横系的双耳罐和四耳罐之中器形和装饰均与岭南地区的同类型器物基本一致者也有可能是来自岭南地区的产品。

　　再次是长江干流以北地区。在邻近江西湖口的湖北蕲春地区，据《罗州城与汉墓》[4]一书的报道，也发现了少量岭南类型陶瓷器。其中年代较早的是鳡鱼咀西汉晚期墓 M35 出土的 1 件釉陶匏壶（图 13 - 11,6），同类器物在长江干流以北地区极为罕见；年代被推断为东汉早期的陈家大地 M3 则集中出土了一批岭南类型的罐类器物，数量也有 6 件之多，包括 2 件 Ba 型 I 式罐、3 件 Ba 型 II 式罐和 1 件 C 型罐，为泥质灰胎或灰白胎，器表多施釉（图 13 - 11,1、2）。

［1］江西省文物工作队、南昌市博物馆：《南昌市京家山汉墓》，《考古》1989 年第 8 期。
［2］江西省博物馆：《江西南昌东汉、东吴墓》，《考古》1978 年第 3 期。
［3］杨赤宇：《湖口象山东汉纪年墓》，《江西历史文物》1986 年第 1 期。
［4］黄冈市博物馆、湖北省文物考古研究所、湖北省京九铁路考古队编著：《罗州城与汉墓》，科学出版社，2000 年。

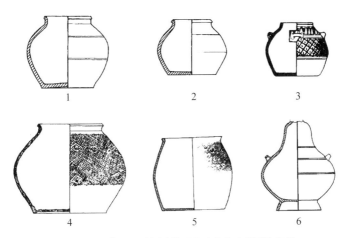

图 13－11　长江干流以北地区出土的岭南类型陶瓷器

1. 罐（蕲春陈家大地 M3：3）　2. 罐（蕲春陈家大地 M3：7）　3. 四耳罐（随州东城区 M1：58）　4. 罐（荆门十里九堰 M1：3）　5. 罐（南阳二胶厂 M6：1）　6. 匏壶（蕲春鳝鱼咀 M35：1）

类似陈家大地 M3 那样相对集中出土岭南类型陶瓷器的情况，在长江干流以北地区还比较少见。目前长江干流以北其他地区所报道的大多是极为零散的发现，年代大都属于东汉时期，器形也以罐类为主。例如：

1985 年在荆门十里九堰两座东汉砖券墓中，出土的编号为 M1：3 的 1 件 A 型Ⅱ式方格纹罐，"肩、腹部饰方格纹及方格戳印纹"（图 13－11，4）。另外，M2 出土的 1 件 A 型Ⅲ式罐，肩腹部也饰方格印纹，据称"无论纹饰，还是器形都与广州东汉后期墓的同类器物相似"。至于 M1 共存的 1 件瓷罐（M1：10），"通体施灰色薄釉"，器形也是岭南风格的盂之类。[1]

1990 年在湖北随州东城区东汉砖墓中出土的 1 件Ⅲ式罐（M1：58），"肩、腹部施灰绿色薄釉，略有光泽。肩部饰一圈倒三角叶脉纹，腹部饰斜网格纹，肩、腹之间和腹下部均饰四道凹弦纹"（图 13－11，3），[2] 从器形和装饰来看，也应属于岭南类型的四耳罐。

[1]　荆门市博物馆：《荆门十里九堰东汉墓》，《江汉考古》1987 年第 3 期。
[2]　王世振、王善才：《湖北随州东城区东汉墓发掘报告》，《文物》1993 年第 7 期。

1987 年初南阳第二胶片厂东汉墓 M6 出土的 1 件"青瓷罐",器表饰"网纹"并有"戳印图案"(图 13－11,5)。[1]发掘者注意到其器形与纹饰均与广东接近,无疑是正确的。不过报告中既称之为瓷器,却又说"外施铅釉",估计"铅"乃"青"之误。如果不考虑早年劳费尔在西安收集的那件岭南类型陶壶,南阳的这件罐应是目前

图 13－12　湖南龙山县大板汉墓 M9 出土的岭南类型陶壶(采自《里耶发掘报告》)

已知经科学发掘的汉代墓葬出土遗物中分布最北的一件岭南类型陶瓷器了。

除了以上长江中游地区所见的发现以外,1980 年在涪陵三堆子发掘的东汉砖室墓中曾出土了 1 件"双系青瓷罐"(编号 M4：6),"除下腹部和底部外,里外施青黄色釉"。[2]从发表的器物图上看,应为岭南类型的小口壶,只是器形略小一些。它的发现表明,在两汉时期尤其是东汉时期,岭南类型陶瓷器的流传范围应该已到达了四川盆地的东部。

另外,2002 年在湘西北的龙山县大板墓地出土的 1 件属于岭南类型的硬陶壶,即 M9 出土的 D 型 I 式双耳壶(M9：5;图 13－12),通高达 40.6 厘米,年代大致属于"西汉晚期后段",也进一步丰富了汉代岭南陶瓷产品在岭北地区流传的实物资料。[3]

三、汉代岭南类型陶瓷器北传的阶段性变化

综合目前五岭以北地区所见汉代岭南类型陶瓷器的发现状况,可以将岭南类

[1] 南阳市文物工作队:《南阳第二胶片厂汉墓发掘简报》,《华夏考古》1994 年第 4 期。

[2] 四川省文物管理委员会、涪陵地区文化局:《四川涪陵三堆子东汉墓》,《文物资料丛刊》第 10 辑,1987 年,第 136~141 页。

[3] 湖南省文物考古研究所:《里耶发掘报告》,岳麓书社,2007 年。发掘者正确指出该壶"与广州汉墓Ⅳ型①式壶相近似",只是未提及是否曾施釉。有关讨论,参见拙稿《里耶与岭南——读〈里耶发掘报告〉札记之二》,《中国文物报》2009 年 10 月 30 日第 7 版。

型陶瓷器的北传大致分为以下三个阶段：

　　第一阶段是西汉前期即南越国时期。当时五岭南北之间物质文化所呈现的某些共性，一方面可能是因为都承袭了先秦时期南方百越文化的某些传统所致（如印纹硬陶的延续），另一方面则主要表现为岭南地区在纳入秦统一之后受到了岭北文化的强烈影响（如成组的泥质仿铜陶礼器组合在岭南地区墓葬中的出现）。尽管如此，就陶瓷手工业而言，一种有别于汉代其他地区陶瓷产品的地域风格也正是在这个割据时期逐渐形成的，其主要特征表现为：横系的广泛使用、在拍印方格纹的基础上施加各类戳印纹的流行、器物圈足穿孔的作法，以及造型独特的器物群的出现等。因而可以说，这一时期也正是汉代岭南陶瓷手工业独特风格的形成与初步发展时期。前述资兴西汉早期墓所见与广州西汉前期Ⅰ式盒接近的三足盒，说明在南越国时期具有岭南地区独特风格的陶瓷产品已开始进入岭北地区。[1] 1988 年，在长沙发掘的一批西汉墓（具体数量未交待）中，又"出土了一批颇可观的南越式硬陶器"，据称"其制作方法、胎质、纹饰、釉色均与岭南的风格相同，反映了西汉时期湖广两地文化的相互影响"。[2] 不过，有关资料的详细情况尚未发表，虽称之为"南越式硬陶器"，不知具体年代是否能早到西汉前期。[3] 总体上看，此时岭南类型陶瓷器在岭北地区的流通数量还极少。这或许表明，岭南割据的政治格局对于当时岭南陶瓷产品的跨区域流通也产生了一定程度的制约。

　　第二阶段是西汉中期至东汉早期，为岭南类型陶瓷器北传的主要时期。无论是在墓葬中成组随葬还是作为单件的器物出现，这一时期岭南类型陶瓷器在五岭以北地区的流传都达到了一个高潮。南越灭亡之后，岭南地区又重新纳入统一的中央集权的统治下。岭南类型陶瓷器的大量北传，显然是与岭南地区由

---

［1］湖南省博物馆、湖南省文物考古研究所：《湖南资兴西汉墓》，《考古学报》1995 年第 4 期。

［2］宋少华：《长沙市西汉墓》，《中国考古学年鉴（1989）》，文物出版社，1990 年，第 219 页。

［3］笔者在长沙考察时亦见到了当地西汉墓出土的鼎、盒、壶、匏壶等成组的岭南类型釉陶器，年代在西汉中期或略晚。在目前长沙已报道的资料中，还很少见到典型的南越国时期的釉陶器。说明岭南类型陶瓷器在长沙地区的出现，大多都应在西汉中期灭南越国以后。但由于长沙地区发现的大量汉墓资料正在整理，具体如何，还有待以后证实。

分裂走向统一的历史背景分不开的。目前资料所见：该阶段岭南类型陶瓷器除了大量出现在邻近五岭的湘赣南部地区，如资兴、郴州等地以外，还进一步向北流传至长沙、南昌地区，稍后在长江干流以北的今湖北蕲春以及江汉平原至南阳盆地一带也开始出现。其沿南北交通干线由南向北传播的特点十分突出。长沙、南昌作为当时郡国首府所在地，自然也是南方地区各类物质资料的汇聚之地。沿湘江、赣江的南北交通干线，则为岭南类型陶瓷器的流通提供了便利的交通条件。

有意思的是，如果对比湘赣南部各地的考古发现，我们还可以看出，当时岭南类型陶瓷产品北传的主要流通线路似乎是经由北江沿线北上，穿越南岭中的山谷而进入岭北耒水流域。这一线路和当今的京广铁路线基本重合。地处岭南通往岭北地区交通要道的今广东乐昌，恰处于这条交通干线上。当地汉墓中也发现了大量的岭南类型陶瓷器，[1]其中施釉的器物种类就有三足釜、鼎、壶、熏炉、四耳罐、直身罐、簋、盒等，器形和广州汉墓所见基本一致（图 13-13）。根据文献记载，该地在西汉前期属于南越控制区域的北边界，与长沙国或汉之桂阳郡相接。南越灭国之后，该地被纳入桂阳郡辖区。也就是说，从西汉中期开始，今日广东乐昌一带，实际上与岭北的湖南郴州、资兴、耒阳一带均同属于汉桂阳郡的管辖范围，而郴州、资兴、耒阳一带恰是发现岭南类型陶瓷产品数量最多、分布最为密集的区域之一。类似桂阳郡这种辖区兼跨五岭南北的格局，对于打破原有区域格局的限制、促进当时岭南类型陶瓷器向五岭以北地区的传播，以及五岭南北之间的物质文化交流等势必都会产生积极的影响。

位于江汉平原以北的南阳郡一带，在南越灭亡之后曾是接纳南越投降人员的封地之一，[2]同时在西汉晚期还存在由湘南北迁南阳郡的王子侯国。[3]类似的由南而北的人口流动对于岭南陶瓷产品的北传也可能会起到一定的媒介作用。

第三阶段为东汉中晚期。五岭以北地区所发现的属于这一时期的岭南类型陶

[1] 广东省文物考古研究所等：《广东乐昌市对面山东周秦汉墓》，《考古》2000 年第 6 期。

[2] 葛剑雄主编：《中国移民史》第二卷，福建人民出版社，1997 年，第 249 页。

[3] 《后汉书·宗室四王三侯列传》，第 560 页。

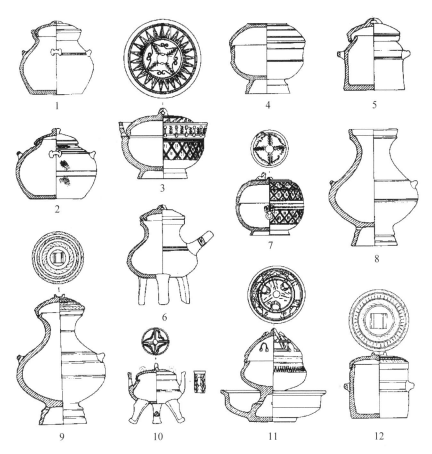

图 13-13　广东乐昌对面山汉墓出土岭南类型陶瓷器
(据《广东乐昌市对面山东周秦汉墓》插图改制)

　　1. 四耳罐(M155)　2. 四耳罐(M72)　3. 篮(M155)　4. 盒(M1121)　5. 直身罐
(M179)　6. 三足釜(M171)　7. 盒(M174)　8. 壶(M29)　9. 壶(M85)　10. 鼎(M125)
11. 熏炉(M33)　12. 直身罐(M85)

瓷器,相较于前一阶段而言数量似乎又显著减少,空间分布也有所缩减。与此同时,如果只从类型学的角度看,湘赣地区东汉墓出土的所谓"瓷器"中的绝大多数又与同时期岭南地区的钙釉器或"原始瓷"[1]十分接近或完全一致。例如 2003 年

---

[1]　近年来,岭南地区的部分汉墓发掘报告中也开始采用"原始瓷"的概念。例如: 广西壮族自治区文
　　物工作队:《广西贵港市马鞍岭东汉墓》,《考古》2002 年第 3 期。

在耒阳市郊清理的东汉墓中就出土了一批"胎质灰白,器表多施釉"的所谓"青瓷器",包括鼎、双耳罐、壶、小口瓶(长颈瓶)、奁(樽)、魁、杯、盂、碗等器类(图13-14)。发掘者推断年代为东汉晚期。[1]从造型和装饰来看,大多与东汉时期岭南类型的陶瓷器风格一致或接近,但不排除部分器物是在湘赣地区烧造的产品。在资兴、郴州、衡阳、长沙、益阳、南昌、清江、湖口等地东汉墓葬中出土的所谓

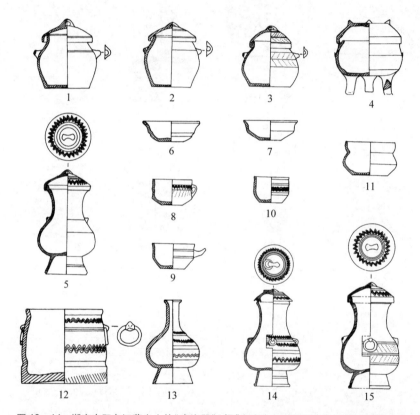

图13-14　湖南耒阳东汉墓出土的"青瓷器"(据《湖南耒阳市郊发现东汉墓》插图改制)

1. 双耳罐(LXJM3:3)　2. 双耳罐(LXJM2:2)　3. 双耳罐(LXJM3:6)　4. 鼎(LXJM3:4)　5. 壶(LXJM2:7)　6. 碗(LXJM3:17)　7. 碗(LXJM3:12)　8. 杯(LXJM4:3)　9. 魁(LXJM3:15)　10. 杯(LXJM3:10)　11. 盂(LXJM4:11)　12. 奁(LXJM4:13)　13. 小口瓶(LXJM2:1)　14. 壶(LXJM2:8)　15. 壶(LXJM2:7)

[1] 湖南省衡阳市文物处:《湖南耒阳市郊发现东汉墓》,《南方文物》2007年第3期。按:关于这批东汉墓出土"青瓷器"的数量,报告称有19件,但实际列举器物的件数之和为20件,包括:鼎2、双耳罐4、壶5、小口瓶1、奁1、魁1、杯3、盂1、碗2件。

"瓷器"中,也都存在类似的与岭南地区风格近似但产地来源不明的情况。而之所以出现这种难以区分的状态,是和自西汉后期以来湘赣地区陶瓷生产中出现的对于岭南类型陶瓷产品的"仿制"分不开的。由此可窥见汉代岭南类型陶瓷器的北传对岭北地区陶瓷手工业生产的影响之一斑。

四、关于汉代岭南类型陶瓷器北传的影响问题

考古资料显示,西汉早期,湘赣地区的陶瓷器(尤其是硬陶)上流行的是各类纵向系耳,如马王堆一号汉墓出土的硬陶壶、瓿(图13-15,1、2),器表施釉,纹饰采用上下分段的办法分别拍印席纹和方格纹。[1]而衡阳、[2]资兴等地所见,硬陶壶、

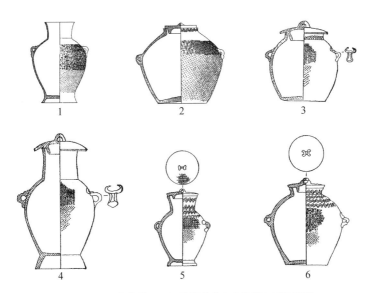

图13-15　湘赣地区西汉前期墓葬出土的纵向系陶瓷器

1. 壶(马王堆 M1：301)　2. 瓿(马王堆 M1：274)　3. 瓿(衡阳玄碧塘 M2：25)　4. 壶(衡阳玄碧塘 M2：10)　5. 壶(衡阳五马归槽 BM8：36) 6. 瓿(衡阳五马归槽 BM8：19)

[1] 湖南省博物馆、中国科学院考古研究所编:《长沙马王堆一号汉墓》,文物出版社,1973年。
[2] 衡阳市博物馆:《衡阳市苗圃五马归槽茅坪古墓发掘简报》,《考古》1984年第10期;衡阳市文物工作队:《湖南衡阳市玄碧塘西汉墓清理简报》,《考古》1995年第3期。

瓿类器物上的纵向系耳还往往做成牛首形,器表分段拍印的纹饰除了席纹加方格纹组合外,还有叶脉纹加方格纹的搭配(图13-15,3~6)。这些都显示出与南方地区先秦时期流行的印纹硬陶传统有着密切的关联。

然而,大致在西汉中期以后,随着越来越多的岭南陶瓷产品流入岭北地区,湘赣地区烧造的部分陶瓷产品在造型方面开始出现了明显的模仿岭南类型同类器物的迹象:不仅系耳采纳了岭南地区盛行的横向系的作法,壶、钫类带圈足的器物也往往和岭南一样在与横向双系对应的圈足部位出现了对穿的孔。这股模仿岭南陶瓷产品的风潮一直持续到东汉时期甚至更晚,不仅模仿的器物种类在增加,而且波及范围也已不仅限于湘赣地区。以致当所谓"成熟瓷器"出现并开始广为流传时,我们在更为广阔的空间内看到了岭南风格的延续与发展。

例如,1951~1952年,在长沙发掘的西汉后期墓葬中,[1]伍家岭M203出土的Ⅲ式壶(M203:46),器物造型就是明显地模仿了岭南地区的匏壶,横耳,圈足穿孔,并且施釉(图13-16,1);而伍家岭M244出土的Ⅱ式壶(M244:7;图13-16,2),器形上则更接近属于岭南类型的Ⅰ式壶(即前述的M217:1;图13-9,1),也采用了横系和圈足穿孔的作法,只是口部变得明显外侈,器形也略小一些而已。值得注意的是,这两类壶的腹部仍然饰有拍印的方格纹,保留了浓郁的印纹硬陶作风。不过,与西汉前期湘赣地区流行的上下分段拍印纹饰的作法相比,又产生了明显的变化,从而形成一种新的风格。

除长沙以外,这种将横向系与圈足穿孔相对应的新风格还在资兴、耒阳、衡阳、茶陵,以及湘西北的保靖、龙山等地有发现,以硬陶为主,但也有非硬陶的产品,器形以壶、钫为多。其中,资兴西汉墓出土的B型Ⅱ式壶(M419:29;图13-16,3)和B型Ⅳ式壶(M2:29),其横向系改为"三叉形耳"或"叉形耳",肩腹部还施加了水波纹,质地为"泥质红陶",可以说是一种在仿制中出现的新变化。[2]保靖清水坪汉墓出土的C型硬陶壶,[3]口部和岭南一样明显分为侈口(如M87:20;图13-16,7)和

[1] 中国科学院考古研究所编著:《长沙发掘报告》,科学出版社,1957年。

[2] 湖南省博物馆、湖南省文物考古研究所:《湖南资兴西汉墓》,《考古学报》1995年第4期。

[3] 湖南省文物考古研究所:《里耶发掘报告》,岳麓书社,2007年。

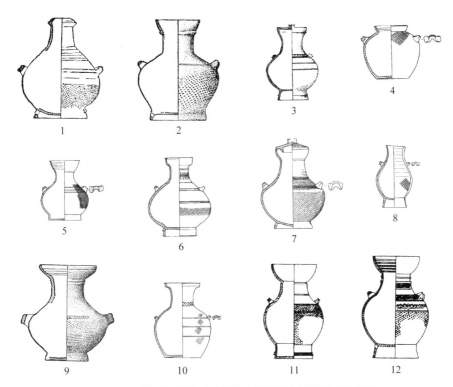

图 13－16　湘赣地区西汉中晚期至东汉墓葬出土的横向系陶瓷器

1. 匏壶(长沙伍家岭 M203：46)　2. 圈足壶(长沙伍家岭 M244：7)　3. 圈足壶(资兴 M419：29)　4. 双耳罐(龙山大板 M70：5)　5. 空心假圈足壶(龙山大板 M26：5)　6. 圈足壶 (保靖清水坪 M106：3)　7. 圈足壶(保靖清水坪 M87：20)　8. 钫(保靖清水坪 M87：11)　9. 空 心假圈足壶(长沙识字岭 M355：1)　10. 平底壶(龙山大板 M12：1)　11. 空心假圈足壶(衡阳 赤石 M423：20)　12. 圈足壶(衡阳赤石 M423：21)

盘口(如 M106：3;图 13－16,6)两种,器表也大多饰有拍印的方格纹。带盖者其盖 纽风格也和前述资兴汉墓出土的一致,只是子口的特征已经不如岭南类型的同类器 物那么明显了。同墓地出土的 C 型钫(·如清水坪 M87：11;图 13－16,8)为硬陶,也是 圈足穿孔与横系相对应,但腹部仍有拍印纹饰。茶陵潕溪汉墓出土的 I 式壶[1]以 及衡阳赤石新莽墓出土的 I 式壶(如 M423：21;图 13－16,12),[2]壶的肩腹部也

[1] 湖南省文物考古研究所、茶陵县文化局:《湖南茶陵县潕溪汉墓的发掘》,《考古》1996 年第 6 期。

[2] 衡阳市博物馆:《衡阳县赤石新莽墓》,《湖南考古辑刊》第 7 辑,1999 年。按:同墓地出土的 5 件 钫,虽然也是采用了横耳、圈足穿孔的风格,但质地为"灰夹砂软陶"。

都出现了较多的刻划水波纹。表明在器物造型模仿岭南类型的同时,装饰方面还可能受到了来自江东地区的某些影响。[1]

另一种值得注意的新风格,就是在空心假圈足的器物上采纳横向系耳。这种情况大致在西汉晚期已经出现,如衡阳赤石新莽墓出土的Ⅱ式壶(如M423:20;图13-16,11),在颈、肩和空心假圈足外侧均饰有弦纹,腹部饰方格纹。在M423中,这种空心假圈足壶还和前述的Ⅰ式圈足壶共存,两者器形非常接近,而且杯形侈口(按:报告仍称"盘口")较大是其共有的显著特征之一。[2]进入东汉以后,同类型的陶壶在长沙识字岭(如M355:1;图13-16,9),[3]乃至湘西的龙山县大板墓地(如M26:5;图13-16,5)[4]等地也都有发现,其大侈口的特征和前述衡阳赤石新莽墓葬所见的基本一致。就胎质而言,既有硬陶的(有的施釉),也有无釉的泥质软陶。其中长沙识字岭东汉墓出土的那件壶的横系已经位移至腹部最大径处,属于比较少见的情况。

还有的器物,圈足上虽未穿孔或者根本就没有圈足,但腹部仍然采用了类似于岭南的横向系耳,似乎也可以认为是受到了岭南类型的某种影响。属于此类的除少数仍是壶形器以外,更多的是罐类器物,包括双耳罐、四耳罐等,其分布范围更为广泛。

如龙山县大板汉代墓地出土的Ⅰ式釉陶双耳壶(M12:1),为浅盘口,平底,腹部饰凹弦纹和拍印的方格纹(图13-16,10)。而同墓地出土的Ⅲ式夹砂硬陶双耳罐(M70:5),"肩腹置对称附耳作横向(手捏合)。通体饰方格纹"(图13-16,4)。类似的横系罐在岭北地区发现较多,甚至在江东、江淮乃至华北地区的汉墓中也都有出土。虽然具体的产地来源未必都是湘赣地区,但造型上横系的采纳应该是和岭南类型的影响分不开的。

---

[1] 事实上,当岭南类型陶瓷器在湘赣地区流传的同时,来自江东地区的陶瓷产品也出现在湘赣地区,当地的陶瓷生产在造型和装饰方面出现了混合岭南与江东因素的特点。关于江东类型陶瓷器在湘赣地区的流传与影响,拟另文讨论。

[2] 衡阳市博物馆:《衡阳县赤石新莽墓》,《湖南考古辑刊》第7辑,1999年。

[3] 中国科学院考古研究所编著:《长沙发掘报告》,科学出版社,1957年。

[4] 湖南省文物考古研究所:《里耶发掘报告》,岳麓书社,2007年。

汉代岭南类型陶瓷器上盛行的圈足穿孔作法，通常是与横系相对应的。前述湘赣地区出现的仿岭南类型的壶、钫类器物，也大多遵循了这样的对应关系。但也有例外，如保靖清水坪汉墓 M95 出土的 1 件 D 型硬陶壶（M95：34）便是其中之一，[1]该壶在圈足上虽有对称穿孔，但腹部对应的却是纵向系的铺首衔环，并无横向的系耳。另外，在湖北荆沙市发现的汉代铅釉陶壶，[2]以及江东地区如浙江慈溪、[3]嘉兴[4]等地发现的东汉硬陶壶（按：或称"钟"，施釉者有的已被视为成熟瓷器了）上，也都出现了圈足穿孔的作法。从汉代南方各地陶瓷器的发展演变来看，长江中游地区的铅釉陶壶和江东类型的硬陶壶上圈足穿孔的出现，无论是直接的还是间接的，都可能是受到了来自岭南类型的影响。

更为重要的是，当条件成熟，江东地区、湘赣地区都开始烧造成熟瓷器时，我们发现，一些采用横向系耳的器物（如四系罐或四耳罐、双耳罐，以及盘口壶等），在造型和装饰方面都与岭南类型有着明显的渊源关系。到这时，或许正是因为南方各地陶瓷手工业之间的交流与相互影响，使得仅从类型学的角度来区分相应的地域类型变得力不从心。例如湘阴青竹寺窑址早期烧造的陶瓷产品就是纵向系器物与横向系器物并存的格局，[5]这一现象的确耐人寻味。在这种情况下，要正确理解汉代南方各地陶瓷手工业的发展及其相互关系，对业已发现的大量产品进行科学的检测和产地分析就显得十分必要和迫切。因为除了通过考古类型学分析所看到的产品流通与被仿制以外，其背后是否也存在相关的手工业人员流动或者技术交流、传播等，都还是有待进一步探讨的问题。

总之，通过本文揭示的材料可以看出，汉代岭南类型陶瓷器的北传的确对岭北地区的陶瓷手工业产生了深远的影响，一些岭南风格的因素被大量模仿便是最好

[1] 湖南省文物考古研究所：《里耶发掘报告》，岳麓书社，2007 年，第 465 页，图五八五，3。同墓共出的另一件 D 型壶，M95：18，器形也基本一致。
[2] 荆州博物馆：《湖北荆沙市瓦坟园西汉墓发掘简报》，《考古》1995 年第 11 期。
[3] 浙江省文物管理委员会：《浙江慈溪发现东汉墓》，《考古》1962 年第 12 期。
[4] 嘉兴市文化局：《浙江嘉兴九里汇东汉墓》，《考古》1987 年第 7 期。
[5] 周世荣：《湖南陶瓷》，《湖南古墓与古窑址》，岳麓书社，2004 年。

的证明。[1]可以这样说,汉代岭南地区独具特色的陶瓷手工业的形成与发展对推动南方地区陶瓷业的演变起到了十分重要的作用,因此,岭南类型陶瓷在汉代陶瓷史上的重要地位也是不应忽视的。

　　本文原载《徐苹芳先生纪念文集》编辑委员会编《徐苹芳先生纪念文集》,上海古籍出版社,2012 年。

---

[1] 除了文中提及的横系的采纳、圈足穿孔等较为明显的特征以外,在湘赣地区还有不少器类如三足釜、圈足碗(杯)、卮、无耳罐(瓮)、井、灶、屋等,虽缺乏上述特征,但也存在从整体器形或装饰上模仿岭南类型同类产品的迹象。限于篇幅,文中并未展开讨论,特此说明。

14

试论两汉时期低温铅釉陶的地域拓展

——以汉墓出土资料为中心

低温铅釉陶器的大量烧造与广泛传播,一直是汉代陶瓷发展史上一件十分引人注目的事情。尽管目前还难以对有关中国古代铅釉陶起源问题的分歧[1]进行令人信服的裁决,但无论中国古代铅釉陶的起源如何,现有的考古资料都已充分显示:自从铅釉陶器作为随葬品出现在汉代墓葬中,它便受到时人的青睐,并逐渐发展兴盛、广为流传,最终演绎出汉代物质文化变迁中的一道独特风景线。

然而,作为汉代陶瓷手工业的一个重要组成部分,低温铅釉陶是如何逐步发展起来的? 其产品在当时的空间分布状态究竟如何? 又是以怎样的方式进行流传或传播的? 其地域性差别怎样? 等等一系列问题,至今都还没有一个清晰的认识。而要回答这些问题,首先应将低温铅釉陶与汉代流行的其他施釉陶瓷器明确区分开来。众所周知,在两汉时期,除了新兴的低温铅釉陶以外,传统的高温钙釉系统也得到了进一步的发展和提高,并最终完成了向成熟瓷器的转变。事实上,相比低温铅釉陶而言,各类高温钙釉系统的陶瓷器在汉代的分布似更为广泛。[2]在不少地区的汉墓中,高温钙釉系统的器物与低温铅釉陶器共存的例子也时常见到。习惯上,依据烧成温度、质地以及主要产地或流行区域等方面的因素,研究者往往将汉代流行的低温铅釉陶称为"低温釉陶""软釉陶""北方釉陶"等,而将成熟瓷器以外的高温钙釉系统的产品称为"高温釉陶""硬釉陶""南方釉陶"或"原始瓷器"

---

[1] 关于中国古代铅釉陶起源问题的分歧,可参见中国硅酸盐学会编:《中国陶瓷史》,文物出版社,1982 年;李知宴:《汉代釉陶的起源和特点》,《考古与文物》1984 年第 2 期;王仲殊:《汉代考古学概说》,中华书局,1984 年等。

[2] 具体情形参见拙稿《汉代墓葬随葬青釉陶研究》,教育部人文社会科学研究 2001~2004 年度重大项目"汉唐陵墓制度研究"成果之一,待刊。

"早期青瓷""原始青瓷"等。可是在考古报告中,对于汉代的高温钙釉与低温铅釉不加区分、笼统称为"釉陶"的情况仍是最为常见的。加上发表资料的局限性,研究者有时很难通过报告的描述正确判断所报道的"釉陶"的真正属性,这些自然会对相应的研究产生不利的影响。因此,在有关的考古报告中抛弃笼统的"釉陶"概念,将属于不同种类的施釉陶瓷器明确区分开,对于探讨两汉时期的陶瓷手工业发展以及各地区之间的物质文化交流等都是十分重要的,而且也是非常必要和紧迫的。本文的基本目的只是在现有材料的基础上希望通过全面梳理和廓清汉代铅釉陶产品的空间分布状况、结合各地汉墓的编年研究成果以探讨不同时间阶段低温铅釉陶的地域分布及其变迁,为从整体上把握汉代陶瓷的发展演变提供参考。

对于汉代铅釉陶器的关注与研究,从 20 世纪初期就已开始,但当时所依据的资料大多属于市面流散或私人收藏的文物,出土地点大都不明确。真正的经过科学发掘出土的汉代铅釉陶器,大概从 20 世纪 30 年代以后才逐渐增多。苏秉琦先生在宝鸡发掘汉墓[1]时出土的一批,就是较早的例子。进入 20 世纪 50 年代以后,随着各地汉墓发掘的大规模展开,明确出土汉代铅釉陶器的地点越来越多,经过科学发掘出土的汉代铅釉陶器的数量也显著增加。例如:1952~1953 年发掘的洛阳烧沟汉墓群中就出土了"泥质红胎釉陶"206 件;[2]1956~1958 年发掘的陕县刘家渠汉墓群出土了"绿釉陶"551 件;[3]1956~1958 年在陕县后川村等地的汉墓群出土了泥质红胎釉陶 105 件。[4]另外,1954 年发掘的西安环城马路汉墓、[5]1955 年发掘的长安洪庆村汉墓群、[6]1957 年发掘的巩县石家庄汉墓群、[7]1957~1958 年发掘的洛阳西郊汉墓群、[8]1959 年发掘的武威磨咀子汉墓群[9]和

[1] 苏秉琦著:《斗鸡台沟东区墓葬》,北平研究院史学研究所,1948 年。

[2] 中国科学院考古研究所:《洛阳烧沟汉墓》,科学出版社,1959 年。

[3] 黄河水库考古工作队:《河南陕县刘家渠汉墓》,《考古学报》1965 年第 1 期。

[4] 中国社会科学院考古研究所:《陕县东周秦汉墓》,科学出版社,1994 年。

[5] 陕西省文物管理委员会:《西安环城马路汉墓清理简报》,《考古通讯》1958 年第 7 期。

[6] 陕西省文物管理委员会:《陕西长安洪庆村秦汉墓第二次发掘简记》,《考古》1959 年第 12 期。

[7] 河南省文化局文物工作队:《河南巩县石家庄古墓葬发掘简报》,《考古》1963 年第 2 期。

[8] 中国科学院考古研究所洛阳发掘队:《洛阳西郊汉墓发掘报告》,《考古学报》1963 年第 2 期。

[9] 甘肃省博物馆:《甘肃武威磨咀子汉墓发掘》,《考古》1960 年第 9 期。

潼关吊桥汉代杨氏墓群[1]以及北京平谷县西柏店和唐庄子汉墓群、[2]1969年发掘的济源泗涧沟汉墓群、[3]1970年发掘的宝鸡卧龙寺汉墓群[4]等,均出土了大量的铅釉陶器。改革开放后的三十余年,新的发现更是层出不穷。尤其是陕西西安、[5]山西侯马、[6]河南三门峡、[7]内蒙古包头和磴口、[8]重庆市三峡库区[9]等地汉墓资料的整理发表,极大地丰富了汉代铅釉陶的出土资料。作为铅釉陶重要分布区域之一的关中地区在汉墓编年方面的新进展,也为探讨早期铅釉陶的出现与发展演变提供了重要参考。各地汉墓编年研究和区域研究的进一步深化,则为从宏观角度探讨汉代铅釉陶的区域变迁创造了条件。

经过笔者对迄今已发表汉墓资料的初步梳理得知,汉代的铅釉陶器在今陕西、河南、河北、北京、山西、内蒙古、宁夏、甘肃、青海、四川、重庆、湖北、湖南、江西、安徽、江苏、山东等省区直辖市超过170个县市均有出土,已报道的随葬有铅釉陶器的汉代墓葬至少在一千座以上,出土的铅釉陶器数量则不下一万件。通过对已知各地出土铅釉陶器的汉墓年代早晚以及所出铅釉陶器的组合与器形演变等情况的综合考察后发现,汉代铅釉陶器的最早流行地区是在当时的政治、经济、文化的中心区域即两京地区,之后便以两京地区为中心向四周扩散。其地域拓展可大致分为以下三个阶段(图14-1):

第一阶段:铅釉陶的出现与初步发展时期。年代大致在西汉元帝以前的武昭

[1] 陕西省文物管理委员会:《潼关吊桥汉代杨氏墓群发掘简记》,《文物》1961年第1期。
[2] 北京市文物工作队:《北京平谷县西柏店和唐庄子汉墓发掘简报》,《考古》1962年第5期。
[3] 河南省博物馆:《济源泗涧沟三座汉墓的发掘》,《文物》1973年第2期。
[4] 宝鸡市博物馆:《陕西宝鸡卧龙寺汉墓》,《文物资料丛刊》第9辑,1985年。
[5] 西安市文物保护考古所、郑州大学考古专业编著:《长安汉墓》,陕西人民出版社,2004年;陕西省考古研究所编著:《白鹿原汉墓》,三秦出版社,2003年。
[6] 山西省考古研究所编著:《侯马乔村墓地(1959~1996)》,科学出版社,2004年。
[7] 三门峡市文物考古研究所编著:《三门峡向阳汉墓》,北京燕山出版社,2007年。
[8] 魏坚编著:《内蒙古中南部汉代墓葬》,中国大百科全书出版社,1998年。
[9] 重庆市文物局等编:《重庆库区考古报告集(1997卷)》,科学出版社,2001年;重庆市文物局等编:《重庆库区考古报告集(1998卷)》,科学出版社,2003年;重庆市文物局等编:《重庆库区考古报告集(2000卷)》,科学出版社,2007年;重庆市文物局等编:《重庆库区考古报告集(2001卷)》,科学出版社,2007年。

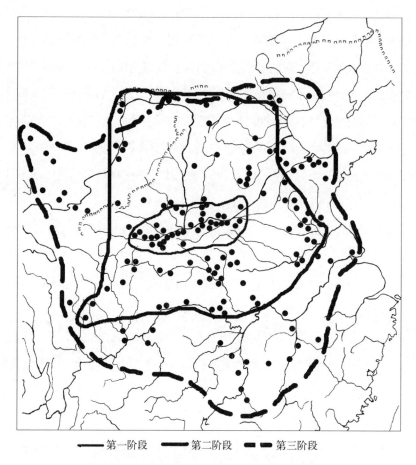

——— 第一阶段　——— 第二阶段　- - - 第三阶段

图 14-1　汉代铅釉陶的分布与地域拓展示意图

宣时期,器形以鼎、盒、壶、钫之类"礼器组合"为主,釉色以黄褐为常见,器表装饰相对简单。

　　属于该阶段的铅釉陶主要集中发现于中原两京地区,即大致相当于今天的陕西关中、山西南部、河南郑洛以及豫北一带。该区为汉代铅釉陶器出土数量最多、分布最为密集的区域。其中关中地区被认为是汉代最早出现铅釉陶器(作为墓葬的随葬品)的地方。早在1973年,在俞伟超先生执笔的《战国秦汉考古(上)》讲义中曾指出:"陶器施釉技术是关中地区首先发生的。在西汉武帝时期的墓中开始出现釉陶,但还较少见,而到宣帝以后,就比较普遍。此后,这种技术传播到河南等关

东地区。"[1]尽管俞先生提的西汉武帝时期的墓葬资料迄今一直未见发表,具
体的墓葬年代以及出土铅釉陶器的情况难以确知,但关于汉武帝时期关中最早
出现铅釉陶的说法已被广泛征引,[2]成为关于铅釉陶的出现年代中最为流行的
看法。

　　近年来,西安地区报道的汉墓资料越来越多,其中引人注目的是在少数年代被
认为属于"西汉初期"或"西汉早期"的部分汉墓中出现了铅釉陶器,并且成组出
现,如1992年西安北郊西北医疗设备厂福利区基建工地发掘的"陈请士墓"[3]和
1986年西安东南郊新安机砖厂的"汉初积炭墓"[4]中出土的"釉陶"等。或以为这
些新发现,似乎又将汉代铅釉陶器的出现时间提早了一个时段。但仔细分析有关
资料后发现,其实目前仍缺乏其年代早于西汉武帝时期的充足证据。另外,最近出
版的《长安汉墓》[5]中出现的缺乏"西汉中期"铅釉陶器资料[6]的现象,也值得注
意。作为《西安龙首原汉墓·甲编》的续编,《长安汉墓》收录了1988~2004年间在
西安北郊龙首原附近以及南郊长安区清理的139座"西汉中期至新莽时期"墓葬。
根据报告的分期,在属于"西汉中期"(即报告中的"第一期",指大约武帝元狩五年
前后至宣帝神爵二年前后的时段)的34座中,除个别墓葬中出土了属于南方钙
釉类型的器物(即编号为交M246:10的"壶")以外,其余墓葬中均未见铅釉陶器
出现。直到"西汉中晚期"(即报告的"第二期","相当于宣帝后段至元帝时期")
铅釉陶器才明显增多。经发掘者统计,在属于"第二期"的31座墓中共出土了81
件铅釉陶器,器形包括鼎、盒、壶、钫、罐、奁(樽)、熏炉、仓、灯、饼等,但未见铅釉陶
灶,且器表装饰也相对简单,盒、壶、奁之类器物上尚未流行模印的所谓"浅浮雕纹

---

[1] 引文据北大讲义1981年重印本。
[2] 例如,李知宴先生在《汉代釉陶的起源和特点》(《考古与文物》1984年第2期)一文中就曾引用,并
　　指出"它是目前发现最早的釉陶作品"。
[3] 程林泉、韩国河、杨军凯、吴春:《西汉陈请士墓发掘简报》,《考古与文物》1992年第6期。该墓资
　　料亦收入《西安龙首原汉墓·甲编》,西北大学出版社,1999年。
[4] 郑洪春:《陕西新安机砖厂汉初积炭墓发掘报告》,《考古与文物》1990年第4期。
[5] 西安市文物保护考古所、郑州大学考古专业编著:《长安汉墓》,陕西人民出版社,2004年。
[6] 按:此处的"西汉中期"与上文提的"西汉早期""西汉初期"之类概念,皆指相关报告的墓葬断代
　　或分期而言。

饰"。由此反观前述的"陈请士墓"出土的铅釉陶器,不仅流行所谓的"浅浮雕纹饰",而且还出现了樽、灶并存的情况,其年代判断自然值得重新思考。

关中以外的两京其他地区,目前报道的汉代铅釉陶资料中,年代较早的(如河南济源的发现)基本上也都在西汉中期稍晚或偏晚的阶段。地处洛阳和长安之间的陕县一带,铅釉陶的兴起也是西汉中期以后的事情。[1]至于洛阳地区,铅釉陶的流行似乎比陕县和济源还要更晚一些。

总之,在已知汉代两京地区出土铅釉陶器的墓葬资料中,属于西汉武帝时期的发现仍十分缺乏,而年代可确认早于汉武帝时期的则基本未见,[2]故铅釉陶器在两京地区墓葬中大量出现的时间应大致是在西汉中期武帝时期以后。遗憾的是,烧造铅釉陶器的汉代窑址迄今仍未见报道或目前尚未被确认,因此,何时何地(指具体的地点)开始烧造用于随葬的铅釉陶器,目前仍是一个悬案。

第二阶段:铅釉陶的发展成熟时期。年代大致在西汉元帝至新莽东汉之际,墓葬所见用于随葬的铅釉陶器物种类明显增加,主要流行的有鼎、盒、壶、仓、灶、井、樽、博山炉、罐、禽畜俑等。在中原地区盛行模印的"浅浮雕纹饰",釉色除了黄色系以外,绿色釉陶开始出现和流行,部分地区还出现了釉色偏红或呈褐色的情况,有的器物上还不止一种釉色,表明对于铅釉的配制已注意到矿物成分的差别与烧成颜色之间的对应关系,并开始有意识地将这种差别运用到器物装饰上。宝鸡、[3]济源[4]等地出土的"复色釉"或"绘彩釉陶"便是其中的杰出代表。

相比第一阶段而言,从西汉晚期开始铅釉陶的空间分布范围显著扩大。除了中原两京地区以外,一个最明显的特征就是在西北边疆的长城沿线有了较多的发现。例如,1972 年在银川西南平吉堡清理的 1 座竖穴土坑木椁墓中,出土有釉陶盒 3 件、壶 6 件、钫 2 件、仓 2 件、奁(樽)1 件和博山炉 1 件,共计 15 件釉陶器,发掘者

[1] 中国社会科学院考古研究所:《陕县东周秦汉墓》,科学出版社,1994 年。

[2] 此处只是就经科学发掘的出土品而言,至于海外收藏的所谓战国时期的铅釉陶器,具体来源和年代都还有待研究,应当别论。

[3] 宝鸡市博物馆:《陕西宝鸡卧龙寺汉墓》,《文物资料丛刊》第 9 辑,1985 年;宝鸡市考古队:《宝鸡市谭家村四号汉墓》,《考古》1987 年第 12 期。

[4] 河南省文物考古研究所:《河南济源市蓼坞汉墓》,《华夏考古》2000 年第 3 期。

推断该墓年代属于西汉晚期。[1]1984 年在包头召湾清理的 86 号汉墓,也是竖穴土坑木椁墓,虽经盗扰,仍出土釉陶器 23 件,器形包括鼎、壶、长颈壶、火盆(炉)、樽、博山炉、耳杯、灶、釜、甑、勺、男女俑等,发掘者推断该墓年代为"西汉晚期"。[2]1992 年 10 月和 1993 年 6~7 月,在内蒙古磴口县的纳林套海汉墓群中出土了一批"均为褐色"的釉陶器,器形包括鼎、壶、钫、罐、灶、博山炉、灯、火盆(炉)、魁等,集中出土于 M11、M23 和 M33。发掘者推断这 3 座墓年代均属于西汉晚期,其中 M23 被认为相当于西汉元、成时期。[3]1993 年 7~8 月在内蒙古磴口县的沙金套海墓地发掘汉墓 39 座,出土铅釉陶器的只有一座墓,即 M27,"且以釉陶器为主要随葬品",包括壶、灶、博山炉、樽、灯、仓盖等器形。发掘者推断其年代"当汉元、成帝时期"。[4]

　　上述发现表明,西北长城沿线地区较早出现的铅釉陶器似乎更集中分布于西汉中期才纳入汉朝统治的"新区"中,而且器物种类和器形也都和同时期中原流行的铅釉陶器类似。从器形、装饰,以及集中出自部分墓葬的情况来看,估计由内地流传所致的可能性为大,但也不排除在边疆地区开始烧造铅釉陶器的可能性。根据《汉书》记载,汉武帝在击退匈奴之后,曾将大批移民安置到西北边境地区,并且在部分地区还设有军屯。故推测,铅釉陶在西汉中期以后迅速流传至西北边疆地区,很可能与大量移民的涌入以及上述地区和内地之间因屯戍往返所导致的大规模人口流动有关。

　　另外,西汉中期以后,除了西北边疆地区以外,铅釉陶也由两京地区向东扩展至华北平原地区,东南方则抵达淮河干流附近;或由两京地区向南进入汉中、江汉地区,并沿着西南地区的交通干线由汉中向成都一带延伸,或沿长江干流从江汉地区进入长江三峡地区。

　　在华北地区,出现铅釉陶器年代较早的墓葬主要分布于该区的西部靠近两京

[1] 宁夏回族自治区博物馆:《银川附近的汉墓和唐墓》,《文物》1978 年第 8 期。
[2] 包头市文物管理处:《包头召湾 86 号汉墓清理简报》,《包头文物资料》第 2 辑,1991 年。
[3] 魏坚编著:《内蒙古中南部汉代墓葬》,中国大百科全书出版社,1998 年。
[4] 魏坚编著:《内蒙古中南部汉代墓葬》,中国大百科全书出版社,1998 年。

的地区,稍晚才出现在华北北部以及山东及苏皖一带。但总的来看,西汉时期该区发现的铅釉陶器分布还比较零散,如献县第 36 号汉墓出土的釉陶壶,[1]邢台南郊南曲阳侯刘迁墓中发现的釉陶鼎,[2]济宁师专西汉墓群出土的釉陶鼎、盒、壶、灶[3]等,目前尚未见到像关中、豫北等地大规模集中出土的例子。尽管如此,在黄淮东部靠近淮河干流的附近区域,还新出现了一些造型、装饰都较为独特的低温铅釉陶器,釉色以黄色为主,如固镇濠城一带发现的"黄釉红胎陶器",[4]在器物造型和装饰上似更多受到了南方钙釉系统的影响,而与同时期中原两京地区流行的绿釉低温铅釉陶器物明显有别。这表明铅釉陶在空间分布不断扩大的过程中也开始出现了明显的地域分化。目前看来,黄淮东部地区很有可能从西汉晚期就开始自己烧造铅釉陶产品了。

秦岭—淮河以南地区,较早出现的铅釉陶年代基本上也都在西汉中期之后的西汉晚期,主要分布于该区北部靠近两京的部分地区如汉中、南阳等地。从陕南勉县、[5]南阳唐河、[6]襄樊高庄[7]等地的出土资料来看,既有与两京地区密切相关的一面,如部分器物流行模印的"浅浮雕纹饰"之类,但同时也存在一些新的因素,如随葬鸡、鸭、鹅、狗等釉陶家畜家禽俑等。随着时代早晚的变化,铅釉陶在秦淮以南地区由北向南逐渐扩展的特征十分明显,大约新莽前后铅釉陶的分布便已推移到长江干流沿线。2001 年云阳马沱 M12 出土的大量釉陶器便是其中的一个例子,其中的釉陶釜、瓯、卮等在造型上还具有明显的南方特色。[8]在此希望将来能对有关器物进行胎釉成分分析和产地研究,为探讨南方地区汉墓出土铅釉陶的地域性问题提供科学的依据。

第三阶段:铅釉陶的持续发展时期。年代为东汉早期至晚期,目前所见以东

---

[1] 河北省文物研究所等:《献县第 36 号汉墓发掘报告》,《河北省考古文集》,东方出版社,1998 年。

[2] 河北省文物管理处:《河北邢台南郊西汉墓》,《考古》1980 年第 5 期。

[3] 济宁市博物馆:《山东济宁师专西汉墓群清理简报》,《文物》1992 年第 9 期。

[4] 蔡文静等:《固镇县濠城西汉墓清理简报》,《文物研究》第 11 辑,1998 年。

[5] 郭清华:《陕西勉县金寨新朝墓葬》,《文物》1984 年第 4 期。

[6] 南阳地区文物队等:《唐河汉郁平大尹冯君孺人画像石墓》,《考古学报》1980 年第 2 期。

[7] 襄樊市考古队:《襄樊市高庄墓群发掘报告》,《江汉考古》1999 年第 4 期。

[8] 郑州市文物考古研究所等:《重庆云阳马沱墓地汉墓发掘简报》,《文物》2006 年第 4 期。

汉中晚期的资料相对较多。"礼器组合"消失、模型明器发达成为这一时期铅釉陶的主要器形特征,常见的有壶、仓、灶、井、磨、碓、圈、楼阁、灯、熏炉、长方盒、魁、勺、耳杯、盘、案、人俑、禽畜俑等。

从空间分布上看,除了西北局部地区(河套一带)因疆域的变迁、人口内迁所导致的相关的考古资料急剧减少、铅釉陶的分布明显减弱以外,整体上看东汉时期铅釉陶的地域拓展仍呈现出逐步扩大的趋势。其主要表现是:在西北地区沿河西走廊由东向西的延伸、在长江中游地区由北向南的继续推进,以及在华北地区向北和向东的拓展等。值得注意的是,直到东汉末年,距离汉代政治中心区域较远的江东、岭南、云贵高原、辽东、河西走廊西部及西域等地则很少发现或基本不见铅釉陶器被用于随葬的例子。

就目前已知的西北地区汉代考古资料而言,西汉晚期已有较多的铅釉陶器出现在汉代北方长城沿线的朔方、五原、北地等郡的墓葬中,但到了东汉时期尤其是东汉中期以后,情况似乎发生了一些变化,除了在空间分布和数量上的减退以外,局部地区(如包头汉墓)出土的釉陶樽、灶之类,器形也出现了明显的地域特征。而同样是移民迁入地的河西四郡和今青海东部地区(昭帝时置金城郡),铅釉陶器在当地墓葬中的出现似乎要比朔方一带晚一些。从关中向西越过陇山地区,我们看到的是,伴随着汉墓的分布从东向西推进,铅釉陶器的分布也呈现出由东向西的逐步扩大的迹象,只是出现的年代明显"滞后"一些而已。直到东汉晚期,铅釉陶器仍主要在今张掖以东地区的墓葬中出现,而属于河西走廊西部的酒泉、嘉峪关至敦煌一带,墓葬中多以随葬泥质陶为主,很少出现铅釉陶器。这种地域的差别,也是值得注意的。

在中原及华北地区,原来一度盛行的模印"浅浮雕纹饰"铅釉陶器逐渐减少,器物装饰再度趋于简约。随着时间的推移,在器物种类发生了许多变化的同时,随葬铅釉陶的墓葬所占比例也逐渐降低,出现了铅釉陶器逐渐转向集中出土于少数规模较大的墓葬的现象。以陕县刘家渠汉墓群为例,属于东汉前期的"第二组"和"第三组"墓葬中出土铅釉陶器数量还很多,据称"占同期陶器的85%强",而且"大小墓都出有釉陶,案、耳杯、盘、勺、瓢等奠器普遍存在"。可是到了属于东汉后期的

"四、五、六组"墓葬中,"釉陶的比数显著减少,除墓1037、3等大墓出土较多的釉陶外,其他各墓多数为灰陶"。[1]尽管如此,东汉时期不少规模较大的墓葬中出土的铅釉陶器种类和数量并未减少。如1985年发掘的曲沃苏村汉墓,[2]出土的红胎绿釉陶器器形多达10余种,数量达49件之多。类似情形在河北迁安于家村一号汉墓、[3]北京顺义临河村东汉墓、[4]山东平原王韩村汉墓[5]中均能见到。然而,作为东汉都城洛阳附近的东汉墓中随葬的铅釉陶器的种类似乎始终比较少。从东汉早期开始,不少墓葬中往往便只有釉陶壶一种器物。有不少保存完好的墓葬,出土陶器十分丰富,却没有一件铅釉陶器。至于南方及西南地区,出土铅釉陶与不出铅釉陶的墓葬在规模上的差别并没有中原、华北地区那样明显。这种差异的背后原因,也是耐人寻味的。

比较而言,东汉时期中原、北方地区许多地方墓葬出土的铅釉陶器在器物种类和造型上的共性相对较大,而秦淮以南地区的地域分化似进一步加强。例如东汉时期湘赣地区流行的铅釉陶多以"红胎绿釉"为特征,而重庆至江汉一带的铅釉陶的釉色则以偏黄或红褐为多。就器形而言,华北地区的连枝灯、湘赣地区的鸡埘、四川盆地的摇钱树座等一批独具地方特色的汉代铅釉陶器的出现,或许表明当时不同区域的铅釉陶作坊已能依照当地的丧葬习俗的需要进行生产,成为铅釉陶在地域拓展过程中地域分化的生动再现。

综合而言,汉代随葬铅釉陶器的墓葬主要分布在五岭以北至北方长城沿线、西至河西走廊、东至东部沿海的广大地区。从区域变迁的角度来看,汉代铅釉陶的地域拓展明显呈现出以两京地区为中心向四周扩散的特征。就各地区具体的分布地点而言,沿河流或陆地交通干线的分布特点十分明显。例如:西南地区汉代铅釉陶的分布主要是沿两条线路:一条是从汉中经绵阳至成都的陆地交通线,另一条则是从宜昌至重庆一带的长江干流水运交通线。长江以南地区,汉代铅釉陶的分

---

[1] 黄河水库考古工作队:《河南陕县刘家渠汉墓》,《考古学报》1965年第1期。

[2] 临汾地区文化局、曲沃县文化馆:《晋南曲沃苏村汉墓》,《文物》1987年第6期。

[3] 迁安县文保所:《河北迁安于家村一号汉墓清理》,《文物》1996年第10期。

[4] 北京市文物管理处:《北京顺义临河村东汉墓发掘简报》,《考古》1977年第6期。

[5] 平原县图书馆:《山东平原王韩村汉墓》,《文物资料丛刊》第10辑,1987年。

布则主要是沿湘江、赣江两岸向南延伸。在华北地区,随葬铅釉陶器的墓葬沿太行山东麓南北交通干线以及鲁北东西交通干线分布的特点也十分突出。北部边疆地区则基本上是沿汉长城内侧分布。至于西北甘青地区则主要是分布于河湟以及河西走廊东部地区,呈东西带状分布的特点也比较明显。

从第一阶段到第三阶段,汉代铅釉陶的地域拓展生动地揭示了统一历史条件下汉文化广泛传播的一个侧面。在华北和秦岭淮河以南地区,汉代铅釉陶地域拓展的一个共同的特点就是靠近两京地区的地方汉墓中铅釉陶器出现的年代较早,而距离两京地区较远的地点汉墓中铅釉陶器出现得相对较晚,铅釉陶自从出现在相关地区之后其空间分布从早到晚呈逐步扩大的发展趋势。而在西北地区,汉代铅釉陶的区域变迁呈现的是另一番景象:在铅釉陶器出现的早期,其空间分布推进得非常迅速,大致在中原两京地区流行后不久就很快抵达朔方一带的边疆地区,其背后揭示的是与西汉大规模移民所导致的直接的文化传播有关;然进入东汉之后,其空间分布并非呈直线式的扩大,而是存在局部的退缩(朔方一带)和区域转移(如河西的增长)现象,显然也是与汉代疆域的变迁和相应的人口迁徙分不开的。在两汉之际的社会动荡中,河西"完富"无疑给汉文化在该地区的持续发展创造了条件。然无论西汉或东汉,北方长城似始终成为铅釉陶传播的一道屏障。

如果将铅釉陶的地域拓展与汉代砖构墓葬的地域拓展[1]进行比较的话,我们会发现两者之间有着惊人的一致性——都是从中原到边疆逐步推进的。所不同的是,铅釉陶出现得较砖构墓葬为晚,在空间分布的扩大上虽紧随其后,但最终并未赶上砖构墓葬的步伐。

两汉时期钙釉系统的陶瓷器产地主要是在长江以南地区。若再将汉代铅釉陶器与南方钙釉器的空间分布进行比较,我们还会发现两者在主要的分布地域上存在明显的区别。但随着时间早晚的变化,铅釉和钙釉两大系统的器物在空间分布上彼此之间相互渗透、交错分布的特点也很突出,尤其是在黄淮地区的进退互动关系十分明显。黄淮平原东部地区出现的具有鲜明地域特色的铅釉陶器,也有可能

---

[1] 参见拙稿《汉代墓葬结构的区域变迁研究》,待刊。

就是在这种南北互动的过程中产生的。而铅釉陶在长江以南地区的推进之所以显得迟缓,恐怕也与当地钙釉器物的发达不无关联。在汉末的社会动荡之后,南方钙釉系统的发展出现了质的飞跃,而从中原地区首先发展兴盛起来的低温铅釉系统却明显走向衰落,两者之间形成鲜明的对照。以后直到唐代,中国古代的低温釉陶才又以一种新的形式发展兴盛并达到前所未有的高峰。

本文原载北京大葆台西汉墓博物馆编《汉代文明国际学术研讨会论文集》,北京燕山出版社,2009 年。

15

上虞出土的汉代铅釉器及相关问题

一、关于上虞出土汉代铅釉器的认识历程

从已公开报道的资料来看,上虞出土的汉代铅釉器基本上都是出自东汉时期的墓葬中。已发表的主要是 1973 年发掘的上虞蒿坝汉墓、[1]1984 年发掘的上虞凤凰山汉墓、[2]1991 年发掘的上虞联江鞍山东汉墓,[3] 以及 1992~1993 年在沪杭甬高速公路沿线的上虞周家山、驮山、后头山等墓群中的发现。[4]

其中最早见于报道的是 1973 年在上虞蒿坝发掘的 M52,为刀形砖室墓,墓砖上有东汉安帝"永初三年"(109)纪年铭。据介绍,出土的 24 件文物中"陶器二十二件",分别是:"釉陶五管瓶"1 件、"釉陶双耳罐"3 件、"陶双耳罐"1 件、"陶钟"1 件、"釉陶簋"1 件、"釉陶钵"1 件、"印纹陶罍"1 件、"釉陶耳杯"13 件。依据报告中具体的器物描述得知,除了"陶钟"未提及施釉以外,其余的器表均施釉,并且从胎质上看还存在"软""硬"的区别。遗憾的是,原报告只是笼统地认为这些器物"当是本地所产",[5]至于与胎质软、硬区别相对应的釉的性质,并未做相应的说明。从后来的进一步报道得知,1973 年在上虞蒿坝发掘的汉代砖室墓,包括 M52 在内共有 8 座,均为券顶砖室墓,累计出土了 62 件"陶瓷器",而且"其中绝大部分为低

[1] 吴玉贤:《浙江上虞蒿坝东汉永初三年墓》,《文物》1983 年第 6 期;浙江省博物馆:《浙江省上虞县蒿坝汉墓发掘简报》,《浙江省文物考古研究所学刊》第七辑,杭州出版社,2005 年。
[2] 浙江省文物考古研究所、上虞县文物管理所:《浙江上虞凤凰山古墓葬发掘报告》,《浙江省文物考古研究所学刊·建所十周年纪念(1980~1990)》,科学出版社,1993 年。
[3] 上虞县文物管理所:《浙江上虞联江鞍山东汉墓》,《东南文化》1992 年第 5 期。
[4] 浙江省文物考古研究所编著:《沪杭甬高速公路考古报告》,文物出版社,2002 年。
[5] 吴玉贤:《浙江上虞蒿坝东汉永初三年墓》,《文物》1983 年第 6 期。

温釉陶",并由此推断这批墓葬的年代"应在东汉中期左右"。然而在器物介绍中只有型式划分和器形、尺寸、装饰方面的信息,并没有对具体的胎釉特征进行任何说明。[1]这样一来,读者仅凭报告是无从得知蒿坝这批汉墓中出土"低温釉陶"的具体情况的。

1991 年在上虞联江鞍山清理的 1 座东汉凸字形砖室墓(编号"上 M301"),也出土了 20 余件陶瓷器,包括灶、井、碗、盘、耳杯、堆塑器、勺、钟、五联罐、兽形器、虎子、洗、鼎、镂空盖罐、托盘、钵、器足等器形。报告认为墓葬年代"属东汉中晚期",出土器物"大部分烧成温度较高,……只是胎质较粗,颜色略呈赭红色,但已属瓷器范畴,少量的为低温釉陶(如勺、托盘、鼎)和原始瓷(如钟)",[2]并通过与邻近窑址的比较,认为"就是帐子山窑址所产"。但"低温釉陶"的性质是什么? 报告中并无进一步的说明。

1984 年在上虞凤凰山清理 200 余座古墓,其中年代属于两汉时期的有 50 座,包括土坑墓 16 座、砖椁墓 9 座、砖室墓 25 座。由胡继根先生执笔的发掘报告,对于这批汉墓出土的陶瓷器进行了详细的分类和分期研究:认为"陶器按其质地的软硬、釉色的有无,可分成釉陶、硬陶、泥质陶三类。而釉陶按其施釉方法、胎釉结合的致密度,又可细分为两种:一种烧成温度甚高,……胎色泛灰,釉层薄而呈流失状,釉色普遍呈黄褐色或绿中泛黄,釉迹线十分模糊。器型有瓿、壶、罐等。……凡俯视能见到的部位均有釉,而颈、下腹、口沿外壁、内底四周等见不到的部位,均无釉。……可说明喷釉的可能性更大,故将此类陶器暂定名为'喷釉'陶。另一种釉陶的烧成温度较低,……釉层较厚而多呈片状剥落,器物均采用'刷釉法'上釉,釉迹线十分明显,施釉部位直达近底处。器型有罐、五管瓶、盆、碗、簋、耳杯、镠斗等"。[3]结合报告的分期得知:第一期 8 座墓共出土陶瓷器 55 件,"质地以喷釉陶占大宗";第二期 10 座墓共出土陶瓷器 53 件,"喷釉陶的数量略有减少";第三期

---

[1] 浙江省博物馆:《浙江省上虞县蒿坝汉墓发掘简报》,《浙江省文物考古研究所学刊》第七辑,杭州出版社,2005 年。

[2] 上虞县文物管理所:《浙江上虞联江鞍山东汉墓》,《东南文化》1992 年第 5 期。

[3] 浙江省文物考古研究所、上虞县文物管理所:《浙江上虞凤凰山古墓葬发掘报告》,《浙江省文物考古研究所学刊·建所十周年纪念(1980~1990)》,科学出版社,1993 年,第 206 页。

13 座墓出土陶瓷器 38 件,"喷釉陶大大减少";第四期 17 座墓出土陶瓷器 99 件,
"喷釉陶不见,低温、刷釉陶占大宗"或"随葬品以烧成温度不高的刷釉陶器占主
流,并有少量的酱色或青色瓷器";第五期 2 座墓出土的 5 件陶瓷器,"均为青瓷
器"。以此为基础,胡继根先生提出了"喷釉陶并不直接地向青瓷演进,而是向低温
的刷釉陶发展"的认识,并推测"在青瓷的出现之前,有一个酱色瓷阶段,而酱色瓷
则从低温的刷釉陶中发展而来"。[1]但"低温的刷釉陶"的性质是什么? 报告中并
未给出任何检测数据或相关说明。如果按照胡先生所说的"喷釉陶"—"刷釉
陶"—"酱色瓷"的发展演变逻辑,读者很容易误以为"喷釉""刷釉"之釉的性质是
一样的。

　　1992~1993 年,在沪杭甬高速公路工程沿线的上虞羊山、牛头山、周家山、驮
山、后头山等地又清理了一批时代属于汉代的墓葬,出土了大批汉代陶瓷器。据报
道,上述五处墓地共发掘汉墓 111 座(包括木椁墓 23 座、砖壁木顶结构墓 26 座、券
顶砖室墓 62 座)。[2]其中上虞周家山的 17 座年代被认为在东汉早中期的墓葬中
共出土了约 61 件陶瓷器,报告作者胡继根先生将之分成 5 类介绍,包括"炽釉器"
10 件、"青瓷器" 2 件、"釉陶" 3 件、"硬陶" 30 件、"泥质陶" 16 件。其中的"炽釉
器",被认为"质地较难界定,是原始瓷发展过渡阶段类型,故有'原始瓷'和'高温
釉陶'之说。从"炽釉器"器物的施釉情况来看,"着釉部位为内口、内底中心、外
壁至腹最大径处。而颈及下腹均无釉"。实际上是和前述上虞凤凰山的"喷釉陶"
一致。或许是因为归入"青瓷"的部分器物仍采用了喷釉方式施釉,如青瓷"泡菜
罐"也只是"釉仅及肩部",胡先生才进行了进一步的调整和界定。至于"釉陶",
"器物的烧成温度较低,胎釉结合较差,釉层普遍脱落,内胎均呈砖红色。釉色以青
绿为主,个别呈绿褐色",这些也和之前所说的上虞凤凰山的"刷釉陶"近似,但不

[1] 浙江省文物考古研究所、上虞县文物管理所:《浙江上虞凤凰山古墓葬发掘报告》,《浙江省文物考
古研究所学刊·建所十周年纪念(1980~1990)》,科学出版社,1993 年,第 206 页。
[2] 文中五处墓地的报告是分别撰写的,包括彭云《上虞羊山古墓群发掘》、蒋乐平《上虞牛头山古墓葬
发掘》、胡继根《上虞周家山古墓葬发掘》、黎毓馨《上虞驮山古墓葬发掘》、王海明《上虞驿亭谢家
岸后头山古墓葬发掘》,均收录于浙江省文物考古研究所编著:《沪杭甬高速公路考古报告》,文物
出版社,2002 年。

知为何并未强调釉线的问题,当然也没有对胎釉属性进行说明。[1]同样,上虞驮山、上虞后头山的东汉墓中也都出土了可能属于低温釉的器物,而在相应报告中,也都没有明确交待其属性。不过,部分器物的彩色照片的发表,改变了以往的相关报道只有线图和黑白照片的情况,还是为读者进一步了解其属性提供了方便。

由于种种原因,上虞乃至整个浙江地区出土的汉代低温釉器物一直未引起足够重视。事实上,长期以来,在整个浙江地区的汉墓资料报道中,始终没有明确指出“低温釉陶”或“刷釉陶”之类器物的属性,以至于出现了这样的现象:报告作者似乎是区分得清清楚楚的,但读者对于报告中所采用的各类概念很难有一个清晰的判断,以致不知所云。于是,就连长期关注汉代铅釉陶发展的谢明良先生,在2008年发表的一篇文章中也只是怀疑浙江地区有汉代的铅釉陶存在。[2]直到2014年,谢先生才从新发表的浙江地区汉代彩色图片资料中甄别出了一部分器物,如上虞后头山M11“四管瓶”、杭州大观山M4“酱色瓷弦纹罐”、长兴西峰坝“低温釉陶灶”“低温釉陶镰斗”等,认为是低温铅釉陶;谢先生还指出“以往经报道的汉代施釉陶器当中是否包括铅釉陶器在内?有必要一并点检并予正确地归类”。[3]

从2012年春开始,北京大学考古文博学院与浙江省文物考古研究所合作,从事一项关于“秦汉时期江东地区的文化变迁”的教育部研究项目,并得到了浙江省相关文博单位的大力支持,对浙江地区众多馆藏汉代陶瓷器进行了考察,并在2014年1~7月提取了大量的汉代陶瓷样品进行科技检测分析。其中一项重要收获就是,证实了上虞乃至浙江其他地区大量汉代铅釉器的存在,从而为浙江地区的汉代陶瓷发展提供了新的思路。

二、上虞出土汉代铅釉器的特点

2014年初,笔者所在的课题小组成员在参观上虞博物馆库房时,辨识出了大

---

[1] 胡继根:《上虞周家山古墓葬发掘》,《沪杭甬高速公路考古报告》,文物出版社,2002年。

[2] 谢明良:《中国初期铅釉陶器新资料》,《故宫文物月刊》第309期,2008年。

[3] 谢明良:《中国古代铅釉陶的世界——从战国到唐代》,石头出版股份有限公司,2014年,第40页。

量的属于当地汉墓出土的铅釉器产品,从器物号的核对情况看也证实了早先相关考古报告中的一些分类判断。通过库房中所见器物资料的初步整理得知,其器类主要有双耳罐、三足罐、壶(钟)、罍、四管瓶、五管瓶、簋、熏、盆、钵、案(托盘)、耳杯、灶、釜、井、小罐、镵斗、虎子、堆塑器等,数量约 200 件。胎质胎色方面,既有颜色泛黄或泛红、质地较软的胎,也有呈灰色或灰褐色的硬胎。尤其是后者,因胎质与施加高温钙釉的硬胎器物接近,甚至连器形也一样,的确难以分辨。釉色方面,是以黄褐色、褐色、酱色釉为多,而绿釉很少见。通常是除器物底部或圈足的局部以外,器表往往施满釉,而且大多都有明显的釉线。部分器物的内部也施满釉。

经北京大学考古文博学院实验室检测,部分器物胎的成分也与当地高温钙釉器物的胎基本一致,个别器物含三氧化二铁略高;釉中氧化铅的含量总的来说都偏低,高于 50% 的非常罕见,大多是介于 22%~44% 之间,还有不少是低于 20% 的;而值得特别注意的是,部分含氧化铅的釉中还含有一定量的氧化钙,并且含量接近10% 左右,是以往未曾见到的。[1]

三、相关问题

2014 年 12 月,在上虞召开的"禁山窑考古新发现"会议上,笔者作了"关于成熟瓷器起源的几点思考"的发言,从宏观层面提出,探讨成熟瓷器的起源必须明确的是:上虞乃至整个浙江地区的古代陶瓷手工业,其发展既不是独立存在的,也不是单线条的;在将汉代江东地区陶瓷手工业的发展放在统一帝国的大背景下进行考察时,着重强调了汉代南方钙釉系统内部存在的江东、岭南、湘赣三大地域类型以及相互之间复杂的交互影响;[2]在探讨汉代新兴的低温铅釉系统的传播及其地域分化问题时,指出当时江东地区也曾一度烧造具有地方特色的低温铅釉器物,认为应该重视低温铅釉技术的引入与当地高温钙釉系统的某些转变之间的关联。总

---

[1] 均为北京大学考古文博学院实验室的检测数据,承崔剑锋老师告知,特此致谢。具体数据见"汉代江东地区的文化变迁"课题结项报告。
[2] 具体可参见笔者的博士毕业论文《汉墓结构和随葬釉陶器的类型及其变迁》,北京大学,2005 年。

之,认为在探讨成熟瓷器起源问题时不应只局限于江东地区,也不应只局限于高温钙釉系统,而应将视野放得更为开阔些,多做一些科学检测与比较研究,除了要考虑钙釉系统内部不同地域类型之间的交互影响以外,还要考虑不同陶瓷系统之间可能存在的相互影响问题。

现在,通过对上虞汉墓出土低温釉产品的科技检测还发现,其胎釉成分的构成独具特色。那么,烧造这种独具特色的低温铅釉器的窑址在哪里呢? 最早又是从什么时间开始烧造的呢? 如果上虞汉墓出土的铅釉器是当地窑场烧造,那么,铅釉技术又是通过怎样的途径传入江东的? 铅釉技术的传入又对江东当地传统的高温釉技术产生了怎样的影响? 换句话说,包括上虞在内的汉代江东地区,传统高温钙釉器在施釉方式上的转变(从半釉到满釉、出现明显的釉线),是否与外来的低温铅釉施釉工艺的影响有关? 这些都是值得进一步探讨的问题。

事实上,在汉代江东的钙釉产品大量输出的同时,至少在黄淮东部的苏鲁豫皖交界地区还出现了模仿江东钙釉产品的特征的低温铅釉陶器,如安徽萧县汉墓所见施半釉的做法,[1]就是一个突出的例子,为探讨汉代高温釉系统与低温釉系统之间的互动提供了重要信息。

总之,从上虞出土汉代铅釉器的情况来看,在探讨汉代成熟瓷器的起源问题时,我们应该改变以往单线条发展的思维模式,从宏观角度更全面、更系统地去把握汉代陶瓷手工业发展的时代脉络。

附记:本文为教育部人文社会科学研究重大项目"秦汉时期江东地区的文化变迁"课题(项目批准号:11JJD780005)的研究成果之一。据 2017 年 9 月 25 日在上虞"中国(上虞)越窑青瓷国际学术研讨会"上的发言稿整理。

---

[1] 拙稿《输入与模仿——关于〈萧县汉墓〉报道的江东类型陶瓷器及相关问题》,《江汉考古》2013 年第 1 期。

16

汉代"白陶"新资料

——读《姜屯汉墓》札记

所谓"白陶",就是"一种白色胎质的陶器"。[1]从新石器时代开始,我国南北方就开始烧造白陶。发展到殷商时期,曾一度出现制作精巧的刻纹白陶器。但进入西周以后,白陶的生产明显走向衰落。已知东周时期的文化遗存中,也很少见到白陶的影子。然而,就在汉代,白陶又曾一度出现。目前所知,有关汉代"白陶"的考古发现,可追溯到20世纪初期。当时,日本人在朝鲜平壤附近发掘了不少属于汉代乐浪郡时期的墓葬,就曾出土过一些"白质陶器"。[2]1950年以来,在辽宁、山东、河北等地的汉代墓葬中也陆续出土了一些白陶器,笔者初略统计已报道的器形明确者有20余件。或许是由于资料不多,发表得又较为零散,尚未引起国内陶瓷研究者的关注。长期以来,在讨论中国古代的"白陶"时,大家关注的通常都是殷商及其以前的有关发现,对于汉代的白陶器则极少涉及,以致在一些综述汉代陶瓷器的论著中都罕见提及"白陶"的存在。

最近,由辽宁省文物考古研究所编著的《姜屯汉墓》[3]报告正式出版,报道了2010年在普兰店市西北部姜屯村附近配合公路建设清理的154座汉墓资料(其中有2座已分别发表了简报)。该报告采用了"按照遗迹单位进行介绍"的体例,依照墓葬编号顺序逐一介绍了每座汉墓的形制、葬具和人骨以及随葬品情况,从而为读者进行资料整理工作提供了极大的便利。就这批汉代墓葬出土的各类遗物而言,最为引人注目的应该就是其中的一批白陶器资料了。

---

[1]李辉柄:《中国瓷器的时代特征——商至汉代的陶瓷(一)》,《紫禁城》2004年第4期。

[2]朝鲜总督府"古迹特别调查报告"系列第四册《乐浪郡时代的遗迹》,图版1925年、本文1927年。

[3]辽宁省文物考古研究所:《姜屯汉墓》,文物出版社,2013年。

　　据《姜屯汉墓》报告第三章第二节的统计,报告收录的 154 座汉墓共出土陶器 1723 件,"种类计有罐、壶、鼎、盒、瓮、仓、楼、井、灶、奁、樽、熏炉、灯、耳杯、案、盆、盘、碟、缸、钵、碗、长颈瓶、釜、斗、卮、鋞、俑、器座、簋、灶附件等 39 类"(第 154 页)。其中罐 257 件、壶 167 件、扁壶 9 件、鼎 37 件、盒 56 件、奁 164 件、樽 36 件、瓮 33 件、仓 40 件、井 33 件、灶 62 件、灯 19 件、案 21 件、盆 83 件、耳杯 104 件,等等。《姜屯汉墓》报告作者在对出土陶器进行型式分析时,虽然也注意到部分器类的质地差异,如罐的"陶质有夹砂灰陶、夹砂白陶两种"(第 514 页),扁壶"陶质多为白色硬陶,少数为夹砂灰陶"(第 516 页),以及瓮"多为白色硬陶,少数为夹砂灰褐陶"(第 517 页),但并未指出相应器类中白陶器的数量具体是多少,也没有将所报道的白陶器单独作为一个器物群进行资料汇总和初步的考察,甚至在总结陶质时也只说"陶质以夹砂灰陶为主,另有少量夹砂红陶,基本不见泥质陶"(第 514 页),似乎又忘记了"(夹砂)白陶"的存在。

　　而经过笔者对报告"墓葬详述"部分进行初步梳理后得知,《姜屯汉墓》所报道的 154 座汉墓中大约有 27 座墓出土了白陶器,均为夹砂白陶,累计约 29 件(仅个别器物未能复原)。主要是瓮、罐、扁壶 3 种器形。又以瓮数量最多,约有 19 件;罐和扁壶数量相当,都只有 5 件。这 27 座墓葬中,除 M41 为木椁墓、出土白陶器的数量为 3 件以外,其余 26 座墓均为砖室墓且每墓出土的白陶器数量只有 1 件。相比共存的其他质地的陶器(数量约 2 件至 38 件不等,具体参见表 16-1)而言,白陶器的随葬似乎带有一定的特殊性。

表 16-1　《姜屯汉墓》报道的汉代白陶器统计简表

墓葬编号	墓葬形制	出土陶器件数	白陶器器形及件数
M1	单室砖墓	11	瓮 1
M5	单室砖墓	10	瓮 1
M10	三室砖墓	16	瓮 1
M14	单室砖墓	14	瓮 1
M18	单室砖墓	8	瓮 1
M19	单室砖墓	18	瓮(罐?)1

（续表）

墓葬编号	墓葬形制	出土陶器件数	白陶器器形及件数
M20	四室砖墓	15	瓮1
M21	双室砖墓	15	瓮1
M31	双室砖墓	16	扁壶1
M38	单室砖墓	17	罐1
M41	木椁墓	41	瓮2、罐1
M53	双室砖墓	15	瓮1
M54	单室砖墓	4	瓮（残）1
M56	双室砖墓	17	瓮1
M64	双室砖墓	8	罐1
M66	单室砖墓	23	瓮1
M71	三室砖墓	12	罐（残）1
M73	单室砖墓	13	扁壶1
M86	单室砖墓	3	扁壶1
M106	三室砖墓	19	瓮1
M116	双室砖墓	26	瓮1
M134	双室砖墓	19	瓮1
M140	单室砖墓	18	扁壶1
M141	单室砖墓	15	扁壶1
M142	单室砖墓	39	罐1
M146	双室砖墓	3	瓮1
M149	双室砖墓	18	瓮1

从数量上看，累计29件白陶器，约占这27座墓出土陶器总数433件的6.7%；若与154座汉墓出土陶器的总数1723件相比，则仅占其中的1.7%。这一看似十分有限的数量，事实上业已超出了过去60年辽宁、山东、河北三省所报道的汉代白陶器数量之总和。可以说是目前为止有关汉墓出土白陶器的一次最为集中的报道，

理应引起足够的重视。

具体来说,《姜屯汉墓》新报道的总共 33 件陶瓮中,大约有 19 件属于白陶。这些白陶瓮的器形均较大,器壁也较厚。经统计其口径在 19.8~30.6 厘米之间,最大腹径在 36.7~60.6 厘米之间;除 1 件残,其余 18 件高在 35.4~56.6 厘米之间,其中高 35~40 厘米的有 5 件,高 40~50 厘米的有 7 件,高在 50 厘米以上的有 6 件;器壁厚在 0.9~2.9 厘米之间,大多数都是 1~2 厘米厚。器形特征均为鼓腹,圜底,只是口部有敛口、直口、侈口之分,唇部有尖唇、圆唇、方唇之别。器表以素面为主,也有的施加了少量弦纹、绳纹、锯齿纹之类。标本 M21:13 的腹部最大径居中,腹上部施有两周凹弦纹,器高 54 厘米(图 16 - 1)。

图 16 - 1　白陶瓮(M21:13)　　图 16 - 2　白陶扁壶(M73:14)

在新报道的总共 9 件扁壶中,有 5 件为白陶扁壶,器壁厚在 0.5~1.3 厘米之间。除 2 件未注明器高以外,其余 3 件高分别为 18.7 厘米(标本 M31:20)、22.2 厘米(标本 M141:7)和 26.8 厘米(标本 M86:2)。器形上多为侈口、方唇、平底,个别有圈足。器表多为素面。标本 M73:14 的肩部有双系,腹部横截面呈椭圆形,腹部最大径位置靠上(图 16 - 2)。

至于新报道的 257 件陶罐中,属于白陶的只有 5 件。除 1 件残未复原以外,其余 4 件高 21.7~30.8 厘米,器壁厚 0.7~1.4 厘米。口部有敞口、直口之分,唇部有尖唇、方唇之别,或折沿,或平沿;底部为平底或平底微凹。器表或素面,或施加绳纹、凸弦纹。标本 M142:35 为双系罐,肩部饰两周凸弦纹,器高 23.9 厘米(图 16 - 3)。标本 M41 中:16,无系耳,素面,高 21.7 厘米(图 16 - 4)。

图 16-3　白陶罐(M142∶35)　　图 16-4　白陶罐(M41 中∶16)

　　按照《姜屯汉墓》报告的分期,基本上在第四期(王莽至东汉初期)的墓葬中才开始出现白陶,一直延续到第六期(东汉中晚期)。其中归入第四期的 29 座墓中出土白陶器的有 6 座墓(M1、M14、M18、M19、M38、M41),归入第五期(东汉初早期)的 18 座中出土白陶器的也是 6 座墓(M10、M54、M56、M106、M134、M141),而归入第六期的 36 座墓中出土白陶器的则有 15 座墓(M5、M20、M21、M31、M53、M64、M66、M71、M73、M86、M116、M140、M142、M146、M149)。这似乎表明,在姜屯的这批汉代墓葬中,从西汉末至东汉晚期,白陶器的随葬是呈现逐渐增多的发展趋势。另外值得注意的是,在姜屯墓地随葬白陶器的部分墓葬中,有的还共存与白陶器器形接近但质地不同的器物,如在砖室墓 M53 中夹砂白陶瓮 M53∶4 就和夹砂黑褐陶瓮 M53∶10 共存(第 162 页)。而器形接近的夹砂灰黑陶瓮似乎在年代略早的岩坑竖穴墓中就已经出现(如 M153∶5,报告归入第三期即西汉晚期)。那么,两者之间的关系又是怎样的呢?

　　从总体上看,目前发现的汉代白陶主要分布于环渤海的邻近地区。姜屯汉墓出土的这批白陶器,又极大地丰富了该地区汉代白陶的资料。过去,在山东半岛的龙口市还曾发现了"专门烧造白陶的手工作坊场地"。[1]但对于汉代白陶的烧造与流通状况等,一直缺乏相应的探讨。希望在不久的将来,这一局面能有所改变。

本文原载《中国文物报》2013 年 7 月 19 日第 6 版。

---

[1] 中国考古学会:《中国考古学年鉴(2003)》,文物出版社,2004 年,第 221 页。

17

环渤海地区汉晋墓葬出土的白陶器及相关问题*

　　本文所说的"白陶器",是指"一种白色胎质的陶器"。[1]

　　汉晋时期"白陶器"的存在可以说是一个已被大量考古发现所揭示的事实。早在 20 世纪之初就有一些关于汉代白陶器的发现和报道,1950 年以后又有不少新的发现被公布,并且在有明确纪年的晋墓中也发现了白陶器。进入 21 世纪以来,新发现的汉晋时期的白陶器数量大增。然而笔者注意到:长期以来在讨论中国古代的"白陶"时,大家关注的通常都是殷商时期及其以前的有关发现,[2]尤其是在有关陶与瓷的关系问题上,不少认识还都与早期白陶的发展有关。例如有的学者就将早期白陶进入西周以后的"衰落"与原始青瓷或原始瓷器的兴起联系在一起,将白陶视为"最早出现的原始素烧瓷器",[3]或认为白陶是"从陶器向瓷器发展的过渡性器物",并且"为青瓷的烧成打下了物质与技术基础",[4]或者说白陶"对原

＊　本研究为教育部人文社会科学研究重大项目"秦汉时期江东地区的文化变迁"课题(项目批准号:11JJD780005)研究成果之一。

[1] 李辉柄:《中国瓷器的时代特征——商至汉代的陶瓷(一)》,《紫禁城》2004 年第 4 期。

[2] 例如在《中国大百科全书·文物·博物馆》卷(中国大百科全书出版社,1993 年)所列有关中国古代陶瓷器的条目中,由李知宴撰写的《新石器时代陶器》(第 646 页)、《商周陶瓷器》(第 460 页)条目中均提及有"白陶",并且还专设了《商代白陶》(第 457 页)条目。而在该书第 417 页的《秦汉陶器》条目(作者也是李知宴),就未见再提及有白陶的存在了。又如在 1986 年 8 月出版的《中国大百科全书·考古学》卷中,由王仲殊撰写的《汉代陶瓷器》(第 169~170 页)一文中也未提及有白陶器。同样,由冯先铭主编的"文物博物馆系列教材"《中国陶瓷(修订本)》(上海古籍出版社,2001 年)一书中,对新石器时代北方地区大汶口文化和龙山文化、南方地区的大溪文化、屈家岭文化等文化的白陶以及商代早中晚期各阶段的白陶器都有论述,但东周以降,就基本未见再提及白陶器了。

[3] 安金槐:《对于我国瓷器起源问题的初步探讨》,《考古》1978 年第 3 期。

[4] 李辉柄:《中国瓷器的时代特征——商至汉代的陶瓷(一)》,《紫禁城》2004 年第 4 期。

始瓷器的发展产生了不可估量的影响"。[1]

　　问题是：无论新石器时代至商代白陶的发展对于原始瓷器或原始青瓷的产生是否发生过影响或发生过怎样的影响,在中国古代原始瓷器或原始青瓷已经延续发展了千余年之后的汉代,白陶的再次烧造与传播,仍是一个值得特别关注的现象;尤其是在所谓"成熟瓷器"出现之后、"白瓷"出现之前的魏晋时期,白陶的继续烧造,更是引人深思。有理由相信,对汉晋白陶器及其后续发展的研究,或许将有助于我们正确审视中国古代陶瓷发展的曲折和复杂历程。至于部分学者得出商代之后的一千多年白陶不复再现的认识,认为"当白陶再度出现在中国历史上,已经是一千五百年以后的南北朝时期",[2]显然是因为忽视了汉晋时期白陶的存在所致。有鉴于此,本文试就已报道的汉晋时期的白陶器资料略作整理,以供方家参考。

一、环渤海地区汉墓出土的白陶器

　　根据笔者对已发表秦汉考古资料的梳理得知,有关汉代"白陶"的考古发现,可追溯到 20 世纪初期。当时,日本人在朝鲜平壤附近发掘了不少属于汉代乐浪郡时期的墓葬,就曾出土过一些"白质陶器":如贞柏里 M4 出土的"灰白色瓮"、石岩里 M257 出土的"灰白色大瓮"、南井里 M53 出土的"灰白色壶""灰白色小壶"等;[3]又如在著名的"王光墓"(即贞柏里 M127)中也曾出土过 5 件灰白色陶瓮;[4]在石岩里 M201 还出土了"白色壶形土器"(从照片上看应为白陶罐类器物),在石岩里 M260 也出土了"白色土器破片";[5]等等。初步统计,早年日本人发掘的乐浪汉墓中大致

[1] 谷飞:《白陶源流浅析》,《中原文物》1993 年第 3 期。

[2] 韩祥翠:《浅析商代及商代之前的白陶艺术风格流变及其美学风貌》,《中国陶瓷工业》2009 年第 4 期。日本学者蓁丰还认为,商代之后"白陶就在中国陶瓷发展史上消失了"。见蓁丰:《白瓷的产生和发展》,《中国古代白瓷国际学术研讨会论文集》,上海书画出版社,2005 年,第 9 页。

[3] 朝鲜总督府"古迹特别调查报告"系列第四册《乐浪郡时代の遗迹》,图版 1925 年、本文 1927 年。对于乐浪系列报告中所采用的"第××号坟"的表述方式,本文为行文统一均称谓"M××",以下同。

[4] 朝鲜古迹研究会"古迹调查报告"系列第二册:《乐浪王光墓》,1935 年。

[5] 朝鲜古迹研究会"古迹调查报告"系列第一册:《乐浪彩箧冢》,1934 年。

有10余座出土了白陶器,主要是瓮、罐、壶三种器形(部分器形参见图17-1)。

图17-1 乐浪汉墓出土的部分白陶器

1. 石岩里M201 2. 大同江面M7 3、4. 贞柏里M127(王光墓)

(本文所引用的白陶器物图片或线图,均采自相应的发掘报告,未按统一比例调整图像的大小,特此说明)

1950年以来,在中国境内新发现的汉代白陶器基本上都集中分布于环渤海的邻近地区,主要见于山东、辽宁、河北等地的汉墓之中,初略统计目前已报道的50余座汉墓中共出土了60余件器形明确的白陶器(参见表17-1),[1]另外还有一些残片以及少量质地尚待查明的存疑器物,而实际已发现的汉代白陶器数量当远不止这些。下面大致按照发现的时间先后整理如下:[2]

表17-1 环渤海地区汉墓出土白陶器统计简表

出土地点		墓葬编号	墓 葬 形 制	白陶器器形及件数	出 处
山东	福山	东留公社汉墓	前后室砖石墓	残片7片	《考古通讯》1956年第5期
	章丘	普集镇M1	前后室砖石墓	罐1	《考古通讯》1955年第6期
		普集镇M2	前中后三室砖石墓	罐1	《考古通讯》1955年第6期
	宁津	宁津	前中后三室砖墓	罐(瓮?)4	《文物资料丛刊(4)》

[1] 本文的这一统计数字主要是针对中国境内的考古发现而言的,尚不包括前述乐浪郡汉墓出土的部分,其中部分墓葬的实际时代可能略晚于汉,特此说明。

[2] 由于考古报道中对于器物的描述往往因人而异,为便于比较,本文对汉晋白陶器的形制描述将尽可能引用报告原文,对认识上存在出入的地方则另作说明。有关墓葬的年代判断方面,本文认为有明显出入的也会在相应的注释中说明。

（续表）

出土地点		墓葬编号	墓葬形制	白陶器器形及件数	出处
山东	滨州	汲家湾汉墓	前后室砖室墓	瓮1	《文物》1990年第2期
	临淄	商王村M85	前中后三室砖石墓	罐（壶）1	《临淄商王墓地》
	昌乐	后于刘M6	前后室砖室墓	虎子1	《海岱考古》第五辑
		后于刘M70	？	扁壶1	《海岱考古》第五辑
	潍坊	后埠下M16	单室砖椁墓	罐1	《山东省高速公路考古报告集（1997）》
		后埠下M27	单室砖墓	扁壶2？	《山东省高速公路考古报告集（1997）》
		后埠下M57	前后室砖墓	瓮1（残）	《山东省高速公路考古报告集（1997）》
		后埠下M86	？	钵2、扁壶残片	《山东省高速公路考古报告集（1997）》
		后埠下M88	？	残圈足1	《山东省高速公路考古报告集（1997）》
		后埠下M97	单室砖墓	扁壶1	《山东省高速公路考古报告集（1997）》
		后埠下M102	前后室砖墓	瓮2（残1）	《山东省高速公路考古报告集（1997）》
		后埠下M107	单室砖墓	扁壶残片	《山东省高速公路考古报告集（1997）》
	济南	奥体中路M3	砖石合构墓	瓮1	《东方考古》第8集
河北	抚宁	邴各庄M1	多室砖墓	瓮1	《文物春秋》1997年第3期
	望都	所药村M2	砖石合构墓	罐3	《望都二号汉墓》
辽宁	大连	前牧城驿M802	单室砖墓	壶1、瓮1	《考古》1986年第5期
		前牧城驿M2	单室贝砖合筑墓	瓮1	《大连土羊高速公路发掘报告集》
		前牧城驿M3	单室土贝合筑墓	瓮（罐）1	《大连土羊高速公路发掘报告集》

（续表）

出土地点		墓葬编号	墓 葬 形 制	白陶器器形及件数	出　　处
辽宁	大连	沙岗子 M2	单室砖墓	瓮 1	《大连土羊高速公路发掘报告集》
		西礓坡 M1	单室砖墓	瓮 1	《北方文物》2011 年第 3 期
		西礓坡 M2	单室石板墓	瓮 1	《北方文物》2011 年第 3 期
		西礓坡 M3	单室石板墓	瓮 1	《北方文物》2011 年第 3 期
		西礓坡 M5	单室石板墓	扁壶 1	《北方文物》2011 年第 3 期
	盖县	东达营 M1	前后室砖室墓	瓮（壶）1	《文物》1993 年第 4 期
	普兰店	姜屯 M1	单室砖墓	瓮 1	《姜屯汉墓》
		姜屯 M5	单室砖墓	瓮 1	《姜屯汉墓》
		姜屯 M10	三室砖墓	瓮 1	《姜屯汉墓》
		姜屯 M14	单室砖墓	瓮 1	《姜屯汉墓》
		姜屯 M18	单室砖墓	瓮 1	《姜屯汉墓》
		姜屯 M19	单室砖墓	瓮（罐）1	《姜屯汉墓》
		姜屯 M20	四室砖墓	瓮 1	《姜屯汉墓》
		姜屯 M21	双室砖墓	瓮 1	《姜屯汉墓》
		姜屯 M31	双室砖墓	扁壶 1	《姜屯汉墓》
		姜屯 M38	单室砖墓	罐 1	《姜屯汉墓》
		姜屯 M41	木椁墓	瓮 2、罐 1	《姜屯汉墓》
		姜屯 M53	双室砖墓	瓮 1	《姜屯汉墓》
		姜屯 M54	单室砖墓	瓮（残）1	《姜屯汉墓》
		姜屯 M56	双室砖墓	瓮 1	《姜屯汉墓》
		姜屯 M64	双室砖墓	罐 1	《姜屯汉墓》
		姜屯 M66	单室砖墓	瓮 1	《姜屯汉墓》
		姜屯 M71	三室砖墓	罐（残）1	《姜屯汉墓》

（续表）

出土地点		墓葬编号	墓 葬 形 制	白陶器器形及件数	出　　处
辽宁	普兰店	姜屯 M73	单室砖墓	扁壶 1	《姜屯汉墓》
		姜屯 M86	单室砖墓	扁壶 1	《姜屯汉墓》
		姜屯 M106	三室砖墓	瓮 1	《姜屯汉墓》
		姜屯 M116	双室砖墓	瓮 1	《姜屯汉墓》
		姜屯 M134	双室砖墓	瓮 1	《姜屯汉墓》
		姜屯 M140	单室砖墓	扁壶 1	《姜屯汉墓》
		姜屯 M141	单室砖墓	扁壶 1	《姜屯汉墓》
		姜屯 M142	单室砖墓	罐 1	《姜屯汉墓》
		姜屯 M146	双室砖墓	瓮 1	《姜屯汉墓》
		姜屯 M149	双室砖墓	瓮 1	《姜屯汉墓》

　　说明：器物名称均依报告，本文认为应改变的，在括弧内注明。器物件数不明或有疑问的则加"?"标示。下同。

　　20 世纪 50 年代报道的主要是山东福山、章丘，以及河北望都等地的发现，多出自砖石合构的画像石墓或壁画墓中。其中 1953 年在山东福山东留公村发现的一座砖石合构的前后室墓中共出土 7 片"白陶残片"，据发掘者判断，"不属于一物，看样子都是罐类残片"，而且"陶土中羼有石英粒，有的肩部还划着波浪式花纹"。[1] 1955 年春在山东章丘县普集镇清理的 2 座砖石合构墓葬中也出土了"白色陶"，据介绍："白色陶有罐 2 件，第 1 号墓出土的肩部有波浪纹，带有四鼻，平底；第 2 号墓出土的无鼻、纹，圆底"。[2] 遗憾的是，上述两例有关汉代白陶器的早期报道均只有简单的文字描述。其他类似的发现还有一些，也因报道简略，详情难以

---

[1] 山东省文物管理处：《山东福山东留公村汉墓清理简报》，《考古通讯》1956 年第 5 期。发掘者推断该墓年代属汉代末年，从出土遗物看，不排除略晚于汉代的可能性。

[2] 王思礼：《山东章丘县普集镇汉墓清理简报》，《考古通讯》1955 年第 6 期。发掘者推断出土遗物"都像是东汉时代的东西"，因此认为是一个汉代墓葬群。

确知。[1]

20 世纪 70~90 年代,新发现的汉代白陶器主要分布在渤海南侧的山东宁津、滨州、昌乐、临淄、潍坊和渤海东侧的辽宁盖州、大连等地,在渤海西侧的河北抚宁等地也有少量发现。

1972 年在辽宁盖县(今盖州)发掘一批东汉墓,其中东达营一号前后室砖室墓中出土有 1 件"瓮",即标本盖东 M1∶1(本文中依据器形归入"壶"类),为"夹砂白陶,口微侈,颈饰两道凸棱,肩部刻划水波纹、平行线和平行斜线组合的三角纹,球状腹,平底。口径 12.8、腹径 32.8、高 32.4 厘米"(图 17 - 4,12)。[2]

1978 年在山东宁津县庞家寺发现并清理了 1 座前中后三室的砖室墓,出土了大量陶瓷器。其中有 4 件"白陶罐"(从发表的器物照片所见器形以及器物尺寸大小悬殊的情况来看,其中部分器物似应改称为"瓮"),但报告的介绍较为笼统,只说"均为鼓腹圆底侈口,最大者腹径 90、最小者腹径 27 厘米。陶质洁白、坚硬"。[3]

1980 年在辽宁大连前牧城驿发掘 2 座砖室墓,其中编号为 M802 的穹隆顶单室砖墓出土了 2 件白陶器,包括壶和瓮各 1 件。标本 M802∶30 为壶,"白陶,侈口,平沿,鼓腹,平底,颈部有弦纹四道,肩部有水波纹带,两者之间阴刻一隶书'甲'字,高 32、口径 17.2、底径 15.2 厘米"(图 17 - 4,13);标本 M802∶10 为瓮,"白陶,残,侈口,平沿,球腹,圜底,高 42.5、口径 24 厘米"(图 17 - 2,1)。[4]

1982 年在山东滨州市汲家湾发现 1 座汉墓,因遭破坏,1983 年 5 月进行了抢救清理,为横前室带耳室的砖室墓,出土的 17 件器物中有 1 件"白陶瓮",为"圆唇,敛口,圆肩,圆腹下垂,圜底。上腹部饰凹弦纹一周,底部饰绳纹。胎体厚重。口径

---

[1] 例如 1954 年在大连营城子贝墓中出土的 2 件"缸胎陶瓮",从器形描述上看,形状和尺寸大小都与常见的汉代白陶瓮类似,但所谓"缸胎"是否属于白陶产品,仍有待查证。参见于临祥:《营城子贝墓》,《考古学报》1958 年第 4 期。

[2] 许玉林:《辽宁盖县东汉墓》,《文物》1993 年第 4 期。发掘者推断该墓葬的年代为东汉晚期。

[3] 德州地区文物组、宁津县文化局:《山东宁津庞家寺汉墓》,《文物资料丛刊》第 4 辑,1981 年,第 125 页。发掘者推断为"东汉早期墓葬"。从墓葬形制及出土遗物来看,实际年代可能要更晚一些,应属于东汉中晚期的墓葬。

[4] 旅顺博物馆:《辽宁大连前牧城驿东汉墓》,《考古》1986 年第 5 期。原报告推断该墓葬的年代为"东汉前期",但从墓葬形制及共存遗物分析,实际年代可能晚至东汉中期。

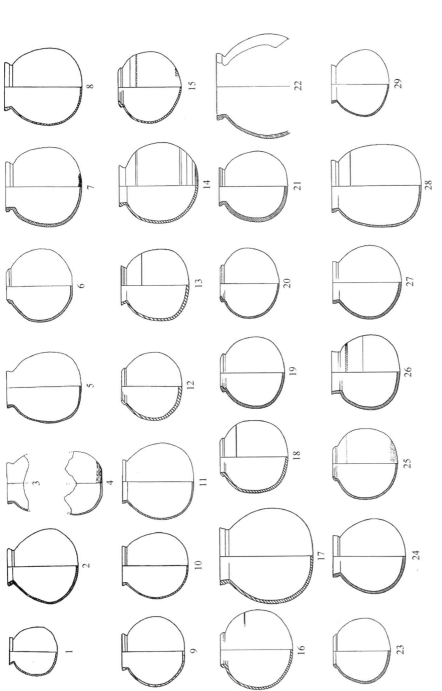

图 17－2　环渤海地区汉墓出土白陶瓮

1. 大连前牧城驿 M802：10　2. 抚宁邴各庄 M1：29　3. 潍坊后埠下 M57：01　4. 潍坊后埠下 M102：02　5. 潍坊后埠下 M102：01　6. 大连前牧城驿 M2：1　7. 大连沙岗子 M2：24　8. 大连长兴岛西疆坡 M1：1　9. 大连长兴岛西疆坡 M2：1　10. 大连长兴岛西疆坡 M3：1　11. 济南魏体中路 M3：2　12. 普兰店姜屯 M1：5　13. 普兰店姜屯 M5：2　14. 普兰店姜屯 M10：5　15. 普兰店姜屯 M14：3　16. 普兰店姜屯 M18：3　17. 普兰店姜屯 M20：20　18. 普兰店姜屯 M21：13　19. 普兰店姜屯 M41 中：11　20. 普兰店姜屯 M41 中：15　21. 普兰店姜屯 M53：4　22. 普兰店姜屯 M54：4　23. 普兰店姜屯 M56：10　24. 普兰店姜屯 M66：3　25. 普兰店姜屯 M106：1　26. 普兰店姜屯 M116：1　27. 普兰店姜屯 M134：18　28. 普兰店姜屯 M146：3　29. 普兰店姜屯 M149：4

26.5、高 44.5 厘米"。[1]

　　1990 年在山东省昌乐县的后于刘遗址清理汉代墓葬 55 座,出土陶器"陶质以泥质红陶为主",但也有少量白陶器。从报告的描述中得知至少有 1 件白陶虎子和 1 件白陶扁壶。据介绍,这批汉墓中出土的虎子仅 1 件,即标本 M6∶4,出自前后室的砖室墓 M6 之中,为"夹砂白陶。口呈椭圆状,背部一兽面,有把和尾巴,平底。形体肥大,形象生动逼真。素面。通高 14、体长 28.5 厘米"(图 17-4,4)。而扁壶共出土 5 件,报告列举的 3 件中有 2 件分别为"泥质黑陶"或"泥质灰陶",仅标本 M70∶1 为"夹砂白陶",器形特征是"方唇,平口,短颈,广肩,双耳各穿两孔,扁圆腹,圈足。素面。口径 12.6、通高 25.2 厘米"(图 17-3,4)。[2]

　　1992~1993 年在山东临淄商王村墓地发掘战国秦汉时期的墓葬 102 座,其中东汉后期墓葬有 4 座。通过报告的列举得知,属于东汉后期墓葬出土的 3 件 Ⅴ 型罐中,复原的 1 件即标本 M85∶1 属于白陶器(依据器形特征,本文归入"壶"类),为"夹砂白陶,敞口,斜领,圆鼓腹,平底";"腹上部饰两组弦纹、垂幛纹,口径 17.8、高 35、底径 13 厘米"(图 17-4,11)。[3]

　　1996 年在河北抚宁县邴各庄发掘 6 座汉代砖室墓,出土陶器"多为泥质灰陶,有 1 件夹砂白陶"。从报告的描述中判断,这件夹砂白陶应该就是瓮标本 M1∶29,据称"夹砂胎外饰白色陶衣,矮领、束颈,通体较光滑,垂腹圆底,口内径 22、外径 28、最大腹径 52、高 51 厘米"(图 17-2,2),[4]属于常见的圜底瓮类器形。

[1] 郭世云、吴鸿禧、李功业:《山东滨州市汲家湾发现汉墓》,《文物》1990 年第 2 期。原报告推断墓葬年代为"西汉末或东汉前期"。然从墓葬形制为横前堂墓以及共存釉陶器的器形上看,该墓年代应为东汉中期或更晚。

[2] 潍坊市博物馆、昌乐县文物管理所:《昌乐县后于刘遗址发掘报告》,山东省文物考古研究所编《海岱考古》第五辑,科学出版社,2012 年,第 169~242 页。原报告没有对汉代墓葬的断代进行明确的表述,也未见 M70 的相关资料,但报告结语中认为 M6 的不少陶器"均具有西汉晚期风格",而该墓为前后室砖室墓,还残存有一些"泥质红陶,外挂青釉"的器物,因此,综合已发表的相关资料,本文判断其年代应大致属于东汉中晚期。

[3] 淄博市博物馆、齐故城博物馆:《临淄商王村墓地》,齐鲁书社,1997 年。

[4] 河北省文物研究所:《河北抚宁县邴各庄汉墓发掘简报》,《文物春秋》1997 年第 3 期。发掘者推断该墓年代为东汉末期。报告线图中该白陶瓮的器物号为 M1∶24,与同墓出土的 1 件陶案编号相同,两者必有一误。

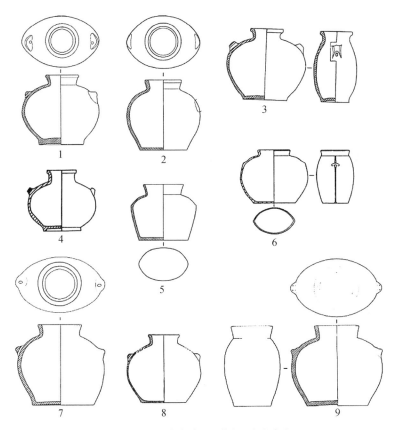

图 17-3　环渤海地区汉墓出土白陶扁壶

1. 普兰店姜屯 M73：14　2. 普兰店姜屯 M140：8　3. 潍坊后埠下 M27：1
4. 昌乐后于刘 M70：1　5. 普兰店姜屯 M31：20　6. 大连长兴岛西疆坡 M5：1
7. 普兰店姜屯 M141：7　8. 潍坊后埠下 M97：2　9. 普兰店姜屯 M86：2

1997 年在山东潍坊后埠下墓地发掘墓葬 108 座，出土陶器 108 件，"陶质以泥质灰陶为主，夹砂白陶次之，也有少量的泥质红陶、夹砂红陶和釉陶"。就夹砂白陶而言，从报告列举的资料来看，大致有 11 件。具体是：1. 扁壶 3 件（即原报告中的"B 型扁壶"，并且分 2 式），"皆夹砂白陶。小口，平沿，方唇，颈较短，扁腹，肩部有二个对称的桥形鼻"。其中 I 式的 2 件形制大小相同，列举的标本 M27：1，"平底内凹成假圈足。口径 12、足长径 16、短径 10、高 26.2 厘米"（图 17-3，3）（据墓葬登记表，M27 出土的扁壶有 2 件，推测另 1 件未列举的 B 型 I 式扁壶也应出自 M27）；II 式的 1 件即标本 M97：2，为"平底。口径 11.6、底长径 16.4、短径 11.6、高 24.9 厘

米"(图 17－3,8)。2. 罐 1 件(即原报告中的"A 型Ⅲ式罐"),标本 M16：01,为
"夹砂白陶,未可复原。直口微侈,宽圆肩,下腹残,平底。下部饰绳纹。口径 14.8、
底径 15.2 厘米"(图 17－4,1)。3. 瓮 2 件(即原报告中的"C 型瓮"),为"小口,束

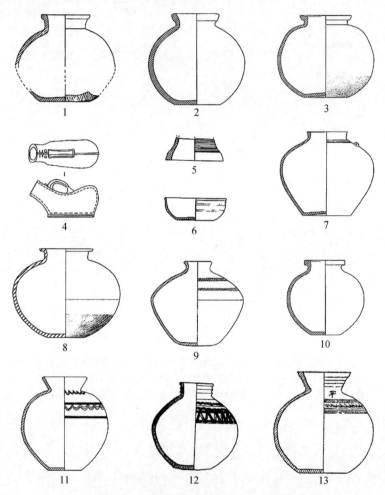

图 17－4　环渤海地区汉墓出土其他白陶器

　　1. 罐(潍坊后埠下 M16：01)　2. 罐(普兰店姜屯 M64：3)　3. 罐(普兰店姜
屯 M38：9)　4. 虎子(昌乐后于刘 M6：4)　5. 圈足(潍坊后埠下 M88：01)
6. 钵(潍坊后埠下 M86：01)　7. 双耳罐(普兰店姜屯 M142：35)　8. 罐(普兰店
姜屯 M19：22)　9. 罐(大连前牧城驿 M3：9)　10. 罐(普兰店姜屯 M41 中：16)
11. 壶(临淄商王村 M85：1)　12. 壶(盖州东达营 M1：1)　13. 壶(大连前牧城驿
M802：30)

颈,溜肩,垂腹,圜底"。标本 M102：01,为"夹砂白陶。器体硕大。直口微侈,平沿,短颈。口径20.8、高43.6 厘米"(图17－2,5);标本 M57：01,也是"夹砂白陶",但"仅残存口部,形态与 M102：01 相同。口径23.6 厘米"(图17－2,3)。另外,在M102 扰土中还出土夹砂白陶瓮底 1 件,即标本 M102：02,"圆腹,平底。近底部饰细密绳纹。底径15.2、残高21.6 厘米"(图17－2,4)。4. 圈足 1 件,即标本 M88：01,为"夹砂白陶。器表饰凹槽数周。直径16、残高5.6 厘米"(图17－4,5)。5. 钵 3件,原报告仅列举了 1 件,即标本 M86：01,为"夹砂白陶。敞口,圆折腹,平底内凹。口下至腹中部有凹槽三周。口径17、底径10.3、高6 厘米"(图17－4,6)。据该报告的墓葬登记表,M86 出土遗物除了钵 2 件以外,还有"白陶扁壶残片"。另外,M107 也有"白陶扁壶残片"(以墓葬为单位的统计情况,参见表 17－1)。原报告作者注意到这批汉墓中白陶器的存在较为普遍,曾在报告结语中指出:"山东地区以前发掘的汉墓中,白陶较为少见,但在该墓地中,白陶广泛见于砖室墓中,约三分之一以上的砖室墓中都发现有白陶器的碎片,是本墓地随葬陶器的又一特点。"[1]

　　进入 21 世纪以来,在山东济南、昌邑、莱州、龙口,辽宁大连、普兰店、葫芦岛等地的汉墓中又有不少新的发现,并且出现了像普兰店姜屯汉墓群、昌邑辛置汉墓群那样集中出土白陶器的情况。另外,在山东半岛的龙口市还新发现了专门烧造白陶的窑场遗迹。

　　2006 年,为配合大连土羊高速公路建设,在大连前牧城驿、沙岗子等地又清理了一批汉代墓葬,其中有 3 座墓各出土了 1 件白陶器,具体是:1. 前牧城驿 M2 出土的"白陶瓮",编号 M2：1,为"夹粗砂白陶,口略侈,宽沿斜抹,口沿内侧向内凹。短直颈,溜肩,圆腹,最大腹径略偏下,圜底。口径 17、腹径 46、高 44 厘米"(图17－2,6)。2. 前牧城驿 M3 出土的"白陶瓮(罐)"(在前牧城驿的报告中,发掘者注意到该"白陶瓮""形式比较少见",并指出"与西汉晚期和东汉早期都有明显

[1] 山东省文物考古研究所、寒亭区文物管理所:《山东潍坊后埠下墓地发掘报告》,山东省文物考古研究所编著:《山东省高速公路考古报告集(1997)》,科学出版社,2000 年,第 234～286 页。据墓葬登记表,该墓地大致有 8 座墓提及有白陶出土,年代基本上都被断为东汉后期,但从墓葬形制(如外弧形砖室)上看,不排除部分墓葬的年代晚于汉的可能。

区别"。本文据器形暂归入"罐"类），编号 M3：9，为"夹粗砂白陶，胎质疏松，侈口，束颈，溜肩，折腹，平底，肩部饰二周多重水波纹，最大腹径略偏上。口径 12.2、底径 17、腹径 39.8、高 35.5 厘米"（图 17-4,9）。3. 沙岗子 M2 出土的"白陶瓮"，编号 M2：24，为"夹砂粗陶，直口，束颈，垂腹，圜底，底部饰细绳纹。口径 27.4、最大腹径 43、高 42.2 厘米"（图 17-2,7）。发掘者曾指出该"白陶瓮是辽东半岛沿海地区比较有特征的器物，从西汉到东汉早中期一直存在，东汉后期很少发现，一般均为小口，鼓腹，圜底，个体较大"。[1]

2009 年 4 月，在山东济南市奥体中路清理了 3 座东汉晚期的中型画像石墓，均为砖石混合结构，出土器物中有 1 件瓮，即标本 M3：2，为"白陶质，素面，器表饰细腻白色陶衣。口沿斜直外撇，方唇，溜肩，最大径位于器物中下部，圜底。口径 24.2、通高 41 厘米"（图 17-2,11）。[2]发掘者注意到"其中白陶瓮见诸报道的有滨州汲家湾东汉墓"，但未作任何讨论。

2010 年在大连长兴岛西疆坡墓地发掘 5 座墓葬，包括砖室墓 1 座、石板墓 4 座，均为单室墓。其中有 4 座墓各出土了 1 件白陶器，分别是：1. 砖室墓 M1 出土的"白陶瓮"，编号 M1：1，为"夹砂白陶，侈口，溜肩，垂腹，圜底。口径 27.4、高 44 厘米"（图 17-2,8）。2. 石板墓 M2 出土的"白陶瓮"，编号 M2：1，为"夹砂白陶，直口，溜肩，鼓腹，圜底。口径 20.8、高 36 厘米"（图 17-2,9）。3. 石板墓 M3 出土的"白陶瓮"，编号 M3：1，为"夹砂白陶，侈口，短颈，溜肩，垂腹，圜底。口径 26、高 44 厘米"（图 17-2,10）。4. 石板墓 M5 出土的"陶扁壶"，编号 M5：1，也是"夹砂白陶，口部正圆，略侈，鼓肩，平底，底部呈椭圆形，壶体扁，两侧出折棱，胎壁较薄。口径 14.2、底长径 19.2、短径 12、高 24 厘米"（图 17-3,6）。[3]

---

[1] 大连市文物考古研究所编著：《大连土羊高速公路发掘报告集》，科学出版社，2010 年。报告推断前牧城驿 M2 年代为东汉早期，沙岗子 M2 年代为东汉早中期。另外还指出前牧城驿 M3 出土的白陶瓮"形式比较少见，与西汉晚期和东汉早期都有明显区别"。可是，当地西汉晚期的白陶瓮器形如何，报告并未给出例证。

[2] 济南市考古研究所：《济南市奥体中路画像石墓简报》，《东方考古》第 8 集，科学出版社，2011 年，第 443~454 页。发掘者推断"这 3 座墓葬的时代应为东汉晚期，墓主人应属于同一家族"。

[3] 大连市文物考古研究所：《大连长兴岛西疆坡墓地发掘简报》，《北方文物》2011 年第 3 期。发掘者推断砖室墓 M1 年代为"东汉中晚期"，其余石板墓的年代在"东汉末年至魏晋时期"。

2010 年在辽宁普兰店市西北部姜屯村附近配合公路建设清理 154 座汉墓,从报道的情况看大约有 27 座墓出土了白陶器,均为夹砂白陶,累计约 29 件(仅个别器物未能复原)。主要是瓮、罐、扁壶 3 种器形。[1]依墓葬的编号顺序,大致出土情况是:

M1 为单室砖墓,出土陶器 11 件,其中白陶器仅瓮 1 件,即标本 M1∶5,为"夹粗砂白陶,陶色不纯,局部呈红褐色。圆唇,敛口,宽沿抹斜,溜肩,鼓腹,腹部最大径位置偏下,圜底。口径 19.8、腹部最大径 44.4、高 40.5、壁厚 0.8~1.9 厘米"(图 17-2,12)。

M5 为单室砖墓,出土陶器 10 件,其中白陶器仅瓮 1 件,即标本 M5∶2,为"夹砂白陶。侈口,斜领,溜肩,垂腹,最大腹径位置靠近底部,圜底。腹上部饰一周凹弦纹。口径 24.5、最大腹径 43.9、高 43.3、壁厚 1.3~1.7 厘米"(图 17-2,13)。

M10 为"三室砖墓",出土陶器 16 件,其中白陶器仅瓮 1 件,即标本 M10∶5,为"夹砂白陶。方唇,直口,斜领,圆肩,球腹,最大腹径位置居中,圜底。肩部及腹下部饰数道弦纹,底部轮旋痕迹明显。口径 21.2、最大腹径 41.9、高 42.2、壁厚 1.5 厘米"(图 17-2,14)。

M14 为单室砖墓,出土陶器 14 件,其中白陶仅瓮 1 件,即标本 M14∶3,为"夹砂白陶。圆唇,敛口,沿面向外倾斜,溜肩,鼓腹,圜底。肩部饰一周弦纹,腹上部饰两周粗绳纹,近底部饰绳纹。口径 30.6、最大腹径 55.4、高 50.4、壁厚 1.5 厘米"(图 17-2,15)。

M18 为单室砖墓,出土陶器 8 件,其中白陶器仅瓮 1 件,即标本 M18∶3,为"夹砂白陶。敛口,沿面外斜,溜肩,鼓腹,最大腹径位置靠下,圜底。腹上部有两周凹弦纹。口径 23.0、最大腹径 60.6、高 55.7、壁厚 1.5~1.8 厘米"(图 17-2,16)。

M19 为单室砖墓,出土陶器 18 件,其中白陶器 1 件,即标本 M19∶22(报告原

---

[1] 辽宁省文物考古研究所编著:《姜屯汉墓》,文物出版社,2013 年。按照《姜屯汉墓》报告的分期,该墓地基本上在第四期(王莽至东汉初期)的墓葬中才开始出现白陶,一直延续到第六期(东汉的中晚期)。有关《姜屯汉墓》报道的白陶器资料,笔者曾进行初步整理,参见拙稿《汉代"白陶"新资料——读〈姜屯汉墓〉札记》,《中国文物报》2013 年 7 月 19 日第 6 版。本文为了便于读者查检相关资料,改以墓葬为单位按编号顺序进行简要说明。

称为"瓮",本文据器形暂归入"罐"类），为"夹砂白陶。方唇，折沿，直口，束颈，溜肩，球腹，腹部最大径位置靠下，圜底。腹部饰绳纹，底有明显的轮旋痕迹。口径21.6、最大腹径43.9、高43.1、壁厚1.4厘米"（图17-4,8）。

M20为"四室砖墓"，出土陶器15件，其中白陶器仅瓮1件，即标本M20：20，为"夹砂白陶，陶色不纯，底部呈红褐色。方唇，口微侈，矮领，鼓腹，腹部最大径偏下，圜底。素面。口径22.0、最大腹径36.7、高36.5、壁厚1.0~1.2厘米"（图17-2,17）。

M21为"双室砖墓"，出土陶器15件，其中白陶器仅瓮1件，即标本M21：13，为"夹砂白陶。尖唇，口微侈，口沿向内抹斜，鼓腹，腹部最大径居中，圜底。腹上部施有两周凹弦纹。口径25.0、最大腹径57.0、高54.0、壁厚2.0~2.2厘米"（图17-2,18）。

M31为前后室砖墓，出土陶器16件，其中白陶器仅扁壶1件，即标本M31：20，为"夹砂白陶，陶色不纯，局部呈红褐、灰黑色。方唇，侈口，斜领，圆肩，鼓腹，腹部最大径位置靠近肩部，腹部横截面呈椭圆形，平底。口长径13.9、短径10.5、腹部最大长径22.7、最大短径15.0、底长径17.0、短径11.1、高18.7、壁厚0.5~0.9厘米"（图17-3,5）。

M38为单室砖墓，出土陶器17件，其中白陶器仅罐1件，即标本M38：9，为"夹砂白陶，陶色不纯，局部呈红褐色。尖唇，敞口，折沿，短颈，圆肩，鼓腹，腹部最大径位置居中，凹底。腹下部及底部满饰绳纹。口径19.8、底径16.6、最大腹径37.4、高30.8、壁厚0.9~1.3厘米"（图17-4,3）。

M41出土陶器41件，是姜屯这批汉代墓葬中随葬陶器数量最多的一座，也是唯一出土白陶器的木椁墓，共出土了3件白陶器，包括1件罐和2件瓮。罐标本M41中：16，为"夹砂白陶。方唇，直口，折沿，束颈，圆肩，鼓腹，腹部最大径位置居中，平底。素面。口径12.1、底径8.5、最大腹径23.0、高21.7、壁厚0.8~1.4厘米"（图17-4,10）。2件瓮的"形制相同，均为夹砂白陶，陶色不纯，局部呈红色，圆唇，敛口，口沿抹斜，溜肩，垂腹，腹部最大径位置偏下，圜底；素面"。标本M41中：11的"口径23.1、最大腹径56.1、高51.0、壁厚1.6~2.2厘米"（图17-2,19）；标本M41中：15的"口径23.4、最大腹径55.3、高47.3、壁厚0.8~1.4厘米"（图17-2,20）。

　　M53 为前后室砖墓,出土陶器 15 件,其中白陶器仅瓮 1 件,即标本 M53∶4,为"夹砂白陶。方唇,敞口,束颈,溜肩,垂腹,最大腹径位置靠下,圜底。素面。口径24.4、最大腹径 45.4、高 44.9、壁厚 2.1~2.9 厘米"(图 17-2,21)。

　　M54 为单室砖墓,残存陶器 4 件,其中白陶器仅 1 件残瓮,即标本 M54∶4,"底部残缺,夹砂白陶。方唇,侈口,束颈,溜肩,鼓腹,腹部最大径位置居中。口径26.0、最大腹径 40.8、残高 28.3、壁厚 1.2~1.5 厘米"(图 17-2,22)。

　　M56 为前后室砖墓,出土陶器 17 件,其中白陶仅 1 件瓮,即标本 M56∶10,为"夹砂白陶。尖唇,侈口,沿外折,溜肩,球腹,最大腹径靠下,圜底。素面。口径26.7、腹部最大径 51.4、高 45.9、壁厚 2.0 厘米"(图 17-2,23)。

　　M64 为前后室砖墓,出土陶器 8 件,其中属于白陶的仅有 1 件罐,即标本M64∶3,为"夹砂白陶。方唇,敞口,唇部加厚,圆肩,球腹,腹部最大径靠近中部,平底。素面。口径 13.9、底径 13.0、腹部最大径 28.2、高 26.0、壁厚 1.0~1.6 厘米"(图 17-4,2)。

　　M66 为单室砖墓,出土陶器 23 件,其中白陶仅 1 件瓮,即标本 M66∶3,为"夹砂白陶。方唇,口微侈,短颈,溜肩,鼓腹,腹部最大径位置偏下,圜底。素面。口径21.6、最大腹径 38.5、高 38.1、壁厚 1.2~1.6 厘米"(图 17-2,24)。

　　M73 为单室砖墓,出土陶器 13 件,其中扁壶标本 M73∶14 为"夹砂白陶","方唇,侈口,斜颈,圆肩,鼓腹,腹部横截面呈椭圆形,腹部最大径位置靠上,台底内凹。在肩部对称置有两穿孔月牙形耳。口径 11.6、最大腹部长径 26.9、最大腹部短径17.3、底长径 15.4、底短径 10.6、壁厚 0.8~1.0 厘米"(图 17-3,1)。

　　M86 为单室砖墓,残存陶器 3 件,其中白陶器仅 1 件扁壶,即标本 M86∶2,为"夹砂白陶。方唇,口略侈,斜领,溜肩,肩部对称双鼻形耳,弧腹,腹部横截面呈椭圆形,腹部最大径位置靠近肩部,凹底。口长径 15.4、短径 14.3、腹长径 31.3、短径18.9、底长径 20.9、短径 12.4、高 26.8、壁厚 1.1~1.3 厘米"(图 17-3,9)。

　　M106 为"三室砖墓",出土陶器 19 件,其中白陶仅瓮 1 件,即标本 M106∶1,为"夹砂白陶。圆唇,沿面向外侧倾斜,溜肩,鼓腹,最大腹径位置靠下,圜底。肩部一周弦纹,近底部饰绳纹。口径 29.5、高 56.6、最大腹径 60.6、壁厚 1.7 厘米"

（图 17 - 2,25）。

M116 为前后室砖墓,出土陶器 26 件,其中白陶仅 1 件瓮,即标本 M116：3,为"夹砂白陶。方唇,口微侈,直领,溜肩,垂腹,腹部最大径位置靠近底部,圜底。肩部施有一周连环锯齿纹,腹部刻划有一周凹弦纹。口径 21.9、最大腹径 37.9、高 35.4、壁厚 1.1~1.6 厘米"（图 17 - 2,26）。

M134 为前后室砖墓,出土陶器 19 件,其中白陶仅瓮 1 件,即标本 M134：18,为"夹砂白陶。方唇,侈口,矮领,溜肩,鼓腹,腹部最大径位置居中,圜底。素面。口径 21.5、最大腹径 37.8、高 36.0、壁厚 1.2~1.5 厘米"（图 17 - 2,27）。

M140 为单室砖墓,出土陶器 15 件,其中白陶仅扁壶 1 件,即标本 M140：8,为"夹砂白陶,陶色不纯,局部呈黑灰色。方唇,侈口,短颈,圆肩,鼓腹,腹部横截面呈椭圆形,腹部最大径位置靠上,平底。肩部原贴有两耳,但现已脱落,仅存疤痕。口径 12.3、最大腹部长径 24.7、最大腹部短径 17.3、底长径 15.8、短径 10.6、壁厚 0.7~1.1 厘米"（图 17 - 3,2）。

M141 为单室砖墓,出土陶器 15 件,其中白陶仅 1 件扁壶,即标本 M141：7,为"夹砂白陶。方唇,敞口,矮领,溜肩,鼓腹,腹部最大径位置接近肩部,腹部横截面呈椭圆形,椭圆形凹底。肩部两端对称贴有舌形耳。素面。口径 12.4、最大腹部长径 24.5、短径 15.2、底长径 17.4、短径 11.3、高 22.2、壁厚 0.7~1.1 厘米"（图 17 - 3,7）。

M142 为单室砖墓,出土陶器 39 件,属于夹砂白陶的仅有 1 件罐,即标本 M142：35,为双耳罐,"尖唇,平沿,沿面内斜,口微侈,矮领,圆肩贴附两个系,系上有穿,鼓腹,凹底。肩部饰两周凸弦纹。口径 11.6、底径 14.3、最大腹径 27.44、高 23.9、壁厚 0.7 厘米"（图 17 - 4,7）。

M146 为双室砖墓,残存陶器 3 件,其中白陶仅 1 件瓮,即标本 M146：3,为"夹砂白陶,陶色不纯,瓮底呈红褐色。方唇,敞口,束颈,溜肩,垂腹,最大腹径位置偏下,圜底。腹上部有一周凹弦纹,瓮底满饰绳纹。口径 30.4、最大腹径 48.0、高 53.2、壁厚 1.0~1.2 厘米"（图 17 - 2,28）。

M149 为双室砖墓,出土陶器 18 件,其中有 1 件夹砂白陶瓮,即标本 M149：4,"方唇,直口,矮领,溜肩,鼓腹略垂,圜底。领部饰一周瓦棱纹。口径 24.5、高 37.4、最大腹径 42.5、壁厚 0.9 厘米"(图 17-2,29)。

此外,三室砖墓 M71 残存陶器 12 件,其中有 1 件夹砂白陶罐,即标本 M71∶10,"破碎不可修复,形制不明"。

综上所述,汉代白陶器的器形种类还比较少,大致有瓮、罐、扁壶、壶、钵、虎子、圈足等器形,从每类器物的数量上看又以瓮罐类器物的数量相对较多些。具体的器形特征方面:汉代的白陶瓮器形均较大,高多在 30 厘米以上,器壁也较厚;以鼓腹、圜底为主要特征,只是口部有敛口、直口、侈口之分,唇部有尖唇、圆唇、方唇之别;器表以素面为主,也有的施加了少量弦纹、绳纹、锯齿纹之类,少数器物还另外施加了白色陶衣(参见图 17-2)。白陶罐高多在 30 厘米以下,口部有敞口、直口之分,唇部有尖唇、方唇之别,或折沿,或平沿;底部为平底或平底微凹;器表或素面,或施加绳纹、凸弦纹(参见图 17-4)。瓮罐之外,汉代白陶扁壶的数量也较多,流行侈口、方唇、平底,少数有圈足,肩部两侧多有一对系耳,器表多为素面(参见图 17-3)。而白陶壶数量较少,器形为侈口、平底,肩部往往有明显的装饰纹带,流行成组的水波纹(参见图 17-4)。至于钵、虎子等器形,数量都极少。

若以墓葬为单位进行考察,我们还会发现,上述环渤海地区随葬有白陶器的汉代墓葬基本上是以砖室墓或砖石合构墓葬为主,只有少数的例子是木椁墓。其流行年代主要是东汉时期,目前尚未见到早于西汉中晚期的例证。每座墓中随葬白陶器的种类也很单调,通常只有 1~2 种,数量累计在 1~4 件左右。如普兰店姜屯墓地出土白陶器的 27 座墓葬中,除 M41 为木椁墓、随葬白陶器的数量为 3 件以外,其余 26 座墓均为砖室墓且每墓出土的白陶器数量均只有 1 件。相比共存的其他质地的陶器(数量在 2 件至 38 件不等)而言,姜屯墓地白陶器的随葬似乎带有一定的特殊性。又如潍坊后埠下墓地,残存有白陶器的 8 座墓也都是砖室墓,且每墓随葬白陶器的数量均十分有限。

二、环渤海地区魏晋墓出土的白陶器

汉代以后,白陶器在很长一段时间内仍主要流行于环渤海的邻近地区。就魏晋时期而言,目前已报道的年代明确的随葬有白陶器的魏晋墓主要见于山东龙口、诸城、滕州等地,已知大致有 9 座墓[1]共出土了 46 件以上的白陶器(参见表 17-2)。具体情况如下:

表 17-2　环渤海地区魏晋墓出土白陶器统计简表

出土地点	墓 葬 编 号		墓葬形制	白陶器器形及件数	出　　处
山东	诸城	西公村 M1	前后室砖墓	奁 1、碗(杯?)1、钵 5	《考古》1985 年第 12 期
		西公村 M2	单室砖墓	钵 2、碗 7、(杯 2?)	《考古》1985 年第 12 期
	滕州	元康九年墓	前后室石室墓	奁 1	《考古》1999 年第 12 期
	龙口	台上李家 M2	单室砖墓	盘 1、碗?、罐?	《海岱考古》第五辑
		台上李家 M3	单室砖墓	壶 1、罐 2、碗 2、耳杯 2、勺 1、杯 2、盘 1	《海岱考古》第五辑
		东梧桐 M6	单室砖墓	杯 1、钵 2	《考古》2013 年第 4 期
		东梧桐 M7	单室砖墓	罐 1	《考古》2013 年第 4 期
		东梧桐 M1	前后室砖墓	盖盒 2、罐 2、耳杯 1、豆 1、盘 1、盆 1、勺 1	《考古》2013 年第 4 期
		东梧桐 M2	单室砖墓	盖盒 2、罐 2、耳杯 1、豆 1、盘 1、钵 1、勺 1	《考古》2013 年第 4 期

　　1983 年底在山东省诸城县西公村发现 2 座西晋时期的砖室墓,均随葬有白陶器。其中 M1 为前后室结构,在出土的 10 件陶器中,夹砂白陶就有 7 件,包括奁 1件、碗 1 件、钵 5 件。奁标本 M1:10,为“夹砂白陶。子母口,筒形腹,带盖,平底。通高 16.2、直径 18.6 厘米。盖顶饰三个半球形乳钉,盖内顶部及器内底部各刻划一‘田’字”(图 17-5,1)。碗标本 M1:9,为“夹砂白陶。敞口,方唇,弧壁,平底微内凹。口径 9.6、底径 4.6、高 3.3 厘米”(图 17-5,4)。钵有 5 件,报告分为三式,各列举了 1 件,分别是:Ⅰ式标本 M1:7,为“夹砂白陶。敞口,方圆唇,弧壁,平底微内凹。口径 25、底径 15.6、高 9.8 厘米”(图 17-5,8);Ⅱ式标本 M1:5,为“夹砂白

---

[1] 该统计数字不包括前述潍坊后埠下、大连西礓坡等墓地中年代可能晚至魏晋时期的墓葬。

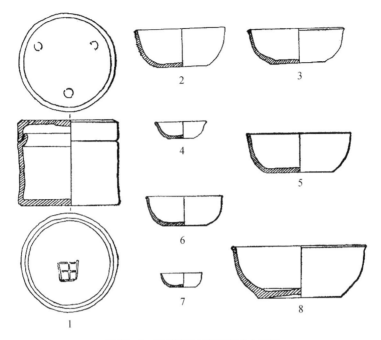

图 17 - 5　诸城西公村晋墓出土白陶器

1. 奁(M1：10)　2. 钵(M1：5)　3. 钵(M1：8)　4. 碗?（M1：9)
5. 钵(M2：2)　6. 钵(M2：3)　7. 碗?（M2：4)　8. 钵(M1：7)

陶。敞口,方唇,弧壁,平底。口径 16.8、底径 9.7、高 7 厘米”(图 17 - 5,2）;Ⅲ式钵共 3 件,均为“夹砂白陶。敞口,方唇较外折,弧壁,平底。器内底部饰一圈弦纹”。列举的标本 M1：8,口径 17、底径 11、高 6.6 厘米(图 17 - 5,3)。M2 为单室砖墓,出土的白陶器包括钵和碗两种器形,从列举的情况看,钵 2 件,均为“夹砂白陶。圆唇,敞口,弧腹,平底”,标本 M2：2,口径 28.3、底径 4.6、高 8.6 厘米(图 17 - 5,5);标本 M2：3,口径 16.7、底径 9.5、高 6.5 厘米”(图 17 - 5,6)。碗也是“夹砂白陶”,为“圆唇,敞口,弧腹,平底”,列举的标本 M2：4,口径 9.1、底径 5.7、高 3.7 厘米(图 17 - 5,7)。因该 M2 中出有“太康六年作”铭文砖,从而为墓葬的年代判断提供了重要依据。发掘者认为西公村的两墓年代相近,M1 略早于 M2,推测是“田”氏家族墓地所在。[1]但对于出土的白陶,则未作讨论。

[1]　诸城县博物馆:《山东省诸城县西晋墓清理简报》,《考古》1985 年第 12 期。关于 M2 出（转下页）

1996 年在山东滕州市张汪镇夏楼村附近清理了一座西晋元康九年(299)的纪年墓,为前后室石室墓,在残存随葬品中有 1 件白陶奁,"带盖,盖顶有三半球形钮,奁身为子母口,直腹,平底。口径 20、高 18.6 厘米"。[1]器形与前述诸城西公村 M1 出土的那件白陶奁基本一致。

2002 年 4 月为配合烟台—潍坊高速公路建设,在龙口市北马镇的台上李家村附近发掘墓葬 3 座,均为带墓道的土圹砖室墓,其中 M1 残,无随葬品,M2 和 M3 则出土有白陶器。尤以 M3 保存较完整,单室平面呈弧边长方形,出土随葬品除 3 枚五铢钱外,11 件陶器"皆为夹砂白陶",具体包括:罐 2 件,列举的标本 M3∶2,为双耳罐,"尖唇,斜沿微卷,小口,短颈,鼓肩,圆腹缓收,平底微内凹,肩部有二系和两圈凸弦纹。口径 12.4、底径 16、高 22.8 厘米"(图 17-6,2);壶 1 件,即标本 M3∶1,为"尖唇,平沿,侈口,长颈,鼓肩,腹斜收,平底内凹,颈与肩部各饰一道凹弦纹。口径 14.4、底径 14.2、高 28.4 厘米"(图 17-6,1);勺 1 件,即标本 M3∶8,"平面形状似烟斗,勺体较深,柄部侧看如兽头,有手捏痕迹,末端有一凹槽似兽嘴。通长 14.8 厘米"(图 17-6,4);碗 2 件,列举的标本 M3∶3,为"尖唇,平沿,敞口,深腹,平底,口沿下侧饰两道凹弦纹。口径 19.2、底径 9.6、高 6.6 厘米"(图 17-6,5);盘 1 件,即标本 M3∶9,"腹较深,圆唇,平沿,直口微侈,平底略内凹,口沿处有两道凹弦纹,下腹部有一道折棱。口径 16、底径 9.6、高 4.4 厘米"(图 17-6,7);杯 2 件,列举的标本 M3∶4,"圆唇,直口微侈,平底,口沿处有两道凹弦纹。口径 8、底径 3.4、高 3.3 厘米"(图 17-6,6);耳杯 2 件,列举的标本 M3∶6,"平面形状呈椭圆形,长径 18.2、短径 12 厘米,平底,两侧饰新月形耳,薄壁,长径处壁较厚。底长径 10.4、短径 6、高 6.6 厘米"(图 17-6,3)。

台上李家 M2 由于遭到破坏,残存的器物不多,据介绍,"随葬品皆为夹砂白陶,位于墓室之内,墓门内侧偏南随葬 1 件陶盘,其北为 1 件陶罐,皆碎,墓室中部

(接上页)土白陶器的数量,报告中一方面说钵 2 件、碗 7 件,另一方面又说"M2 出土遗物七件",两者必有一误。由于共存的还有"夹砂浅灰陶""小口罐"2 件、"位至三公"铜镜 1 件,若以"M2 出土遗物七件"为准,则碗的数量只可能是 2 件。另外,报告原定为"碗"的 2 件器物,尺寸均比"钵"要小,若参照龙口魏晋墓中的器物命名,或可改称为"杯"。

[1] 滕州市文化局、滕州市博物馆:《山东滕州市西晋元康九年墓》,《考古》1999 年第 12 期。

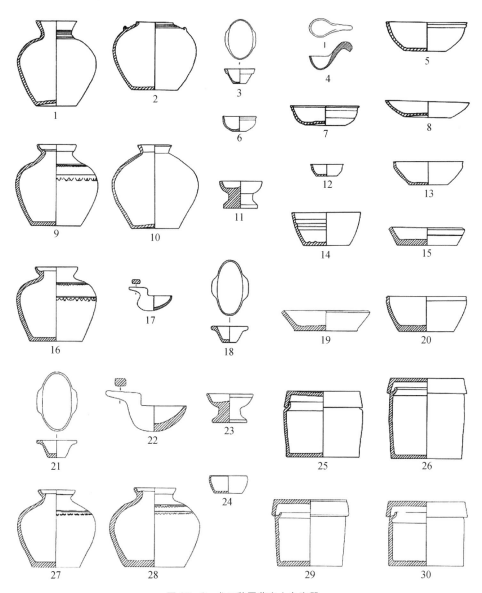

图 17-6　龙口魏晋墓出土白陶器

1. 壶(台上李家 M3∶1)　2. 双耳罐(台上李家 M3∶2)　3. 耳杯(台上李家 M3∶6)　4. 勺(台上李家 M3∶8)　5. 碗?(台上李家 M3∶3)　6. 杯(台上李家 M3∶4)　7. 盘(台上李家 M3∶9)　8. 盘(台上李家 M2∶3)　9. 罐(东梧桐 M1∶2)　10. 罐(东梧桐 M7∶2)　11. 豆(东梧桐 M1∶10)　12. 杯(东梧桐 M6∶3)　13. 钵(东梧桐 M6∶2)　14. 钵(东梧桐 M6∶1)　15. 盘(东梧桐 M1∶6)　16. 罐(东梧桐 M1∶3)　17. 勺(东梧桐 M1∶9)　18. 耳杯(东梧桐 M1∶7)　19. 盘(东梧桐 M2∶10)　20. 盆(东梧桐 M1∶8)　21. 耳杯(东梧桐 M2∶9)　22. 勺(东梧桐 M2∶8)　23. 豆(东梧桐 M2∶5)　24. 钵(东梧桐 M2∶7)　25. 盖盒(奁)(东梧桐 M1∶4)　26. 盖盒(奁)(东梧桐 M1∶5)　27. 罐(东梧桐 M2∶6)　28. 罐(东梧桐 M2∶11)　29. 盖盒(奁)(东梧桐 M2∶13)　30. 盖盒(奁)(东梧桐 M2∶12)

偏东北方向随葬 1 件白陶碗,东 0.5 米处有 1 件碎陶碗"。但报告实际列举的该墓白陶器仅有 1 件盘,即标本 M2∶3,为"深腹盘,尖唇,平沿,敞口,斜腹,平底内凹。口径 20、底径 11.2、高 3.6 厘米"(图 17-6,8)。发掘者通过与龙口东梧桐墓地出土遗物(详下)的比较,推断"台上李家墓群的年代界定为魏晋时期较为妥当",认为"也为今后胶东考古工作中出土白陶提供了断代依据"。关于白陶,原报告中指出:"从随葬器物看,陶器皆为白陶,这种现象在胶东半岛以往发掘材料中虽较为少见,但文物普查、调查和发掘却时有发现,只是没有引起足够的重视。因此,缺乏对该类器物的研究。对于时代认识也不完全一致,发现有白陶的遗址最早可上溯到西汉晚期阶段,最晚在六朝时期的遗址中也能见到。而台上李家墓中随葬品皆为白陶,成为该墓群的主流器物。结合墓葬形制对比进行断代研究,就显得非常必要。"[1]

2007 年为配合龙烟铁路建设,在龙口市东梧桐村发掘了 4 座"晋墓",包括编号为 M6、M7 的两座西晋墓和编号为 M1、M2 的两座东晋墓,各墓中均有白陶器出土。具体来说:西晋墓 M6 为单室砖室墓,出土遗物中,"陶器均为夹砂白陶",包括杯 1 件、钵 2 件。杯标本 M6∶3,"敞口,尖唇,平沿,弧腹,上腹圆折,平底。素面。口径 8.2、底径 5.4、高 2.8 厘米"(图 17-6,12)。2 件钵均"敞口,平沿,口沿处微内凹,斜腹"。标本 M6∶1,"平底微内凹。腹饰弦纹,不十分平整。口径 17、底径 11、高 7.6 厘米"(图 17-6,14);标本 M6∶2,"上腹圆折,平底。素面。口径 15.4、底径 9.8、高 5.4 厘米"(图 17-6,13)。西晋墓 M7 为单室砖室墓,出土有"泰康七年九月十一日"铭文砖,残存随葬品中有 1 件"夹砂白陶"罐,即标本 M7∶2,"小口,方唇,折沿,束颈,斜肩,腹下部内收,平底微内凹。口径 8.5、底径 11、高 18厘米"(图 17-6,10)。

两座东晋墓 M1 和 M2 都有"泰元"纪年砖出土。其中 M1 为前后室砖室墓,出土遗物"主要是陶器,多集中在前室内,均为夹砂白陶,有罐、盖盒、耳杯、盆、勺和

---

[1] 烟台市博物馆:《龙口市台上李家墓群发掘简报》,山东省文物考古研究所编《海岱考古》第五辑,科学出版社,2012 年,第 263~273 页。有关该墓地的考古简讯推断为东汉墓,详见王金定:《龙口市台上李家东汉墓》,中国考古学会编《中国考古学年鉴(2003)》,文物出版社,2004 年,第 223 页。

豆",共计 7 类 9 件(套)。具体是:陶盖盒(奁)2 套,"形制基本相同,盖为平顶,斜壁,方唇。盒身为子母口,直腹,大平底。素面"。标本 M1:4,盖内侧刻划"太元十一年七月廿五日造",口径 19.4、底径 20.4、通高 18 厘米(图 17-6,25);标本 M1:5,口径 18.4、底径 20.4、通高 22 厘米(图 17-6,26)。陶罐 2 件,也是"形制基本相同",但"器形均不甚规整"。标本 M1:2,为"盘口,圆唇,短颈,溜肩,鼓腹,腹下部内收,平底。肩部及腹部饰两组弦纹与刻划波浪纹的组合纹。口径 11、底径 14、高 22.2 厘米"(图 17-6,9);标本 M1:3,"底微内凹。肩部饰两组弦纹与刻划波浪纹的组合纹。口径 12、底径 15、高 20.2 厘米"(图 17-6,16)。陶耳杯 1 件,即标本 M1:7,"平面呈椭圆形,附有半月形双耳,平底。素面。长轴 15、高 4.8 厘米"(图 17-6,18)。陶豆 1 件,即标本 M1:10,"敞口,矮柄,实足。口径 12、圈足径 9.6、高 7.4 厘米"(图 17-6,11)。陶盘 1 件,即标本 M1:6,"夹细砂。敞口,圆唇,斜腹,平底。腹中部饰凸弦纹。口径 21.6、底径 17、高 4.8 厘米"(图 17-6,15)。陶盆 1 件,即标本 M1:8,"平沿,敛口,口沿处微内凹,斜腹外弧,平底。素面。口径 22.8、底径 15.8、高 9.6 厘米"(图 17-6,20)。陶勺 1 件,即标本 M1:9,"鸭状,较大。长 12、高 6.4 厘米"(图 17-6,17)。

M2 为"凸字形单室穹窿顶砖墓",据称,"在墓室南侧放置的随葬品均为夹砂白陶",共计 7 类 9 件(套)。具体包括:罐 2 件,均"圆唇,短颈",标本 M2:6,为"鼓腹,平底。肩部饰一道弦纹与波浪纹的组合纹饰。口径 10、底径 12.8、高 20 厘米"(图 17-6,27);标本 M2:11,"耸肩,腹下部内收,底微内凹。肩部饰二道弦纹与波浪纹的组合纹饰。口径 11.2、底径 16、高 20.4 厘米"(图 17-6,28)。耳杯 1 件,即标本 M2:9,"平面呈椭圆形,口两侧有半圆形双耳,平底。素面。长轴 15.2、高 4.4 厘米"(图 17-6,21)。盘 1 件,即标本 M2:10,"敞口,圆唇,斜腹,平底。饰弦纹。口径 23.4、底径 16.8、高 5.2 厘米"(图 17-6,19)。钵 1 件,即标本 M2:7,"方唇,敛口,斜腹,平底。素面。口径 20、底径 14.8、高 9 厘米"(图 17-6,24)。勺 1 件,即标本 M2:8,"鸭状。素面。长 10.8、高 5.2 厘米"(图 17-6,22)。豆 1 件,即标本 M2:5,"敞口,浅盘,矮柄,实足。口径 12.5、圈足径 9.2、高 7.4 厘米"(图 17-6,23)。盖盒(奁)2 套,也是"形制基本相同,盖为平顶,斜壁,方唇。盒身

为子母口,直腹,大平底。素面"。标本 M2：13,"盖顶微内凹,腹略内斜。口径
16、底径 17.2、通高 17.2 厘米"(图 17-6,29)；标本 M2：12,"盖内侧刻划'吉'
'日'字。口径 16.7、底径 20.4、通高 16.6 厘米"(图 17-6,30)。发掘者推断"此墓
地为家族墓地,其延续时间自西晋至东晋",并指出 M1 和 M2 中的"泰元"纪年砖
采用的是东晋孝武帝年号(376~396),"泰元廿年"即 395 年,当时该地为后燕统
治。[1]然对于墓葬中出土的白陶,亦未作任何讨论。

总的来说,上述龙口、诸城、滕州等地魏晋墓所见白陶器的器形主要有盖盒
(奁)、罐、壶、钵、碗、盆、杯、盘、耳杯、勺、豆等。与汉代白陶器的器物种类相比略有
增加,在具体的器形、装饰等方面和汉代既有一定区别,又显示出密切的联系,表明
在魏晋时期白陶仍在继续烧造并持续发展。尽管从空间分布上看,魏晋时期白陶
器的分布范围比汉代似乎有所缩小,已知出土白陶器的魏晋墓葬数量也十分有限,
然而,就单座墓葬而言,随葬白陶的器物种类却明显增多,总数量多达 9 件甚或 10
件以上,出现了随葬成组白陶器甚至以白陶器为主要随葬陶瓷品种的新情况。如
龙口东梧桐 M1 和 M2 随葬白陶器的种类和数量就基本一致,显示出较固定的组合
搭配,并且除了白陶以外,这两座墓中几乎不见其他类型的陶瓷器共存。

三、相关问题

1. 汉晋白陶的产地与流通问题

从已有的考古资料看,汉晋时期的白陶器主要发现于中国渤海周围的山东、辽
宁、河北等地,以及朝鲜半岛北部地区。回顾有关汉晋时期白陶器的发现与研究,
除了在前述山东潍坊后埠下墓地、大连前牧城驿和沙岗子墓地、龙口台上李家墓地
等少数发掘报告中对白陶的存在进行了简要说明以外,目前所见也只是在为数不
多的综述文章中略有提及,对其产地与流通问题,尚缺乏系统研究。

---

[1] 烟台市博物馆、龙口市博物馆：《山东龙口市东梧桐晋墓发掘简报》,《考古》2013 年第 4 期。

　　1987 年,逄振镐在《汉代山东制陶业的发展》[1]一文中曾注意到福山东留公村汉墓、章丘普集镇汉墓以及宁津庞家寺汉墓中出土的白陶器,指出"汉代山东出土陶器,从胎质来讲,有白陶、红陶和灰陶"。但没有和辽东半岛以及朝鲜半岛发现的同类器物进行联系和比较。2003 年,在郑同修、杨爱国联合发表的《山东汉代墓葬出土陶器的初步研究》[2]一文中,对山东地区汉墓出土陶器进行了综述,也指出"陶器主要为泥质灰陶,有少量泥质红陶、夹细砂白陶"。不过,在具体的器形分析中(如对陶瓮的类型学研究)并未将白陶与其他陶器进行明确的区分,因而在与周边地区尤其是辽东半岛比较时,也未能将白陶器单独出来作为比较的文化因素之一。

　　2004 年出版的《中国考古学年鉴(2003)》中报道了烟台市博物馆在龙口市埠下王家遗址发掘 2 处烧造白陶的窑址的重要消息,为烟台市首次发现。据称"出土的陶片以白陶为主,约占 99.9%,陶质较坚硬","器形主要有瓮、钵、罐等"。发掘者推断"是一个专门烧制白陶的手工作坊场地",在编号为 H1 的灰坑内还保存有制作陶器的原料"白膏泥"。关于窑址的年代,发掘者推断当属汉代。[3]这一发现,可以说为解决汉代白陶的产地与流通问题提供了极为重要的资料。遗憾的是,该发现并未引起学界足够的重视,相关资料尚待整理研究。

　　2007 年,王培新在《乐浪文化——以墓葬为中心的考古学研究》[4]一书中,曾注意到乐浪墓葬出土的白陶器,并指出其"B 型瓮"(白陶)与辽东地区汉墓所见白陶瓮接近,认为"乐浪文化墓葬出土陶器中的鼓腹罐、壶、瓮等典型器物与辽宁、京津冀及山东地区文化渊源甚深"。遗憾的是,也没有将白陶单独作为一种器类进行对比研究。

　　最近笔者到烟台考察,有幸见到了龙口白陶窑址出土的部分瓮罐类器物,发现其造型与辽东半岛、朝鲜半岛等地出土的汉代白陶瓮罐基本一致。就目前有关汉

----

[1]《齐鲁学刊》1987 年第 5 期。

[2]《考古学报》2003 年第 3 期。

[3] 闫勇:《龙口市埠下王家汉代遗址》,中国考古学会编《中国考古学年鉴(2003)》,文物出版社,2004 年,第 220 页。

[4] 科学出版社,2007 年。

晋时期白陶器的资料来看,环渤海地区可以说是其主要分布区域。而龙口白陶窑址的发现,则进一步说明,山东半岛地区极有可能是当时白陶器的主要烧造地。辽东半岛以及乐浪地区汉代墓葬随葬的白陶器,也很可能都是由山东半岛一带输出的产品。不过,要真正解决这一问题,还需要对各地发现的汉晋时期的白陶器进行检测分析,并与白陶窑址的资料进行对比研究。据王守功先生介绍,在胶东半岛靠近莱州湾一侧的低山丘陵地区蕴藏着许多可以用来烧造白陶的原料。然而目前见于报道的仅有龙口埠下王家白陶窑址,出土器物又是以圜底瓮罐类为主,那么,从墓葬出土的资料来看,极有可能还存在其他烧造白陶的汉晋时期窑址。关于这一问题,希望引起当地考古工作者的进一步关注。

2. 汉晋白陶器所见来自南方地区的文化影响问题

汉晋时期,南方陶瓷手工业的发展出现了质的飞跃,在完成了由所谓“原始瓷”到“成熟瓷器”的转变之后,南方青瓷器的烧造水平也在稳步提高。也就是在南方陶瓷手工业不断发展进步的过程中,从西汉时期开始,以江东类型为代表的南方钙釉陶瓷产品就曾大量北传,除了苏皖北部以及河南、陕西、山西之外,在渤海周围的山东平原、章丘、临淄、安丘、莱西、栖霞、海阳、崂山、青岛、胶南、五莲、日照、沂水、临沂、曲阜、微山、嘉祥、济宁、枣庄、滕州等地,河北定州,天津武清以及朝鲜半岛的乐浪地区等均有发现。[1]考古资料也显示,这些南方地区陶瓷产品的北传,曾对江淮及其以北地区的陶瓷烧造产生了明显的影响。在江淮以及黄淮地区出现的模仿汉代江东类型钙釉器产品造型及装饰的低温铅釉陶器和普通泥质灰陶器,都是很好的说明。[2]

---

[1] 有关情况,可参见拙稿《北方地区汉墓出土的南方类型陶瓷器：汉代南北之间物质文化交流的考察之一》,中国社会科学院考古研究所、陕西省考古研究院、西安市文物保护考古所编《汉长安城考古与汉文化：汉长安城与汉文化——纪念汉长安城考古五十周年国际学术研讨会论文集》,科学出版社,2008 年,第 507~542 页。

[2] 关于汉代江东类型陶瓷器对淮河以北地区的影响问题,可参见拙稿《输入与模仿——关于〈萧县汉墓〉报道的江东类型陶瓷器及相关问题》,《江汉考古》2013 年第 1 期;以及拙稿《关于〈鲁中南汉墓〉报道的汉代带釉陶瓷器》,《中国文物报》2011 年 7 月 8 日第 7 版。

东汉以后,南方烧造的成熟瓷器仍继续北传,尤其是在短暂统一的西晋时期,南方瓷器的北传似乎又达到了一个新的高峰。只是魏晋时期南方瓷器的北传,对北方地区陶瓷手工业所产生的影响如何,目前还未能进行很好的评估。这里仅就山东地区的发现略举数例:

1974 年在山东邹城郭里镇独山村发现了西晋刘宝墓,为砖石合构前后室墓,出土遗物 150 余件,其中瓷器 24 件,包括四系罐 10 件、罐 8 件、耳杯 1 件、虎子 1 件、狮形烛台 1 件、唾盂 2 件、钵 1 件。共存的还有大量釉陶器和普通泥质陶器等。从墓志得知刘宝卒于西晋永康二年(301)正月。[1]

1984 年在山东苍山县庄坞乡东高尧村附近清理了 1 座晋代画像石墓,出土的 61 件随葬品中青瓷器就有 11 件,包括盘口壶 4 件、鹰首壶 3 件、四系罐 2 件、碗 2 件,共存的还有酱釉小壶 2 件、"高岭土作胎"的素烧四系罐 2 件以及 35 件普通泥质陶器等。发掘者推断该墓年代属于西晋时期。[2]

2003 年在山东临沂洗砚池清理了两座晋墓,年代被认为大致在西晋晚期至东晋初期,也出土了大量瓷器。尤其是保存完整的 M1,为砖石合构的并列双室墓,仅东室就随葬有 22 件瓷器,包括鸡首壶 2 件、盘口壶 8 件、钵 8 件、双系壶 1 件、酱釉壶 3 件(红褐色胎?);西室出土的瓷器也有 17 件之多,包括鸡首壶 2 件、盘口壶 3 件、坛(双唇罐)1 件、钵 4 件、碗 1 件、酱釉壶 3 件(红褐色胎?)、胡人骑狮水注 1 件、鼠 1 件、砚 1 件等;此外,在该墓墓门外祭台上还放置有瓷四系罐 1 件、瓷砚滴 1 件等,合计 M1 随葬瓷器多达 41 件。这在北方地区的晋墓中是十分罕见的。M2 为砖石合构的单室墓,被盗扰,残存瓷器 5 件,包括盘口壶 1 件、四系罐 1 件、钵 2 件、灯 1 件。发掘者推断这些瓷器"应属越窑系产品"。[3]

正是由于南方瓷器的持续北传,在北方地区部分魏晋墓葬中出现了白陶器与来自南方的瓷器共存的情况:如前述随葬有白陶的诸城西公村西晋墓中就有瓷盘

[1] 山东邹城市文物局:《山东邹城西晋刘宝墓》,《文物》2005 年第 1 期。
[2] 临沂地区文管会、苍山县文管所:《山东苍山县晋墓》,《考古》1989 年第 8 期。
[3] 山东省文物考古研究所、临沂市文化局:《山东临沂洗砚池晋墓》,《文物》2005 年第 7 期。报告推断 M1 年代为"西晋晚期或东晋早期",M2 大致为"西晋末或东晋初年"。

口壶1件;在1984年清理的苍山晋墓中,与大量青瓷器共存的还有2件"素烧器",均为四系罐,据称是"高岭土作胎,胎体厚重"。原报告虽没有说明这两件器物的胎色,但推测应与白陶相类,或可归入白陶范畴。若是如此,其器物造型显然也是受到了来自南方的影响。[1]同墓共存的部分灰陶器(如船形灶),也显示出与南方地区的某种关联。

目前来看,环渤海地区汉晋时期的白陶器所受来自南方地区的文化影响主要表现在两个方面:一是在白陶壶、罐类产品上出现了较多的水波纹带装饰;二是部分器物的造型也明显受到了来自南方尤其是江东地区的影响。最近笔者到龙口、莱州等地参观时,还曾见到当地汉晋墓出土的具有典型汉代江东类型钙釉器造型和装饰特征的白陶圈足壶,以及具有东晋时期江东地区青瓷器造型与装饰特征的白陶鸡首壶,这些都显示出汉晋时期环渤海地区白陶器的烧造与江东地区陶瓷手工业之间可能存在着某种联系。而龙口东梧桐随葬大量白陶产品的墓葬,墓砖上的纪年恰采用了奉东晋正朔的做法,也的确是耐人寻味的。

3. 汉晋白陶的源流问题

从目前的资料看,汉代白陶器的流行大约始于西汉晚期。如前所述,从汉代到东晋,部分白陶器的造型和装饰上都显示出与南方地区(尤其是江东地区)陶瓷产品之间存在某种联系。但不可否认的是:以圜底瓮罐为代表的数量众多的白陶器在器物造型上又具有鲜明的地域特色,并且在其主要分布区域的环渤海一带,还存在许多与白陶器形一致的灰(褐)陶圜底瓮罐以及扁壶类器物,在不少墓葬中甚至两类器物同墓共存。如在姜屯墓地的砖室墓M53中,夹砂白陶瓮M53:4就和夹砂黑褐陶瓮M53:10共存,两者器形基本一致。[2]而器形接近的夹砂灰黑陶瓮在年代略早的岩坑竖穴墓如M153中就已经出现(如标本M153:5,《姜屯汉墓》报

---

[1] 关于汉晋时期四系罐的北传与影响问题,可参见拙稿《汉晋时期"四系罐"的北渐三部曲——兼谈洛阳曹休墓的新发现》,《中国文物报》2010年8月6日第7版。

[2] 辽宁省文物考古研究所编著:《姜屯汉墓》,文物出版社,2013年,第162页。

告归入第三期即西汉晚期)。这说明,在器物造型上,汉代圜底瓮罐类白陶器似乎主要是受到了当地其他普通陶器的影响,部分器物造型如扁壶本身又可能是与自战国以来铜器造型的影响分不开的。不管怎样,汉代的白陶器与新石器至殷商时期的白陶器相比,其间存在着显著的差异,无论是器形还是装饰,都还看不到直接的联系。那么,汉代白陶器兴起的原因何在? 仍是需要进一步探讨的问题。

至魏晋时期,汉代流行的圜底瓮罐类白陶器明显衰落,新出现的器物类型中,来自南方的影响仍然存在(如四系罐、鸡首壶),但更多的如耳杯、盖盒(奁)、钵、碗等则是突出了新的时代共性。

值得注意的是,魏晋之后,尤其是北魏统一北方地区之后,白陶的发展状况似乎出现了明显的转变。从山东临朐、博兴、高青以及河北南宫等地的考古发现来看,大约东魏北齐时期,该地区流行的白陶产品主要是佛教造像。[1]而就在白陶佛教造像流行的同时或略有早晚,中原北方地区陶瓷手工业的发展还出现了以下几个值得特别注意的情况:一是北方地区早期烧造的成熟瓷器中,有不少属于"白胎青瓷";二是出现了施加白色化妆土的所谓"白釉陶"或在白胎上施加低温铅釉的"白胎铅釉陶",其中的部分产品还曾一度被误认为是早期的白瓷;三是施加高温釉的"白瓷"的最终出现,成为北方地区瓷器的代表,从而开启了隋唐时期瓷器手工业"南青北白"的新格局。

种种迹象表明:北方地区成熟瓷器的烧造,从一开始似乎就因所用原料的差异而和同时期南方烧造的瓷器产生了某些区别。所谓"白胎青瓷"的出现,从胎料的选择上讲应该与汉晋以来北方地区白陶的持续发展不无关系。只是从空间分布的角度而言,以淄博寨里窑[2]为代表的"白胎青瓷"产地,相比龙口的白陶窑址而言,位置明显向西转移,呈现进一步靠近中原腹地的发展趋势。有意思的是,此时流行的白陶佛像,以及发现白陶日用器最集中的临淄北朝崔氏墓地也主要集中分

---

[1] 博兴县博物馆、山东博物馆编著:《山东白陶佛教造像》,文物出版社,2011年。与白陶佛教造像大约同时的北朝日用白陶器,目前所见主要集中发现于临淄崔氏墓地,已报道的有7件,包括奁、碗、壶、罐等品类。参见山东省文物考古研究所:《临淄北朝崔氏墓》,《考古学报》1984年第2期。

[2] 山东淄博陶瓷史编写组、山东省博物馆:《山东淄博寨里北朝青瓷窑址调查纪要》,《中国古代窑址调查发掘报告集》,文物出版社,1984年,第358页。

布在鲁北地区,白胎青瓷与白陶器之间仍显示出密切的关联。

　　另外,就在白陶的发展出现了从滨海向中原腹地转移、从以日用陶器为主到以佛教造像为主的转变过程中,自汉代以降的低温铅釉陶的生产也并未在北方地区完全消失。从太原西晋墓、[1]北票北燕墓、[2]大同北魏墓、[3]北魏洛阳城、[4]北魏景陵[5]等一系列的发现,仍可隐约勾勒出魏晋北朝时期北方地区低温铅釉陶的发展轨迹。那么,中原腹地大约东魏北齐时期开始流行的"白胎铅釉陶",有可能就是传统的低温铅釉陶技术与来自滨海地区的白陶技术相结合的产物,或者说是低温铅釉陶的烧造受到了白陶选料的影响、在胎质原料上改变的结果。或许正是因为从汉代以来北方地区白陶的持续发展,才使得人们对烧造白陶所需的高岭土(或瓷石)之类原料的相关知识得以传承,从而直接或间接地影响了北朝时期北方陶瓷手工业的发展方向,在南北分裂的时期走上了与南方迥异的陶瓷发展道路,并在某种意义上为白瓷的兴起奠定了基础。于是我们看到,当白瓷兴起之后,汉晋以来的白陶也就最终走向衰落了。因此,有关汉晋时期白陶及其后续发展状况的研究,对于正确认识汉晋北朝时期北方地区陶瓷手工业的发展演变轨迹以及探索白瓷的起源问题等,都具有十分重要的意义。本文的目的也就是希望能起到抛砖引玉的作用。

　　本文原载山东省文物考古研究所编《海岱考古》第七辑,科学出版社,2014 年。

---

[1] 太原市文物考古研究所:《太原市尖草坪西晋墓》,《文物》2003 年第 3 期。

[2] 黎瑶渤:《辽宁北票县西官营子北燕冯素弗墓》,《文物》1973 年第 3 期。据介绍,在并列的冯素弗及其妻属的墓葬中分别出土了釉陶壶和白陶罐各 1 件,此种共存现象也值得关注。

[3] 山西省大同市博物馆、山西省文物工作委员会:《山西大同石家寨北魏司马金龙墓》,《文物》1972 年第 3 期;山西大学历史文化学院、山西省考古研究所、大同市博物馆:《大同南郊北魏墓群》,科学出版社,2006 年;大同市考古研究所:《山西大同沙岭北魏壁画墓发掘简报》,《文物》2006 年第 10 期;大同市考古研究所:《山西大同七里村北魏墓群发掘简报》,《文物》2006 年第 10 期;大同市考古研究所:《山西大同迎宾大道北魏墓群》,《文物》2006 年第 10 期。

[4] 中国社会科学院考古研究所洛阳汉魏城队:《北魏洛阳城内出土的瓷器与釉陶器》,《考古》1991 年第 12 期。

[5] 中国社会科学院考古研究所洛阳汉魏城队、洛阳古墓博物馆:《北魏宣武帝景陵发掘报告》,《考古》1994 年第 9 期。

18
关于汉唐时期低温铅釉器胎质的转变及相关问题
——由一件北魏"白胎铅釉陶"引发的思考

　　2006 年,科学出版社出版了由山西大学历史文化学院、山西省考古研究所、大同市博物馆联合编著的发掘报告——《大同南郊北魏墓群》。该报告详细报道了 1988 年在大同市电焊厂扩建工程中清理发掘的 167 座北魏墓葬资料。据介绍,这批北魏墓葬分布密集,排列有序,除 1 座(M117)被盗外,其余均保存完好,共出土北魏时期的各类遗物 1000 余件,其中陶器标本就有 754 件。该报告下编第一章《陶器的类型学分析》统计了可以进行分类研究的 733 件器物,认为从器形上主要有八大类,具体包括壶 188 件、平沿罐 254 件、盘口罐 108 件、侈口罐 8 件、大型罐 45 件、矮领罐 43 件、夹砂戳刺纹罐 82 件、盆 5 件,另外还有特殊器形器物 6 件(盘 1、钵 1、壶形纽盖罐 2、青瓷四系罐 1、小口罐 1 件)以及不能分类的残器 15 件。这是经过科学发掘并集中报道的一批重要的北魏陶瓷器资料。报告中除了进行类型学研究以外,还进行了陶器制作工艺的探讨,并对部分釉陶标本的釉成分进行了检测分析,从而为读者更为全面地了解这批北魏陶瓷器的文化内涵提供了便利。

　　从该报告下编第六章《陶器的制作工艺》一文得知,除不能进行分类的 15 件残器以外,其余的 739 件经李文杰、黄素英二位逐一进行了考察,确认"有普通陶器 690 件,占 93.37%;釉陶 49 件,占 6.63%"。[1]据称,所发现的 49 件釉陶器都是泥质陶,没有掺和料,但制胎所用的原料却有两种,一种是采用"普通易熔黏土"烧制而成,共有 48 件;另一种较为特殊,即 M35 出土的 1 件盘口罐(标本 M35：5),"胎心

---

[1] 按:用于检测分析的一件釉陶残罐标本 M114：1 没有被纳入考察的范畴;另外,也未将 M22 出土的那件青瓷四系罐纳入考察范围,但总数却仍为 754 件,特此说明,以存疑。

图18-1 大同南郊北魏墓群出土
盘口罐(M35:5)

呈灰白色,泥料未经淘洗",被认为是采用"高铝质耐火黏土即高岭土"作为制胎原料的,"可以称为高岭土胎釉陶"。关于这件器物,报告上编第二章介绍M35的出土遗物时也曾指出:标本M35:5这件盘口罐为"低温釉陶器","胎质灰白色,泥料为未经淘洗的高岭土,外表及颈内施绿釉,有流釉现象,光泽较弱。外底留有制作陶器时的长方形榫头印痕,阴纹,3.7厘米×3.4厘米。口径8.5厘米,高15.1厘米"(具体器形参见图18-1)。

按照原报告中的类型学分析,108件盘口罐中,属于A型较高的有95件,属于B型矮扁的有9件,特殊型的4件。标本M35:5被归入A型Ⅱ式(该式共29件),报告第438页在列举该件器物时还特别注明"三段末"。按照报告的分期研究,归入所谓第三段的共计60座墓,其年代"约为太武帝统一黄河流域之后(439)至太和初年左右期间的墓葬"。而就目前已报道的同时期的考古资料来看,类似标本M35:5这样白胎+低温铅釉的做法还十分罕见。或许正因为如此,原报告第474页在总结釉陶器的变化时,也忽略了这一重要的新发现。虽注意到第二段"多红胎"的同时出现了标本M240:8那样为"灰胎、茶叶末绿色釉"的现象,但介绍第三段的釉陶时只是笼统地说"胎色变暗,出现较多的暗红色胎",在列举标本M35:5时,却没有注明其白胎的特征。更为遗憾的是,该报告下编第八章由姚青芳执笔的《釉陶器的釉成分分析》一文所选用的8件样品,除1件未见交待胎色外,其余7件都是红胎或者橘红色胎质者,也未将白胎标本M35:5这一重要的发现考虑在内,故其成分分析结果"均系以铁为着色剂的低温釉陶"。由于没有对所发现的灰白色胎(即标本M35:5)以及灰色胎(如标本M240:8)和深灰色胎(如标本M65:1)之类的釉陶标本进行检测,也就无法将相应标本的胎釉成分数据进行比较研究。检测者虽指出"北朝时期是我国低温铅釉发展的一个重要转型期",却忽略了包括标本M35:5在内的上述新发现,没能在检测标本的选择上为相应的论断提供更有力的证据。之所以在此指出这些情况,目的是希望有关单位能补测这些标本、弥补这一缺憾。如果再有类似的新发现,也希望能引起足够的重视。事实上,通过李文杰、黄素英二位的考察还发现,标本M35：5这件釉陶盘口罐的坯体成型工艺是采用泥条圈筑法,"颈部内壁有泥条缝隙,近底部外表有捏泥条的指窝";由于坯体上还旋留有凸弦纹一周、"肩部与腹部交界处旋划凹弦纹两周",表明这件手制釉陶的坯体还经过慢轮修整;其"外表、外底、颈内壁涂青绿色釉","外底有支钉痕三个";结合胎釉特征,其烧制工艺"应是采用二次烧成法","素烧时采用还原气氛,因此胎呈现为灰色或灰白色,釉烧时采用氧化气氛,釉料中的着色元素 Cu,因为 Cu^{2+} 离子着色,所以釉呈现为偏绿色或青绿色"。由于缺乏检测数据,这件釉陶盘口罐(标本 M35：5)是否采用高岭土胎、二次烧造还有待证实。尽管如此,该件器物的出土,仍不失为北魏时期北方地区低温铅釉与白胎相结合的重要物证,可以称之为"白胎铅釉陶"。

众所周知,在中国古代早期低温铅釉器的发展历程中,汉代和唐代可以说是两个大发展时期。然而从整体特征上看,这两个时代的低温铅釉器又有着显著的区别,其中胎质的变化便是一个明显的例子。就目前所知,汉代的低温铅釉陶的胎质除长江干流以南地区有些特例以外,中原北方地区流行的基本上都是采用普通陶土烧制的,与同时期的灰陶质地接近,所不同的是因在氧化气氛下烧制,故汉代北方地区的铅釉陶烧成后多为红黄、红褐等红色系胎,这种情况一直延续到魏晋以后的北朝时期;而唐代盛行的三彩器大多采用与同时期瓷器相似的胎质,先高温素烧成白色的坯体,然后施釉,再低温烘烤而成,因此多为白色系胎。

问题在于,低温铅釉与白色胎质的结合是何时何地怎样发生的? 在中国陶瓷发展史上究竟具有怎样的意义? 过去都很少有人讨论。前述大同北魏墓中白胎铅釉陶的发现,为我们探讨汉唐之间铅釉器胎质的转变提供了十分重要的新线索。

若回顾汉代以降白胎器物与低温铅釉器物各自的发展脉络,除 1978 年长沙出土的一件所谓东汉早期白瓷被检测证实为胎色偏灰白的低温铅釉器物[1]以外,北

---

[１]　具体参见李建毛《湖南出土的东汉"早期白瓷"》和汪庆正《中国白瓷研究中若干问题的讨论》,均收入上海博物馆编:《中国古代白瓷国际学术研讨会论文集》,上海书画出版社,2005 年。

方地区白陶与低温铅釉陶虽也出现过同墓共存的情况,[1]但在北魏统一以前似乎都是各自发展的,尚未发现白胎与低温铅釉结合的产品。因此,上述大同南郊北魏墓群中出土的白胎铅釉陶器,也可以说是目前北方地区最早的白胎铅釉陶例证。

关于二次烧造,过去在安徽萧县汉墓出土的仿汉代江东类型钙釉器的低温铅釉陶上已经发现了采用二次烧造的问题,[2]不过其陶胎仍为砖红色,所谓二次烧造只是釉的烧成气氛与胎的烧成气氛不同而已,属于南北陶瓷技术在黄淮地区交汇的产物。到了东汉时期的江东地区,新出现的部分低温铅釉陶器对于二次烧造似乎又有了新的运用,出现了在高温烧成的印纹硬陶基础上再施加低温铅釉的情况,从而才真正打破了汉代低温铅釉陶流行以来所形成的低温铅釉系统与传统高温印纹硬陶系统之间的藩篱,通过二次烧造将高温胎质与低温釉进行了结合。[3]大同北魏墓中出现的白胎铅釉器,如果是采用高岭土烧造,也可能属于类似的高温胎与低温釉相结合的情况。先在较高温度环境下素烧成白胎器物,然后施加低温铅釉,低温焙烧而成。如此,则与后来的唐三彩器烧制方式一致。当然也不排除其白胎采用的是类似环渤海地区汉晋白陶那样的瓷石或高镁质黏土烧造的。[4]无论哪种情况,都可以说是北魏时期将汉魏以来北方残存的低温铅釉技术与东部滨海地区流行的白胎技术相结合的产物,属于北方地区政治统一后由于人口迁徙所导致的不同地域文化交汇、陶瓷技术交流、整合的结果,[5]在某种程度上也为白瓷的起源以及唐三彩的出现奠定了基础。

事实上,大致从两汉之际开始,白陶就再次兴起,并且一直到北朝时期都延续

---

[1] 参见黎瑶渤:《辽宁北票县西官营子北燕冯素弗墓》,《文物》1973 年第 3 期。

[2] 参见崔剑锋等:《安徽萧县汉墓出土部分汉代施釉陶瓷的 LA‐ICP‐AES 分析》,《萧县汉墓》,文物出版社,2008 年,第 360~364 页。

[3] 具体参见拙稿《汉代江东地区的铅釉陶问题》,待刊。

[4] 关于汉代白陶采用瓷石或高镁质黏土烧造的证据,参见崔剑锋等:《山东昌邑辛置墓地出土汉代白陶的成分分析》,《陶瓷考古通讯》2014 年第 2 期;北朝时期高镁质黏土还被用来烧造佛教造像,参见康海涛、苑世领《山东白陶佛教造像样品检测分析》以及徐波《龙华寺遗址素烧器和青瓷器产地试析》,均收入山东博物馆、博兴县博物馆编:《山东白陶佛教造像》,文物出版社,2011 年。

[5] 在《大同南郊北魏墓群》报告下编第六章,由李文杰、黄素英执笔的《陶器的制作工艺》一文中,曾提出包括 M35∶5 这件白胎铅釉陶器在内的 49 件陶器,都"是在本地区制造的",尤其是类似 M35∶5 那样"手制釉陶外底遗留的车筒榫头印痕和木楔印痕与手制普通陶器外底遗留的同类印痕相比,特征相同,表明这些釉陶是鲜卑族陶工利用本地的慢轮制作的"。这一说法值得重视。

不断,在环渤海周围的东汉墓、魏晋墓乃至北朝墓中都有随葬,并且还曾一度出现采用白陶烧制佛教造像的情况。[1]而低温铅釉陶在汉代以后的魏晋南北朝时期,虽一度沉寂,仍不绝于缕,也没有中断,从太原西晋墓、[2]邹城西晋墓、[3]咸阳十六国墓、[4]北票北燕墓[5]直到大同北魏墓[6]等的发现,仍可看到北方地区低温铅釉陶的发展轨迹。从目前考古发现来看,大致从北魏统一北方地区之后,低温铅釉技术似乎又迎来了一个新的大发展时期。除了大同地区的北魏墓以外,山西、河北、河南等地的北齐墓中也都发现了大量的低温铅釉器物。尤其是北齐时期,如北齐娄睿墓、[7]北齐徐显秀墓、[8]北齐李云墓[9]等所见,白胎与低温铅釉相结合的产品似乎越来越多了。而差不多同时或略早,北方开始烧造的高温釉产品中也有不少器物属于白胎制品,如寿光北魏贾思伯墓、[10]吴桥东魏墓[11]等的发现。这样,如果器表施加的是青色釉,便会认为是青瓷;如果是白釉或透明釉(无论高温釉还是低温釉),尤其是有的还在釉下增加了一层白色化妆土,便会被认为是白瓷了。可以说,对于白瓷起源问题的一些误判,实际上就是因为未能准确区分与白胎相结合的釉是高温釉还是低温釉而造成的。

说到白瓷的起源,自1971年在安阳北齐范粹墓[12]中发现公认的所谓早期白瓷器以来,有关中国古代白瓷起源问题的讨论取得了许多新的进展,同时也出现了一个非常有意思的现象——那就是面对不同时期考古发掘出土的实物资料,在资料公布与科学

[1] 具体参见拙稿《环渤海地区汉晋墓葬出土的白陶器及相关问题》,山东省文物考古研究所编《海岱考古》第七辑,科学出版社,2014年。
[2] 太原市文物考古研究所:《太原市尖草坪西晋墓》,《文物》2003年第3期。
[3] 山东邹城市文物局:《山东邹城西晋刘宝墓》,《文物》2005年第1期。
[4] 咸阳市文物考古研究所:《咸阳平陵十六国墓清理简报》,《文物》2004年第8期。
[5] 黎瑶渤:《辽宁北票县西官营子北燕冯素弗墓》,《文物》1973年第3期。
[6] 山西大学历史文化学院、山西省考古研究所、大同市博物馆编:《大同南郊北魏墓群》,科学出版社,2006年。其他大同地区北魏墓出土铅釉陶的例子还很多,不逐一列举。
[7] 太原市考古研究所:《北齐娄睿墓》,文物出版社,2004年。
[8] 山西省考古研究所:《太原北齐徐显秀墓发掘简报》,《文物》2003年第10期。
[9] 周到:《河南濮阳北齐李云墓出土的瓷器和墓志》,《考古》1964年第9期。
[10] 寿光县博物馆:《山东寿光北魏贾思伯墓》,《文物》1992年第8期。
[11] 张平一:《河北吴桥县发现东魏墓》,《考古通讯》1956年第6期。
[12] 河南省博物馆:《河南安阳北齐范粹墓发掘简报》,《文物》1972年第1期。

检测方面存在两种不同的态度。对于新的发现如巩义白河窑、[1]临漳曹村窑[2]等，通常都会很快进行科技检测，拿出"实证"以证明新发现的重要性，提供科学的检测数据以供学界讨论；而对于早期的许多重要发现，包括安阳北齐范粹墓出土器物在内的许多以前公认并被广泛接受的早期白瓷器物，尽管已经有不少学者撰文公开质疑，认为实际上是低温铅釉的产品，[3]但这些被怀疑的"白瓷"产品的实际胎釉成分究竟是怎样的，却未见及时通过科技检测、拿出数据进行回应，仍是任由大家从主观观察角度各自解说，而且对于范粹墓出土陶瓷器的整体面貌如何，也未见完整详细的报道。

在我看来，在过去数十年有关白瓷起源研究中之所以会发生一些所谓"早期白瓷器"实际为低温铅釉器的问题，除了概念与认识的不同以外，一个重要的原因还在于对于汉至北朝时期白胎器物的发展，尤其是白色胎质与低温铅釉的结合缺乏足够的认识所致。尽管不少学者都注意到北方地区大致在北朝时期开始烧造的青瓷有不少都是属于白胎的器物，注意到白胎与高温釉的结合，但囿于白瓷脱胎于青瓷、是在青瓷的基础上"改进选料工艺"，尤其是"有意识地减少胎中含铁量的结果"之类成说，对于北方地区自汉代以来白胎器物的发展状况"集体忽略"。事实上，在汉唐时期的陶瓷手工业发展历程中，胎与釉的结合问题经历了极为复杂的演变。大同北魏墓中出现的白胎铅釉陶只是其中之一。就低温铅釉器物而言，从红胎到白胎，是一种胎质的转变。但就白胎器物而言，从白陶到白胎铅釉陶、白胎青瓷乃至白瓷，器表是否施加釉，施加什么样的釉，是一种装饰的变化。应该说，白瓷的起源原本就是和汉晋以来白胎器物的发展相关联的，是先民在胎釉结合上不断探索的结果。

因此，我认为，弄清低温铅釉器胎质转变中白胎的出现与汉晋以来白陶的发展，以及与北方地区白胎青瓷之间的关系，将是真正解决白瓷起源问题的一个重要前提。

本文原载《陶瓷考古通讯》2014 年第 2 期。

---

[1] 河南省文物考古研究所、中国文化遗产研究院等编：《巩义白河窑考古新发现》，大象出版社，2009 年。

[2] 参见李江《河北省临漳曹村窑址初探与试掘简报》和李国霞等《新发现曹村窑三种釉色陶瓷的初步分析》，均收入中国古陶瓷学会编：《中国古陶瓷研究》第十六辑，紫禁城出版社，2010 年。

[3] 参见小林仁：《白瓷的诞生——北朝瓷器生产的诸问题与安阳隋张盛墓出土的白瓷俑》，收入中国古陶瓷学会编《中国古陶瓷研究》第十五辑，紫禁城出版社，2009 年，第 61~78 页。

19

胎与釉：白瓷起源问题管见

白瓷起源问题在中国陶瓷史上是一个极为引人注目的课题。关于这个问题曾召开了两次国际学术研讨会，一次是 2002 年 10 月在上海召开的，一次是 2009 年 10 月在郑州召开的。为解决这个问题，已有几代陶瓷考古或陶瓷史专家进行了卓有成效的研究，取得了很大的进展。然而直到目前，仍感觉已有的相关讨论与实际的考古发现之间还存在一定程度的脱节，有一些考古资料长期被忽视、未被纳入研究视野。故不揣浅陋，希望通过对古代白陶的发展历程以及白胎施釉器物的出现等方面的梳理，从胎釉结合的角度提出一种新的研究思路，供大家参考。

一、中国古代白陶的两大发展阶段

就中国古代白陶所经历的漫长发展历程而言，我认为从宏观上可分为早晚两个大的发展阶段：早期阶段是从新石器时代的南方高庙文化、北方大汶口文化一直延续到殷商时期（约公元前 5800 年至公元前 11 世纪周武王灭商），前后历时约 4000 年以上；晚期阶段是汉唐时期，历时也有数百年之久。在早晚两大阶段之间有大约一千年的"间歇期"。

或许正是因为有这样一个漫长的间歇期的存在，过去学者们在讨论中国古代的白陶时，大家关注的通常都是殷商及其以前的有关发现，对汉晋至北朝时期白陶的再现与发展及其重要意义普遍忽视，也可以说是"集体忽略"。更为重要的是，在讨论中国古代白瓷起源问题时，也基本上没有涉及汉晋到北朝时期白陶的发展情况，个别学者甚至认为商代之后"白陶就在中国陶瓷发展史上消失了"。[1]

　　事实上,依据已经报道的考古资料可以得知,在新石器时代,白陶的分布就十分广泛,而且无论南方、北方都呈现出一个白陶分布范围由小到大的发展过程。就南方地区而言,白陶最早出现于高庙文化(距今 7800 年左右),之后在岭南的石峡文化、咸头岭文化,长江中游的汤家岗文化、大溪文化、屈家岭文化,以及长江下游的马家浜文化、广富林文化中均有发现;而北方地区的白陶似最早见于大汶口文化,之后在安阳大司空类型、郑州大河村一期、龙山文化、安阳后岗二期文化、二里头文化、殷墟遗址均有出土。值得注意的是,进入夏商时期,白陶的分布相比新石器时代而言有了巨大的变化,最突出的是聚集于中原腹地的二里头至殷墟及其附近,其他地区均很少再见到。按照传统的看法,商代晚期是白陶发展的鼎盛时期。然殷商灭亡之后,白陶的发展可以说长期停滞。这一变迁对于探讨中国文明的起源以及周灭商之后的文化变迁等问题,也应该都是很值得注意的现象。

　　对于经过千年沉寂之后再度复兴的晚期阶段白陶,尤其是汉晋时期的白陶,除了相关的考古发掘者及发掘资料整理者之外(散见于各类考古报告中),仅有少数学者注意到它的存在,然未见将这一时期的白陶单独作为一种器类进行整理和讨论。以致在由中国硅酸盐学会编著的《中国陶瓷史》[2]以及冯先铭主编的《中国陶瓷》[3]等相关的陶瓷史著作中也基本上都没有提及汉晋时期的白陶。问题就在于:无论新石器时代至殷商时期白陶的发展对于"原始瓷器"(或"原始青瓷")的产生是否发生过影响或发生过怎样的影响,在中国古代原始瓷器(或原始青瓷)已经延续发展了千余年之后的汉代,白陶的再次烧造与流传,仍是一个非常值得关注的现象;尤其是在所谓"成熟瓷器"出现之后、"白瓷"出现之前,白陶的发展状况如何? 在中国陶瓷发展史上具有怎样的意义? 这些都是需要我们重新审视的。

---

[1] 裘豊:《白瓷的产生和发展》,《中国古代白瓷国际学术研讨会论文集》,上海书画出版社,2005 年,第 9 页。

[2] 中国硅酸盐学会:《中国陶瓷史》,文物出版社,1982 年。

[3] 冯先铭:《中国陶瓷(修订版)》,上海古籍出版社,2001 年。

　　事实上,有关汉代白陶的考古发现从 20 世纪初期就有了,并且进行了报道,如日本人对朝鲜乐浪汉墓的发掘就发现了不少白陶器。[1] 1949 年以后的考古发掘,在山东福山、章丘、宁津、滨州、临淄、昌乐、潍坊、济南、章丘、昌邑、莱州、龙口,辽宁大连、盖州、葫芦岛、普兰店、辽阳,河北抚宁、望都等地的汉代墓葬之中都发现了白陶器。不仅汉墓中有大量的发现,魏晋时期在山东地区也仍有不少墓葬集中出土了白陶器,直到临淄北朝崔氏墓地所见,还不断有新的白陶器形涌现。[2] 除了白陶生活用器品种增加之外,还在鲁北地区出现了大量的北朝白陶佛教造像。[3] 遗憾的是,这些发现在以往有关白瓷起源的讨论中基本上都被忽略了。

　　总的来看,汉晋北朝时期的白陶主要是分布在环渤海及其邻近地区,尤以山东半岛为主。在这里还发现了烧造白陶的窑址。[4] 笔者考察所见,该窑址出土的大部分器物都与汉代墓葬中所发现的白陶器基本一致。

二、汉晋北朝时期"白胎"陶瓷器发展的两个新动向

　　就在汉晋至北朝时期环渤海地区白陶发展的同时,在陶瓷发展史上还出现了两个特别值得关注的新迹象:一是北方地区出现的早期青瓷产品中有不少是属于所谓的"白胎青瓷",以淄博寨里窑、巩义市白河窑的发现为代表,在临淄崔氏墓地、寿光北魏贾思伯墓、吴桥东魏墓中也都有出土;二是"白胎铅釉陶",见于临漳县曹村窑、大同南郊北魏墓、北齐娄睿墓、北齐徐显秀墓、北齐李云墓等。目前来看,北方地区这种采用高岭土胎的低温釉器物是以大同南郊北魏墓出土的年代最早,至北齐时期则大量流行。它的出现,应该是和汉代以来白陶的发展以及低温铅釉技

[1] 参见朝鲜总督府"古迹特别调查报告"系列第四册《乐浪郡时代的遗迹》,图版 1925 年、本文 1927 年。

[2] 参见拙稿《环渤海地区汉晋墓出土的白陶器及相关问题》,山东省文物考古研究所编《海岱考古》第七辑,科学出版社,2014 年,第 415~441 页。

[3] 参见博兴县博物馆、山东博物馆编著:《山东白陶佛教造像》,文物出版社,2011 年。

[4] 闫勇:《龙口市埠下王家汉代遗址》,《中国考古学年鉴(2003)》,文物出版社,2004 年,第 220 页。

术的传承密切相关的。[1]其中 20 世纪 70 年代初发掘的北齐范粹墓(575)中出土的类似产品还曾被认为是最早出现的白瓷器,被视为白瓷起源的标志性器物。之所以会出现这样的误判,实际上就是因为未能准确区分与白胎相结合的釉是高温釉还是低温釉而造成的。当然,施釉的白胎器物在南方地区也曾出现,并且年代可早至东汉时期。有学者曾将南方(主要是湖南省)东汉墓出土的白胎施釉器物视为"早期白瓷"或"原始青白瓷"。然而经检测,其中也含有低温铅釉的器物。[2]

上述白胎陶瓷发展的新动向,为我们提供了自汉代开始与白陶发展密切相关的其他陶瓷发展线索,同时也使我们进一步意识到在"南青北白"格局形成之前南北各地域陶瓷手工业发展均曾经历了极为复杂的历程。在我看来,这种胎釉结合的多样性,一方面揭示了古代先民不断探索的创新精神,另一方面也为解开白瓷起源之谜提供了新的线索。

三、白瓷的起源

回顾有关白瓷起源的研究,20 世纪 70 年代以前的讨论大多是从邢窑、定窑之类瓷窑遗址的资料出发,将其出现年代定为唐代或提早至隋代。后来,随着对窑址分期认识的深入,并结合考古发现的纪年墓葬出土的相关资料,才进一步将白瓷的出现提早到北朝晚期,出现了北齐或不晚于北齐之类的看法。最近又因巩义白河窑的发掘,加上汉魏洛阳故城遗址以及孟津北魏墓所见,提出了白瓷出现于北魏时期的新认识。[3]不过,对部分出土白瓷遗物的年代判断还存在一些分歧,目光也大多集中在河北、河南等北方地区。至于南方地区发现的东汉时期的白胎施釉器物,其性质如何,尚未进行更深入的探讨。总的来说,有关白瓷起源的讨论,从出现时

---

[1] 参见拙稿《关于汉唐时期低温铅釉器胎质的转变及相关问题——由一件北魏"白胎铅釉陶"引发的思考》,《陶瓷考古通讯》2014 年第 2 期。

[2] 参见《中国古代白瓷国际学术研讨会论文集》,上海书画出版社,2005 年。

[3] 参见项坤鹏:《中国早期白瓷与白釉彩瓷专题研讨会综述》,《故宫博物院院刊》2009 年第 6 期。

间上讲有逐步提早的倾向。

问题在于，已有的关于白瓷起源的研究，或许是因为囿于白瓷是在青瓷的基础上"改进选料工艺""有意识地减少胎中含铁量的结果"，即所谓"去铁"使胎变白的思路，从而忽视了汉晋以来白胎器物发展的多样性及其重要意义；另外，就是在未经科学检测的情况下误将白胎低温铅釉器看成是成熟的高温釉白瓷器（如被质疑的范粹墓出土的部分器物），忽视了低温铅釉在汉代以来的发展尤其是其胎质原料的改变。归结起来，已有的讨论显示出，大家对于汉唐之间陶瓷手工业发展进程中所出现的胎釉结合的多样性与复杂性还缺乏充分的认识。

现在，通过对考古所见古代白胎陶瓷器的梳理，可以看到在中国古代陶瓷手工业发展历史中，对于高岭土或瓷石类制胎原料的开发与利用经历了漫长而曲折的历程（尽管在白陶发展过程中还曾使用过高镁质的原料制胎）。毫无疑问，自从器表施釉技术出现之后，尤其是从汉代低温釉技术兴起之后，在既有高温釉又有低温釉的情况下，胎与釉的结合问题就成为影响或制约陶瓷发展的一个非常关键的因素。同时，对于相关技术的掌握与探索也为陶瓷产品的创新提供了更多的可能性。

在我看来，自汉代以降，在白陶持续发展的同时，白胎铅釉陶、白胎青瓷的出现只是古代先民在胎釉结合上的两种新的尝试。正是因为前述各类白胎器物的发展，才为真正意义上的高温釉白瓷的出现铺平了道路。正如大家所共知，早期白瓷主要是白胎与透明的高温釉相结合的产物（尽管也有部分器物可能在胎表施加了化妆土），那么，它的起源原本就是和汉晋以来白胎器物的发展密切相关联的。白瓷的成功烧造是先民在胎、釉结合上不断探索创新而取得的杰出成就之一。由于制胎原料中的含铁量通常不会因制胎工艺的改进而明显降低，那么，与其说白瓷的起源是在青瓷基础上降低胎中含铁量的结果，还不如说是在白胎基础上增加高温釉的透明度而形成。总之，是在胎、釉结合的尝试中，人们找到了将高温透明釉（早期通常也是高温钙釉）与耐高温的白胎相结合的方法，从而创烧出早期的白瓷。这样一来，从与早已形成的高温透明釉技术相结合的角度来看，白瓷的出现就不是对青瓷胎"去铁"的结果，而是直接"换胎"而成。

我们还看到，在北方中原核心区域附近成功烧制大家所公认的高温釉白瓷产品之后,一方面,原先流行于山东滨海地域的白陶手工业便逐渐走向了衰落;另一方面,白胎与低温釉相结合的产品却仍在中原腹地继续发展,并形成新的风格,在唐代瓷器"南青北白"大格局下仍大放异彩,出现了中国古代低温釉技术的第二个发展高峰。其背后的关联也是值得进一步探讨的。

　　本文据 2016 年 5 月 22 日在郑州"首届中国考古学大会"上的发言稿整理,原标题为《白瓷起源问题管见》,载《中国文物报》2016 年 6 月 17 日第 6 版。

20
外在与内在：汉代陶瓷分类问题管见

在中国古代陶瓷发展演变的漫长历程中，两汉时期处于承前启后的重要转折时期，陶瓷产品呈现出多样化的特色。关于这一时期陶瓷业发展的突出成就，诸如低温铅釉陶的广泛传播、成熟瓷器的成功烧造等，已有许多论著进行了很好的总结。但至今对于汉代陶瓷产品应如何分类这一问题，却众说纷纭，莫衷一是。在有关考古报告（尤其是大量的汉墓发掘报告）中对汉代陶瓷产品进行分类描述时，所使用的概念名目繁多，相互之间交叉重叠的现象十分突出，使得系统的资料整理困难重重，可以说已经严重影响到汉代陶瓷考古的研究进程。因此，有关汉代陶瓷产品的系统分类，已成为一个亟待解决的课题。

下面试以最具代表性的《中国陶瓷史》（文物出版社 1982 年出版）和《中国大百科全书·考古学》（中国大百科全书出版社 1986 年出版）为例，谈谈有关汉代陶瓷分类中存在的问题。

1982 年出版的由中国硅酸盐学会编撰的《中国陶瓷史》，是一部具有划时代意义的著作。遗憾的是，在有关汉代的章节中并没有就陶瓷产品的系统分类进行专门论述。综合该书第三章第二节《秦汉陶瓷产品的品种和产地》和第三节《秦汉时期原始瓷的复兴与瓷器的出现》，主要介绍了六类陶瓷品种：依次为"灰陶""铅釉陶""陶塑""建筑用陶""原始瓷"和"瓷器"。其中的"陶塑"和"建筑用陶"这两个类别的界定标准与其他四个类别是不同的，从质地角度而言绝大部分恐怕应隶属于传统的"灰陶"制品的范畴，当然，也有少数属于铅釉陶或其他品种的。因此，似乎可以认为《中国陶瓷史》实际上是将秦汉陶瓷分为"灰陶""铅釉陶""原始瓷"和"瓷器"四大类。在 1986 年出版的《中国大百科全书·考古学》中，由王仲殊先生执笔的《汉代陶瓷器》一文明确指出汉代陶瓷器"大体上可分为灰陶、硬陶、釉陶和青瓷 4 大类"。然而与前述的《中国陶瓷史》相比,在具体的内容上几乎没有一类是完全对等的。其中值得注意的有以下几个问题:

首先是"灰陶"的内涵及其与"硬陶"的关系。《中国陶瓷史》所说的"灰陶",内涵似乎比较笼统。除了按胎质的坚硬程度有"泥质硬陶"和"泥质软陶"之分以外,还可依据陶质夹砂与否、陶器的呈色不同等标准分为"夹砂灰陶""夹砂红陶""泥质灰陶""泥质红陶""泥质黑陶"等。由此说来,所谓"灰陶",其颜色并不一定都是灰色的。那么,界定"灰陶"的标准是什么呢?《中国陶瓷史》并没有给出一个明确的定义,而且在介绍各地秦汉时期的"灰陶"产品时,实际包括的内容又明显过于庞杂。尤其是涉及南方地区时还包含了"硬陶""印纹硬陶""薄釉硬陶"之类的产品,从逻辑上讲等于是将这些产品均置于"灰陶"的系统之内。而同书在叙述战国时期的陶瓷时,至少"灰陶"和"印纹硬陶"是分别叙述的。不知为何到了汉代,就混在了一起。王仲殊先生虽指出"灰陶""一般都呈青灰色",但对于其他颜色的泥质或夹砂陶是否也可以归入"灰陶"并无明确说明。不过有一点很清楚,即在王先生看来,南方地区的带釉或不带釉的"硬陶"类器物是不在"灰陶"范畴内的。王先生指出,"汉代的硬陶是继承华南地区自新石器时代后期以来的'几何印纹硬陶'的传统","与灰陶相比烧成温度更高,陶质更坚硬",在汉代陶器中自成一个系统,其分布地域主要是"流行于长江以南"。显然,地域传统因素在这里受到了重视。于是,在王先生的分类中,"硬陶"与"灰陶"就成为并列关系而不是从属关系了。问题是:若仅从字面理解,"灰陶"与"硬陶"所关注的角度应该是不同的,作为分类概念应如何避免交叉,仍需进一步探讨。

其次是"铅釉陶"在分类中的层次。在汉代流行的各类陶瓷品种中,低温铅釉陶器独具特色,故《中国陶瓷史》是将"铅釉陶"单独作为一个类别介绍的。然而,在王仲殊先生的分类中,却将之纳入"釉陶"这样一个更为宽泛的类别之下,与南方地区带釉的硬陶(在王先生所著《汉代考古学概说》中称之为"南方釉陶")并列,并结合汉代铅釉陶分布的地域特点认为可以称之为"北方釉陶"。这样等于是在分类上将"铅釉陶"降低了一个层次。尽管从概念上讲,南北两个系统的釉陶可以用"釉陶"统称之,但考虑到发展体系的差别,将南方的高温釉陶(钙釉)与中原北方的低温铅釉区别开,似乎更有利于揭示汉代陶瓷发展演变的轨迹。而目前的考古报告中将钙釉(青釉)与铅釉两大系统的器物笼统地称为"釉陶"而不加分辨的做法恰是最为常见的。尤其是当两种类型的釉陶共存的时候,弄清性质、明确区分就显得十分必要。

最后是关于汉代"铅釉陶"以外的其他带釉器物的分类。属于这一类别的器物品种十分复杂。在《中国陶瓷史》中,除了将其中的一部分(如广东地区的所谓"薄釉硬陶")纳入"灰陶"中介绍以外,单独作为大的类别介绍的主要是"原始瓷"和"瓷器"两大类,每类之下还都包括了不止一种釉色的器物。而在王仲殊先生的分类中,一部分被放在"釉陶"的类别之下与"铅釉陶"并列,另一部分则纳入"青瓷"类。两相比较可以看出,王先生一方面没有采用"原始瓷"的分类概念;另一方面,"青瓷"这一分类概念与《中国陶瓷史》中的"瓷器"相比也显得相对狭窄。由于目前所认定的汉代"(成熟)瓷器"除了青釉之外,还有酱釉、黑釉、白釉等类型,因而在大的分类层面上"青瓷"一词就不如"瓷器"包含得更为全面。至于"原始瓷",原本是一个颇具争议的概念。尽管从理论上讲,在"(成熟)瓷器"出现之前似乎应该有一个相对"原始"的发展阶段,而且从实际考古发现来看,南方钙釉(青釉)系统在长期的发展演变过程中的确也发生了一系列的变化并最终出现了质的飞跃,但对于汉代广泛流行的各类非铅釉的施釉陶瓷器,若按现代的标准来断定谁是"原始瓷",谁已是"瓷器",谁仍然是"釉陶",除非经过严格的科学检测,否则是难以直观把握的。就连《中国陶瓷史》也承认,一些汉代的原始瓷器胎质疏松,从严格的意义上讲也只能算作"釉陶"。假如我们对"釉陶""原始瓷""瓷器"的界定标准也存在分歧,对有关产品的分类自然难以达成共识。

综合而言,上述影响最大的两种分类在对汉代陶瓷产品的具体分合以及使用概念上的差异,最集中地体现在对南方地区(尤其是长江以南地区)陶瓷产品的认识上。众所周知,目前公认的成熟瓷器首先是在汉代的南方地区烧造成功的。在成熟瓷器出现之前,南方地区的陶瓷发展经历了复杂的历程。就汉代而言,南方钙釉(青釉)系统内部尽管出现了显著的地域差异,然各区域内部从"外在"的器形、装饰等所呈现的文化传统上讲仍是一脉相承的,各区域之间的发展演变也是密切相关的。无论成熟瓷器首先出现于哪个区域,都是瓷器发明于中国、在中国土生土长的明证。而将这一系统内部的器物划分成"(高温)釉陶""原始瓷""(成熟)瓷器"之类的不同类别,都是以现代科技为基础对这一文化传统"内在"的质的"割裂"。因此,如何协调现代科技手段对"内在"质地的定性分析与考古类型学对"外在"形态的分析之间的矛盾,将是完善汉代陶瓷分类必需首先考虑的。总之,我们既要坚持分类的科学性,也要注重分类的可行性。

本文原标题为《汉代陶瓷分类问题管见》,载《中国文物报》2006 年 7 月 28 日第 7 版。

21

碎而不残：陶瓷科技考古的样品选择问题

——读《2009～2013 年合浦汉晋墓发掘报告》有感

由广西壮族自治区文物保护与考古研究所、合浦县文物管理局编著的《2009～2013 年合浦汉晋墓发掘报告》[1]新公布了在合浦县城周围 15 处工地经抢救性发掘清理的 154 座汉晋墓葬资料(包括出土的 1700 余件随葬品),极大地丰富了我们对于合浦作为汉晋时期海上丝绸之路重要港口的文化面貌的认识。尤其是该报告中附录的《合浦东汉晚期至三国墓葬出土陶器测试分析报告》(第 375～384 页),指出"所分析高温釉陶的釉层为采用氧化钠(Na_2O)和氧化钾(K_2O)为主要助熔剂的混合碱釉"(第 383 页)。这是陶瓷科技考古的一项新收获,也是继南越宫苑遗址[2]以来,岭南地区再次发现汉代的"碱釉"陶瓷,在中国陶瓷发展史上无疑具有十分重要的意义。

然而,对于如此重要的发现,有关的检测分析报告却给人以美中不足的感觉。究其原委,才发现问题原来出在检测样品的选择上:

首先是选择用于检测的样品在数量上十分有限,且年代集中于东汉晚期至三国时期,既没有从时间纵向上照顾到这批新发掘资料所涵盖的不同的发展阶段,也没有从质地上尽可能将发掘资料所呈现的不同类型的陶瓷产品包括在内。依据《合浦汉晋墓》报告,154 座汉晋墓分属于四个大的时间段,即 15 座西汉晚期墓、47 座东汉墓、80 座三国墓、12 座晋墓,累计出土了大约 1313 件陶瓷器。其中被归入"高温釉陶"的有 136 件,被归入"青瓷"的有 29 件,这些都是施釉的器物;此外,在

---

［1］文物出版社 2016 年出版,下文简称《合浦汉晋墓》,注文仅标注报告中的页码。

［2］南越王宫博物馆筹建处、广州市文物考古研究所:《南越宫苑遗址:1995、1997 年考古发掘报告》,文物出版社,2008 年。

被归入"陶器"的1148件器物中,也有大量器物是器表施釉的。问题是:这些被归入"陶器"的施釉器物在胎釉上有何特点?它们与被归入"高温釉陶"的器物之间有何区别?当"青瓷"出现后,在胎釉特征等方面又究竟发生了怎样的变化?照理这些问题都应该是在进行检测样品的选择时首先要考虑到的。然而,在实际挑选用于检测的6件样品中,器表施釉的仅3件,且均属于报告所归纳的"高温釉陶"类型。这样一来,尽管通过检测发现了碱釉的存在,取得了一项重要的收获,但仍无法通过仅有的数据从时间纵向上考察合浦地区施釉器物的胎釉演变情况,也无法了解当地所谓"高温釉陶"在胎釉特征上与"青瓷"和施釉"陶器"之间的区别或联系。不能不说这些都是此次检测在样品选择上留下的缺憾。若与同报告中附录的《合浦汉晋墓出土玻璃珠测试分析报告》(第357~374页)相比较,无论是从选用标本的数量上(检测了25件玻璃珠样品),还是从分析结果所揭示的内容方面(如在质地上的覆盖面,包括了钾玻璃、钠钙玻璃、混合碱玻璃、铅玻璃等多种类型),都无法相提并论。现在提出米,也是希望将米能够弥补。

其次是选择用于检测的样品的层位关系问题。据称在合浦新发掘的这批汉晋墓葬中,"完整墓葬的数量较以往多,出土遗物相对丰富"(第9页)。这就意味着包括陶瓷器在内的大量随葬品原本都是有准确的出土层位以及明确的归属关系的,《合浦汉晋墓》报告中也的确列举了大量墓葬中的随葬品分布情况。但奇怪的是,所有选择用于检测分析的陶瓷样品却都是带"扰"字编号的标本,即"经扰动至填土中"(第9页)的标本。从严格意义上讲,将这些经过扰动的标本归属于相应的墓葬单位,本身就是缺乏确凿的证据的。那么,置出土层位准确、单位归属关系清楚的标本于不顾,而选择经过扰动的标本来进行检测,不能不说是一大失误,其严谨程度自然也要大打折扣。因为这样做所导致的结果是:即便检测方法是科学的,检测结果是可信的,相关数据的使用仍会因样品本身的层位问题而面临诸如单位归属、年代判断之类的质疑与困扰。至于那些利用器物修复之后的残片或从窑址以及其他遗址地面上直接采集的样品所进行的检测分析,其检测数据的运用也都存在着类似的缺陷,是值得大家进一步反思的。

再次是被选择用于检测分析的陶瓷样品,基本上都是无法拼对、器形不明的残片，没有考虑到其器形的完整性问题。例如《合浦汉晋墓》报道的东汉晚期的 B 型印纹硬陶瓷有 12 件，其中仅 2 件是"残存部分口沿和底，形制不明"（第 116 页）的，而选作检测样品的 09HYGM18：扰 21（实验编号为 HP14 - 30）恰恰属于后者，是出自公务员小区一期 M18 的残器，在报告正文中未见列举，也未见相关的器物图片。又如合浦这批三国墓中出土的"陶罐"类器物原本数量较多，报告称有 67 件，可分为十一型，而选作检测样品的红色软陶罐标本 12HZLM1：扰 8（实验编号为 HP14 - 31，出自李屋村 M1）和几何印纹硬陶罐标本 12HLWM7：扰 4（实验编号为 HP14 - 27，出自罗屋村 M7），也都是属于"残损严重，无法拼复，形制不明"（第 225 页）之列，既没有在报告的分型举例中进行介绍，也未见相关的图片信息。再如，合浦这批三国墓还出土了 84 件"高温釉陶"罐，其中器形明确、可分型的有 72 件之多，然而选作检测样品的标本 09HYGM3：扰 6 和 13HYGM5：扰 8（实验编号分别为 HP14 - 28 和 HP14 - 29，分别出自公务员小区一期 M3 和二期 M5）也都是"残损严重，形制不明"（第 271 页）者，因而在报告中也缺乏相应标本的图文信息。这样一来，进行过检测的 6 件陶瓷样品，只有 1 件标本即 10HFPM3：扰 5（实验编号为 HP14 - 26，为二炮厂 M3 出土）在报告正文中有简要的器形描述（第 161 页），但仍未见相关的器物图或照片。因此，仅从发掘报告所提供的样品信息，读者是很难对其具体的形状、装饰、胎釉颜色等形制特征产生明确的认识的，进而也就无法将检测所得的数据与器物的形制联系起来、进行进一步的考察和研究。事实上，翻检已有的陶瓷科技考古的检测分析报告，此种现象可以说比比皆是。

那么，如何将陶瓷科技考古分析与考古类型学研究进行有机的结合、突破长期以来一直是"两张皮"的困境呢？

在笔者看来，最重要的就是要从检测样品的选择入手，首先从源头上把好关，克服样品选择的盲目性和随意性，探寻更为合理的样品选择模式。具体来说，至少应遵循以下三个原则：

第一原则，可靠性。就是尽可能选择经过科学考古发掘、地层关系明确、单位归属清楚的标本。

第二原则，完整性。就是在具体样品的选择上，要尽可能照顾到所选标本在器物形态上的完整性。当然,这并不是说一定要拿保存完好的完整器物去进行检测。相反,从操作方便以及尽量减少对文物的损害程度考虑,最好仍是选择形态较小的、能满足检测要求的陶瓷"碎片"作为样品。只是这些碎片是可以完整复原器形的器物上的可拼接的"有效碎片",而并非不能拼对复原的"剩余残片"。这些有效碎片本身带有器物完整形态的相关信息。选择这样的碎片进行检测,所得数据就可以和完整的器物形态对应起来。而要做到这一点,就要求发掘者或考古报告的整理者具有一定的前瞻性,将检测样品的挑选工作与出土器物的拼对修复工作进行统筹安排,尽量避免在器物修复完成之后再去挑选标本。如果是无损检测,在检测后还可以将经过检测的碎片再拼对复原到样品原来所在的器物上,从而最大限度上减少对器物的损害。在整理考古报告或检测分析报告时,要把经过检测的器物的图文信息完整公布。这样读者也就可以把检测结果与完整的器物形态联系起来了。

第三原则,系统性。就是在选择检测样品时,尽可能从出土遗物的实际情况出发、结合学术研究的需要,做到横、纵结合,既要照顾到陶瓷器物的不同类型,也要兼顾其在时间早晚上的发展变化,挑选出有系统性的系列样品。

总之,应尽量选择地层关系明确、单位归属清楚又能够完整复原器形的标本作为陶瓷科技考古的检测样品,做到"碎而不残",通过对可拼接复原的有效碎片的检测来构建"质"与"形"的桥梁。这样,才能将利用现代科技进行的陶瓷质地检测分析与考古类型学的形制研究有机地结合起来,开创中国陶瓷考古的新局面。

本文原载《中国文物报》2017 年 2 月 10 日第 6 版。

22

瓷与诗：
关于长沙铜官窑出土瓷器上的一首古代酒诗

> 昨入新丰市，犹闻旧酒香。
>
> 抱琴沽一醉，尽日卧斜阳。

以上是宋代林洪在其《新丰酒法》一书中记载的一首当时仍在今江苏南部一带流传的古代酒诗。[1]林洪称之为"昔人丹阳道中诗"，至于其作者及年代均未交待。

无独有偶，20世纪70年代，在长沙铜官窑出土瓷器上人们惊奇地发现了数十首用褐色毛笔题写的古代诗句款识，且大多是写在同一种瓷壶的腹部。其中有一首诗的内容竟然和上述的古诗基本一致，现录文如下：

> 自入新峰市，唯闻旧酒香。
>
> 抱琴酤一醉，尽日卧弯汤。[2]

两相比较，不难发现，上述两诗尽管有一些用字上的差别（划线部分），但仍可以看作是同一首诗的变体。其中"新丰"与"新峰"显然应该是指的同一个地名，并且是产美酒的地方。据研究，题写这首诗的瓷器约烧造于唐末五代。[3]事实上，该诗与《全唐诗》收录的一首题为《丹阳作》的诗如出一辙。据记载，《丹阳作》为唐代

---

[1] 林洪：《新丰酒法》一书保存在元陶宗仪辑《说郛》之中。文中下划线部分为笔者所加，以下同。

[2] 长沙市文化局文物组：《唐代长沙铜官窑址调查》，《考古学报》1980年第1期。

[3] 周世荣：《石渚长沙窑出土的瓷器及其有关问题的研究》，文物编辑委员会编《中国古代窑址调查发掘报告集》，文物出版社，1984年。

大历、贞元年间(766~805)诗人的作品。[1]

在唐宋诗词中我们还可看到大量与"新丰酒"相关的例子。唐诗如王维《少年行》(其一):"新丰美酒斗十千,咸阳游侠多少年。相逢意气为君饮,系马高楼垂柳边。"又李商隐《风雨》诗中写道:"心断新丰酒,销愁斗几千?"李白诗中则有"君歌杨叛儿,妾劝新丰酒"(《杨叛儿》)、"清歌弦古曲,美酒沽新丰"(《效古》其一)、"托交从剧孟,买醉入新丰"(《结客少年场行》)、"情人道来竟不来,何人共醉新丰酒"(《春日独坐寄郑明府》)等。[2]宋词如韩淲《卜算子·生朝次坐客韵呈四叔》中有"海角天涯今几春,邂逅新丰酒";无名氏《满江红·贺人开酒店药铺》则有"做得新丰酒肆,济康堂局"[3]等,这里不一一列举。

在某种程度上,"新丰酒"在唐宋时期似乎成了美酒的代名词。不过,已知传世唐宋诗词中却无一处写作"新峰"的。由此推测,上述出土瓷器上的"新峰"当系窑工在题写时误将"丰"写作"峰",而其蓝本原本也应是一首与"新丰酒"相关的五言诗,而题写这首诗的瓷壶很可能就是古文献中记载用来盛酒的"注子"。十年前出版的《中国历代陶瓷款识汇集》[4]收录该诗时就曾在"新峰"二字后加注了一个"丰"字,无疑是正确的。新近出版的《长沙窑》一书报道了1983年对长沙窑发掘所获的新资料,在3件该类瓷壶上又发现有同样诗句。其中有一首就写作"新丰"。[5]那么,诗中的"新丰"究竟何指呢?

周世荣先生据唐诗(如王维《少年行》)认为,出土瓷器上提到的"新峰(丰)

[1]《全唐诗》卷三一一,中华书局,1960年。诗的内容是"暂入新丰市,犹闻旧酒香,抱琴沽一醉,尽日卧垂杨"。今本该诗在"陈存"和"朱彬"两人名下互见,不知道真正的作者是谁。不过,既然两人均为"大历、贞元间诗人",本文暂且理解为这一时期的作品。

[2]文中所引唐诗均见《全唐诗》,不另注。

[3]文中所引宋词均见《全宋词》,中华书局1965年,不另注。

[4]台北古文化研究出版社,1988年,第37页。该书在"弯汤"后面又加注了"沙场"二字。而李正中、朱裕平《中国古瓷铭文》一书(天津人民出版社,1991年)则明确将之归入了征战诗。这样将"弯汤"理解成"沙场"显然是值得商榷的。据新发现的三首诗,除一首残缺外,另两首的末尾均作"垂杨",和传世的唐诗《丹阳作》相同,显然都和反映征战的内容无关。然而在周世荣《岳州窑源流考》(《金石瓷币考古论丛》,岳麓书社,1998年)中却只提到"垂杨",而不见其他说法,《长沙窑》报告中也没有提"弯汤",不知何故?

[5]长沙窑课题组编:《长沙窑》,紫禁城出版社,1996年,第150页,图420。诗的内容见文中表格。

市"在今陕西临潼东。[1]的确,前引王维诗中将"新丰美酒"与"咸阳游侠"对举,指的是唐都长安附近的临潼新丰。该新丰不仅有悠久的历史,[2]而且更因唐人马周的故事曾名扬天下。据说唐初,贫士马周怀才不遇,在遭到冷落时决定西行游长安,曾路过新丰,并在客栈独饮。"逆旅主人不之顾,周命酒一斗八升,悠然独酌,众异之"。[3]后来马周在长安寄于中郎将常何家,并代常何草拟上书稿件,最终获唐太宗赏识,从而平步青云,一下子由一介贫民升为朝官。于是马周的故事在唐宋时期经常被用以为典,可谓家喻户晓。诗人王维在《少年行》诗中抒发长安游侠高楼纵饮豪情的同时也暗含了新丰客马周的典故。在宋词中,"新丰英俊""新丰逆旅""新丰旧雨""新丰客""新丰对草"一类的用典也大都与唐初马周的故事有关,其中的"新丰"自然指的都是关中的新丰。

然而通过唐代诗人的描述,我们还知道,在唐代出产美酒的还有位于今江苏丹阳的新丰。据唐代著名诗人李白"南国新丰酒,东山小妓歌"(《出妓金陵子呈卢六》)、"多酤新丰醁,满载剡溪船"(《叙旧赠江阳宰陆调》)之类的诗句,该地酿造的酒至迟在李白所处的时代即已知名。宋人林洪自称曾前往该地,并获悉当地的酿酒方法,撰成《新丰酒法》一卷。在著录那首"昔人丹阳道中诗"时,林洪认为诗中的"新丰"指的就是位于今江苏省丹阳市北的新丰镇。正因此,林洪还曾特别指出"马周独酌之地,乃长安郊(原文作"效")新丰也",以示区别。更何况传世唐诗原本就叫《丹阳作》呢？因此,长沙铜官窑出土古诗中的"新丰(峰)"指的应该是长江下游的丹阳新丰而非关中的临潼新丰。

前引李白诗中之所以在"新丰酒"之前冠以"南国"二字,恐怕也是为了避免将南北两新丰混淆。有意思的是,新发现这首诗的地点既不是今江苏,也不是今陕西,而是在和前两者的距离几乎相等的湖南长沙。

---

[1] 周世荣:《金石瓷币考古论丛》,岳麓书社,1998 年,第 99 页。

[2] 据《汉书·地理志》及应劭注,位于今临潼一带的新丰县始设于西汉初年,是汉高祖刘邦按照家乡沛郡丰县的街里格局改造秦骊邑并迁来丰民而设置的。又据新旧《唐书·地理志》,隋唐时期仍在这里设县,天宝七载(748)才废。

[3]《新唐书·马周传》。

现将已知长沙铜官窑出土"新丰(峰)"诗与传世唐诗及宋人的著录对照如下表(表22-1)。

表22-1

出　　处	第一句					第二句					第三句					第四句				
《全唐诗》卷三一一	暂	入	新	丰	市	犹	闻	旧	酒	香	抱	琴	沽	一	醉	尽	日	卧	垂	杨
《考古学报》1980年第1期	自	入	新	峰	市	唯	闻	旧	酒	香	抱	琴	酤	一	醉	尽	日	卧	弯	汤
《长沙窑》，图460	自	入	新	峰	市	唯	闻	旧	酒	香	抱	琴	酤	一	醉	尽	日	卧(钓)	垂	杨
《长沙窑》，第142页	自	入	新	峰	市	唯	闻	旧	酒	香	抱	琴	酤	一	醉	尽	日	卧	垂	杨
《长沙窑》，图420	近	入	新	丰	市	唯	闻	旧	酒	香	抱	琴	酤	一	醉	终	日	卧	?	?
《新丰酒法》	昨	入	新	丰	市	犹	闻	旧	酒	香	抱	琴	沽	一	醉	尽	日	卧	斜	阳

各诗之间用字的差别,对于了解这首酒诗在长期流传过程中产生的变异,无疑也是非常有意思的。

本文原标题为《关于长沙铜官窑出土瓷器上的一首古代酒诗》,载《江汉考古》2000年第4期。

后 记

本书收录的是 2000～2017 年这 18 年中公开发表的 22 篇与陶瓷研究相关的文章。涵盖的时间范围以秦汉时期为主,部分涉及魏晋、北朝至唐代。研究的内容比较杂,文章格式也不尽相同,但都是自己在汉唐陶瓷研究领域摸索与拓展的点滴收获与印记。故以"汉唐陶瓷考古"之名统称之。

在编辑过程中,按照上海古籍出版社的要求,对于注文格式、文中图表的表达方式等进行了统一调整,对原文中存在的少量错漏、衍文也都进行了改正。还有个别文章因为遗失 word 版的电子文稿,出版社又重新进行了文字录入。为此,责任编辑宋佳付出了辛勤劳动。至于文章的排列,宋佳也给出了一些有益建议。经商量,大致按照研究对象的时间范围以及内容的相关程度分成前后几组。对于少数文章因角度的不同或发表时间的早晚而存在局部交叉或重复的情况,在收录时并未进行任何调整,文章标题基本一仍其旧。谨以记录自己对相关领域持续关注的轨迹,所谓敝帚自珍是也! 收到一校样之后,余雯晶、李云河、陈春婷三位分工协作,对校样进行了复核校勘,纠正了不少因为格式调整而新出现的问题。在此一并表示感谢! 若书中仍然存在不足或错误之处,责任自然都是我自己的。

多年前,上海古籍出版社的吴长青先生就嘱我编写一本有关汉代陶瓷研究方面的书,编辑缪丹女士也曾多次催促,但自己一直未能完成。现在,虽只是将已发表的相关文章合并成集,但能获上海古籍出版社应允出版,也算是了却一个心愿。

回想起自己的学习历程,兜兜转转,一言难尽。或许是因为考上北大考古专业之前自己对于考古一无所知的原因,学习兴趣曾多次发生转移。对于汉唐陶瓷研究的关注,最初也只是因为写学位论文的需要而已。后来能坚持下来,与恩师宿白先生的指导、关怀和支持,以及众多同事、同行们的帮助,还有亲友们的理解是分不开的。

我是 1983 年考入北京大学考古专业的。当时北大考古专业刚从原来的历史系分出来,成为一个单独的系。记得填报高考志愿时写的还是历史系考古专业,但到了学校报到时就变成考古系了。这样,我们 83 级就成为考古系成立后入校的第一届学生。本科时,自己的专业兴趣基本上是随着学习的进程不断地变化。大一上新石器考古的课程时,觉得严文明先生有关仰韶文化、龙山文化的讲解非常有意思,而且感觉学新石器考古可以结合大量民族志的活材料而不用太费心思去读那些晦涩的历史文献,所以格外上心,期末考试成绩拿了全班第一。等到大二上商周考古课时,又被邹衡先生的演讲所折服,尤其是在大三下学期还听了邹先生有关夏商文化研究的专题课,加上读了邹先生的《夏商周考古学论文集》,[1] 对二里头遗址的分期以及夏商分界之类学术讨论有点着迷。于是写了一篇题为《二里头遗址第四期遗存试析》的大三学年论文。邹先生看后非常高兴,还加了一些批注。于是我就借韩小忙同学的自行车冒昧闯到位于中央党校家属院内的邹衡先生家,说是找邹先生聊天,其实是想听先生讲学术界的各种趣闻和一些自己觉得很有兴趣的学术问题。那时候听着听着,又觉得有历史文献作为背景来进行考古研究也是挺有意思的事情。因此在大三结束时就有点想报考邹衡先生指导的商周考古方向的研究生了。那时暑假没钱回家,也不大可能外出考察,经常是和几位同学一起,白天在学校后勤部门打零工,晚上去图书馆翻书或去教室自习,准备考研,就那样熬过了大三暑假。等大四一开学,却突然得知自己被保送了汉唐考古方向的研究生,导师是宿白先生!

我们 83 级 25 人,免试保送名额只有 3 个,没想到我是其中之一。记得好像是在赛克勒博物馆奠基当天,参加完奠基仪式后,在办公楼北侧遇见负责学生工作的葛英会老师,是他告诉了我保送研究生的消息。估计葛老师大概也听说过我们班有不少同学都想报考商周考古方向,我也是其中之一。所以葛老师还特别交待说,由于各专业方向的名额有限,填报志愿时大家不要扎堆在同一个专业方向,系里的建议是让我跟随宿先生学习汉唐考古。

---

[1] 邹衡:《夏商周考古学论文集》,文物出版社,1980 年。

　　至今都还记得办完保送研究生的手续之后，自己怀着忐忑不安的心情去宿先生家拜访时的情形。尽管宿先生那时就住在校园东北部的朗润园 10 号楼，可自己还是在被保送研究生之后才第一次去先生家。记得前两次聊完后，宿先生都曾反复问了我这样的问题："你和樊力是一个班的？""你和曹音是一个班的？"我明白先生的疑虑，在回答"是"的同时，解释说自己听先生的课时经常坐在最后一排，而且不怎么上前提问题（实际是从来没敢在课堂上或课后找宿先生提问题）。先生也就没再说什么。其实，就在保研之前的几个月，为了参加系里组织的"五·四"论文竞赛，我曾写了一篇题为《〈周礼·考工记〉与古代都市布局》的文章，那篇文章正是宿先生评阅的，最后还被评为一等奖。奖品是一本中国考古学会的年会论文集。那也是我第一次看见宿白先生的签名。而在那三年之前的初秋傍晚，作为北大新生，当我背着行李第一次踏进燕园、在未名湖畔迷路时，曾向一位正在散步的老者打听怎么到学校报到。老者问了我的情况之后，直接将我领到了位于燕南园的吕遵谔先生家，并吩咐吕先生安排了我当晚的住宿。也正是在吕先生家，饥肠辘辘的我吃了到达首都北京之后的第一顿饭！现在回想起来，那位老者应该就是宿先生吧。所以，在去宿先生家聊了好几次之后，有一天宿先生突然指着我，笑着说道："你就是那个杨哲峰！现在我知道了！"

　　从那以后，我便开始在宿先生的指导下进行系统的学习，包括历史文献阅读和考古资料收集整理等，将研究兴趣慢慢转移到汉唐考古上来。大四下学期的专题实习，班里的同学分成不同的小组分赴各地，而宿先生却唯独把我留在校园，让我阅读《史记》，同时让我收集整理已发表的长江中下游地区汉代木椁墓资料，指导我写本科毕业论文。研究生一年级时，宿先生曾安排我陪同从美国来的赖主惠博士前往山东省进行有关汉代画像石的考察。当时我也计划自己的硕士毕业论文做有关汉画的专题研究，因此借了相机，买了一些胶卷前往山东。但很快发现，因经费问题，相关研究难以继续下去。就连好不容易拍摄的画像石照片，回校后自己都没有足够的经费冲洗出来，更不用说去购买昂贵的汉画拓片或其他图像资料了！

　　那些年，邹衡先生经常去位于山西省曲沃县的曲村工作站整理周代墓葬的考古发掘资料。后来,宿先生和邹先生商量,决定安排我随邹先生一道去曲村整理那里的秦汉墓葬资料,并在整理材料的基础上撰写一篇关于曲村秦汉墓葬分期的论文作为硕士毕业论文。这样在研究生三年级时,我便到山西曲沃实习。进行墓葬的分期研究离不开对随葬品中最为普遍的陶瓷器物的分类排比,因此,对于陶瓷类器物进行绘图和观察分析,也就成为我实习过程中最主要的内容之一。记得当时在曲村工作站进行器物排队时发现,墓葬陶器组合中茧形壶的有无与器形演变有着密切的关联,于是对茧形壶产生了浓厚的兴趣。正好中国历史博物馆的李文杰先生到曲村参观,他当时在做中国古代制陶工艺的研究,向我介绍了茧形壶的独特制作方法。回想起来,那还是我第一次认真关注古代陶瓷器的制作工艺问题。寒假期间,我离开山西回湖北老家过年,路过洛阳时在同学王献本的帮助下去拜访了《洛阳烧沟汉墓》[1]的作者蒋若是先生。或许是因为在曲村实习期间积攒了太多的问题,那天在蒋先生家聊到深夜,当然主要是听蒋先生讲烧沟汉墓的分期以及汉代的五铢钱等问题。我还曾冒昧地问蒋先生如何看待其他地区的汉墓编年都参考烧沟分期的问题。当晚就留宿在蒋先生书房。次日我到洛阳文物工作队的库房参观,见到当地汉墓出土的陶瓷器,越发感觉到与自己在曲村整理的汉墓出土陶器有着明显的区别。这更加激发了自己对汉代陶瓷器的地域性以及不同地域汉墓分期的差异性等问题的兴趣。

　　我硕士毕业后就留校工作了。当时很想到各地去参观考察,但刚参加工作,既没有科研项目,也没有考察经费,就连备课用的稿纸都得到办公室统一领取。记得有一天到宿先生家聊天时,宿先生从书架上拿出一本从日本寄来的考古报告——《阳高古城堡》,[2]说是借给我,让我好好看看。过了一段时间,我到宿先生家汇报读这本报告的收获,顺便提到很想去张家口、雁北一带看看当地的汉墓保存状况以及汉墓出土的器物。没想到,我的想法马上得到宿先生的支持,宿先生立即从自己的课题经费中拨出 500 元赞助我的考察计划。这样在 1992 年 10 月底至 11 月

---

[1] 中国科学院考古研究所:《洛阳烧沟汉墓》,科学出版社,1959 年。
[2] 东方考古学会:《阳高古城堡——中国山西省阳高县古城堡汉墓》,日本六兴出版,1990 年。

初,我前往张家口、大同地区进行了考察,回程又绕道太原、石家庄参观了考古库房和博物馆。那是我工作后第一次独自外出考察,竟然忘记开单位介绍信了。幸亏同学朱晓东帮忙联系介绍,加上自己带了工作证,才使考察得以顺利完成。还记得在朔州的一座庙宇中参观平朔露天煤矿汉墓出土的遗物时,戴尊德先生边走边指着堆放在架子上的器物,问了我一连串关于汉代陶器的问题。当我一一回答之后,戴先生才笑着说道:"那后面的,你就自己看吧。"

刚工作的头些年,我承担的教学任务主要是本科生的基础课《中国历史文选(下)》,大量的时间和精力都花在了历史文献上。为了读懂古代文献中有关时间方面的记载,还曾利用到山西曲沃"下乡"的机会在曲村工作站夜观天象,对照着天文图辨认星星。徐天进老师知道后,主动把一本张汝舟著《二毋室古代天文历法论丛》[1]借给我阅读学习。正是在曲沃下乡的那个冬天,我还对干支纪年与公元纪年之间的换算问题进行了推演,撰写了《公元与干支纪年相互换算的新方法》[2]一文。回北京后,我对古代历法的兴趣不减,又花了很长时间对出土秦汉简牍资料中的历谱、日书等进行了梳理。

直到数年后攻读在职博士时,在宿白先生和徐苹芳先生两位导师的指导下,我决定专注于秦汉墓葬的系统研究,这才又回到考古学基础研究的轨道上来。在收集整理博士论文资料的过程中,先将之前就曾关注的茧形壶问题写了一篇稿子。交给宿先生审阅后,先生建议放在《文物》月刊上发表,还写了推荐信。于是,《茧形壶的类型、分布与分期试探》一文就成了我公开发表的第一篇有关古代陶瓷器物研究的专文。

那时候,还没有像后来"知网"这样的便捷数据库可供检索,收集整理考古资料除了参加发掘或实地考察以外,主要靠查阅相关目录索引寻找线索,或干脆到图书馆、资料室一本一本地翻阅考古报告和文博类专业刊物。在既没有个人电脑也没有数码相机和扫描仪的时代,对于查找到的资料,要么复印,要么手写抄录,甚至

---

[1] 张汝舟:《二毋室古代天文历法论丛》,浙江古籍出版社,1987年。
[2] 拙稿《公元与干支纪年相互换算的新方法》,《古代文明研究通讯》总第6期,2000年。

拿硫酸纸描摹有关的图片、制作成器物卡片。至今都记得,当刘绪老师知道我在收集茧形壶资料时,曾主动提供了发表在山西地方刊物上的相关信息。

在撰写博士学位论文时,宿先生又建议我在系统整理汉墓结构演变的同时,也要对汉墓中出土的陶瓷器物进行系统的梳理。于是我便在自己的博士毕业论文中增加了对汉代低温铅釉陶的地域拓展、汉代青釉陶(高温钙釉器)的区域类型及相互关系的宏观分析。尤其是前往江苏、浙江、湖南等省的实地考察,使我对汉代高温钙釉器的地域类型有了清晰的认识,并且还注意到诸如岭南类型陶瓷器的北传及其影响等以前学界较少关注的问题。这些都为自己进一步探索汉代陶瓷的发展演变格局奠定了基础。

那时,宿先生和徐先生正在组织有关新编中国古代陶瓷史的课题,2005年2月在位于北沙滩的红墙饭店召开了首次编辑工作会议,指定由我负责秦汉陶瓷史的编撰工作。我深知这是一项任重而道远的工作,顿感身上的担子重了起来。同时我也意识到自己在知识结构上仍存在明显的不足。因为之前我主要是把汉墓出土的陶瓷器作为墓葬研究的一部分,侧重于从考古学文化的角度进行探讨,还未有意识地当成陶瓷考古专题去做研究,更没有从陶瓷史的角度进行思考。在编辑工作会议上,先生们提出的要求是在1982年版《中国陶瓷史》的基础上,将近几十年的新的考古成果尽可能纳入,并且尽可能用考古学的方法去写陶瓷史。也就是说,要写好新编陶瓷史,除了系统整理资料、提升综合研究水平之外,还必须在研究方法和理念上有所突破。

我注意到学界有关汉代陶瓷的分类存在着明显的分歧,感觉到相关概念的混乱已经严重影响到汉代陶瓷考古的研究进程,而如何协调现代科技手段对"内在"质地的定性分析与考古类型学对"外在"形态的分析之间的矛盾,将是完善汉代(乃至整个古代)陶瓷分类必须考虑的首要问题。于是在2006年初夏撰写了《汉代陶瓷分类问题管见》一文。在当年10月,又参加了在西安召开的"汉长安城与汉文化——纪念汉长安城考古五十周年国际学术研讨会",在会上作了题为"北方地区汉墓出土的南方类型陶瓷器——关于汉代南北之间物质文化交流的考察之一"的发言。当时有陕西的个别学者对西安出土的南方类型陶瓷器的产地问题提出不同看法,使我意识到如果能结合科技检测分析,那么相关研究将会更有说服力。

　　从那以后,我便开始关注科技考古中的陶瓷检测分析问题,思考如何在考古学研究中将"形"与"质"有机结合起来,使有关陶瓷器的内在与外在研究融为一体,不再是"两张皮"。于是我开始主动寻求与科技考古方向的老师合作。

　　2007年5月,安徽省文物考古研究所贾庆元先生邀请赵化成老师和我到他的萧县汉墓资料整理现场协助器物排队。这对我来说是一次非常难得的机会。我在仔细观察那些带釉器物时发现了以前未曾注意到的现象,于是向贾庆元先生提出可否取一些样品送回北大实验室进行检测分析。在得到许可后,便依据我在现场观察到的高温钙釉与低温铅釉情况进行了有意识地分类取样。而经崔剑锋老师检测,结果也出人意料,首次发现了汉代铅釉陶二次烧造的可能性。[1]　另外,我在现场观察时还发现萧县汉墓出土的部分铅釉陶的施釉工艺与中原北方其他区域(尤其是两京地区)存在明显的区别,从而解开了我在撰写博士论文时的一个疑问。当时我意识到这种具有地方特色的铅釉陶制作工艺,可能是对江东钙釉器物模仿的结果。于是趁热打铁,又到固镇、淮南、六安、合肥、徐州、济南等地考察,寻找更多的证据。当我确信自己的判断之后,才发表了《输入与模仿》一文。

　　从2011年开始,通过与浙江省文物考古研究所沈岳明、胡继根、田正标等先生合作教育部人文社科研究重大项目"秦汉时期江东地区的文化变迁",先后前往浙江、江苏、安徽、上海、山东、江西、湖北、湖南、广西、广东等地进行了有关汉代陶瓷器的更为全面、细致的考古调查,结合窑址、墓葬的出土器物,在类型学研究的基础上有目的地选择了更多的系列样品进行检测。既希望通过检测分析来不断发现问题、检验自己的类型学研究,又在同时努力探寻新的研究方法。结果亦不负所望,又有了一系列新的发现和认识。其中最为重要的是在浙江各地的汉墓出土遗物中甄别出来大量的铅釉产品,尤其是2014年初征得上虞博物馆高秀萍馆长的同意,选取了当地汉墓出土的大量样品,带回北京交由崔剑锋老师的团队进行检测分析,

[1]崔剑锋、贾庆元、杨哲峰、吴小红:《安徽萧县汉墓出土部分汉代施釉陶瓷的LA-ICP-AES分析》,《萧县汉墓》附录,文物出版社,2008年,第360~364页。

结果是发现了一批以氧化钙和氧化铅混合作为助熔剂的施釉器物。[1]　这一重要发现在汉代陶瓷史上还是首次,为探讨汉代高温钙釉和低温铅釉之间的关系以及成熟瓷器的起源等重大学术问题提供了新的研究思路。另外,课题组还对汉代江东类型的高温钙釉器(原始瓷)的工艺以及高温钙釉下的红色涂层等进行了检测分析,也都取得了新的研究进展。[2]

　　2013 年 10 月,应安徽省文物考古研究所的邀请,我曾在合肥召开的"第三届黄淮七省考古论坛"上作了题为"汉晋时期的白陶及相关问题"的专题发言。在场的山东省文物考古研究所何德亮先生在听了我的报告后,主动邀请我去他正在发掘的昌邑辛置工地看看,说那里新出土了不少白陶器。王守功先生也帮忙联系侯建业先生,使我前往烟台考察白陶窑址出土器物的计划得以顺利实现。正是在他们的帮助下,我的《环渤海地区汉晋墓葬出土的白陶器及相关问题》一文得以完成。2013 年那次到山东半岛进行的有关白陶的考察,也带回了大量样品。通过崔剑锋老师团队的检测分析,首次了解到汉代白陶的烧制至少使用了含氧化钾较高的瓷石类原料和高镁质的滑石质黏土,并且分别用来生产不同大小的器类。[3]　这些都进一步丰富了我们对汉代陶瓷手工业的认知。

　　当然,前述相关检测分析研究,均为多人合作的成果,故不在本书收录范围,这也是需要说明的。就我个人而言,要特别感谢本院的科技考古团队。正是通过一系列的交流与合作,为自己探寻考古研究的新方法、新思路打开了一扇窗,使得自己在成熟瓷器起源、白瓷起源等重大学术问题上都萌发了新的思考和新的认识,也

---

[1] Yue Wang, Yihang Zhou, Zhefeng Yang, Jianfeng Cui* (corresponding author) (2019), " A technological combination of lead-glaze and calcium-glaze recently found in China: Scientific comparative analysis of glazed ceramics from Shangyu, Zhejiang Province". *PLoS ONE* 14 (7): e0219608: 1–11.

[2] 周雪琪、崔剑锋、杨哲峰、田正标:《安吉上马山汉代江东类型原始瓷工艺研究》,《南方文物》2010 年第 1 期,第 227~235 页; Xueqi Zhou, Hongshu Lv, Zhefeng Yang, Jianfeng Cui* (corresponding author), Huida Li, Jigen Hu, "The Origins of Slip for High-Fired Chinese Ceramics: Evidence from Jiangdong-Type Calcium-Glaze Wares Unearthed from Two Han Dynasty Cemeteries in Zhejiang, East China". *Archaeometry*, 2020, online published, doi: 10.1111/arcm.12629.

[3] 崔剑锋、何德亮、杨哲峰、王子孟、王龙:《山东昌邑辛置墓地出土汉代白陶的成分分析》,《陶瓷考古通讯》2014 年第 2 期,第 70~73 页。

使得自己对于如何构建考古类型学的器物外在形态研究与现代科技对于器物内在质地研究之间的桥梁这一思考逐渐清晰起来,这才有了《碎而不残》《白瓷起源问题管见》等文章的写作。另外,也要特别感谢师兄秦大树教授,每当我有陶瓷相关的具体问题时,总能够为我释疑解惑。而当我对部分陶瓷专题有了较为系统的整理与新的想法,也会被邀请到他的课堂上去和大家交流讨论。这些都使得我对踏进陶瓷考古这个研究领域的信心倍增。

经过多年的考察,我的足迹遍布大江南北、黄河上下,曾给予我帮助的单位和个人不计其数。除了前面提及的诸位,我还想借此机会表达感谢的有:安徽省的吴卫红、张钟云、叶润青、宫希成、王峰,江苏省的姜林海、华国荣、王志高、吕健、李银德、张剑、葛明宇、耿建军、刘照建,上海市的陈杰,浙江省的黎毓馨、黄浩德、刘建安、李晖达、孙国平、杜伟、王鑫君、陆文宝、程亦胜,湖北省的陈振裕、方勤、田桂萍、王明钦、贾汉清、李文森、许志斌,湖南省的张春龙、高成林、宋少华、黄朴华、龙朝彬、席道合、文国勋,江西省的张文江、杨军、翁彦俊,广西壮族自治区的熊昭明、林强、蒙长旺、韦江,广东省的邓宏文、魏峻、李灶新、全洪、张强禄,海南省的王大新,河南省的严辉、陈彦堂、马俊才、李继鹏、张鸿亮、王咸秋、刘富良、郭引强、史家珍、顾万发、贺惠禄、潘伟斌,陕西省的焦南峰、王占奎、马永赢、张翔宇、柴怡、朱连华、刘呆运、孙周勇、王炜林、许卫红、刘宏斌、裴建平,山西省的田建文、吉琨璋、王银田、李培林,河北省的高健强、段宏振、张翠莲、刘海文、李恩玮、李军、曹祖望,山东省的孙波、崔圣宽、闫勇、魏成敏、郑同修、石敬东、张冀,辽宁省的徐韶钢、白宝玉,吉林省的李刚,宁夏回族自治区的卫忠、朱存世、马强,甘肃省的王辉、王卫东、夏朗云、魏文斌,人民大学李梅田,四川大学白冰、王煜,中国社会科学院考古研究所李毓芳、刘振东、张建锋、钱国祥、刘瑞、赵春青等。

因仓促提笔,写这篇后记时,没有去查找尘封已久的学习笔记和考察记录,更不敢去翻阅那一本本沉睡的日记,只是静静地坐在书房,让思绪驰回过往,然后将脑海里浮现的片段记忆转化成无序的文字。以上提到的,都是在考察旅程中曾经给予我各种帮助的人。而在我的人生旅途中,曾给予我帮助的人还有许多许多。在此,还要特别感谢北大考古这个温暖的大家庭!从本科到现在,李伯谦、赵朝洪、高崇文等诸位先生作为老师和领导,一直都很关心我的成长与进步。而经常一起带实习的各位同事,尤其是沈睿文、倪润安二位,在我多次遇到困难与挫折的时候,总是率先给与我安慰和鼓励。

现在的北京,已是春暖花开的季节。可我依然记得 39 年前自己到北大后的第一个冬天,突然的降温让来自南方的我猝不及防,病倒在床。班主任权奎山老师在我毫不知情的情况下迅速组织同学们捐款为我购买了一套保暖的绒衣,吕遵谔先生还送来一件军大衣。绒衣和军大衣,温暖的不只是我的身体,更是温暖了我的内心!让我感受到北大考古人的温情!感受到集体的温暖!让我能够始终秉持一颗感恩的心,穿越一个又一个寒冬!

清明时节写这篇后记,不禁思绪万千。当静下来时,时常会想起两位恩师:宿白先生和徐苹芳先生。虽然我知道人生中的许许多多都注定会在时间的长河里远去,越来越模糊,两位恩师的音容笑貌却时常浮现在脑海,依旧那样清晰,甚至至今都有点难以确信他们其实已经离去。

我也自知现在这个迟到的集子,还只是一个关于汉唐陶瓷初步学习的结果。要完成两位导师交给我的任务,还有更为艰难的路要走。时不我待,心里诚惶诚恐。谨记。

杨哲峰

2022 年 4 月 3 日初稿,4 月 11 日修订

北京大学考古学丛书

上海古籍出版社

图书在版编目(CIP)数据

汉唐陶瓷考古初学集 / 杨哲峰著. —上海：上海
古籍出版社，2022.8
（北京大学考古学丛书）
ISBN 978-7-5732-0378-6

Ⅰ.①汉… Ⅱ.①杨… Ⅲ.①古代陶瓷－研究－中国
－汉代-唐代 Ⅳ.①K876.34

中国版本图书馆 CIP 数据核字(2022)第 135810 号

北京大学考古学丛书

汉唐陶瓷考古初学集

杨哲峰 著

上海古籍出版社出版发行

（上海市闵行区号景路 159 弄 1－5 号 A 座 5F 邮政编码 201101）

（1）网址：www.guji.com.cn

（2）E-mail：guji1@guji.com.cn

（3）易文网网址：www.ewen.co

苏州市越洋印刷有限公司印刷

开本 710×1000 1/16 印张 19.5 插页 2 字数 295,000

2022 年 8 月第 1 版 2022 年 8 月第 1 次印刷

ISBN 978-7-5732-0378-6

K·3220 定价：98.00 元

如有质量问题，请与承印公司联系